INTERNATIONAL RELATIONS

국제관계개론

이상환

박영사

머리말

「국제관계개론」을 발간하며…

올해로 대학교에서 정치학도를 교육한 지 26년이 되어간다. 박사과정 중 미국에서 학부 학생들에게 강의한 경험까지 합치면 28년이 된다. 지난 세월 동안 학생들에게 국제관계개론 교과목을 강의하며 국제정치학을 처음 접하는 학부 학생들을 위한 보다 나은 교재에 대한 바람이 있었다. 이에 지난 20여 년간 활용한 강의노트와 발표한 연구논문을 토대로 본 단행본을 발간하게 된 것이다.

1980년대 후반 미국에서 박사과정을 밟는 중 Introduction to International Relations를 가르친 것이 국제정치학 강의의 첫 시작이었다. 당시 느낀 교훈의 하나는 정치학 신입생에게 좋은 강의는 '명확한 표현'으로 개념에 대한 혼란을 피하고 사례에 대한 이해를 증진해야 한다는 것이다. 원어민이 아닌 외국인 유학생 Instructor가 3년 동안 강의를 할 수 있었던 것은 한 학생의 강의평가서에 적시된 대로 "평범한 영어표현이나 명확해서 이해하기 좋았다."는 수강생의 말에 잘 드러난다. 한편 박사학위 논문디펜스를 마치고 지도교수인 Scott Gates 교수님께서 말씀하신 "좋은 강의란 네가 아는 것을 말하는 것이 아니라 학생들이 듣고자 하는 것을 말하는 것이다."라는 조언도 이 책을 집필하는 데 하나의 지침이 되었다.

2020년 한국국제정치학회장으로서 선후배 학자들과 호흡하며 학문 인생의 1막을 마무리하고, 이후 그동안의 축적된 지식과 경험을 다양한 책에 담아 정치학 학문공동체에 기여하고 정치학 교육에 도움이 되고자 하는 인생의 2막을 살아가고 있다. 이 책은 그러한 노력의 결과물 중 하나라고 할 수 있다. 저자의 학문적 정체성인 국제정치학의 입문서이기에 더욱 애착이 간다.

머리말

　책 출간에 즈음하여 지난 세월 맺어온 많은 소중한 인연들에 대한 고마움을 다시금 느낀다. 모교인 한국외국어대학교 정치외교학과 은사님과 교수님 및 학생들, Language & Diplomacy 학부 교수님과 학생들…. 저자의 이 책은 이러한 분들과의 인연과 조언으로 세상에 나온 것이다. 이 자리를 빌려 저자와 인연을 맺은 모든 분께 감사드리고자 한다.

　끝으로 한 학자의 삶에 힘이 되어준 사랑하는 아내 선규와 두 딸에게 말로 표현할 수 없는 고마운 마음을 전하고자 한다.

2022년 3월
이문동 연구실에서 저자

목차

1부
국제관계의 이해

목차

목차

4부
'2045 한국의 외교독트린'을 위하여

1_부

국제관계의 이해

1. 제2차 세계대전 후 국제질서의 변화

 핵심 용어 정리

용어	뜻
국제정치학	국제사회에 있어서 국가 혹은 비국가 행위자들 사이의 정치 · 군사 · 안보적 및 경제 · 사회 · 문화적 관계를 다루는 학문분야
국제안보 (international security)	국제정치학의 세부분야로 전쟁(war)과 세계평화(peace)의 문제를 다루고, 국제안보 관련 시각을 나열하면 세력균형(balance of power)이론, 공포균형(balance of terror)이론, 위협균형(balance of threat)이론, 이익균형(balance of interest)이론, 세력전이(power transition)이론, 집단안전보장(collective security)이론 등을 말할 수 있으며, 그 주요 쟁점은 국가안보(national security)와 인간안보(human security)로 크게 나누어짐
국제정치경제 (international political economy)	국제정치학의 세부분야로 전세계적인 부(wealth)와 빈곤(poverty)의 문제를 다루고, 국제정치경제 관련 시각을 나열하면 상호의존(interdependence)이론, 종속(dependence)이론, 국가주의(statist)이론 등을 말할 수 있으며, 그 주요 쟁점은 통상(trade), 금융(finance), 환경(environment), 노동(labor), 부패(corruption), 인권(human rights) 등으로 나누어짐

주 제 —————————————————————————————————

국제정치학이란 '무엇(연구 대상)'을 '왜(연구 목적)' '어떻게(연구 시각 및 방법)' 공부하나요?
제2차 세계대전 후 국제질서의 변화는 어떠한가요?

학/습/목/표 —————————————————————————————————

1. 정치학의 학문분야로서의 국제정치학에 대해 이해할 수 있다.
2. 국제정치학의 연구 목적, 대상, 시각 및 방법을 파악할 수 있다.
3. 제2차 세계대전 후 국제질서의 변화를 알 수 있다.

학/습/목/차 —————————————————————————————————

1. 정치학의 학문분야로서 국제정치학의 연구 목적, 대상, 시각 및 방법에 대한 이해
2. 제2차 세계대전 후 국제질서의 변화

I. 정치학의 학문분야로서 국제정치학의 연구 목적, 대상, 시각 및 방법에 대한 이해

국제관계(international relations)를 연구하는 정치학의 한 학문분야를 우리는 국제정치(international politics) 혹은 세계정치(world politics) 혹은 범지구적 정치(global politics)라고 일컫는다. 어느 용어를 사용하든 국제관계를 다룬다는 것은 부인할 수 없으며, 다만 그 관계의 주체와 성격에 대해 약간의 차별화된 인식이 존재한다고 할 수 있다.

국제관계의 주체를 협의적으로 정의하면 국가(state actor)에 한정할 수 있으나, 광의적으로 정의하면 국가와 더불어 국제기구, 다국적기업 등을 포함하는 비국가 행위자들(non-state actors)을 모두 일컫는다. 또한 정치학 분야에서 국제관계의 성격을 협의적으로 정의하면 정치·군사·안보적 관계에 한정되나 광의적으로는 여기에 경제·사회·문화적인 관계를 포함하는 다양한 관계를 말한다. 오늘날 국제관계를 이해함에 있어서 우리는 그 주체와 성격을 광의적으로 파악함이 타당하다. 한마디로 말하여, 국제관계학(국제정치학, 세계정치학, 지구정치학)이란 국제사회에 있어서 국가 혹은 비국가 행위자들 사이의 정치·군사·안보적 및 경제·사회·문화적 관계를 다루는 학문분야라고 할 수 있다.

우리는 이러한 국제관계를 각기 다른 분석수준에서 다양한 접근방법으로 연구하게 된다. 연구대상을 중심으로 한 분석수준을 언급하면, 개별 정책결정 담당자 수준에서의 연구인 개인 수준의 분석(individual level of analysis), 국가 수준에서의 연구인 국가 수준의 분석(state level of analysis), 그리고 양극 혹은 다극 등 다양한 체제 수준에서의 연구인 국제체제 수준의 분석(international system level of analysis)이 있다. 또한 그 접근방법으로 전통적 접근법(traditional approach)과 행태적 접근법(behavioral approach)이 있으며, 이 중 전통적 접근법은 국제관계에 대해 주로 규범적인 접근을 행하며, 행태적 접근법은 전쟁과 세계평화 혹은 전세계적인 부와 빈곤 등의 원인을 살펴봄에 있어 주로 양적인 접근을 행한다.

정치학의 분야를 한국정치, 정치 사상 및 이론, 비교정치 및 지역연구, 국제정치, 행정 및 정책학 등 다섯 가지로 나눌 수 있는데, 여기서 국제정치는 앞에서 언급했듯이 광의적 의미의 국제관계를 다루는 정치학의 한 학문분야인 것이다. 국제정치를 영문으로 'world politics'라 칭한다면 국제정치는 전쟁(war)과 세계평화(peace)의 문제를 다루는 국제안보(international security)와 전세계적인 부(wealth)와 빈곤(poverty)의 문제를 다루는 국제정치경제(international political economy)로 나눌 수 있다. 공교롭게도 그 첫 글자가 모두 'w'와 'p'인 것이다. 그리고 뒤에 언급하겠지만 세계시민으로서 우리가 지향하는 국제사회의 모습이 부(wealth)와 평화(peace)가 넘치는 국제사회라는 점에서 그 또한 'w'와 'p'로 시작됨을 알 수 있다.

우선 국제안보 영역인 전쟁과 세계평화의 문제를 그 시각(perspective)과 쟁점(issue)의 측면에서 살펴보면 다음과 같다. 국제관계를 설명하는 세 가지 기제(instrument)로 힘(power), 제도(institution), 구조(structure)가 있다. 각 기제를 강조하는 거시적인 시각을 언급하면 현실주의(realism), 자유주의 혹은 제도주의(liberalism 혹은 institutionalism), 구조주의(structuralism) 등을 들 수 있다. 이러한 맥락에서 상대적으로 미시적인 국제안보 관련 시각을 나열하면 세력균형(balance of power)이론, 공포균형(balance of terror)이론, 위협균형(balance of threat)이론, 이익균형(balance of interest)이론, 세력전이(power transition)이론, 집단안전보장(collective security)이론, 게임(game)이론 등을 말할 수 있다. 그 주요 쟁점은 국가안보(national security)와 인간안보(human security)로 크게 나누어진다.

국제안보 영역의 쟁점들을 다루기 위해서는 20세기 양차의 대전 중 제2차 세계대전 이후 국제관계의 변화를 이해함이 요구된다. 즉 냉전기(Cold War, 1950−1960년대), 긴장완화기(Detente, 1970년대), 신냉전기(New Cold War, 1979−1980년대 전반), 탈냉전기(Post Cold War, 1980년대 후반−2010년대), 네오냉전기(Neo−Cold War, 2020년대−)로 이어지는 국제사회의 흐름에 대한 지식이 필요한 것이다.

한편 국제정치경제 영역인 전 세계적인 부와 빈곤의 문제는 그 상대적인 미시적 시각으로 상호의존(interdependence)이론, 종속(dependence)이론, 국가주의(statist)이론 등을 다루게 되며, 그 주요 쟁점으로 통상(trade), 금융(finance), 환경(environment), 노동(labor), 부패(corruption), 인권(human rights) 등 여섯 가지 의제를 다루게 된다. 이들 쟁점을 전개함에 있어서 국제정치경제(통상·금융)체제를 구분하는 브레튼우즈(Bretton Woods) 체제와 후기 브레튼우즈(Post-Bretton Woods) 체제에 대한 이해가 요구된다.

앞서 언급한 여섯 가지 의제를 다룸에 있어서 주로 1980년대 중반 이후 강조된 시기와 그 세부 의제들에 초점이 맞추어지며, 이를 다자간 협상에 걸맞게 배열하면 우루과이라운드(Uruguay Round; 통상), 그린라운드(Green Round; 환경), 블루라운드(Blue Round; 노동), 금융라운드(Finance Round), 반부패라운드(Anti-Corruption Round), 인권라운드(Human Rights Round) 등의 순서가 된다. 통상을 논의함에 있어 오늘날 국제경제통합의 흐름이 주요 의제가 되며, 금융의 경우 국제금융시장의 변화와 통화·환율제도 및 외채문제 등이 그 주요 관심사가 된다. 또한 환경문제와 관련한 국제적 갈등, 동북아 환경협력, 환경파괴를 이유로 통상규제 문제 등이 국제환경 관련 세부 의제이며, 국제노동기준과 통상규제의 연계 및 이주노동자 문제 등이 국제노동 관련 세부 의제인 것이다. 새로이 대두된 의제로서 부패 문제는 OECD 뇌물거래방지협정에 따른 부패와 통상의 연계 및 부패지수 관련 투명성 논의를 중심으로 행해지며, 인권 논의 역시 그 개념 인식 및 국제적 기준 설정 문제 나아가 인권외교, 난민문제 등을 중심으로 행해진다.

위에 비추어보건대, 국제사회는 항시 해결해야 할 두 가지 과제를 안고 변화하여 왔다. 그 하나는 전쟁 문제이며 다른 하나는 빈곤 문제이다. 역으로 말하여, 평화와 부를 창출해야 할 과제에 직면해 있는 것이다. 20세기 말 이래 세계화의 흐름은 우리에게 바람직한 국제사회의 미래를 제시하고 있으나 그 가는 길이 순탄하지만은 않을 것임을 예고하고 있다. 낙관적으로 전망한다면, 지역주의의 흐름은 세계화와 상충되는 것으로 이해되기 쉬우나 지역주의의 성격이 폐쇄적인 것이 아니라 개방적인 것으로서 지구촌의 형성을

지향한다면 바람직하다고 볼 수 있는 것이다. 따라서 지역주의의 발전과정
이 지역패권주의로 흐르지 않도록 지역블록 간 상호협력의 심화가 요구된다
고 할 수 있다. 반면에 최근 감염병(COVID-19)으로 인한 탈세계화의 움직
임은 국가 간 갈등을 증폭시키며 비관적인 전망을 유발하고 있다.

　궁극적으로 말하여, 바람직한 국제사회의 모습은 부와 평화가 넘치는 '세
계민주공동체(world democratic community)'가 되어야 하는 것이다. 균등한 부
와 완벽한 평화가 보장되는 국제사회를 현실적으로 달성하기 어려우므로 국
제사회의 운영원리(힘이 아닌 제도·규범의 우위)의 민주화를 통해 즉, 국제사
회 내 의사결정과정의 민주화를 통해 세계민주공동체를 형성해야 할 것이다.

II. 제2차 세계대전 후 국제질서의 변화

1. 시기 구분

　20세기 후반의 국제정치 질서를 주요 행위자(강대국) 수와 국가 간 이해
관계(국가이익; 정치적 이념과 경제적 실리)를 중심으로 살펴보면 네 시기로 구
분될 수 있다. 즉 1950, 1960년대의 정치적 이념 갈등에 기초한 양극 구조
(안보이익>경제이익; 미국-소련)에서 1970년대의 경제적 실리를 아울러 강조
하는 이완된 양극 구조(안보이익=경제이익; 미국-소련-중국)로, 그리고 1980
년대 전반에 단기적으로 양극 구조(안보이익>경제이익; 미국-소련≥중국)를
경험하다가 1980년대 후반 경제적 이익을 우선시하는 다극 구조(안보이익
<경제이익; 미국-중국-독일-일본-러시아)로 전환된 것이다. 이러한 흐름은
1990년대와 21세기 초에 이르기까지 '다극 속의 단극 구조'[안보이익<경제이
익; 팍스아메리카나; (안보)미국-러시아-중국 + (경제)미국-일본-독일]로 변모
하다가 2010년대 후반 이래 '다극 속의 양극 구조' 혹은 'G20 속의 G2 구조'
[안보이익=경제이익; 미국 중심의 가치공유 우선 동맹·시장자본주의 국가군 대 중

국 중심의 이익공유 우선 동맹·국가(관료)자본주의 국가군; 미국－중국]로 변화되고 있다.

2. 변화의 동인

20세기 후반 국제정치 질서의 변화를 가져온 두 가지 주요한 동인 중 하나는 1970년대에 초강대국인 미국과 소련의 패권적 지위 유지를 위한 패권유지 수단의 변화이며, 다른 하나는 1980년대 중반 이래 미국이 주도적으로 추진해온 패권유지수단 운영원리의 변화라고 할 수 있다. 1970년대에 미소는 냉전적 대립 구도가 안보적 부담을 주고 경제적 실리를 훼손함으로써 결과적으로 동서(East－West system) 각 진영 내 그들 각각의 패권을 유지하는 데 어려움을 준다는 것을 인식하고, 상호 묵시적 합의하에 진영 내 경제력 우위를 통하여 패권을 유지하기 위한 노력을 경주하였다. 한편 1980년대 초 잠시 군사력에 기초한 신냉전기를 거친 후, 1980년대 중반 이래 미소는 경제적 실리와 경제력을 중심으로 한 패권 유지가 잘 작동하지 않음을 깨닫고 경제적 우위 강화를 위한 방안을 모색하였다. 이에 대한 양국의 대안은 다르게 나타났다. 즉 소련은 개혁과 개방의 흐름 속으로 결국 체제 전환(개혁, 개방)의 길을 걷게 되었으며, 미국은 경제력 중심의 패권 유지를 가능하게 하는 국제관계의 운영원리를 찾아내려 했고 그 결과는 세계화로 나타났다. 하지만 21세기 들어 반세계화의 역풍과 글로벌 금융위기는 중국의 급부상과 함께 새로운 국제정치 질서를 초래해왔다. 최근 감염병(COVID－19)으로 인한 탈세계화의 흐름은 새로운 냉전적 양극 구조를 파생하며 갈등적인 국제관계의 양상을 보이고 있다.

3. 변화의 내용

지난 반세기 국제정치 질서의 변화를 요약하여 언급하면, 1970년대 미소의 패권유지 수단의 변화에 따른 이완된 양극 구조의 질서, 그리고 1980년대 후반 이래 미소의 패권유지수단 운영원리의 변화에 따른 다극 구조의 질서로 구분할 수 있다. 전기에 미·소는 그 수단을 군사력에서 경제력으로 바꾸었으며, 후기에 미·소는 그 운영원리를 '차별화'에서 세계화로 바꾼 것이다. 힘에 의한 질서 구축만이 아니라 제도에 의한 질서 구축이 가능함을 인식하고 혹은 힘에만 의존하는 질서 구축이 한계가 있음을 인정하고 그 질서형성의 수단을 군사적인 것에서 경제적인 것으로 탈바꿈한 것이다. 후기에 미국은 전기의 수단 변화만으로는 지도국을 유지하기가 어려움을 깨닫고 그들이 유리한 방향으로 경제적 운영원리를 바꾸고자 한 것이며 그 대안적 원리가 다자주의와 규범주의를 바탕으로 한 세계화인 것이다. 이는 양자주의와 단속적 협상주의에 기초한 차별화와는 근본적으로 다른 것이다. 하지만 미국의 트럼프(Donald Trump) 행정부는 '미국 우선주의(America First)'를 앞세우며 미국의 국익에 부합하게 세계화 전략과 탈세계화 전략을 구사함으로써 패권유지를 위한 노력을 경주했다. 결국 이러한 전략은 실리를 취한 면이 없지 않으나 세계지도국으로서 미국의 위신(prestige)을 훼손하여 패권국의 지위를 위협받는 상황을 초래했다. 신임 바이든(Joe Biden) 행정부는 이러한 쇠락을 탈피하기 위해 '동맹 연대주의'와 '다자주의·규범주의'를 복원하는 전략을 표방하고 있다.

(1) '힘'과 '제도'를 통해 본 국제정치 질서

국제정치 질서의 변화를 패권안정(hegemonic stability)론적 시각에서 파악할 수 있다. 패권안정론은 권력정치(power politics)적 시각 속에서 즉 힘의 지배의 견지에서 국제정치 질서를 설명한다. 이 이론은 패권국이 그 체제의 규범을 설정하고 관리하기 때문에 국제적 갈등은 패권체제에서 가장 적게 일어난다고 말한다. 다른 말로 하여, 국제질서의 안정은 그 질서를 보존할

〈그림 1〉 제2차 세계대전 후 국제정치(안보+정치경제) 질서의 변화

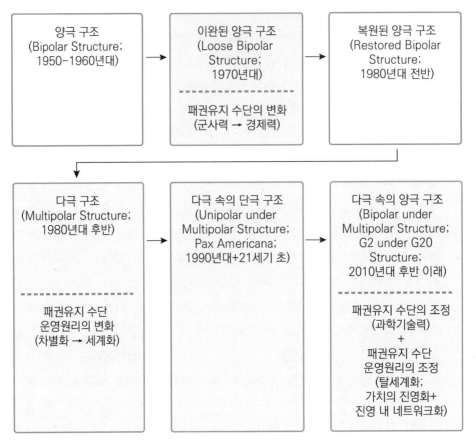

능력과 의사를 가진 패권국에 의해서 성취, 유지될 수 있는 것이다. 이러한 주장에 근거하여 지난 반세기간 전세계적인 전쟁이 일어나지 않은 이유는 미국과 소련이 패권적 지위를 유지해왔기 때문인 것이다. 아울러 지난 세기 말 소련 및 동구권의 붕괴에도 불구하고 세계질서가 비교적 평화롭게 유지될 수 있었던 것도 미국이 패권적 역량을 발휘해왔기 때문인 것이다. 20세기 말을 탈냉전기 혹은 미국 중심의 범미(Pax–Americana) 체제라고 부를 수 있으나, 엄밀히 말하여 미국이 주도하는 다극 구조라고 규정할 수 있다. 이러한 다극 구조는 중첩된 삼극 구조라고 할 수 있다. 즉 안보적 측면에서의

삼극인 미국, 러시아, 중국과 경제적 측면에서의 삼극인 미국, 독일, 일본이 합쳐져서 오극을 형성하는 다극 구조인 것이다. 안보 및 경제 양 측면에서 모두 미국이 들어간다는 점을 강조하면 미국 주도의 단극 구조라고도 명명할 수 있다.

제2차 세계대전 이후 국제정치질서는 양극 구조 → 이완된 양극 구조 → 복원된 양극 구조 → 다극 구조(다극 속의 단극 구조 → 다극 속의 양극 구조)로 변화해왔다. 21세기에 들어서서 다극 구조에 다양한 해석이 존재한다. 이미 언급한대로, 오극 구조로 보거나 미국 중심의 일극 구조로 보거나 혹은 미국과 중국의 양극 구조로 보기도 한다. 행위자 수가 어떻게 변하든 중요한 사실은 패권적 국가(군)의 힘(power)에 의해 국제정치질서는 주도된다는 견해와 그러한 국가(군) 없이도 제도(institution) 즉 국제레짐(international regime)에 의해 국제질서는 관리된다는 견해가 존재한다는 것이다.

국제질서의 변화 속에서 우리는 강대국 수를 기초로 한 구조적 특성과 상관없이 힘과 제도라는 행위기제가 동시에 작동해왔음을 알 수 있다. 이러한 사실이 국제정치질서의 연속성을 이해하는 근거가 된다.

한편 국제정치질서의 불연속성은 그 기제가 상대적으로 강조되는 시기를 유형학적으로 구분할 수 있다. 전후 반세기를 냉전기와 탈냉전기로 양분하여 설명하면 냉전기의 논리는 힘을 강조하며 탈냉전기의 논리는 규범 즉 제도를 상대적으로 강조한다고 볼 수 있다. 구체적으로 말하여, 전반적으로 양극 구조는 국가 간 역학 구도가 작동하는 위계적 구조이고, 이완된 양극 구조는 역학 구도가 근저하나 제도를 통한 협력의 가능성을 열어놓고 국제협력을 위한 레짐의 역할을 부분적으로 인정하는 구조이다. 다극 구조 자체가 힘의 논리의 적용가능성을 약화시키는 것은 아니나 국제협력의 요구가 증대되는 측면이 양극 구조에 비해 크기 때문에 제도의 기능이 작동할 여지가 많다. 따라서 레짐 구조가 형성될 가능성이 높은 것이다. 국제정치질서의 불연속성은 이러한 힘과 제도의 상대적인 작동 정도의 변화를 토대로 설명할 수 있다.

국제관계를 설명하는 기제로서 힘과 제도의 중요성은 각 국제정치 이슈별로도 달리 나타난다. 국제안보 이슈는 힘과 제도 중 상대적으로 힘의 논리가 작동하기 쉬운 영역이며, 국제정치경제 이슈는 제도의 논리가 작동하기 쉬운 영역이라고 할 수 있다. 국제안보는 생존의 문제와 결부되는 이슈이고, 국제정치경제는 삶의 질과 연결되는 이슈인 연유로 국제협력 가능성을 달리한다. 국제정치경제 영역이 국제안보 영역보다 국제협력을 달성할 가능성이 크다고 할 수 있다. 국제안보 학자의 다수가 힘을 강조하는 (신)현실주의자이고 국제정치경제 학자의 다수가 제도를 강조하는 (신)자유주의자라는 점이 이를 잘 반영한다.

요약하건대, 국제정치질서의 연속성은 그 시기와 이슈에 상관없이 힘과 제도 그리고 역학 구조와 레짐 구조에 근저하고, 불연속성은 그 시기와 이슈에 따른 힘과 제도의 상대적 중요성 그리고 역학 구도와 레짐 구조의 상대적 중요성의 변화가 이를 잘 대변해준다. 냉전기 양극 구조하에서 힘의 논리 강조와 탈냉전기 다극 구조하에서 제도의 논리 부상이 국제정치질서의 불연속성을 보여주고, 1970년대 긴장완화기 이완된 양극 구조하에서의 힘의 성격 변화(군사력 → 경제력)와 1980년대 후반 이래 탈냉전기 다극 구조하에서의 힘의 운영원리의 변화(차별화 → 세계화) 즉 제도적 틀의 변화(양자주의, 단속적 협상주의 → 다자주의, 규범주의)가 또한 그 불연속성을 잘 대변해준다.

(2) 국제안보 및 국제정치경제 체제의 변화

여기서 제2차 세계대전 후 국제정치질서의 연속성과 불연속성 문제를 국제정치의 두 가지 주요한 이슈인 전쟁과 세계평화의 문제 즉, 국제안보 문제와 전세계적인 부와 빈곤의 문제인 국제정치경제 문제로 구분하여 그림으로 제시하고자 한다.

〈그림 2〉 제2차 세계대전 후 국제안보(International Security) 체제의 변화

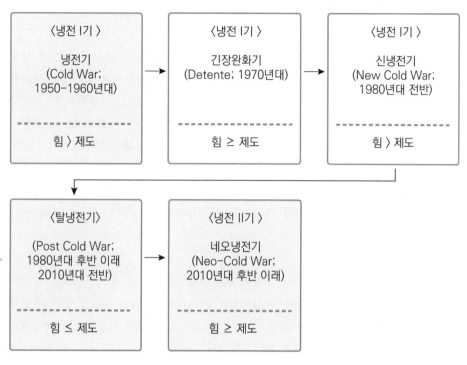

〈그림 3〉 제2차 세계대전 후 국제정치경제(International Political Economy) 체제의 변화

토론하기

1. 역사를 이해하면 오늘날의 국제적 사건을 더 잘 이해할 수 있다. 그러나 잘못된 비교는 때로는 우리를 잘못된 길로 인도할 수 있다. 현존 국제정치 사례를 선택하고 지난 역사적 사례와 연결한 후 토론하시오.: (1) 역사적 사례가 어떻게 우리가 현존 사례를 더 잘 이해하는 데 도움이 될 수 있는가, (2) 그렇게 하는 것이 왜 새로운 사건을 이해하고 다루는 데 문제를 일으킬 수 있는가.

2. 측정의 어려움과 서로 다른 통계자료를 사용하여 서로 다른 결론을 도출할 수 있다는 문제를 고려할 때 국제관계 연구에 있어 행태적 접근이 얼마나 가치 있다고 생각하는가? 이를 논의하시오.

3. 국제관계에서 베스트팔렌 조약의 중요성을 설명하시오. 어떤 중요한 개념과 원칙이 이 조약에 영향을 미쳤는가? 국제관계에서 어떤 주목할 만한 변화가 이 조약에 의해 시작되었는가? 베스트팔렌 조약 없이 오늘날의 국제관계가 어떻게 달라질 수 있는지 (또는 없는지) 토론하시오.

4. 2010년대 중반에 포퓰리즘이 발생한 이유와 그 부상의 가장 중요한 효과는 무엇이라고 생각하는가? 이러한 현상이 국제관계에 오래 지속되리라 생각하는지, 아니면 빠르게 진정되리라 보는지 논의하시오.

5. 21세기에 국제관계에서 몇 가지 문제가 부각되었다. 오늘날 국가가 직면한 가장 중요한 문제는 무엇이라고 생각하는가? 이러한 문제가 왜 그렇게 중요하다고 생각하는가? 구체적인 예를 들어 토론하시오.

정리하기

1. 정치학의 한 학문분야로서 국제정치란?

정치학의 분야를 한국정치, 정치 사상 및 이론, 비교정치 및 지역연구, 국제정치, 행정 및 정책학 등 다섯 가지로 나눌 수 있는데, 여기서 국제정치는 앞에서 언급했듯이 광의적 의미의 국제관계를 다루는 정치학의 한 학문분야인 것이다. 국제정치는 전쟁(war)과 세계평화(peace)의 문제를 다루는 '국제안보(international security)'와 전세계적인 부(wealth)와 빈곤(poverty)의 문제를 다루는 '국제정치경제(international political economy)'로 나눌 수 있다.

2. 국제정치의 연구 목적, 대상, 시각, 방법이란?

국제정치는 세부 이슈[연구대상]인 국제안보와 국제정치경제를 현실주의(힘), 자유주의(제도), 구조주의(구조) 등의 시각[연구시각]으로 그리고 개인, 국가, 국제체제 등의 분석수준에서 전통적 및 행태적 방법[연구방법]으로 연구하며, 전쟁과 평화의 문제를 다룸에 있어서 전쟁의 원인과 평화의 조건을 밝히고 부와 빈곤의 문제를 다룸에 있어서 빈곤의 원인과 부의 해법을 밝힘으로써 부와 평화의 국제사회를 지향한다[연구목적].

3. 국제안보와 국제정치경제란?

국제정치의 학문적 기원은 1648년 이후 즉 17세기로 거슬러 올라가나 주요 관심 대상은 제2차 세계대전 이후 오늘날까지이다. 국제정치의 세부 분야로 국제안보는 전쟁과 세계평화의 문제를 다루고, 관련 시각에는 세력균형이론, 공포균형이론, 위협균형이론, 이익균형이론, 세력전이이론, 집단안전보장이론 등이 있으며, 그 주요 쟁점은 국가안보와 인간안보이다. 국제정치의 또 다른 세부 분야로 국제정치경제는 전세계적인 부와 빈곤의 문제를 다루고, 관련 시각에는 상호의존이론, 종속이론, 국가주의이론 등이 있으며, 그 주요 쟁점은 통상, 금융, 환경, 노동, 부패, 인권 등이다.

2. 국제정치의 기본 시각

📝 핵심 용어 정리

용어	뜻
행위자	국제관계의 주체를 말하며 협의적으로 정의하면 국가 (state actor)에 한정할 수 있으나, 광의적으로 정의하면 국가와 더불어 국제기구, 다국적 기업 등을 포함하는 비국가 행위자(non-state actors)를 모두 일컬음
행위 기제	국제관계를 지배하는 주요한 기제는 힘(power), 제도 (institution), 구조 (structure)임. 따라서 국가 간의 관계는 힘의 우열관계로 설명할 수 있고, 국제 규범의 틀을 중심으로도 분석이 가능하며, 나아가 그 관계가 위치하는 구조적 현실을 토대로도 해석이 가능함
국제정치 기본 시각	국제안보 관련 시각에는 세력균형이론, 공포균형이론, 위협균형이론, 이익균형이론, 세력전이이론, 집단안전보장이론 등이 있고, 국제정치경제 관련 시각에는 상호의존이론, 종속이론, 국가주의이론 등이 있음

주 제 ————————————————————————————————————

국제관계의 행위자(actor; state & non-state actors)와 행위기제(instru-
ments; power & institution & structure) 그리고 기본 시각(perspective)
은 어떠한가요?

학/습/목/표 ————————————————————————————————

1. 국제관계의 행위자와 행위기제에 대해 이해할 수 있다.
2. 국제정치의 기본 시각을 파악할 수 있다.

학/습/목/차 ————————————————————————————————

1. 국제관계의 행위자와 행위기제에 대한 소개
2. 국제정치의 시각에 대한 기본적 소개

Ⅰ. 국제관계의 행위자와 행위기제에 대한 소개

1. 국제관계의 행위자(actor)

국제관계(international relations)를 연구하는 정치학의 한 학문분야를 우리는 국제정치(international politics) 혹은 세계정치(world politics) 혹은 범지구적 정치(global politics)라고 일컫는다. 어느 용어를 사용하든 국제관계를 다룬다는 것은 부인할 수 없으며, 다만 그 관계의 주체와 성격에 대해 약간의 차별화된 인식이 존재한다고 할 수 있다.

국제관계의 주체를 협의적으로 정의하면 국가(state actor)에 한정할 수 있으나, 광의적으로 정의하면 국가와 더불어 국제기구, 다국적기업 등을 포함하는 비국가 행위자들(non-state actors)을 모두 일컫는다. 또한 정치학 분야에서 국제관계의 성격을 협의적으로 정의하면 정치, 군사, 안보적 관계에 한정되나 광의적으로는 여기에 경제, 사회, 문화적인 관계를 포함하는 다양한 관계를 말한다. 오늘날 국제관계를 이해함에 있어서 우리는 그 주체와 성격을 광의적으로 파악함이 타당하다. 한마디로 말하여, 국제관계학(국제정치학, 세계정치학, 지구정치학)이란 국제사회에 있어서 국가 혹은 비국가 행위자들 사이의 정치, 군사, 안보적 및 경제, 사회, 문화적 관계를 다루는 학문분야라고 할 수 있다.

2. 국제관계의 행위기제(instrument)

(1) 행위기제에 대한 소개

국제관계를 지배하는 주요한 기제는 힘(power), 제도(institution), 구조(structure)라고 할 수 있다. 국가 간의 관계는 힘의 우열관계로 설명할 수 있고, 국제적 규범의 틀을 중심으로도 분석이 가능하며, 나아가 그 관계가 위치하는 구조적 현실을 토대로 해석이 가능하다. 어느 기제에 강조점을 두느냐에 따라서 그 시각은 현실주의(realism), 자유주의(liberalism), 구조주의(structuralism)로 나뉠 수 있다. 이 중 힘과 제도를 둘러싼 이견이 국제정치이론 논쟁을 이끌어왔다.

(2) 힘-현실주의 대 제도-자유주의

국제관계를 이해하기 위해서 우리는 힘 즉 '국력(national power)'이라는 개념을 논의해야 한다. 국력이란 특정국가가 갖고 있는 능력을 의미하며, 군사적, 경제적, 인구학상의 자원을 모두 포함하는 개념이다. 이를 측정하기 위해서 싱어(Singer 1989)는 인구(전체 및 도시 인구), 산업능력(에너지소비량 및 철강생산력), 군사능력(군사비지출 및 화력) 등을 활용하고, 오간스키(Organski 1981)는 국민총생산(GNP)과 정치발전을 가늠하는 납세수준(tax effort) 등을 토대로 국력을 파악한다. 이러한 국력에 기초하여 그 역학관계를 중심으로 국제관계를 설명하고자 하는 부류의 학자들을 우리는 현실주의자라 부르며, 반면 국력보다는 국제 규범을 토대로 국제관계를 파악하려는 부류의 학자들을 자유주의(제도주의)자라고 일컫는다.

현실주의는 국제체제의 무정부성과 국가의 권력 추구욕을 지적하고, 국가 간의 갈등 현상과 협력의 제한성을 강조한다. 즉 국제사회의 권력 정치(power politics)적 성격을 설명하고자 한다. 자유주의는 국가를 포함한 다양한 행위자들 간의 상호의존과 협력을 강조하며 국제제도의 역할을 지적한다. 이에 비하여 신현실주의(neo-realism)와 신자유주의(neo-liberalism)는 각각 현실주의 및 자유주의와 기본적으로 같은 입장을 취하나 분석수준에 있어서 분석의 초점이 주로 국제체제 혹은 국가 간의 관계에 주어진다.

신자유주의는 어떻게 자기중심적인 행위자들이 무정부 상태 속에서 그리고 서로의 중요한 이해관계가 상충하는 가운데 협력을 할 수 있을까를 다루며, 국가 간의 협력이 이기적인 국가 사이에서도 일어날 수 있고, 이러한 협력을 위해 중요한 역할을 하는 것이 국제기구나 국제제도라고 한다. 즉 제도화가 중요함을 강조한다. 한편 신현실주의는 국가 간 협력의 장애요인으로 타국의 배신에 대한 우려와 상대적인 이익의 성취에 대한 우려를 지적한다. 또한 상대적인 이익을 중시하여 절대적인 이익이 있어도 협력이 일어나기 힘들다는 논리를 전개한다. 무정부성은 단순히 규범을 이행시킬 대리 기관의 부재가 아닌 다른 국가에 의해 잠재적이고 현실적인 폭력의 위협에 처해 있는 상황을 의미한다고 말한다(Jervis 1982). 이들의 시각을 단순화하여 비교하면, 현실주의와 신현실주의는 무정부 상태 속에서의 갈등(conflict under anarchy)을, 자유주의는 상호의존 속의 협력(cooperation under interdependence)을, 신자유주의는 무정부 상태 속에서의 제한된 협력(limited cooperation under anarchy)을 각각 강조하는 것이다.

신현실주의자인 월츠(Waltz 1967, 1979, 1993)는 국제체계의 무정부적 구조성을 발견하고 국가의 행동을 이들의 속성이 아닌 체제의 수준에서 설명한다. 모겐소(Morgenthau 1967)는 국제적 무정부 상태라는 특징을 인간성에 관한 좀 더 근본적이고 선험적인 가정으로부터 이끌어내나, 월츠는 국제체제 수준에서의 가정으로부터 출발하는 것이다. 따라서 이를 구조적 현실주의 혹은 신현실주의라 일컫는다. 월츠에 의하면, 불평등한 단위로 이루어진 세계는 상호의존적일 수 없으며, 국가 간의 상호의존성은 협력을 이루는 조건이라기보다 오히려 한 국가의 자율성과 생존을 위협하는 현상이라는 것이다. 극단적 상호의존성은 오히려 전쟁을 촉진하는 원인이 되며, 국제체제의 구조적 성격을 찾아내고 이것이 어떻게 국가들의 행동에 대해 영향을 미치는가를 알아내야 한다는 것이다.

이러한 월츠에 대해 신자유주의자인 코헤인(Keohane 1984, 1989)은 월츠가 국가권력을 정치력, 경제력, 군사력을 포함하는 총체적인 개념으로 보기 때문에 국제경제관계를 제대로 설명하기 힘들다고 지적한다. 경제력 배분에 따른 국제구조를 설정해야 한다는 것이다. 즉 국가 간 상호의존의 증가가 곧바로 경제적 갈등으로 이어지는 것은 아니며 갈등이 발생하더라도 국가이익의 상호조정과 교섭을 통해 얼마든지 국가 간의 협력을 달성할 수 있다는 것이다. 코헤인의 주장은 국제제도가 국가 간의 협력을 촉진시킬 수 있다는 믿음에 기초하고 있다.

결국 국제관계는 (신)현실주의와 (신)자유주의 중 어느 한 시각만 가지고 설명이 불가능하며 양 시각을 모두 고려하여야 한다. 국제관계는 협력과 갈등이라는 두 가지 속성을 공유하고 있다. 갈등만을 강조하다보면 협력의 가능성을 간과하는 우를 범하게 되고, 한편 협력만을 강조하다보면 갈등을 외면한 현실감이 결여된 판단을 하게 된다. 따라서 양 시각을 수렴한 혹은 사례별로 양 시각을 분리하여 적용하려는 노력이 요구된다고 할 수 있다. 한마디로 말하여, 힘과 제도 즉 국력과 국제규범이라는 두 가지 측면의 고려가 국제관계를 이해하는 데 필수적인 것이다.

(3) 신현실주의(Neo-realism)-신자유주의(Neo-liberalism) 시각 논쟁

볼드윈(Baldwin 1993)이 제시한 여섯 가지의 기준을 토대로 신현실주의와 신자유주의를 비교하여 논의하면 다음과 같다.

첫째, 무정부 상태의 성격과 결과에 있어서 신현실주의는 갈등을 전제로 하고 신자유주의는 협력을 전제로 한다. 즉 신현실주의는 무정부 상태를 국가의 안보·생존에 대한 위협으로 인식하며, 신자유주의는 약속이행의 불확실성 문제를 중시한다.

둘째, 협력 달성 가능성에 관하여 신자유주의는 달성이 가능함을 강조하나 신현실주의는 달성의 어려움을 강조한다. 신현실주의는 국가들이 안보에 일차적인 관심이 있기 때문에 국력의 상대적 차이와 이에 따른 상대적 이익을 강조하나, 신자유주의는 국가들이 상호주의적 전략을 통하여 상대방을 감시하고 비협력적 태도에 대하여 처벌을 할 수 있기 때문에 그리고 국제제도들의 존재로 인하여 국제협력이 용이하다고 한다.

셋째, 상대적 이익(relative gains)과 절대적 이익(absolute gains) 추구의 차이를 둘러싼 논쟁에 있어서 신현실주의는 국가들이 상대적 이익을 중시한다고 한 반면 신자유주의는 상대적 이익과 절대적 이익은 궁극적으로 차이가 없다고 말한다. 신자유주의적 입장에서 스나이덜(Snidal 1985, 1991)은 상대적 이익 추구에 관한 가설은 절대적 이익의 용어로 보다 잘 표현될 수 있다고 주장하며, 밀너(Milner 1987)도 절대이익의 추구와 상호주의 전략의 결합은 상대이익 추구와 동일하기 때문에 상대이익의 추구가 협력을 방해하지 않을 수 있다고 말한다.

넷째, 강조하는 국제관계의 이슈영역에 있어서 신현실주의는 상대적으로 국제안보적 이슈를 강조하고, 신자유주의는 상대적으로 국제정치경제적 이슈를 강조한다. 즉 안보 영역에 있어서 상당수의 학자들은 신현실주의적 입장을 취하고 있으며, 반면 경제 영역에 있어서 상당수의 학자들은 신자유주의적 입장을 취하고 있다. 이는 안보 영역에 있어서 보다 경제 영역에 있어서 협력의 가능성이 높은 데 기인한 것이라고 할 수 있다.

다섯째, 국가 간 관계에 있어서 상대국의 의도(intention)와 능력(capability)에 대한 입장을 비교하면, 신현실주의는 상대국의 미래 의도에 관한 불확실성으로 인해 능력을 강조하고, 신자유주의는 힘의 분배에 대한 관심보다는 의도를 강조한다. 즉 신현실주의는 상대방의 미래 의도에 대해서 누구도 확신할 수 없기 때문에 국력의 차이를 중시할 수밖에 없다는 것이며, 신자유주의는 특정국가의 안보문제와 상대적 이익에 대한 민감성은 상대방의 의도 및 선호에 대한 인식에 따라 중요한 차이가 있다고 한다.

마지막으로, 국제 레짐과 제도의 중요성에 대해 신현실주의와 신자유주의는 다른 인식을 하고 있다. 즉 신현실주의는 국제레짐의 중요성을 무시하거나 주변적인 것으로밖에 인정하지 않으나, 신자유주의는 국제제도들의 역할을 강조하고 국제제도가 국제협력의 어려움을 상당부분 해결해 줄 수 있다고 주장한다. 신자유주의적 입장에서 액설로드(Axelrod 1985)와 코헤인(Keohane 1984, 1989)은 제도란 행위자들이 직면하고 있는 수익구조를 바꾸고 미래의 그림자를 길게 할 수 있으며 다수 행위자들 사이의 게임을 소수 행위자들 사이의 게임으로 분리시킬 수 있다고 말한다.

II. 국제정치의 시각에 대한 기본적 소개

1. 국제안보 시각

(1) 국제안보에서의 힘과 구조

국제안보 즉 국제사회의 전쟁과 평화의 문제를 다룸에 있어 국가 간 역학구조와 구조적 틀을 강조하는 대표적인 시각으로 세력균형(Balance of Power) 이론과 세력전이(Power Transition) 이론 등이 있다. 이들을 그 가정과 주장을 토대로 각각 설명하면 다음과 같다(Morgenthau 1967; Organski 1981).

세력균형이론의 가정은, 첫째, 각국은 그 자신의 국력을 극대화하려 하며, 둘째, 각국은 그 자신의 희생의 대가를 치러서라도 상대국의 패권적 야망을 막아내려 하고, 셋째, 일국의 힘만으로 패권적인 야망을 갖는 국가를 제거하기는 힘들며, 마지막으로, 일국은 그 자신의 국력을 증가시키거나 적의 국력을 약화함으로써 힘의 균형을 유지(군비증강, 영토점유, 완충지대설정, 동맹결성, 개입 등)할는지 모른다는 것이다.

이 이론의 주장에 의하면, 각국은 그 자신의 국력을 극대화하고 상대국을 견제함으로써 힘의 균형상태를 이루고자 하며, 어느 국가도 패권적 지위를 허용하지 않으려 한다. 즉 어느 국가도 초월적인 힘을 갖지 못하며, 이러한 불확실성이 공격 즉 전쟁개시를 쉽사리 못하게 한다는 것이다. 따라서 세력균형이 약소국의 독립을 가능하게 하고, 평화를 보증하게 한다고 한다. 이와 같이 세력균형이론은 국가 간 힘의 균형 상태 유무를 기초로 전쟁의 원인과 평화의 조건을 제시하고자 한다. 예를 들어, 세력균형이론에 의하면 제2차 세계대전 후 세계평화는 미국과 소련 간 세력균형이 유지되었기에 가능한 것이었고, 한반도 평화 또한 주변 4대 강국 및 남북한 간 혹은 미국을 균형자로 한 남북한 간 세력균형이 있었기에 유지될 수 있었던 것이다.

세력전이이론의 가정을 살펴보면 다음과 같다. 첫째, 국력을 증가시킴에 있어서 동맹과 같은 외적인 요인들보다 산업능력같은 내적인 요인들이 중요하다. 둘째, 각국은 국력 전환의 세 국면-잠재적 힘의 단계, 과도기적 성장 단계, 힘의 성숙 단계-을 거쳐서 진화한다. 셋째, 국제체제는 국력을 기준으로 각기 다른 위치를 점하는 국가군-패권국, 강대국, 중진국, 약소국-으로 구성되어 있다. 넷째, 국제체제는 현존체제에 만족하는 국가군과 불만족하는 국가군으로 구성되어 있다. 마지막으로 현존체제에 불만족스러워하는, 따라서 새로운 국제체제를 설립하기 위해서 패권국을 공격하는 도전국이 국제체제에 존재한다.

세력전이이론은 다음과 같은 주장을 한다. 첫째, 동맹은 힘의 균형상태 유지를 위해 쉽게 이합집산하지 않는다. 예를 들어, 이념적 결속력이 세력균형 논리를 훼손한다. 둘째, 도전국은 힘의 성숙단계 이전에 패권국에 대해 공격을 개시할 것이다. 셋째, 힘의 균형상태(도전국이 패권국의 힘에 버금가는 상태)가 전쟁의 가능성을 증가시키고, 패권적인 국가의 존재가 오히려 전쟁의 가능성을 낮춘다. 마지막으로, 만약 패권국이 현존체제에 만족해하는 또 다른 패권국에 의해 대체되면 평화로운 국제체제 전환이 가능하다. 이러한 주장에 의하면, 결국 패권국의 존재(패권구조) 유무가 평화 유지에 관건이 되는 것이다. 예를 들어, 세력전이이론에 의하면 제2차 세계대전 후 동서체제에 있어서 평화가 유지될 수 있었던 것은 미국과 소련이라는 패권국이 그 패권구조를 적절히 관리해왔기 때문이라고 할 수 있다. 설사 미국을 중심으로 한 자본주의 패권체제가 일본·독일 등의 도전에 직면해 왔을지라도 전쟁의 발발 가능성을 매우 낮게 평가하는 것은 이들 도전 세력이 현존체제를 지지하는 국가군에 속해 있기 때문이다.

같은 맥락에서 공포균형(Balance of Terror)이론은 핵균형 여부 즉 핵무기 보유 여부가 평화유지의 관건이라고 한다. 특히 경쟁적인 인접국가 간 핵무기의 보유는 전쟁발발 가능성을 줄일 수 있는 조건이 된다. 이 이론에 의하면 제2차 세계대전 후 세계평화의 유지는 미소 간 핵균형이 존재했기 때문에 가능했던 것이다. 즉 핵전쟁이 공멸을 의미하는 상황에서 전쟁의 승리자는 있을 수 없다는 판단에서 합리적 행위자라면 전쟁을 개시하지 않을 것이라는 믿음을 강조한다.

(2) 국제안보에서의 제도

세계평화를 유지하기 위한 방안으로 국제규범을 강조하는 대표적인 이론인 집단안전보장이론은 집단안전보장을 위한 도덕적 유인과 강제적 압박을 전제로 한다. 이 이론에 의하면, 평화애호 국가군(회원국들)의 힘이 도전국보다 훨씬 우세할 때 집단안전보장은 작동하며, 누가 평화 파괴자이냐에 대한 일치된 견해가 있어야 집단안전보장은 작동할 수 있다. 아울러 회원국들이 평화 파괴행위에 대해 집단안보를 위한 무력사용의 의지가 있어야 집단안전보장은 작동할 수 있는 것이다.

국제규범에 의해 세계평화를 유지한다는 것은 가장 바람직하나 과거에는 잘 작동하지 않은 것이 사실이다. 국제연맹의 실패와 각종 평화조약이 힘의 논리에 의해 파괴된 예는 이를 잘 대변해준다. 그러나 20세기 말 탈냉전의 흐름과 21세기 새로운 다자안보체제의 수립 노력 속에서 국제안보레짐 구축 논의는 규범에 의한 세계평화의 가능성을 증폭시키고 있다. 예를 들어, 과거 북한 핵문제를 둘러싼 6자회담 논의는 국제규범에 의한 동북아 평화체제 유지에 기여하게 될 것이다. 물론 그러한 규범에 의한 안보 관리가 힘의 공백 상태에서 이루어지는 것은 아니나 주변국들의 안보 공동체 의식을 어느 정도 가늠할 수 있는 좋은 사례가 되는 것이다.

최근 부각되고 있는 민주평화론 역시 이러한 낙관주의적인 세계관에 근거하고 있다. 그 시각의 골자는 국제사회에서 민주 정부가 비민주 정부보다 전쟁을 일으킬 가능성이 상대적으로 적다는 것이다. 민주 정부는 평화애호국일 가능성이 크며 전쟁 개시 결정을 내리는 과정에 있어서 그 민주성으로 인해 보다 합리적인 판단과 사려 깊은 행동을 하게 된다는 것이다. 요컨대, 전쟁 결정을 하기가 상대적으로 어렵다는 것이다. 지난 클린턴 행정부는 미국의 대외전략의 기조로서 '관여와 확산(engagement and enlargement)'이라는 틀을 제시한 바 있다. 여기서 관여란 미국의 사활적 이익이 달린 지역에 대한 개입주의를 말하며, 확산이란 미국식 가치 즉 미국식 민주주의(정치생활양식)와 자본주의(경제생활양식)의 확산을 의미한다. 결국 미국은 미국식 생활양식의 보편화가 궁극적으로 세계평화를 가져올 것이라는 믿음하에서 세

〈표 1〉 국제안보의 주요 시각

Summary of Theoretical Perspectives in International Security

구분 \ 유형	세력균형 이론 (Balance of Power)	공포균형 이론 (Balance of Terror)	세력전이 이론 (Power Transition)	집단안전보장 이론 (Collective Security)
국력의 원천 (Source of Power)	동맹 (Allies)	핵무기 보유 (Nuclear Weapons)	산업능력 (Internal Capabilities)	국제적 동맹 (International Alliance)
전쟁의 원인 (Source of War)	힘의 불균형 상태 (Inequality)	힘의 불균형 상태 (Inequality)	힘의 균형 상태 (Equality)	힘의 균형 상태 (Equality = Aggressor can stand up to the collective.)
평화의 원인 (Source of Peace)	힘의 균형 상태 (Equality)	힘의 균형 상태 (Equality)	힘의 불균형 상태 (Inequality)	힘의 불균형 상태 (Inequality = Collective Dominance)
공격자 (Aggressor)	강자 (Strong)	강자 (Strong)	약자 (Weak)	약자 (Weak relative to others)
동맹 중요성 (Allies Importance)	중요함 (Yes)	중요하지 않음 (No)	중요하지 않음 (No)	중요함 (Yes)
국력의 조작 가능성 (Power Manipulable)	가능함 (Yes)	가능함 (Yes)	불가능함 (No)	가능함 (Yes)
국가 목표 (Goals)	국력 극대화 (Maximizing Power)	국력 극대화 (Maximizing Power)	체제지지 혹은 체제파괴 (System Support / System Destruction)	평화 유지 (Peace)
연구 초점 (Focus of Study)	외교 (Diplomacy)	핵무기개발 여부 (Nuclear Weapons)	경제발전 (Development)	외교 / 국제기구 (Diplomacy / International Organization)

계전략을 수행해가는 것이다. 부시 행정부하의 이라크 침공은 석유라는 부존자원을 많이 보유하고 중동지역의 중심에 자리잡은 이라크가 미국의 사활적 이익이 달린 지역이라는 판단하에, 친미정권 수립을 위해, 다른 말로 미국식 가치를 공유할 수 있는 정권을 수립하여 중동지역을 평화적으로 관리 운영해보고자 하는 미국의 시도라고 할 수 있다. 고전적 자유주의의 부활이라고 할 수 있는 민주평화론은 바로 이러한 생각에 기초하고 있다.

2. 국제정치경제 시각

(1) 국제정치경제에서의 힘

국제정치경제 관계에서 힘을 강조하는 신중상주의(Neo-Mercantilism)는 경제적 요소보다 정치적 요소를 강조한다. 중상주의는 특별한 타입의 현실주의이다. 이 시각에 의하면 국가가 국제정치경제의 중심 행위자이며, 특정한 이익·목적을 가진다는 것이다. 신중상주의의 지지자들은 길핀(Gilpin 1975, 1987), 허쉬만(Hirschman 1980), 그리고 월츠(Waltz 1967, 1979, 1993) 등이다. 이 이론은 결집된 이론적 주장이라기보다는 국제관계의 규범적 정책·처방의 집합이다. 길핀은 국제경제 관계가 사실상 정치 관계라고 주장하며 신중상주의는 각국이 자신의 이익극대화를 위해 경제적 계약을 조정하는 정부의 시도를 의미한다고 한다.

신중상주의 이론 혹은 국가주의 이론의 가정은 다음과 같다. 우선 부는 국력증가를 위한 절대적으로 근본적인 수단이며 국력은 부의 유지 혹은 획득을 위한 수단으로서 근본적이며 가치 있는 것이다. 부와 국력의 증가는 국가가 추구하는 궁극적인 목적인 것이다. 이 이론에 의하면 국가는 국제경제 관계에서 지배적이며 단일한 행위자이다. 군사력으로 대변되는 국력은 정책의 가장 효과적이며 유용한 수단인 것이다. 국력의 수준이 정책에 대한 각국의 입장을 결정한다. 즉 얼마나 많은 국력을 보유하느냐가 그 국가의 정책적 입장에 영향을 끼친다는 것이다.

허쉬만은 외국과의 무역이 국력을 증가시킴에 있어 중요한 역할을 한다고 주장한다. 그는 일국의 국력에 입각한 외국무역의 두 가지 주요한 영향을 언급한다. 그 첫째 영향은 무역이 보다 많은 상품공급을 함으로써 혹은 필요한 상품을 교환함으로써 일국의 잠재적 군사력을 증진한다는 것이며, 그 두 번째 영향은 일국의 부를 증가시킴으로써 국력 증강의 직접적인 원천이 될른지 모른다는 것이다. 짧게 말하여, 외국무역은 국력을 확장하는 수단으로서 간주될 수 있는 것이다(Hirschman 1980, 13-17).

국가주의적 시각이 보는 국제체제는 패권적인 구조이다. 즉 중심부에 패권국이 존재하고 주변부에 종속국이 존재하는 패권적인 체제를 가진다는 것이다. 여기서 패권국은 체제를 유지하고 지배할 수 있는 혹은 하려는 의지를 가진 가장 강력한 국가를 말한다. 종속국은 그 상대적 국력에 있어 뒤떨어지는 국가를 의미한다. 길핀은 정치적 패권과 외국투자 사이에 촛점을 맞춤으로써 자유국제경제 체제의 흥망을 설명한다. 그는 자유주의 세계경제질서는 그 체제를 관리하고 안정시키는 패권국의 개입 없이는 자기파괴적인 것이라 주장한다. 그러므로, 자유주의적 국제경제는 정치적으로 지배적이고 경제적으로 능력 있는 한 국가를 요한다는 것이다. 길핀은 패권국을 자유주의 세계경제체제의 수호자로서 간주하고, 그 지배적인 국가는 기술혁신을 통해서 그 패권적 지위를 보존하기 위해 외국 무역에 힘써야 한다고 주장한다(Gilpin 1975).

신중상주의 이론에 의하면 각국은 그 자신의 이익을 반영한 경제정책을 추구한다는 것이다. 일국은 그 자신의 이익 추구가 다른 국가의 희생에 기인하든 안하든 간에 그 자신의 이익 극대화를 위해 부와 권력의 정책을 추구한다. 국가는 부의 극대화, 상품과 서비스의 소비 극대화, 생산과 소비의 극대화, 가격의 급격한 상승 통제, 외국시장에의 도달 및 외국상품의 국내침투 보호를 통해 통상관계에 관여한다. 결국, 증가된 경제관계는 필연적으로 '지구촌(global village)'을 초래하는 것이 아니라 국가 간에 경제적 갈등을 증폭시킬는지 모른다는 것이다. 신중상주의 이론이 설명하는 국제정치경제 구조는 미국의 안보·경제 이익을 증진하는 미국의 패권 구조라고 할 수 있다.

그 근본적 의제의 하나는 미국의 패권체제 후 무엇이 다음에 오느냐 하는 것이다.

(2) 국제정치경제에서의 제도

서구선진자본주의 국가 간의 관계를 설명하고 국제정치경제 관계에서 제도를 강조하는 상호의존이론(Interdependence Theory)은 국제정치경제의 자유주의적 경제적 주장으로, 스미스(Smith)의 '보이지 않는 손(invisible hand)'에 기초한 정치와 경제의 분리 그리고 중상주의적 경제정책에 대한 반발을 기초로 한다. 이는 독립경제주체 간의 자발적인 협력관계를 강조하며, 모든 참여국의 적정한 경제성장과 혜택을 토대로 수요공급 원칙에 따른 개방경제체제에 근거한 자유무역을 옹호한다. 월러리(Walleri)에 의하면 자유주의 세계는 자유방임적 자본주의, 재산권, 제한된 정부, 그리고 사회적 진화론을 강조하며, 완벽한 경쟁하에서 시장은 최대의 경제성장, 발전, 그리고 일반복지를 창출하는 것이다(Walleri 1978, 592-593). 또한 모오스(E. Morse)도 자유시장에서의 개인자유체제는 중상주의하에서보다 고수준의 물질적 이익을 가져다준다고 강조한다(Morse 1976, 661).

이 이론의 가정은 다음과 같다. 첫째, 개인은 가장 창조적인 존재로 합리적이며 이익의 극대화를 도모한다는 것이다. 이는 인간 본성에 대한 낙관적인 견해이다. 둘째, 사회는 자기조절적이라서 전혀 간섭할 필요가 없다는 것이다. 보이지 않는 손에 의해서 적절히 움직여진다는 것을 의미한다. 셋째, 정부는 비효율적인 집단이라는 것이다. 정부는 완전경쟁을 위해 불완전한 시장에 개입해야 하나, 그 이상은 아닌 것이다. 넷째, 경제적 거래의 성격은 조화롭고 상호주의적이다. 다섯째, 경제적 거래는 양의 합 게임(positive sum game)에 근거한다. 이 이론이 다루는 국제관계의 주요 행위자는 개인 기업주들(자본가들), 기업들(주로 다국적기업들), 그리고 국제기구들(IMF·GATT 등)이다. 이들이 국제레짐(international regime)을 구성한다. 여기서, 레짐이란 "국제정치경제의 특정한 영역(무역, 재정, 통신, 환율 등)을 지배하는(규칙제정, 행위·규칙 증진, 통제유지 등) 관련 행위자들의 연결구조"를 의미한다. 자유주의적 시각에서 보면, 레짐은 국제관계의 모든 분야에서 존재하며, 국제관계의 모든 행위자들은 그들 행위를 구속하는 각종 원칙, 규범 및 규정들에 의해 영향받게 된다(Keohane and Nye 1977, 19-22).

상호의존이론에 의하면, 국가 간 거래의 동기는 한마디로 상호이익 즉, 돈·이익·부에 있고, 그 주된 주장은 증가된 경제관계가 모든 참여국을 위해 이롭다는 것이다. 즉, 국가 간 거래는 하면 할수록 보다 더 많은 이득을 가져오고, 이러한 관계의 확산이 지구촌을 형성한다는 것이다. 개발도상국은 그 과정에서 발전된다는 것이다. 선진국으로부터 개발도상국으로의 자연적인 자본·기술·관리 노하우의 이전이 가능하다는 것이다. 이러한 이론의 문제점은 내적인 모순인 사회가 자기조절적인가 하는 데서 오는 것과 실제 세계의 문제인 거래의 동기는 이익 극대화인데, 참여하는 모든 국가가 이득을 봐야 한다는 것이 사실인가 하는 것이다. 또한, 정치와 경제를 분리하고, 경제를 우선하고 정치는 그 다음으로 하는데 둘을 진정으로 분리할 수 있는가 하는 데서 오는 의문이다.

하나의 분석적 개념으로서 상호의존은 거래의 상호적 득실과 체계적 연관성을 강조하는 공동의 의존을 의미한다. 코헤인과 나이는 세계정치 현실은 복잡한 상호의존으로서 묘사될 수 있다고 주장한다. 그 개념은 세 가지 특징을 토대로 한다. 첫째, 관계의 다양한 채널이 존재한다는 것이다. 이는 정부·비정부 엘리트와 국가 간 기구들 사이의 비공식적 연결과 국가·정부 간의 공식적 연결 등을 포함한다. 둘째, 다양한 이슈가 유연하게 존재한다는 것이다. 국내·대외 정책의 구별이 덜 명확해지며, 군사·안보 문제의 중요성이 감퇴한다. 셋째, 정책 수단으로서 군사력의 약화된 역할을 내포한다. 예를 들어, 군사적 수단을 가지고 무역분쟁을 해결할 수도 없고 하지도 않는다. 비록 복잡한 상호의존의 의미가 상호작용에 근거할지라도, 상호의존은 항시 참여의 비용과 관련한다. 가장 뚜렷한 비용은 감소된 자율성(autonomy)에 있다. 일국은 자신의 행위의 자율성에 대한 제한을 대가로 특정한 경제적 이익을 얻으려 할른지 모른다는 것이다(Keohane and Nye 1977, 8-11).

그런데 이러한 국제관계에 있어서의 상호의존이라는 개념은 세력균형에서와같이 행위자들이 필요 상 의도적으로 상호의존관계를 형성하는 것이 아니라, 국제체제의 본질적 변화에서 자연적으로 파생되는 국제관계의 행위자 간에 존재하는 정치경제적 상호의존관계를 말하는 것이다. 예를 들어, 서구 선진제국 중 일국의 정치상황과 경제정책이 상대국의 국내 정치 및 경제에 불가피하게 영향을 미치게 되고, 또한 그 역도 성립할 때 그들은 정치경제적으로 상호의존되어 있다고 말할 수 있다. 이러한 선진자본주의 국가 간의 상호의존관계는 주로 대칭적 상호의존관계로 나타나며, 이는 의존관계를 맺고 있는 국가의 상대적 중요성이 비교적 대등함을 의미한다. 이때 상호의존관계가 꼭 동일 분야에서 동등하게 이루어질 필요는 없는 것으로, 한 국가가 상대 국가에게 경제적으로 의존할 수 있는 반면에 상대국은 그 국가에 군사·안보적 측면에서 의존하고 있을 때도 그 관계는 상호의존관계라고 볼 수 있다. 따라서, 상호의존이론이 말하는 상호의존관계란 비교적 대칭적 상호의존관계를 칭하는 것이며, 이는 선진자본주의 국가들이 자국은 물론 상대국의 정책에도 깊은 관심을 갖게 되고 상호이익의 극대화를 위해 노력하는 상황이라고 할 수 있다(박경서 1985, 75-79).

결론적으로 상호의존이론은 최소한의 정치적 개입을 가진 상품의 자유로운 이동으로 상징되는 개방무역체제가 가장 효율적인 경제체제를 가져온다고 주장한다. 다시 말하면, 이러한 개방체제가 무역참여국 및 전체 세계를 위해 최대한의 경제적 복지를 낳는다는 것이다. 상호의존이론은 국제통상관계가 비교우위의 경제적 인식에 의해 행해지며 자유무역체제하에서 각국은 최대한의 경제적 성장과 혜택을 얻을 수 있다고 설명한다.

(3) 국제정치경제에서의 구조

종속이론(Dependence Theory)의 주관심사인 제3세계의 경제발전 문제는 부유한 국가와 빈곤한 국가 사이의 관계에 관한 논의에 초점이 모아진다. 전 세계적인 부와 빈곤의 문제는 상대적으로 저발전에 허덕이고 있는 제3세계 국가들이 그들의 빈곤의 원인으로 선진국에 의한 경제적 착취를 강조하고 있다는 데에 있다. 제2차대전 후 정치적 독립과 경제적 부를 얻기 위해 신생국은 민주적 정치체제와 자유주의적 기업체제를 채택하였으며, 1950년대의 발전이론은 신생국의 내적 변화의 중요성을 강조하였다. 신생국의 빈곤은 외국원조를 필요로 하게끔 하였고 이는 경제적 종속이라는 현상을 낳았으며, 아울러 민주주의의 준비부족으로 인한 반민주적 정권의 등장은 국가의 경제적 발전과 더불어 정치적 독립의 필요성을 대두시켰다. 결국 서구적 민주주의는 경제적 부를 필요로 하는 것이었고, 경제적 곤경이 비민주주의를 심화시켜 대부분의 제3세계 국가들은 비민주주의적이 되어버렸다(이상환 1996b, 38).

이러한 시대적 흐름 속에서 남미를 중심으로 한 제3세계 학자들에 의해서 주장된 것이 종속이론이며, 이를 살펴보면 다음과 같다. 선진국의 경제발전은 저개발 국가의 착취에 근거하며, 부유국은 빈곤국을 더욱 궁핍하게 만들면서 부유해진다는 것이다. 남북체제는 선진공업국과 아시아, 아프리카, 그리고 라틴아메리카의 개도국 간에 이루어지고 있는 경제관계를 말하는 것으로서, 북북 관계가 비교적 동등한 수준의 국가 간에 이루어지는 평등 관계라면, 남북관계는 경제발달의 수준 및 규범에 있어 현격한 차이가 나는 국가 간의 불평등 관계라 할 수 있다. 그리고 이러한 불평등 관계의 가장 큰 문제점은 종속 현상의 발생인 것이다. 북북 관계에 있어서 경제적 상호의존성은 높은 수준의 상호거래와 상호민감성을 띠게 되는 데 반하여, 종속관계는 일방적 의존 현상을 초래하여 불평등한 거래와 일방적 민감성을 야기하게 되는 것이다. 다시 말해서 북북 체제의 상호경제 관계가 대칭관계라면, 남북경제 관계는 비대칭관계라 할 수 있다. 이러한 비대칭관계에 의한 종속 현상은 무역종속, 투자종속, 통화종속, 원조종속 등이고, 최근에 이르러 종속 현상은 더욱 확대되어 기술종속과 경영종속의 문제까지 야기되고 있다. 따라서, 남북문제에 있어서 주요 연구대상은 이러한 각종 종속관계와 이를 탈피하고자 제3세계가 주장하는 신국제경제질서와 남북경제 관계에 가장 큰 역할을 담당하고 있는 다국적기업의 활동 등의 문제라 할 수 있다.

상호의존이론은 현 국제경제질서를 경제적 부가 점차 발전된 중심지로부터 저발전의 주변지로 확산하고 있는 시혜적 관계로 보는 반면, 종속이론은 경제적 부가 오히려 주변국으로부터 선진국으로 역류하는 수탈적 관계로 보고 있다. 따라서, 종속이론의 핵심적 주장은 종속관계가 심화하면 종속국가의 정치·사회체제를 왜곡시켜 자국의 대중보다는 강대국의 엘리트와 이해관계를 같이 하는 종속국가의 권력 엘리트가 탄생하여 이들이 결정하는 정책은 자연히 강대국이 원하는 방향으로 될 수밖에 없다는 것이다.

종속이론에서 말하는 종속은 "국가 간 불평등한 거래를 강조하는 비대칭적 관계" 혹은 "일국이 다른 국가에 의해 통제되는 상황"을 의미한다. 종속이론은 저발전이 제국주의 혹은 신제국주의의 산물이라 주장하며, 개발도상국의 저발전 문제를 다룬다. 이 이론은 선진국의 저개발국에 대한 착취를 강조하며 개발도상국의 저발전의 원인과 결과를 설명함에 있어 그 대외적 요인에 중점을 둔 경제적 설명이다. 지적배경은 신마르크스사상 학파에 속하며, 침투의 국제경제적 힘에 대한 강조와 발전의 정치적 힘(정부의 통제력)을 등한시한다. 그 이론의 가정은, 첫째, 국가 간의 관계는 갈등적·경쟁적이라는 것, 둘째, 국제사회는 성격상 제로섬 사회라는 것, 셋째, 국제경제체제는 자본주의 원칙에 의해 지배된다는 것, 넷째, 세계정치경제 체제는 자본주의 국가 사이의 경제적으로 종속된 상황이라는 것, 다섯째, 국제경제체제는 제한된 한 있는 자원에 기초한다는 것, 마지막으로 국제정치경제 체제의 구조는 각기 다른 수준의 발전 단계에 있는 국가들로 구성된 핵심-반주변-주변국 구조(core-semiperipheral-peripheral structure)라는 것이다.

종속이론가를 살펴보면, 종속이론의 견지에서 선진국과 라틴아메리카제국간의 불평등한 거래를 살펴보고 국가의 자기통제 하의 발전이 외국영향하의 발전보다 바람직함을 강조하는 카르도소와 팔레토(Cardoso and Faletto 1978), 세계경제를 중심-반주변-주변(core-semiperiphery-periphery) 국가로 나누고 세계자본주의 경제체제에서 중심국은 그들의 국익을 위해 국가들 사이의 무역을 조작·통제한다고 주장하는 월러스틴(Wallerstein 1974, 1980), 세 가지 관점에서 국가발전의 문제를 언급하면서 즉 사회적 분화로서의 발전·가치의 제정으로서의 발전·종속으로부터의 해방으로서의 발전을 말하며, 발전이란 외적 통제와 그것을 증진하는 불평등의 내적 구조로부터의 자유로 구성된다고 주장하는 포르테스(Portes 1976, 55-85), 국가 내의 사회변화는 국제적 수준에서의 사회변화를 고려함이 없이 적절히 이해될 수 없다고 주장하면서 폐쇄발전(closed development)은 자본주의 세계체제로부터의 철회를 의미하며 자율적이고 그러므로 자본주의 세계체제에 덜 종속적인 균형된 경제발전을 위한 값비싼 노력을 의미하고 개발도상국이 종속의 위험을 탈피하기 위해 폐쇄발전의 양식을 따라야 하느냐 하는 것을 고려해 볼 가치가 있다고 말하는 셔로우(Chirot 1977), 브라질의 경제성장과 그 권위주의적 정치가 국내사기업, 다국적기업, 그리고 정부관리자 사이의 복잡한 교섭의 함수관계에 있다고 말하면서 그들의 이해관계의 합치가 3각 동맹(tripod alliance)의 협력을 초래했다는 에반스(Evans 1979), 종속접근법이 근대화 시각보다 근본적인 이점을 갖는다고 주장하는 발렌주엘라(Valenzuela and Valenzuela 1978, 535-557) 등이다.

종속이론은 1970년대를 중심으로 전후기로 구분되는데, 전기의 주장은 다음과 같다. 첫째, 종속관계는 단지 저발전을 가져온다는 것이다. 반주변국·주변국에 대한 중심국의 착취로 중심국만이 이득을 보며 주변국은 손해를 본다는 것이다. 둘째, 종속관계에 의해 만들어진 경제구조는 발전을 위한 장애요인이 된다는 것이다. 이러한 구조가 선진국에 의한 시장과 가격 통제에 매우 취약하다는 것이다. 셋째, 국가자율성의 억제 문제인데, 선진외국자본의 침투로 인해 균형발전을 위한 주변국의 국민의지를 억압하여 외국의 영향이 그 국가의 이익 추구를 위한 주변국 정부의 의지를 해친다는 것이다. 즉 불균형 저발전과 소득불균형을 생산한다. 후기의 주장은 종속된 몇몇 국가들의 경제성장에 대한 종속이론의 타당성 비판에 대항한 반론으로, 반주변국을 설명하면서 종속관계는 특정 국가에 약간의 발전을 가져올지도 모르나 그럼에도 불구하고 이러한 현상은 보편적이 아니며 예외적인 경우라는 것이다. 물론 종속발전을 인정할지라도 그 부정적 결과를 간과하지 말아야 한다는 것이다. 즉, 주변국의 종속경제 심화, 외채와 그 상환 증가, 소득불균형, 그리고 권위주의적 정권(반민주주의적 정권)의 출현 등이다.

　　이러한 종속이론의 한계는 첫째, 국제관계의 갈등적·경쟁적·제로섬적인 측면을 지나치게 강조하고 있다는 것이다. 즉, 국제관계의 상호의존적·상호협력적·상호이익적인 면을 간과하고 있다는 것이다. 둘째, 자본주의 국가 사이의 경제적 종속관계만을 다룬다는 것으로 공산주의 국가 사이의 종속관계를 무시한다는 것이다. 셋째, 국가 경제발전단계의 세 가지 수준에서 세계 경제체제를 분석함에 있어 발전의 정치적인 힘·요소 등을 등한시한다는 것이다. 넷째, 발전의 외적·국제적 요인을 지나치게 강조하여 정치적·역사적·문화적 결정요소들을 고려함이 없이 경제적 요소에만 중점을 둔다는 것이다. 마지막으로, 방법론적으로 역사를 고찰한 후 그 이론의 타당성을 주장하지 않고 그 이론에 합당한 역사적 사실만을 제시하면서 타당성을 주장함으로써 경험적 방법론을 통한 분석이 빈약하다는 것이다.

　　결론적으로 종속이론은 세계무역체제는 선진국과 개발도상국 사이의 상품의 불균등한 교환으로 특징지어진다고 주장한다. 즉 선진국과 개도국 사이의 통상 관계는 선진국에만 경제적 이익을 가져다준다는 것이다. 종속경제는 선진국 경제의 발전과 확장에 의해 통제·조절된다는 것이다. 선진국의 경제적 조건과 상황이 통상 관계의 성격과 양을 지배한다는 것이다. 선진국의 경제상황의 변화가 개도국의 대 선진국 수입침투에 직접 관련되어져 있다는 것이다.

〈표 2〉 국제정치경제의 주요 시각

Summary of Theoretical Perspectives in International Political Economy

구분＼유형	국가주의 이론 (Statist)	상호의존 이론 (Interdependence)	종속 이론 (Dependence)
지적인 토대 (Intellectual Foundation)	신중상주의 (Neo-Mercantilism)	신자유주의 (Neo-Liberalism)	신마르크스주의 (Neo-Marxism)
강조점 (Emphasis)	정치적/내적 요소 (Political/Internal Factors)	경제적 / 외적 요소 (Economic / External Factors)	경제적 / 외적 요소 (Economic / External Factors)
주요 행위자 (Major Actor)	국가 (State)	다국적 기업/국제기구 (Multi-National Corporations / International Organizations)	다국적 기업 (Multi-National Corporations)
구조 (Structure)	패권 구조 (Hegemonic)	국제레짐 구조 (International Regime)	핵심-주변국 구조 (Core-Peripheral)
수혜자 (Whose Benefit)	상호적/일방적 이익 (Mutual / Unilateral) (self-interested)	상호적 이익 (Mutual)	일방적 이익 (Unilateral)
설명 가능한 체제 (System Explained)	남북체제 (North-South) / 북북체제 (North-North)	북북체제 (North-North)	남북체제 (North-South)
미래 전망 (Future)	낙관적 혹은 비관적 전망 (Optimistic or Pessimistic / Stability or Conflict)	낙관적 전망 (Optimistic / Global Village)	비관적 전망 (Pessimistic / Exploitation)

 **토론하기**

1. 주요 관점(현실주의, 자유주의 또는 구성주의) 중 어떤 시각이 오늘날 국제관계를 가장 잘 설명한다고 생각하며, 그 이유는 무엇인가? 각 관점의 주요 가정과 주장에 기초하여 오늘날의 실제 사례와 연결하여 논의하시오.

2. 세 가지 수준의 분석 중 어느 것이 국제정치의 사례를 가장 잘 이해하는 데 도움이 된다고 생각하는가? 각 분석수준을 사용하는 장단점에 대해 설명하고 주장을 뒷받침하는 실제 사례를 토대로 토론하시오.

3. "현실주의는 현실적이지 않다." 이 진술을 옹호하거나 비판하는 논증을 하시오. 이를 위해 현실주의의 기본 가정에 대한 검토를 포함하고 본인의 입장을 뒷받침하는 현존 국제정치 사례에 대한 해석을 제공하시오.

4. 자유주의는 현실주의보다 상대적으로 국제체제를 덜 강조한다. 이를 감안할 때, 국제체제에 대한 우리의 이해에 대한 자유주의이론의 가장 중요한 기여는 무엇인가? 자유주의자들은 정말로 국제체제에 관심을 갖고 있는가, 아니면 그들의 주요 분석 관심사가 다른 곳에 있는가? 본인의 입장을 제시하시오.

5. 마르크스주의와 종속이론과 같은 급진적 시각은 다른 세 가지(현실주의, 자유주의, 구성주의)만큼 오늘날 국제관계 연구의 중심이 아니다. 왜 이렇다고 생각하는가? 이러한 상황을 감안할 때 오늘날 국제정치 연구에서 이들이 더 주목받아야 한다고 생각하는가? 그 이유는 무엇인지 논의하시오.

정리하기

1. 국제관계의 행위자와 행위기제란?

국가 및 비국가 행위자들(state & non-state actors) 간의 국제관계를 설명하는 세 가지 행위기제(instruments)로 힘(power), 제도(institution), 구조(structure)가 있다.

2. 국제관계의 행위기제와 관련한 시각이란?

각 기제를 강조하는 거시적인 시각을 언급하면 현실주의(realism), 자유주의 혹은 제도주의(liberalism 혹은 institutionalism), 구조주의(structuralism) 등을 들 수 있다. 국제안보 영역인 전쟁과 세계평화의 문제에는 그 (중범위)이론으로 세력균형이론, 공포균형이론, 위협균형이론, 이익균형이론, 세력전이이론, 집단안전보장이론 등이 있다. 국제정치경제 영역인 전세계적인 부와 빈곤의 문제에는 그 (중범위)이론으로 국가주의이론, 상호의존이론, 종속이론 등이 있다.

3. Post COVID-19 시대의 국제정치

 핵심 용어 정리

용어	뜻
탈세계화	국가 간 상호의존과 통합이 약화되는 과정을 일컬으며, 국가 간 경제 관계에서 무역과 투자가 감소하고 국가 간 정치 관계에서 통합에 역행하는 현상을 말하는 것으로 세계화의 반대 개념
보건안보	인간안보에서 새로이 부각되고 있는 의제로 21세기에 들어 감염병 문제로 인해 국가 간 주요한 갈등 요인이 되며 21세기 최초의 국제적 감염병인 사스(SARS)로부터 현재 진행 중인 코로나19(COVID-19)에 이르기까지 감염병의 만연은 보건안보를 위협하고 있음
신냉전	탈냉전기 패권경쟁의 산물이고 중국의 급부상과 이에 따른 새로운 가치 충돌의 결과임. 새로운 냉전 시대에 걸맞은 이념대결은 경제적인 맥락에서 보면, 미국을 중심으로 한 시장중심 자본주의 대 중국을 중심으로 한 국가(관료)중심 자본주의임. 정치적인 맥락에서 보면, 미국을 축으로 한 민주주의 대 중국을 축으로 한 권위주의가 그 핵심임

주   제 ──

Post COVID-19 시대의 국제정치는 어떠한가요?

학/습/목/표 ──

1. Post COVID-19 시대의 국제관계에 대해 이해할 수 있다.
2. Post COVID-19 시대와 새로운 국제질서에 대해 파악할 수 있다.

학/습/목/차 ──

1. Post COVID-19 시대의 국제관계
2. Post COVID-19 시대와 새로운 국제질서

Ⅰ. Post COVID-19 시대의 국제관계

1. COVID-19 현황과 보건 인식의 변화

중국 우한에서 시작된 코로나바이러스 감염병(COVID-19)이 아시아를 넘어 전 세계로 퍼져나갔다. 우리나라도 아직 그 감염병의 늪에서 빠져나오지 못하고 있다. 국제사회의 협력 없이 여기서 헤어난다는 것은 쉽지 않다. 일반적인 보건 문제가 선진국이 개도국에 베푸는 시혜적인 수직적 관계 속에서 해결된다면, 감염병 문제는 선진국과 개도국 간 상호협력 없이는 즉 수평적 관계 속에서 노력하지 않는다면 해결이 난망한 것이다.

인간안보에서 새로이 부각되고 있는 의제인 감염병 문제는 21세기에 들어 국제사회의 주요한 갈등 요인이 되고 있다. 21세기 최초의 국제적 감염병인 사스(SARS)는 국제사회에 감염병의 공포를 알리는 신호탄이 되었고, 이어 발생한 조류독감(AI)은 감염병 문제를 국제사회 내 최대 관심사의 하나로 부각시켰다. 또한 신종플루(Influenza A), 에볼라바이러스(Ebola Virus), 메르스(MERS), 그리고 현재 진행 중인 코로나19(COVID-19)에 이르기까지 감염병의 만연은 국제사회에 해결해야 할 과제를 남겨주었다. 이러한 흐름 속에 앞으로 더 심한 감염병이 등장하게 될 것이라는 예측이 오늘날 국제사회의 우려를 증폭시키고 있다.

〈표 3〉 2000년 이후 주요 바이러스 감염병 유행 사례

병명 항목	사스	신종플루	에볼라	메르스	COVID-19 (2022.1.8. 기준)
확산국 수	32개국	129개국	4개국	24개국	223개 국가·지역
유행시기	2002~'03년	2009년	2014~'15년	2012~'15년	2019년~
감염자 수(명)	8,273	25,584,595	8,396	1,154	298,915,721
사망자 수(명)	775	14,378	4,032	471	5,469,303
치사율(%)	9.3	0.056	48	40.8	1.8

출처: 세계보건기구(WHO) 보고서(2015/2020/2022)

2015년 한국에서 메르스 즉 중동호흡기증후군이 사회적 문제가 된 적이 있다. 이 바이러스는 한국 사회에 큰 충격을 주었을 뿐만 아니라 우리나라의 감염병 역사도 새로 쓰게 했다. 당시 정부의 부실한 초기 대응이 메르스를 키웠고, 의료기관의 취약한 감염 통제가 이를 전국으로 전파했다. 해외에 파급하여 집단감염을 일으키지는 않았으나 메르스로 인한 한국 내 사회경제적 손실은 심각한 상황을 경험하게 했다. 지금 겪고 있는 COVID－19도 감염자에게 중증폐렴을 일으키며 많은 인적·물적 피해를 야기하고 있다.

〈표 4〉 보건 인식의 변화 [글로벌·국제·공중 보건의 비교]

유형 / 기준	글로벌 보건 (global health)	국제 보건 (international health)	공중 보건 (public health)
지리적 대상 (geographical reach)	직간접적으로 보건에 영향을 미치나 국경을 초월할 수 있는 이슈에 초점	일국 자신이 아닌 타국 (특히 중·하위 소득국가들)의 보건 이슈에 초점	특정 집단 혹은 국가 내 구성원의 보건에 영향을 미치는 이슈에 초점
협력 수준 (level of cooperation)	해결책의 발전과 수행이 흔히 글로벌 협력을 요함	해결책의 발전과 수행이 항시 양국(인접국)의 협력을 요함	해결책의 발전과 수행이 항시 글로벌 협력을 요하지는 않음
의료 대상 범주 (individuals or populations)	전 구성원에 대한 예방과 개인 진료를 모두 포괄함	전 구성원에 대한 예방과 개인 진료를 모두 포괄함	전 구성원에 대한 예방에 주로 초점을 맞춤
보건 형평성 인식 (access to health)	국가 간 및 모든 사람을 위한 보건 형평성이 주요한 목적임	타 국민을 돕는 것이 주요한 목적임	일국 혹은 집단 내 보건 형평성이 주요한 목적임
학문분과 범주 (range of disciplines)	보건학 내외에서 매우 융복합적인 범주	소수 학문분야를 포괄하나 복합학문을 강조하지 않음	보건학 내 및 사회과학과 연계된 복합적인 접근을 강조함

출처: McCracken, Kevin and David R. Phillips. 2017. *Global Health: An introduction to current and future trends.* London& New York: Routledge. p.7.

국제사회에서 보건 협력의 개념은 공중보건(public health), 국제보건 (international health), 글로벌 보건(global health)의 순으로 진화해왔다. 국제 사회 내 보건 문제에 대한 이해가 협의의 개념인 공중보건에서 진전된 개념 인 국제보건으로 나아가 광의의 개념인 글로벌 보건의 개념으로 확장되어온 것이다. 공중보건이 감염병 문제 해결에 있어 국가주의(statism)에 근거한 국 내적 해법을 지향한다면, 국제보건 나아가 글로벌 보건으로 갈수록 범세계 주의(globalism)에 기반한 글로벌한 해법을 추구한다.

2. COVID-19와 보건 안보(Health Security)

2021년 글로벌보건안보지수(Global Health Security Index: GHS) 보고서에 의하면, 개별국가의 보건안보 수준이 전세계적으로 아직 취약하고 어떠한 국가도 전염병에 완전히 대처하지 못하는 한계를 드러내고 있다. overall score에 의하면 5개 등급(I = 80.1−100.0; II = 60.1−80.0; III = 40.1−60.0; IV = 20.1−40.0; V = 0.0−20.0) 중 I 등급에 해당하는 국가는 전무하고, II 등급 국가는 19개국, III 등급 국가는 58개국, IV 등급 국가는 110개국, V 등급 국 가는 8개국이다. 특히 전염병 예방 부문에 있어서 I 등급 국가는 없고 II 등 급 국가만 9개국이며, 전염병 조기 감지 및 보고 부문에 있어서는 I 등급 국 가 2개국, II 등급 국가 19개국이다. 또한 전염병 확산 완화 및 즉각 대처 부 문에 있어서도 I 등급 국가는 전무하고 II 등급 국가만 12개국이다. 특히 국 제보건규범 준수 부문과 관련하여 I 등급 국가는 미국뿐이고 39개국이 II 등 급에 해당한다. GHS에 의하면, 여전히 서구국가들(North America 76.3; Europe & Central Asia 44.7)이 여타 국가들(East Asia & Pacific 27.3; Latin America & Caribbean 26.8; Middle East & North Africa 21.8; South Asia 26.6; Sub−Saharan Africa 19.8)에 비해 앞서 있고 한국이 세계 9위, G−20 국가 중 6위의 보건안보 수준을 보인다는 점은 주목할 만하다(이상환 2020a, 12−13; 이상환·박광기 2016; 최은경·이종구 2016).

GHS 지수를 세부적으로 평가하면, 미국은 전반적으로 세계를 선도하는 1위의 국가이나 위험환경 부문에 있어 취약한 모습을 보이고 있다. G-2 강국임에도 불구하고 중국은 전반적으로 보건안보 수준이 낮으며, 특히 국제규범 준수 부문에 있어서는 세계 평균치에도 못 미치는 점수로 오늘날 글로벌공중보건레짐 발전에 어긋나는 양상을 드러내고 있다. 각종 새로운 감염병의 출현 시 중국의 불투명한 태도가 그대로 반영된 것이다. G-20 국가 중 인도와 남아프리카공화국은 2개 부문, 그리고 중국, 인도네시아, 터키, 사우디아라비아, 브라질, 러시아 등은 각각 1개 부문에 있어 세계 평균치를 밑도는 취약성을 드러낸다. 러시아는 정치적 위험 상황 부문에서 보건안보에 한계를 보인다. 중국은 국제적 규범 준수 부문에 있어서 후진성을 보인다(이상환 2020a, 14).

〈표 5〉 G-20의 2021 글로벌보건안보지수(Global Health Security Index)

세계지역	국가명	글로벌보건안보(GHS) 지수(괄호 안은 195개국 중 순위)						
		Overall Score	Prevention	Detection and Reporting	Rapid Response	Health System	Compliance with International Norms	Risk Environment
북미/서구유럽/오세아니아 (7개국)	미국	75.9 (1)	79.4 (1)	80.1 (3)	65.7 (3)	75.2 (1)	81.9 (1)	73.3 (31)
	캐나다	69.8 (4)	70.4 (4)	70.8 (10)	49.2 (35)	67.3 (8)	79.2 (2)	81.8 (10)
	독일	65.5 (8)	49.1 (29)	72.4 (8)	56.3 (19)	56.0 (22)	75.0 (5)	83.9 (6)
	영국	67.2 (7)	63.5 (9)	70.8 (10)	64.8 (6)	68.3 (7)	62.5 (32)	73.0 (34)
	프랑스	61.9 (14)	59.4 (11)	45.7 (46)	47.7 (37)	70.4 (4)	65.3 (21)	82.9 (7)
	이태리	51.9 (41)	47.2 (33)	49.7 (40)	43.2 (52)	40.2 (68)	65.3 (21)	65.9 (46)
	호주	71.1 (2)	65.2 (7)	82.2 (2)	61.6 (10)	69.2 (5)	72.2 (7)	76.0 (21)
아시아	한국	65.4	48.8	73.8	65.0	62.5	69.4	73.1

세계지역	국가명	글로벌보건안보(GHS) 지수(괄호 안은 195개국 중 순위)						
		Overall Score	Prevention	Detection and Reporting	Rapid Response	Health System	Compliance with International Norms	Risk Environment
(7개국)		(9)	(30)	(6)	(4)	(15)	(9)	(33)
	일본	60.5 (18)	43.1 (45)	71.1 (9)	59.5 (14)	51.6 (38)	66.7 (17)	70.9 (39)
	중국	47.5 (52)	43.9 (43)	48.5 (42)	38.5 (75)	51.8 (36)	38.9 (140)	63.4 (57)
	인도	42.8 (66)	29.7 (85)	43.5 (51)	30.3 (139)	46.1 (56)	47.2 (92)	60.2 (73)
	인도네시아	50.4 (45)	31.8 (76)	55.4 (28)	50.2 (31)	41.2 (63)	68.9 (12)	55.0 (98)
	터키	50.0 (46)	51.1 (23)	41.4 (55)	36.6 (90)	53.9 (29)	59.7 (41)	57.2 (88)
	사우디 아라비아	44.9 (61)	33.4 (74)	52.1 (35)	32.7 (117)	40.7 (66)	49.5 (81)	61.2 (69)
라틴 아메리카 (3개국)	브라질	51.2 (43)	49.7 (27)	53.6 (31)	56.3 (19)	50.3 (42)	41.7 (126)	55.9 (94)
	아르헨티나	54.4 (34)	41.5 (53)	56.7 (26)	43.6 (51)	64.4 (12)	59.7 (49)	60.6 (70)
	멕시코	57.0 (25)	41.9 (50)	54.3 (30)	64.8 (6)	54.7 (26)	68.1 (14)	57.9 (84)
동구유럽/ 중앙 아시아 (1개국)	러시아	49.1 (47)	45.5 (37)	43.6 (50)	44.7 (46)	58.9 (19)	51.4 (76)	50.5 (123)
아프리카 (1개국)	남아프리카 공화국	45.8 (56)	32.1 (74)	50.0 (39)	62.0 (9)	29.2 (90)	43.1 (119)	58.5 (81)
195개국 평균		38.9	28.4	32.3	37.6	31.5	47.8	55.8

출처: 글로벌보건안보지수(GHS Index) 보고서(https://www.ghsindex.org, 2022).

* The GHS Index scoring system includes five tiers with groupings of scores of 0~20; 0.1~40; 40.1~60; 60.1~80, and 80.1~100.

〈표 6〉 G-20의 2019 글로벌보건안보지수(Global Health Security Index)

세계지역	국가명	글로벌보건안보(GHS) 지수(괄호 안은 195개국 중 순위)						
		Overall Score	Prevention	Detection and Reporting	Rapid Response	Health System	Compliance with International Norms	Risk Environment
북미/ 서구유럽/ 오세아니아 (7개국)	미국	83.5 (1)	83.1 (1)	98.2 (1)	79.7 (2)	73.8 (1)	85.3 (1)	78.2 (19)
	캐나다	75.3 (5)	70.0 (7)	96.4 (4)	60.7 (17)	67.7 (4)	74.7 (5)	82.7 (10)
	독일	66.0 (14)	66.5 (13)	84.6 (10)	54.8 (28)	48.2 (22)	61.9 (29)	82.3 (11)
	영국	77.9 (2)	68.3 (10)	87.3 (6)	91.9 (1)	59.8 (11)	81.2 (2)	74.7 (26)
	프랑스	68.2 (11)	71.2 (6)	75.3 (21)	62.9 (13)	60.9 (8)	58.6 (44)	83.0 (9)
	이태리	56.2 (31)	47.5 (45)	78.5 (16)	47.5 (51)	36.8 (54)	61.9 (29)	65.5 (55)
	호주	75.5 (4)	68.9 (8)	97.3 (2)	65.9 (10)	63.5 (6)	77.0 (3)	79.4 (18)
아시아 (7개국)	한국	70.2 (9)	57.3 (19)	92.1 (5)	71.5 (6)	58.7 (13)	64.3 (23)	74.1 (27)
	일본	59.8 (21)	49.3 (40)	70.1 (35)	53.6 (31)	46.6 (25)	70.0 (13)	71.7 (34)
	중국	48.2 (51)	45.0 (50)	48.5 (64)	48.6 (47)	45.7 (30)	40.3 (141)	64.4 (58)
	인도	46.5 (57)	34.9 (87)	47.4 (67)	52.4 (32)	42.7 (36)	47.7 (100)	54.4 (103)
	인도네시아	56.6 (30)	50.2 (38)	68.1 (37)	54.3 (30)	39.4 (42)	72.5 (7)	53.7 (106)
	터키	52.4 (40)	56.9 (20)	45.6 (74)	49.0 (46)	45.7 (30)	64.3 (23)	56.5 (92)
	사우디 아라비아	49.3 (47)	34.3 (89)	74.4 (24)	32.6 (114)	44.8 (35)	50.6 (81)	59.7 (71)

세계지역	국가명	글로벌보건안보(GHS) 지수(괄호 안은 195개국 중 순위)						
		Overall Score	Prevention	Detection and Reporting	Rapid Response	Health System	Compliance with International Norms	Risk Environment
라틴 아메리카 (3개국)	브라질	59.7 (22)	59.2 (16)	82.4 (12)	67.1 (9)	45.0 (33)	41.9 (135)	56.2 (94)
	아르헨티나	58.6 (25)	41.4 (66)	74.9 (23)	50.6 (40)	54.9 (18)	68.8 (14)	60.0 (70)
	멕시코	57.6 (28)	45.5 (49)	71.2 (32)	50.8 (39)	46.9 (24)	73.9 (6)	57.0 (89)
동구유럽/ 중앙아시아 (1개국)	러시아	44.3 (63)	42.9 (62)	34.1 (116)	50.1 (43)	37.6 (50)	52.6 (72)	51.4 (113)
아프리카 (1개국)	남아프리카 공화국	54.8 (34)	44.8 (51)	81.5 (13)	57.7 (23)	33.0 (65)	46.3 (107)	61.8 (64)
195개국 평균		40.2	34.8	41.9	38.4	26.4	48.5	55.0

출처: 글로벌보건안보지수(GHS Index) 보고서(https://www.ghsindex.org, 2019).
* GHS Index는 IHR 2005 당사국 195개국의 보건안보 및 관련 역량에 관한 포괄적인 평가·기준임. The Nuclear Threat Initiative(NTI), Johns Hopkins Center for Health Security(JHU), The Economic Intelligence Unit(EIU) 등 3개 기관 공동프로젝트 결과물임.

COVID-19 이전의 글로벌 보건안보 상황을 보여주는 2019 GHSI(표 6)와 이후의 보건상황을 나타내는 2021 GHSI(표 5)를 비교하면 글로벌 보건안보 상황이 최근 전반적으로 악화되었음(40.2→38.9)을 드러내나 세부부문 중 보건체계는 팬데믹을 경험하며 개선되어감(26.4→31.5)을 알 수 있다.

〈그림 4〉 한국의 2021 글로벌보건안보지수(Global Health Security Index)

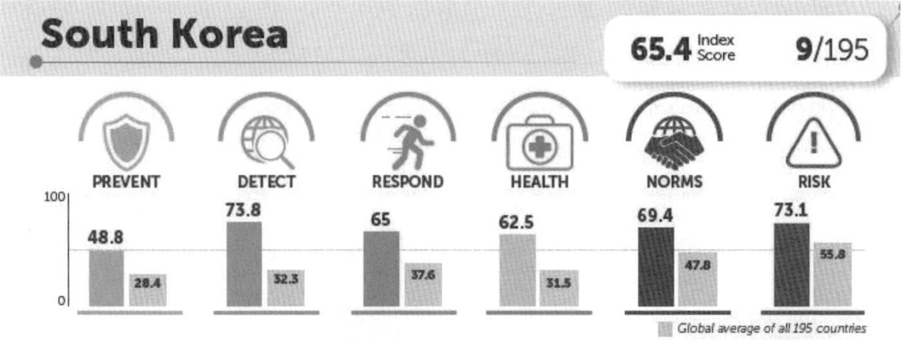

South Korea

65.4 Index Score   **9/195**

	PREVENT	DETECT	RESPOND	HEALTH	NORMS	RISK
	48.8	73.8	65	62.5	69.4	73.1
	28.4	32.3	37.6	31.5	47.8	55.8

Global average of all 195 countries

	2019 SCORE	2021 SCORE	2021 GLOBAL AVERAGE
PREVENTION	**53.2**	**48.8**	**28.4**
Antimicrobial resistance (AMR)	75	75	45.3
Zoonotic disease	51.8	55	19.8
Biosecurity	42.7	62.7	18.7
Biosafety	50	50	20.9
Dual-use research and culture of responsible science	0	0	2.6
Immunization	100	50	63.3
DETECTION AND REPORTING	**67.5**	**73.8**	**32.3**
Laboratory systems strength and quality	62.5	62.5	44.9
Laboratory supply chains	50	50	15.9
Real-time surveillance and reporting	87.5	87.5	34.6
Surveillance data accessibility and transparency	80	80	34.7
Case-based investigation	25	62.5	16.9
Epidemiology workforce	100	100	46.5
RAPID RESPONSE	**74.9**	**65**	**37.6**
Emergency preparedness and response planning	83.3	91.7	30.4
Exercising response plans	0	25	21.1
Emergency response operation	100	66.7	27
Linking public health and security authorities	100	100	22.1
Risk communication	83.3	83.3	57.9
Access to communications infrastructure	82.8	88	65.7
Trade and travel restrictions	75	0	39

Scores are normalized (0–100, where 100 = most favorable)

	2019 SCORE	2021 SCORE	2021 GLOBAL AVERAGE
HEALTH SYSTEM	**58.8**	**62.5**	**31.5**
Health capacity in clinics, hospitals, and community care centers	74.5	75.6	30
Supply chain for health system and healthcare workers	44.4	44.4	28.5
Medical countermeasures and personnel deployment	50	50	10.3
Healthcare access	17.9	17.5	55.2
Communications with health-care workers during a public health emergency	50	50	10.8
Infection control practices	100	100	40.5
Capacity to test and approve new medical countermeasures	75	100	45.1
COMPLIANCE WITH INTERNATIONAL NORMS	**66.7**	**69.4**	**47.8**
IHR reporting compliance and disaster risk reduction	100	100	58.5
Cross-border agreements on public and health emergency response	50	50	50
International commitments	100	100	56.1
JEE and PVS	25	25	18.7
Financing	58.3	75	35.2
Commitment to sharing of genetic and biological data and specimens	66.7	66.7	68.4
RISK ENVIRONMENT	**74.1**	**73.1**	**55.8**
Political and security risk	66.6	66.4	58.1
Socio-economic resilience	83.9	92.3	60.9
Infrastructure adequacy	83.3	83.3	50.2
Environmental risks	59.4	45.7	54.7
Public health vulnerabilities	77.3	78	55.3

출처: 글로벌보건안보지수(GHS Index) 보고서(https://www.ghsindex.org, 2022).

<그림 4>에 의하면 한국은 조사대상 195개국 중 9위(65.4)로 상대적으로는 세계최고 수준의 보건안보 상황을 보여주나 65.4점은 100점과 거리가 멀어서 갈 길이 멀다고 할 수 있다. 6개 세부부문(Prevention; Detection and Reporting; Rapid Response; Health System; Compliance with International Norms; Risk Environment)에서 한국의 점수는 모두 세계평균치를 웃돌며 앞서 있으나 위험환경 부문(political & security risk; socio-economic resillience; infrastructure adequacy; environmental risks; public health vulnerabilities)에서는 개선이 요망된다.

국제적 감염병 발생 시 국제사회의 대처방식의 변화는 감염병에 대한 인식의 변화에 토대를 둔다. 세계화의 심화로 국내 방역만으로 감염병을 퇴치할 수 없다는 점과 현대 의학으로 해결하지 못하는 변종 바이러스가 있다는 점이 현실적 한계로 부각되면서 국가 간 협력 없이 선진국과 개도국 모두 이러한 감염병으로부터 자유로울 수 없다는 인식에 기초하여 협력의 틀을 다져가고 있다.

COVID-19 사례는 국제사회에 하나의 과제를 제시하고 있다. 강대국이 발병국이고 그 인식과 해법이 보건주권을 강조하며 국가주의적 해법에 무게중심을 둘 경우에 그 해결이 어려워진다. 약소국이 발병국일 경우 국제사회는 발병국을 봉쇄(blockade)하는 등 즉각적인 대응을 하기에 수월하여 조기차단이 가능하다. 하지만 이번 사례의 경우 강대국인 중국이 발병 후 WHO에 즉각 보고도 하지 않고 국내적 해결을 모색하다가 실기한 것이 감염병의 확산을 유발했다고 해도 과언이 아니다. 아울러 중국과 이해관계가 있는 국가가 외교관계를 고려한 정치적 판단으로 발병국인 중국에 대한 감염병 봉쇄를 조기에 못해서 문제 해결이 어려워진 측면이 있다. 따라서 향후 IHR 2005의 규범 준수를 강제할 G-20 및 동아시아 지역차원의 감염병 레짐을 이번 기회에 제도화할 필요가 있다(이상환 2020a, 16; 이경화 2015; 이상환·박광기 2016).

지금 겪고 있는 COVID-19로 인해 국제사회는 심각한 인명피해는 물론 많은 정치·경제·사회문화적 피해를 경험하고 있다. 과거에 국가들은 월경질병의 확산방지에 대하여 국내적 방역정책으로 충분하다고 생각했다. 하지만 세계화는 국가 간 감염병의 급속한 전파를 야기했다. 세계화 시대에 국내적 제한적인 방역조치는 한계점에 도달하였고 이제 감염병 문제를 해결하기 위해 글로벌리즘에 기반한 보건협력이 요구되고 있다.

향후 국제보건 레짐, 나아가 국제감염병 레짐의 형성은 참여국에게 이익이 된다는 합리적 계산에 근거한 선택으로 가능한 것이다. 인접국의 도움 없이 국제사회는 보건 문제를 해결할 수 없다. 성공적인 협력을 위해 국제사회는 안보에 대한 인식을 단지 국익을 위한 국가안보에서 인권을 위한 인간안보로 변경해야 한다. 아니면 인간안보를 포함하는 포괄적인 개념으로서 국가안보에 대한 인식을 재정의해야 한다. 국제사회에서 보건레짐은 그 역내 공통적인 안보 인식과 상호주의 원칙에 토대를 두어야 한다(이상환 2020a, 19; 심영규 2018; Sell 2004).

국제보건레짐의 형성과 발전도 선진강국의 리더십에 의존하며 오늘에 이르렀으며 그 주된 이유는 인도주의적인 것이다. 하지만 국제보건 레짐의 틀 안에서 국제감염병 레짐의 형성은 보다 공동체적인 이유에 근거한다고 볼 수 있다. 이는 감염병의 성격에 기인한 것으로 결국 글로벌 협력 없이 월경성 감염병의 확산을 막을 수 없다는 국제사회의 인식에서 비롯된 것이다. 또한 과거의 감염병이 발병국 혹은 상대적으로 저발전국에 한정하여 대처가 가능했다면 세계화 시대의 전염병은 그 확산속도를 가늠할 수 없을 정도로 광범위하게 심각한 상황을 야기할 수 있다(이상환 2020a, 20; 이신화 2006).

감염병 확산과 관련한 국제사회의 협력을 강화하기 위해 G-20 국가의 노력이 요구되는 시점이다. 이들 국가는 세계의 선도국으로서 혹은 지역 선도국으로서 감염병 레짐을 이끌어나갈 주체가 되기에 충분하다. 물론 G-20 국가 간 정치경제적 격차가 심화되어 있는 것도 사실이나 역할 분담을 통해 레짐 형성 및 강화를 주도할 수 있으리라 본다. 경제기술 강국들은 그들의 자본과 기술을 공여하고 지역거점 강국들은 인적 및 물적 자원을 지역 주변국에 제공하면서 공조체제를 유지할 수 있다. 결국 기존의 국제공중보건 레짐을 보완할 새로운 감염병 레짐의 형성이 요구되는 것이다. 이는

G–20가 중심이 되어야 하며 핵심강국과 지역거점강국이 역할분담을 하며 공조하는 신속한 대응체계 수립이 그 요체라고 할 수 있다(이상환 2020a, 20–21; 이상환·박광기 2016; 조한승 2018).

3. Post COVID-19 시대의 국제사회 변화

냉전의 종식과 함께 1990년대 세계화 시대가 도래했다. 이념 갈등에 따른 국가 간 장벽이 허물어지면서 경제적 실리에 근거한 국제관계가 보편화되어갔다. 이러한 국제사회의 변화를 후쿠야마(Francis Fukuyama)는 당시에 이데올로기의 종언 즉 21세기는 자유민주주의와 자본주의가 지배하는 시대가 되리라는 전망을 했었다. 하지만 세계화의 흐름이 심화되리라는 기대는 허물어졌다. 2000년대 반세계주의(anti–globalism)가 휘몰아쳤다. 세계화에 소외된 국가들과 세계화가 초래한 국내외적 부정적인 결과들 즉 빈부격차의 심화 등을 경험한 세력들이 세계화에 대한 반발을 여실히 드러냈다. 그 결과물이 2008년 글로벌 금융위기와 함께 대두된, 월가의 탐욕스러운 금융자본주의와 경제적 불평등에 분노하면서 시작된 '월스트리트 점령(Occupy Wall Street)' 운동이다(이상환 2020c; Dreher 2006; Ekman 2003).

코로나19 감염병 사태는 미·중 간 새로운 냉전 시대를 연 사건으로 역사에 기록될 것이다. 탈세계화(Deglobalization)와 디지털화(Digitization)라는 새로운 생활상을 형성하게 한 사건이다. 치료제와 백신 개발이 개선되고 있으나 언제 완성될지 모르고 유사한 감염병의 발생이 주기적으로 일어날 가능성이 크다 보니 이제 감염병이 일상으로 자리잡을 수도 있다는 점을 부인하기 어려운 상황이다. 이런 가운데 중국에 글로벌 생산망을 가진 다국적기업의 80%가 탈중국을 계획한다는 얘기가 나오고 있고, 4차 산업혁명과 함께 비대면 경제 확산은 디지털 혁신을 가속화하여 금융서비스산업의 핀테크화와 디지털 화폐 주도권 경쟁을 촉발할 가능성이 크다(이상환 2020b, 9; 이상환 2020c).

코로나19는 미·중 패권경쟁 속에서 때를 기다리며 조용히 패권을 추구하던 중국에게 시련을 안겨다 주었다. 지금의 경쟁이 격화되면 그 결과는 둘 중 하나다. 패권전쟁 결과 중국이 미국 질서에 완전히 편입되거나 미국이 패권적 지위에서 밀려나 쇠락의 길을 걷는 것이다. 과학기술 전쟁과 표준 전쟁이 뒤섞인 가운데 세계는 신냉전의 늪으로 빠져들는지 모른다. 예를 들어, 미국이 화웨이를 제재하자 중국이 '화웨이 지지국'을 규합하여 미국에 대항하고 있다. 이제 세계 각국이 미국과 중국 중 하나를 선택해야 하는 상황에 직면하고 있다. 차세대 기술과 표준을 누가 선점하느냐가 이 총성 없는 전쟁의 관건이 될 것이다. 세계 각국에 '어느 편이냐'를 묻고 있는 미국과 중국에 대해 세계 각국이 줄 서기에 나서면서 '디지털 철의 장막(digital iron curtain)'이 전 세계에 드리워질 가능성이 커지고 있다. 이제 미국을 중심으로 서구세력의 선택은 중국식 과학기술혁명을 따르거나 아니면 가치추구가 다른 중국을 국제사회에서 배제하는 것이다. 문제는 그러기에는 중국이 갖고 있는 잠재력이 크고 그 파급효과가 적지 않아서 쉽게 성공할지는 미지수이다.

가치구현 충돌 상황에서 미국이 중국을 견제하는 대표적인 방식은 '표준전쟁(standard war)'이다. 각종 표준설정에서 중국의 참여를 배제함으로써 자연스레 시장에서 도태시킨다는 것이다. 미국 트럼프 행정부는 중국이 AI·빅데이터 시대에 감시사회를 구축하고 있다고 비난하고, 지금까지의 중국식 기술혁명을 지식재산권 탈취라는 범죄 행위로 폄훼하면서 중국정부의 민주주의 질서 위협 등을 비판해왔다. 미국은 홍콩의 반정부 시위를 거론하며 중국에 자유가 주어질 때 어떤 일이 일어나는지 보여주는 좋은 사례라고 지적한 바 있다(이상환 2020b, 9-10).

탈세계화는 국가 간 상호의존과 통합이 약화되는 과정을 일컫는 개념이다. 국가 간 경제 관계에서 무역과 투자가 감소하고 국가 간 정치 관계에서 통합에 역행하는 현상을 말하는 것으로 세계화의 반대 개념이다. 역사상 탈세계화 현상이 부각된 시기는 대공황을 겪은 1930년대와 글로벌 금융위기 이후 무역 침체기인 2010년대이다. 1930년대와 2010년대의 탈세계화 현상을 가져오기 전에 국제사회는 세계화 규범에 충실하려 했던 시대를 경험했었다. 이는 각각 1850~1914년 시기와 1950~2007년 시기라고 할 수 있다. 이러한 시기를 경험한 후 충격적인 금융위기로 인해 세계화 시대가 쇠락의 길을 맞이한 것이다(이상환 2020c).

하지만 1930년대의 탈세계화 양상과 2010년대의 탈세계화 양상은 성격상 차이점이 있다. 1930년대에는 민주주의 국가들이 자유무역주의를 지키려 했고 자급자족에 의존하려는 전체주의 독재국가들이 탈세계화 현상을 주도했다. 반면 2010년대 이래 현재 상황은 민주주의 국가들이 이를 주도하고 있다. 미국 트럼프 대통령의 '미국 우선주의(America First)'와 영국의 '브렉시트(Brexit)' 움직임이 국제사회를 탈세계화 과정으로 몰고 간 것이다. 이는 보호무역주의와 경기침체라는 경제적 동인에 의한 것만이 아니라 상이한 가치 추구라는 정치적 동인도 작용한 것이다(이상환 2020c).

세계화 수준을 파악하는 대표적인 지표는 스위스경제연구소(KOF Swiss Economic Institute)가 발표하는 세계화 지수이다. 그 지표에 의하면 세계화 수준은 1990년 이후 글로벌 금융위기 직전인 2007년까지 급속히 증가했고, 2008년 경제대불황 이래 단지 약간 올랐었다. 1990년 이래 처음으로 2015년에 세계화 수준이 감소했다. 이는 세계화 측면 중 경제적 세계화에 있어서의 쇠퇴에 기인한 것이다. 당해 연도에 정치적 세계화는 오히려 개선되었고 사회적 세계화는 정체 상태였다. 2015년 이후 2021년까지는 세계화 흐름이 상승과 하락을 반복하며 사실상 정체 상태이다.

탈세계화는 경제부문에서 보호무역주의와 함께 간다. 국가 간 상호교류의 감소와 이에 따른 낮은 경제성장은 결국 보호무역주의를 수반한다. 이는 국가 간 협력을 줄이고 갈등의 위험을 증가시키며 비경제적 부문에서도 문제를 초래한다. 이처럼 탈세계화는 정치적 현상으로도 이해할 수 있다. 예를 들어, 미국 부시 행정부와 오바마 행정부가 제도화한 미국산 제품 구매를 독려하기 위한 '미국제품구매 법안(Buy American Act)'이 있다. 또한 유럽연합(EU)의 농산물 분야 보호를 위한 새로운 보조금 지급 정책도 마찬가지 예이다. 이러한 탈세계화 정책은 선진국들이 2008년 글로벌 금융위기로부터 탈피하는 방안이자 정치적 의도가 깔린 행위이다(이상환 2020c).

〈표 7〉세계화 지수(kof globalisation index; 연도별 세계평균치)

1990	43.6	2001	53.3	2012	60.9
1991	43.7	2002	53.4	2013	61.2
1992	44.7	2003	54.4	2014	61.8
1993	45.8	2004	55.5	2015	61.7
1994	46.8	2005	56.4	2016	61.9
1995	48.1	2006	57.5	2017	62.1
1996	48.3	2007	58.8	2018	61.2
1997	49.3	2008	59.3	2019	62.0
1998	50.3	2009	59.6	2020	61.8
1999	51.3	2010	60.1	2021	61.5
2000	52.5	2011	60.5		

출처: Eidgenössische Technische Hochschule Zürich; KOF Swiss Economic Institute (https://kof.ethz.ch/en/forecasts-and-indicators/indicators/kof-globalisation-index.html)

최근에 반세계화(Anti-globaliztion) 움직임에 있어서 변화가 감지되었다. 반세계화는 이제 선진국들과 보수정치인들 사이에서도 강력한 기반을 갖고 있고, 개도국들 중에서 특히 브릭스(BRICS) 국가들 사이에서 매우 상이한 양상으로 전개되고 있다. 새로운 민족주의 흐름이 그 저변에 존재하고 난민 문제 등 각종 민족·인종 갈등이 국내외 정치지형에 영향을 미치며 새로운 진영 논리 속에 국가들을 편입시키고 있다(이상환 2020c).

후쿠야마는 2020년 이후 시장 중심 자본주의의 미국과 국가 중심 자본주의의 중국이 세계 패권다툼을 벌일 것으로 내다봤다. 이 싸움의 핵심은 민주주의와 인권 등 인류 보편적 가치를 공유하고 있느냐의 문제다. 이 싸움의 전 단계가 기술 경쟁력과 표준 싸움이다. 중국이 인공지능(AI) 기술에서 앞서나가고 있는데, 이는 중국이 인권·개인정보 보호 문제를 등한히 하기 때문이라는 것이다. 이에 서구 국가들은 인권 가치를 공유하지 않는 나라를 빼고 경제 표준을 만드는 '표준전쟁(standard war)'으로 대응하고 있다. 지금 국제사회는 새로운 양 진영(Global North와 Global South)으로 재편되고 있다(이상환 2020c).

　　열린 사회 유럽이 난민 문제와 코로나19로 내부 갈등을 경험하면서 닫힌 사회로 이행할는지 모르는 상황이다. 또한 열린 사회의 리더인 미국의 트럼프 대통령은 대선을 앞두고 닫힌 사회로의 이행 조짐을 보였다. 멕시코 국경 장벽 건설을 둘러싼 인접국과의 갈등과 코로나19에 따른 국내적 인종·계층 갈등 등이 그 예이다. 반면 미·중 통상전쟁은 중국을 열린 사회로 이끌기 위한 닫힌 사회에 대한 경고로 보이기도 한다. 코로나19가 국제사회에 던진 메시지는 국가 간 갈등이 아닌 공동체적 협력만이 국제사회의 '살길'이라는 것이다. 아울러 닫힌 사회가 아닌 열린 사회로의 이행만이 밝은 미래를 보증한다는 것이다(이상환 2020c).

II. Post COVID-19 시대와 새로운 국제질서

　　최근 새로운 냉전의 도래를 우려하는 목소리가 커지고 있다. 제2차 세계대전 후 냉전의 양상은 유럽에서의 동·서독 분단과 동아시아에서의 남·북한 분단이 이를 잘 대변해준다. 이는 결국 이념대결로 자본주의 대 공산주의, 민주주의 대 전체주의, 그리고 제1세계(북대서양조약기구, 브레튼우즈 체제) 대 제2세계(바르샤바조약기구, 코메콘체제)로 대별된다. 가치와 이익을 공유하는 진영 내 협력과 가치와 이익을 달리하는 진영 간 갈등이 과거 냉전의 모습이었다. 그 대결 구도에서 살아남는 길은 진영 속에서 힘을 키우는 것밖에 없었다(이상환 2020c).

　　그렇다면 최근 논의되고 있는 신냉전은 무엇을 일컫는가. 신냉전은 탈냉전기 패권경쟁의 산물이고 중국의 급부상과 이에 따른 새로운 가치 충돌의 결과라고 할 수 있다. 탈냉전기 도래 이후 세계는 중국의 급부상을 목격해왔고 중국 위협론과 기회론이라는 상반된 시각에서 이를 전망하게 되었다. 미국을 중심으로 한 서구세력은 급속한 경제발전을 해나가는 중국 내에서 정치적 민주화의 불길이 일어나기를 기대했다. 하지만 이는 잘못된 기대가 되었다. 홍콩민주화운동 사태에 직면한 중국당국의 태도는 서구국가들을 실망시키기에 충분했다. 이는 경제발전이 정치적 민주화를 초래한다는 명제가 중국에서는 적용되지 않음을 보여주는 것이다(이상환 2020b, 8; 이상환 2020c).

여기서 미국을 중심으로 한 냉전기 제1세계의 고민은 깊어진다. 중국의 급부상을 기회론이라는 낙관적 사고로 전망했던 사람들도 이제는 위협론이라는 비관적 사고로 전환하고 있다. 이러한 우려를 낳기에 충분한 행동을 중국 정부가 했다고 해도 과언이 아니다. 2018년 중국이 집단지배체제를 일인지배체제로 바꿨을 때 미국을 중심으로 한 서구세력은 중국 정치의 퇴행에 실망했다. 중국을 견제해야 한다는 주장이 미국사회에서 더욱 설득력을 갖게 된 것이다. 사고체계가 다른 힘 있는 중국의 출현은 서구세력의 입장에서 보면 최악의 상황이다. 유럽의 영국에서 북미의 미국으로의 평화로운 세력전이가 가능했던 것은 바로 양국 간 '가치 공유(shared values)'가 그 배경이었다(이상환 2020b, 8; 이상환 2020c).

만약 미국과 중국 간 가치의 공유가 미약하다면 평화로운 세력전이가 가능할 것인가. 그 답은 '아니오'일 것이다. 오늘날 국제질서는 가치를 우선하는 국가군과 이익을 우선하는 국가군 간의 대결 구도로 재편되는 조짐이 일고 있다. 하지만 오늘날의 상황은 구 냉전과는 사뭇 다르다. 그 당시는 미·소 간 그리고 제1세계와 제2세계 간 '이익의 공유(shared interests)'가 미미했다. 지금은 강대국 간 즉 경쟁국가 간 이익의 공유가 적지 않다. 경제적 상호의존이라는 구조적 제약이 극단적인 선택을 억지하는 상황이다. 가치 공유 우선 국가들이 중국의 반인권적·비민주적 행태를 비판하며 사고와 행태의 변화를 요구하고 있음에도 불구하고, 그들은 이익 훼손을 걱정하며 역학 구도의 변화에 주목하기도 한다(이상환 2020b, 8; 이상환 2020c).

가치공유 우선과 이익공유 우선이라는 선택의 기로에서 각국은 어떤 길을 가야할 것인가. 짧게 말하자면, 둘 다 중요하다. 가치공유를 우선하면서 중국을 사고가 다른 위협세력으로 보고 이를 견제하려는 서구강대국들과,

일단 먹고 살기위해 중국의 가치추구가 어떻든 이익을 극대화하기 위해 중국에 편승하는 아시아와 아프리카의 약소국들 간 대결구도로 국제사회는 이합집산하는 양상이다. 한마디로 말하여, 구 냉전이 가치·이익 공유국가(군)과 이(異)국가(군) 간의 갈등이었다면, 신 냉전은 가치우선 국가군과 이익우선 국가군 간 갈등구조를 형성하고 있다. 국가 간 이해관계가 복잡하다보니 가치공유에 따른 결속력이 일부 강대국을 제외하면 한계가 있다고 할 수 있다(이상환 2020b, 9; 이상환 2020c).

새로운 냉전 시대에 걸맞은 이념대결은 어떠한 구도인가. 경제적인 맥락에서 보면, 미국을 중심으로 한 시장중심 자본주의(시장자율성 우선) 대 중국을 중심으로 한 국가 중심 자본주의(국가개입 우선)가 그것이다. 정치적인 맥락에서 보면, 미국을 축으로 한 민주주의(다당제, 법치주의) 대 중국을 축으로 한 권위주의(일당지배, 인치주의)가 그 핵심이다. 경제적인 측면에서는 과거 냉전과 다른 양상이나 정치적인 측면에서는 그 성격이 유사하다. 서구국가들이 딜레마에 빠지는 이유는 AI, 빅데이터시대에 중국의 기술혁명이 반인권적·반윤리적 문제가 있음에도 불구하고 국가경쟁력을 갖게 된 것 때문이다(이상환 2020b, 9; 이상환 2020c).

오늘날의 국제질서를 G20 속의 G2 시대 혹은 다극 속의 양극체제라고 규정한다. 국제사회는 1990년 냉전 종식과 더불어 탈냉전 시대를 맞이하였다. 지난 30년간 우리는 세계화와 정보화의 시대를 경험해왔고, 2020년 코로나19는 탈세계화와 디지털화라는 새로운 생활상을 강제하고 있다. 이런 가운데 우리나라는 미국과 중국 사이에서 선택을 강요받고 있다. 아직은 미국과 중국 간 불균형적인 양극체제를 형성하고 있으나 2050년에는 보다 균형적인 양극체제로 전환될 수 있다. 만약 이러한 흐름이 사실이라면 우리는 미래를 위해 보다 사려깊은 대비가 필요하다. 미·중 간 균형적인 양극체제가 현실화된다면 우리는 어느 한쪽에 편향된 외교적 스탠스를 가질 수 없다. 하지만 우방을 판단하는 기준은 이익의 공유보다는 가치의 공유가 우선해야 한다. 중국의 정치적 민주화가 진전이 없다면 우리는 지리적으로 멀리 위치한 우방인 미국을 통해 중국을 견제하는 지혜를 구현해야 할 것이다(이상환

2020b, 10; 이상환 2020c).

2020년, 세계질서와 동아시아지역질서의 축이 흔들리고 있다. 과연 21세기 이 시점을 무엇이라 명명해야 할까. 지난 수년간의 상황을 보며 새로운 이념 갈등의 시기 즉 신냉전 시기로 접어든 것이 아닌가 하는 우려를 하게 된다. 21세기 새로운 냉전기는 미국식 시장자본주의 대 중국식 국가자본주의 혹은 열린 사회 대 닫힌 사회 간의 대결로 볼 수 있다. 자본주의 내 경제발전을 위한 추동체(推動體)로 주로 시장이 기능해야 하느냐 아니면 국가가 역할을 해야 하느냐가 그 핵심 쟁점이다. 21세기 중국의 급부상은 중국식 국가자본주의의 위상을 높여왔고, 미국을 비롯한 서구국가들은 중국식 국가자본주의의 한계를 비판하면서도 아이러니하게 국가개입주의적인 경제정책을 확대해왔다. 최근 미국을 포함한 서구국가들의 일부 민중주의 양상은 이를 잘 보여준다. 이런 가운데 민주주의 가치 논쟁이 이에 더해지면서 결국 중국이 그러한 가치를 공유할 수 있는 국가냐 하는 의구심이 증폭되는 것이다. 여기에 우리의 전략적 딜레마가 존재하는 것이다(이상환 2020b, 10; 이상환 2020c).

📚 토론하기

1. 보건안보 문제가 국가의 우선권과 주권을 약화시켰다고 생각하는가? 인간안
   보를 설명하고 보건안보가 국가 주권에 어떤 영향을 미쳤는지 실제 사례를
   들어 토론하시오.

2. 냉전 I기(냉전-긴장완화-신냉전)와 냉전 II기(신냉전 혹은 네오냉전)를 비교하
   여 설명하고 냉전 II기가 진정으로 도래한 것인지, 도래한 것이라면 얼마나
   지속될 것인지, 그리고 그 결과 어떠한 국가가 패권국이 될 것인지에 대해 논
   의하시오.

정리하기

1. 탈세계화란?

탈세계화는 국가 간 상호의존과 통합이 약화되는 과정을 일컫는 개념이다. 국가 간 경제 관계에서 무역과 투자가 감소하고 국가 간 정치 관계에서 통합에 역행하는 현상을 말하는 것으로 세계화의 반대 개념이다. 역사상 탈세계화 현상이 부각 된 시기는 대공황을 겪은 1930년대와 글로벌 금융위기 이후 무역 침체기인 2010년대이다.

2. 보건안보란?

인간안보에서 새로이 부각되고 있는 의제인 보건안보는 21세기에 들어 감염병 문제로 인해 국가 간 주요한 갈등 요인이 되고 있다. 21세기 최초의 국제적 감염병인 사스(SARS)는 국제사회에 감염병의 공포를 알리는 신호탄이 되었고, 이어 발생한 조류독감(AI)은 감염병 문제를 국제사회 내 최대 관심사의 하나로 부각시켰다. 또한 신종플루(Influenza A), 에볼라바이러스(Ebola Virus), 메르스(MERS), 그리고 현재 진행 중인 코로나19(COVID-19)에 이르기까지 감염병의 만연은 국제사회에 해결해야 할 과제를 남겨주었다. 일반적인 보건 문제가 선진국이 개도국에 베푸는 시혜적인 수직적 관계 속에서 해결된다면, 감염병 문제는 선진국과 개도국 간 상호협력 없이는 즉 호혜적인 수평적 관계 속에서 노력하지 않는다면 해결이 난망한 것이다.

3. 신냉전이란?

신냉전은 탈냉전기 패권경쟁의 산물이고 중국의 급부상과 이에 따른 새로운
가치 충돌의 결과라고 할 수 있다. 새로운 냉전 시대에 걸맞은 이념대결은 경
제적인 맥락에서 보면, 미국을 중심으로 한 시장중심 자본주의(시장자율성 우
선) 대 중국을 중심으로 한 국가(관료)중심 자본주의(국가개입 우선)이다. 정
치적인 맥락에서 보면, 미국을 축으로 한 민주주의(다당제, 법치주의) 대 중국
을 축으로 한 권위주의(일당지배, 인치주의)가 그 핵심이다. 경제적인 측면에
서는 과거 냉전과 다른 양상이나 정치적인 측면에서는 그 성격이 유사하다.
서구국가들이 딜레마에 빠지는 이유는 AI, 빅데이터시대에 중국의 기술혁명
이 반인권적 · 반윤리적 문제가 있음에도 불구하고 국가경쟁력을 갖게 된 것
때문이다.

$2^{부}$

국제안보 이슈

1. 국가안보

 핵심 용어 정리

용어	뜻
국제안보 (international security)	국제정치학의 세부분야로 전쟁(war)과 세계평화(peace) 의 문제를 다루고, 국제안보 관련 시각을 나열하면 세력 균형(balance of power)이론, 공포균형(balance of terror)이론, 위협균형(balance of threat)이론, 이익균 형(balance of interest)이론, 세력전이(power transition) 이론, 집단안전보장(collective security)이론 등을 말할 수 있으며, 그 주요 쟁점은 국가안보(national security) 와 인간안보(human security)로 크게 나누어짐
국가안보 (national security)	국제안보의 세부분야로 국가 간 혹은 국가와 비국가 행 위자 간 전쟁(war)과 세계평화(peace)의 문제를 다루 며, 그 주요 관심사는 주권 수호임
패권경쟁 (hegemonic competition)	국제관계에서 패권이란 국제사회를 주도할 수 있는 권 력이나 지위를 말하고, 어느 한 국가가 다른 국가를 대 상으로 행사하는 영향력을 지칭하며 다수 국가의 동의 가 필요함. 패권 경쟁은 이를 쟁취하기 위한 국가 간 다툼을 의미함.

주 제 ────────────────────────────

국제안보의 한 분야로서 주권을 강조하는 국가안보는 어떠한가요?
세계질서에 있어 미국과 중국 간의 패권경쟁은 어떠한가요?
동아시아지역질서에 있어 중국과 일본 간의 패권경쟁은 어떠한가요?
한반도 주변정세와 남북한 관계는 어떠한가요?

학/습/목/표 ────────────────────────────

1. 세계질서와 미 · 중 패권경쟁에 대해 이해할 수 있다.
2. 동아시아지역질서와 중 · 일 패권경쟁에 대해 이해할 수 있다.
3. 한반도 주변정세와 남북한 관계에 대해 알 수 있다.

학/습/목/차 ────────────────────────────

1. 세계질서와 미 · 중 패권경쟁
2. 동아시아지역질서와 중 · 일 패권경쟁
3. 한반도 주변정세와 남북한 관계

Ⅰ. 세계질서와 미 · 중 패권경쟁

1. 현존 국제질서에 대하여

최근 세계질서는 미국과 중국 간의 세력다툼이 자리를 잡아가고 있다. 세기말 세계질서는 다극 속의 단극 구조, 즉 안보 측면에서 미국, 중국, 러시아의 3극 구조와 경제 측면에서 미국, 독일, 일본의 3극 구조가 중첩되어 5극 구조 속에 미국이 팍스아메리카나를 구가하는 양상이었다. 하지만 오늘날의 모습은 G20 속의 G2 구조라고 할 수 있다. 기존의 G7 혹은 G8 강대국과 더불어 10여 개국의 지역거점 강국이 영향력을 행사하는 다극 구조 속의 양극 구조가 그것이다.

동북아 지역질서는 냉전기 북방 삼각구조(소련 – 중국 – 북한)와 남방 삼각구조(미국 – 일본 – 한국)가 잔존하는 가운데 중국과 일본 간의 패권경쟁이 가속화되고 있다. 20세기 동안 미국과 러시아(소련) 간 세계적 패권경쟁의 틈바구니 속에서 주목을 받지 못했던 일본과 중국 간의 힘겨루기가 탈냉전적 이완된 삼각구조 속에서 그 갈등 양상을 증폭하고 있는 것이다. 한마디로 말하여, 전세계적 차원에서의 미국과 중국 간 G2 경쟁과 지역적 차원에서의 중국과 일본 간 지역패권 경쟁이 동시에 진행되고 있는 것이다.

21세기 들어 국제사회는 새로운 질서를 모색하는 과정에 있다. 이러한 변화 속에서 우리는 "미래를 어떻게 대비할 것인가?"하는 논쟁에 빠져들고 있다. 세기적 전환기 속에서 국제정치학계 논쟁의 하나는 우리의 국가 전략과 관련된 것이었다. 즉 19세기에서 20세기로의 전환기와 20세기에서 21세기로의 전환기에 있어서 우리 국가 전략의 바람직한 방향에 관한 논쟁이 그것이다. 전자의 경우 우리는 힘(national power)이 없는 상황에서 자주라는 미명하에 외교 정책을 추진하다가 결국 망국의 길을 걷게 되었다. 후자의 경우 우리는 그 합의된 방향을 설정하기 위해 논쟁을 벌여왔다. 그 대표적인 논쟁의 하나가 "균형(balancing)이냐?" 아니면 "편승(bandwagoning)이냐?"하는 21세기 우리 외교 전략의 방향과 관련된 것이었다.

오늘날 국가 간 인적·물적 교류는 복합적인 상호의존 양상을 보여주고 있으며 세계 차원에서 결국 중국이 미국과 함께 가는 길을 택할 것이라는 주장을 하게 한다. 반면 동북아 지역차원에서 중국의 부상은 다른 해석을 하게 한다. 중국의 부상과 함께 동북아 지역 내 패권 경쟁은 가속화되어 온 것이 사실이다. 예를 들어, 중국과 일본 간 해양영토분쟁은 양국의 군함과 전투기까지 동원되는 극도의 긴장과 갈등상황으로 전개되기도 하였다. 더욱이 과거사 문제로 인한 갈등은 중국과 동북아 국가 간의 관계를 악화시켜왔으며 특히 한국과 일본 간의 위안부 문제 해결의 합의에도 불구하고 다양한 역사인식 문제로 그 갈등은 잔존하는 것이 현실이다. 이는 세계질서에 대한 인식과는 달리 중국이 과거 일본이 주도한 동북아 지역질서에 변화를 주려는 움직임을 보일 것이라는 주장을 하게 한다.

2. 한반도 주변의 중첩된 양자구도

21세기 첫 20년간 세계질서는 미국과 중국 간 안정된 관계 구조를 유지해왔다. 경제력과 군사력으로 대별되는 경성국력을 기준으로 미국과 중국의 위상을 통계 자료에 기초하여 살펴보면 다음과 같다. 영국 싱크탱크 경제경영연구소(CEBR) 2019년 기준 자료에 의하면 미국은 세계 GDP에서 24.8%를 차지하는 최대 강국이고 중국은 세계 GDP에서 2위(16.3%)를 차지하는 강국이다. CEBR이 예측한 미·중 경제 규모의 역전 시점은 2033년이다. 한편 미국이 2033년 중국에 세계 최대 경제대국의 지위를 내주지만 2056년 중국을 제치고 다시 세계 1위에 올라설 것이란 전망도 있다. 또한 1인당 명목 GDP는 2020년 기준 미국은 67,427 달러이고, 중국은 10,873 달러이다. 경제적 차원의 경성국력 측면에서 중국의 위상을 평가하면 아직 초강대국인 미국과 거리감이 있으나 최근 일본, 독일을 따라잡은 것을 보면 그 상승세를 무시할 수 없다.

한편, 군사력 지표에 따르면 중국의 위상은 인정할만하나 아직 미국과는 큰 거리감이 있다. 2021년 군사비 지출(IISS, 국제전략연구소와 SIPRI, 스톡홀름 국제평화문제연구소에서 발표한 국방비 통계 기준)에 있어서 중국(1,780억 달러)은 미국(7,400억 달러)에 이어 2위이나 미국과의 격차는 4분의 1의 수준에 머물고 있다. 2021년을 기준으로 한 군사비 총액 및 세계순위 통계에 의하면, 3위 인도 730억 달러, 4위 독일 570억 달러, 5위 영국 560억 달러, 6위 일본 510억 달러, 7위 사우디아라비아 480억 달러이고 한국은 8위이다. 미국 군사비는 세계 2위~11위 국가의 총합을 능가한다. 경성국력에 기초한 중국의 위상은 세계 2위권의 강대국이며 경제력과 군사력 측면에서 모두 그 영향력이 급부상하고 있음을 파악할 수 있다.

위에 언급한 바와 같이, 경제력과 군사력의 측면에서 미국과 중국의 국력을 비교할 경우 중국은 미국과 더불어 양극 구조를 형성하고 있다고 판단할 수 있다. 아직 그 격차가 존재한다는 점은 부인할 수 없으나 지금의 성장속도가 지속될 경우 세력전이가 머지않아 가능할 수 있다는 예상을 하게 한다. 그렇다면 중국이 세계질서의 구조를 바꾸려는 현상타파 세력일지, 아니면 미국과 평화로운 공존을 추구하는 현상유지 세력일지를 파악해야 한다. 그 의도를 파악하는 대안적인 지표로 양국 간 상대국가 인식 자료를 활용할 필요가 있다. 미국이 인식하는 중국과 중국이 인식하는 미국이 긍정적인가, 아니면 부정적인가. 그러한 인식은 개선되고 있는가, 아니면 악화되고 있는가. 체제 만족도를 상대국에 대한 인식으로 파악한다면 세계질서의 안정성은 미국과 중국 상호 간 인식에 달려있는 것이다.

영국 BBC 방송이 발표하는 각국의 상대국의 영향력에 대한 인식 설문조사(Views of Different Countries' Influence)에 의하면, 미국인이 중국에 대해 주로 긍정적(mainly positive)으로 평가하는 비율은 26%, 주로 부정적(mainly negative)으로 평가하는 비율은 60%로 부정적인 인식이 대다수이다. 즉 미국이 중국을 우방으로 인식하고 있지 않다고 볼 수 있다. 한편 중국인이 미국에 대해 주로 긍정적(mainly positive)으로 평가하는 비율은 31%, 주로 부정적(mainly negative)으로 평가하는 비율은 61%로 마찬가지로 부정적인 인식이 대부분이다. 중국이 미국을 우방으로 인식하지 않는다고 볼 수 있다. 결과적으로 보면 양국 간 인식은 부정적이며 이는 중국이 현존 세계질서에 불만을 가질 가능성이 크고 미국도 중국으로의 세력전이를 받아들일 가능성이 크지 않음을 드러내고 있다. 특히 중국의 부상과 함께 중국의 영향력에 대한 국제사회의 인식도 전반적으로 기대보다는 우려로 확산되고 있음을 각종 자료는 보여주고 있다.

한편 동북아 지역질서는 중국과 일본 간 불안정한 관계 구조를 보여주고 있다. 경제력과 군사력으로 대별되는 경성국력을 기준으로 일본과 중국의 위상을 통계자료에 기초하여 살펴보면 다음과 같다. 2019년 국가별 기준 자료에 의하면 일본은 세계 GDP에서 3위를 차지하는 강국이고 중국은 세계 GDP에서 2위를 차지하는 강국으로 일본은 중국에 비교하면 3분의 1을 상회하는 정도로 열세에 놓여 있다. 경제적 차원의 경성국력 측면에서 일본과 중국의 위상을 비교하면 일본의 위상을 무시할 수는 없으나 중국이 이미 일본을 따라잡은 후 격차를 벌리고 있다. 군사력 지표에 따르면 중국의 위상은 일본을 능가하는 것으로 판단할 수 있다. 2021년 군사비 지출에 있어서 중국은 미국에 이어 2위이며 일본과의 격차는 거의 세 배에 달하는 수준이다. 하지만 2021년 추정치를 기준으로 한 군사비 세계 순위 통계에 의하면 일본은 세계 6위이다. 경성국력에 기초한 중국의 위상은 세계 2위권의 강대국이며 경제력과 군사력 측면에서 모두 그 영향력이 급부상하고 있어서 일본을 능가하고 있음을 파악할 수 있다.

위에 언급한 바와 같이, 경제력과 군사력의 측면에서 일본과 중국의 국력을 비교할 경우 일본은 중국에 비해 상대적으로 국력이 약화되고 있다고 할 수 있다. 중국의 부상이 지금의 성장속도를 지속할 경우 세력전이가 일어날 가능성이 큰 것이다. 그렇다면 중국이 동북아 지역질서의 구조를 바꾸려는 현상타파 세력인지, 아니면 일본과 평화로운 공존을 추구하는 현상유지 세력인지를 파악해야 한다. 그 의도를 파악하는 대안적인 지표로 양국 간 상대국가 인식 조사를 활용할 필요가 있다. 일본이 인식하는 중국과 중국이 인식하는 일본이 긍정적인가, 아니면 부정적인가. 그러한 인식은 개선되고 있는가, 아니면 악화되고 있는가. 체제 만족도를 상대국에 대한 인식으로 파악한다면 동북아 지역질서의 안정성은 일본과 중국 상호 간 인식에 달려있는 것이다.

영국 BBC 방송이 발표하는 각국의 상대국의 영향력에 대한 인식 설문조사(Views of Different Countries' Influence)에 의하면, 일본인이 중국에 대해 주로 긍정적(mainly positive)으로 평가하는 비율은 14%, 주로 부정적(mainly negative)으로 평가하는 비율은 85%로 부정적인 인식이 압도적이다. 즉 일본이 중국을 적으로 인식하고 있다는 점을 보여주는 것이다. 한편 중국인이 일본에 대해 주로 긍정적(mainly positive)으로 평가하는 비율은 22%, 주로 부정적(mainly negative)으로 평가하는 비율은 75%로 마찬가지로 부정적인 인식이 압도적이다. 즉 중국 역시 정도 차이는 있으나 일본을 적으로 인식하고 있음을 알 수 있다. 결과적으로 보면 양국 간 인식은 매우 부정적이며 이는 중국이 현존 동북아 지역질서에 불만을 가질 가능성이 크고 일본도 중국으로의 세력전이를 받아들일 가능성이 거의 없음을 드러내고 있다. 특히 중국의 급부상과 함께 중국의 영향력에 대한 인식이 일본 내에서 큰 우려로 확산되고 있음을 각종 자료는 보여주고 있다. 결론적으로, 중국은 동북아 지역질서의 패권국인 일본(미·일 동맹)의 패권에 도전하는 국가로서의 능력과 의도를 확실히 보여주고 있다. 중국의 영향력을 긍정적으로 인식하는 일본의 수치가 아주 낮고 일본의 영향력을 부정적으로 인식하는 중국의 수치가 10% 높다는 점에서 양국 간 인식이 아주 부정적임을 알 수 있다. 특히 조사대상 국가 중 상호 간 최악의 인식을 서로 하고 있다는 점에서 비관적인 전망을 하지 않을 수 없다.

3. 세계질서와 동북아 지역질서의 충돌과 우리의 전략적 선택

동북아의 약소국으로서 우리나라는 동북아의 세력배분구조가 변화할 때마다 항상 새로운 가능성을 찾으며 생존과 자주를 모색해왔다. 역사적으로 회고해볼 때, 우리나라는 중국과 북방민족들 사이에서 동맹외교, 중립외교, 또는 균형외교를 구사하기도 하였으며, 중국의 패권이 강할 경우 사대외교를 통해 생존과 자주를 추구하기도 하였다. 하지만 19세기 말 동북아의 전통 사대질서가 근대 국제질서로 전환하는 과정에서 우리나라는 자주외교에 실패함으로써 일제의 식민지로 추락하는 아픈 경험을 가지고 있다(정용화 2003, 202). 오늘날 우리의 전략적 선택에 관한 논의는 중첩된 양자구도(미·중, 중·일) 속에서 중견국으로서 취할 수 있는 바람직한 선택을 제시한다는 점에서 중요한 현실적 함의를 가지고 있다.

첫째로 우리가 취할 수 있는 전략적 선택은 균형(balancing) 전략이다. 19세기에서 20세기로 넘어가는 시점에서 우리는 어설픈 자주를 추구했고 이는 주권 상실이라는 최악의 결과를 맞이했다. 국력이 뒷받침되지 않은 가운데 균형 전략을 선택했고 이는 오히려 지나친 외세의 개입을 유발하여 우리나라의 자주·독립을 위협하는 상황을 초래하였다. 21세기 초 한동안 동북아균형자론이 학계의 뜨거운 감자로 논쟁을 야기한 적이 있다. 여기서 의제는 "우리가 균형 전략을 추구해야 하느냐?"하는 점과 "균형자로서의 역량을 갖고 있느냐?"하는 점이었다.

이러한 동북아균형자론은 균형자의 개념이 국제정치학에서 압도적인 국력을 바탕으로 지역질서를 조정하는 세력균형자로서 사용되어왔다는 사실 때문에 그 진정한 의도에 대해 논란이 야기되었고, 또한 이에 대한 설명과정에서 한국의 외교적 기축이 되어 왔던 한·미동맹 및 한·미·일 정책공조체제에서 이탈하는 뉘앙스가 풍겨 나왔기 때문에 오해를 받아왔다. 이 논의가 제기된 시점이 공교롭게도 영토문제에 대한 대일 강경정책 전개와 상대적인 대중 안보협력 강화의 시점과 맞물려 친중, 반일의 정책이 아닌가 하는 오해를 낳기도 하였다(박영준, 2006: 186). 현 시점에서 균형 전략은 자주외교라는 큰 틀에서 보면 매력적으로 보이나 우리의 역량을 감안하면 그 한계점이 보인다.

둘째로 우리가 취할 수 있는 전략은 편승(bandwagoning) 전략이다. 지난 반세기 간 우리나라는 미국의 핵우산 하에서 자유진영의 첨병으로서 냉전적 질서 속에서 안보를 유지해왔다. 한·미·일 남방 3각 구도 속에서 북·중·러 북방 3각 구도를 경계하며 살아온 것이 우리의 모습이다. 냉전적 구도 속에서 우리나라는 자연스럽게 미국의 군사력에 편승하여 생존을 확보해왔다고 볼 수 있다. 이러한 냉전적 안보관은 탈냉전의 전개와 함께 사라지게 되고 우리는 새로운 안보관을 모색하게 되었다. 안보적인 측면에서 동북아는 아직 냉전적 구도가 남아있으나 미국에 무조건 편승하는 것도 더 이상 불가능하고 바람직한 것도 아니라는 공감대가 형성되어 가고 있다.

한편 북한은 독자적인 힘으로 중국의 부상을 좌절시키거나 지연시키는 것이 어렵다는 것을 인정하고 중국의 부상 과정과 부상의 결과를 자국의 이익에 맞도록 조절하고 자국에 대한 손해를 최소화하려는 편승전략을 취하고 있다. 북한이 중국의 부상에 대해 추구하는 편승 전략은 체제안정과 경제회복, 그리고 미국의 적대시 정책에 대한 견제 등이 주요한 목적이 되고 있다(김예경 2007).

이러한 편승 전략은 약소국이 생존을 위해 주로 취하는 정책적 선택인데, 이 경우에 약소국의 강대국에 대한 편승은 강대국의 직접적인 위협을 피하기 위한 외교정책이다. 하지만 미국에 대한 북한의 갈등적 편승외교전략은 안보 위협을 느끼는 약소국의 편승이 강대국에 대해 굴복을 의미하지 않을 수 있고, 약소국이 강대국의 요구를 일방적으로 수용할 수밖에 없는 과정을 반드시 경험하지 않을 수 있음을 보여주고 있다(장노순 1999).

현 시점에서 편승 전략은 생존이라는 목표를 달성하는데 값싼 방식이라는 측면에서 보면 매력적으로 보이나 이러한 편승이 강대국 간 불필요한 갈등을 유발하고 냉전적 안보 구도 속에 한반도를 지속적으로 남겨놓는다는 점에서 그 한계점이 보인다. 또한 편승의 대상국이 누구냐 하는 논쟁 속에서 기존의 우방국인 미국과 새로운 강자로 부상하는 중국 사이에서 줄다리기를 하는 과정에 우리나라를 놓이게 하면 걷잡을 수 없는 안보적 공황 상태에 빠질 수 있는 것이다. 이처럼 편승 대상국의 선정은 다른 일방을 적대국으로 전락시킬 위험이 있기 때문에 신중을 기해야 한다.

셋째로 우리가 취할 수 있는 대안적 선택은 상쇄(offset) 전략이다. 균형 전략과 편승 전략이 주로 행위자를 중심으로 한 전략적 선택을 논의한다면 상쇄 전략은 행위자 중심이 아닌 이슈 중심의 균형 전략이라고 할 수 있다. 균형 기제(balancing instrument)로서 다수 국가의 지지를 받는 제도(institution) 즉 국제적 규범 혹은 기준을 제시하는 가치의 중재자로서의 지위를 얻는 방식으로 즉 양 극단적 이견과 패권적 이해관계를 상쇄시키는 의견 수렴과정을 주도함으로써 리더십을 발휘하는 방식으로 외교전략을 취하는 것이 상쇄 전략이다.

앞서 말한 동북아균형자론이 설득력을 갖기 위해서는 균형자라는 개념이 18세기 영국의 경우처럼 압도적인 군사력과 경제력으로 대륙의 평화유지를 조정하는 균형자를 의미하는 것이 아님은 분명하다. 다만 지금까지 주변국을 침략한 역사가 없는 한국의 도덕적 기반과 증진된 국가위상을 활용하여, 지역질서의 안정과 평화를 위해 보다 적극적인 역할을 담당하겠다는 의미를 갖고 있는 것으로 보인다. 동북아균형자론의 균형자란 힘의 균형자가 아니라 가치와 인식의 균형자라고 설명하는 주장은 이러한 점을 잘 반영하고 있다. 이외에 동북아 안정의 촉진자(faciliator), 갈등의 조정자(mediator), 국제적 아젠다의 창안자(initiator) 등의 개념과 맥을 같이 한다(박영준 2006, 177-178). 하지만 이러한 모든 주장은 아직도 행위자 중심의 사고방식에 갇혀 있다고 할 수 있으며 '상쇄' 전략과는 상이함을 파악할 수 있다.

이러한 '상쇄' 전략이 적절히 작동하기 위해서, 우리나라는 중견국으로서 '평화의 가교' 역할을 해야 하며 동맹 및 우방관계를 소중한 대외적 자산으로 삼아 적대적 요소를 줄이고 우호적 요인을 늘려나가는 대외정책을 전개해야 하고, 동북아 지역질서의 공동이익으로 될 수 있는 협력적 아젠다 들을 적극적으로 개발해야 하는 것이다(박영준 2006, 186). 또한 국제관계는 힘의 관계만이 아니라 규범의 관계임을 유념하여, 약소국의 입장에서는 국제규범을 활용하는 지혜가 자주외교의 중요한 수단임과 함께 자주외교의 조건으로서 국내역량의 효율적 동원이 중요함을 인식해야 한다(정용화 2003). 아울러 21세기 새로운 동북아 질서 수립을 위해서는 관련 당사국들의 동북아 질서에 대한 구상과 인식의 과감한 수정 그리고 열강의 역할에 대한 발상의 전환이 요구되며, 이를 어길 시 21세기도 20세기의 실패를 되풀이할 수 있다는 점을 유념해야 한다.

4. 향후 국제질서에 대한 전망

세계질서 차원에서 중국은 아직 미국을 능가하는 세력으로서의 모습을 보여주지 못하고 G2로서 현존 체제를 받아들이고 있다. 즉 세력전이이론이 말하는 전쟁을 야기하는 세력전이 가능성을 전망하기 어렵다. 반면에 동북아 지역질서 차원에서 중국은 일본을 능가하는 세력으로서의 모습을 보이고 있으며 지역 패권국으로서의 지위를 얻기 위해 노력하고 있다. 즉 세력전이 이론이 주장하는 최악의 경우를 상정할 수 있을 정도로 우려를 하게 된다. 한마디로 말하여, 미·중 간 세력전이 양상과 중·일 간 세력전이 양상은 상충되게 진행되고 있다고 말할 수 있다. 문제는 이러한 상반된 이중적 세력전이 상황에서 어떠한 결과가 발생하느냐 하는 점이다.

첫 번째 시나리오는 세계질서의 안정성이 동북아 지역질서의 불안정성을 억지(deterrence)하여 중·일 간의 관계를 관리하는 경우이다. 이러한 상황 하에서 미국, 중국, 일본은 현상유지 정책을 택하게 될 것이고 동북아 질서는 안정적인 모습을 보일 것이다. 남북관계도 대화의 분위기 속에서 북한을 제도적으로 변화시킬 수 있는 국제사회의 방안이 마련될 가능성이 크다. 북한이 기댈 수 있는 파트너가 없다는 점이 자칫 단기적으로 북한의 핵개발과 강경외교노선을 부추길 가능성은 있으나 그러한 자세를 지속적으로 취하기는 어려울 것이다.

두 번째 시나리오는 동북아 지역질서의 불안정성이 세계질서의 안정성을 압도하여 동북아 지역의 패권경쟁이 가속화되고 중·일 간 무력충돌이 발생하는 경우이다. 이러한 상황 하에서 미국이 어떠한 외교정책을 취할 지, 일본에 대해 어떠한 입장을 견지할 지가 문제이다. 고립주의냐 국제주의냐, 개입이냐 방임이냐 등 미국의 세계전략이 선택의 기로에 직면하게 되는 상황이 발생할 것이다. 중국의 입장에서 보면 세계질서에서는 현상유지 세력, 동북아질서에서는 현상타파 세력으로서의 행동을 하게 되는 것이며 이는 미국의 묵인이 없으면 성공가능성이 희박한 것이다. 이런 불안정성 속에서 남북관계도 불투명한 상황이 발생할 것이다. 한국은 편승이냐 균형이냐, 편승을 한다면 누구한테 편승하느냐 하는 전략적 선택상황에 직면할 것이다. 북한의 전략적 선택이 남북관계 및 한반도 통일에 미치는 영향이 클 것이다.

세 번째 시나리오는 세계질서의 불안정성과 동북아 지역질서의 불안정성이 동시에 작동하여 미·중 간 및 중·일 간의 충돌이 발생하는 경우이다. 이러한 상황 하에서 미국과 일본은 중국을 견제·봉쇄하는 선제적 조치를 취하게 될 것이고 세계 질서 및 동북아 질서는 불안정한 모습을 보일 것이다. 남북관계도 냉전적 남방 3각 구도와 북방 3각 구도 속에서 대결 구도로 가게 될 것이다. 단기적으로 북한을 통제할 수 있는 강국이 없다는 점이 자칫 북한의 도발을 초래할 가능성을 증폭시킬는지 모른다.

앞으로의 동북아 지역질서는 더욱 더 예측이 불가능한 모습을 띨 것이다. 중국의 부상에 따른 지역패권국인 일본의 경계, 그리고 이에 대응하는 세계패권국인 미국의 견제 등 복합적인 상황을 고려하여 동북아 지역질서는 물론 세계질서의 미래를 파악해야 할 것이다. 세 가지 시나리오 중 첫 번째로 갈 경우 남북관계의 미래도 낙관적 전망을 할 수 있으나 두 번째 혹은 세 번째로 갈 경우 비관적 전망을 할 수밖에 없다. 중국이 세계질서 속에서는 현상유지 세력으로서 동북아 지역질서 속에서는 현상타파 세력으로서의 자세를 취할 경우 미국이 어떠한 외교적 자세를 취하느냐가 향후 동북아 지역질서 및 세계질서, 그리고 한반도 통일을 전망하는 데 중요한 판단기준이 된다고 할 수 있다. 더욱이 중국이 세계 질서 및 동북아 지역질서에 있어서 모두

현상타파적 전략을 취할 경우 국제질서는 파국으로 갈 가능성이 커진다고
할 수 있다.

II. 동아시아지역질서와 중·일 패권경쟁

1. 동북아 신질서와 한반도 통일

(1) 현존 동북아 질서와 한반도

오늘날 중국의 부상은 세계질서에 영향을 줄 수 있는 조건으로, 여기에는
두 가지 상반된 시각이 존재한다. 중국의 부상을 기회로 보는 시각은 중국이
세계질서를 존중하고 유지하는 국가로 성장할 것이라는 낙관적인 전망을 한
다. 반면 중국의 부상을 위협으로 보는 시각에 의하면 중국이 향후 기존의
세계질서를 자국에게 유리하게 재조정할 것이며 이런 과정 속에서 미국과의
갈등을 증폭시킬 것이라는 비관적인 전망을 한다. 어느 전망이 맞을는지 확
신할 수는 없으나 그동안 증가해온 양국 간의 인적·물적 교류는 복합적인
상호의존 양상을 보여주고 있으며 결국 중국이 미국과 함께 가는 길을 택할
것이라는 주장을 하게 한다.

반면 지역차원에서 중국의 부상은 다른 해석을 하게 한다. 중국의 부상과
함께 동북아 지역 내 패권 경쟁은 가속화된 것이 사실이다. 예를 들어, 중국
과 일본 간 해양영토분쟁은 양국의 군함과 전투기까지 동원되는 극도의 긴
장과 갈등상황으로 전개되기도 하였다. 더욱이 과거사 문제로 인한 갈등은
중국과 일본 간의 관계를 악화시키고 있다. 이는 세계질서에 대한 인식과는
달리 중국이 과거 일본이 주도한 동북아 지역질서에 변화를 주려는 움직임
을 보일 것이라는 주장을 하게 한다. 이러한 상반된 양자구조를 이해하기 위
해서는 세력전이이론의 틀로 분석하는 것이 적절한 것이다.

(2) '능력'과 '의도'의 측면에서 본 세력전이

세력균형이론은 '힘의 균형(power parity)'이 유지될 때 체제의 안정을 기할 수 있다고 보는 반면, 세력전이이론은 '힘의 압도적 우위(power preponderance)'가 존재할 때 분쟁의 발생가능성이 낮다고 본다. 김우상은 지역체제에서 지역패권국과 이에 도전하는 강대국의 세력전이 현상이 일어날지라도, 세계체제에서의 세계패권국의 영향으로 갈등이 억제될 수 있다고 한다. 세력전이 이론은 국력으로 대표되는 능력(capability)과 만족도로 대표되는 의도(intention)로 나누어 살펴볼 수 있다. 오늘날 일국의 능력 즉 국력을 평가하기 위해서는 다양한 지표가 활용가능하다. 경제력을 측정하는 지표로 국내총생산(GDP), 경제성장률 등이 있으며, 군사력을 측정하는 지표로는 군사비지출액, GDP대비 군사비지출비중 등이 있다. 일국의 의도(현존 체제 만족도)를 평가한다는 것은 쉬운 일이 아니다. 이를 간접적으로 추정할 수 있는 방법은 최고정책결정권자와 정부 및 국민의 해당 국가에 대한 인식을 파악할 수 있는 설문조사 결과를 활용하는 것이다.

김우상은 동아시아 안보질서를 전망함에 있어 미국과 중국의 관계를 여섯 가지 시나리오로 예측하고 있다. 즉 중국이 사회주의 불만세력일 경우의 국력 급성장 성공 유무와, 이에 따라 미국이 국제주의 혹은 고립주의를 견지하였을 때, '체제위기 시나리오', '패권안정 시나리오', '편승 시나리오', '세력균형 시나리오', 중국이 자유민주주의 시장경제로 체제변환이 이루어질 경우의 국력 급성장 성공 유무와 이에 따라 미국이 국제주의를 견지하였을 때, '미·중 공동리더십 시나리오'와 '미국주도의 패권안정 시나리오' 등이다(김우상 2000, 11-20). 박홍서는 김우상의 동맹전이 모델을 사용하여 중-미 양국이 대한반도 정책을 어떻게 펼쳐 나아갈 것인지 분석하고 있다. 특히 중국과 미국은 각각 북한과 한국과의 기존 동맹을 강화시켜가는 상태에서 상대방의 동맹국에게 접근하여 견제하는 전략적인 방법을 택할 것이라고 분석하고 있다(박홍서 2008, 299-317). 김태운은 중미 간의 국력을 비교해보았을 때 중국의 국력은 미국의 국력에 비해 약하고, 현 상황에 대하여 불만족하는 모습도 보이지 않기 때문에 세력전이가 일어나지 않을 것이라 전망하고 있다(김태운 2009, 33－50). 또한 강택구는 중·일 관계를 세력전이이론의 틀 속에서 분석하면서, 양국의 세력이 동등해지고 중국의 불만족한 경향이 있을지라도 미국의 영향력으로 인해 양국이 심각한 군사적 충돌을 일으키지 않을 것이라 전망한다(강택구 2008, 7－26).

① 능력(capability): 국력(national power)

모겐소(Hans J. Morgenthau)는 국력의 요소로 '지리적 요소', '천연자원', '산업능력', '군비', '인구', '국민성', '국민의 사기', '외교의 질', '정부의 질'을 이야기하고 있다(Morgenthau 1948, 113－149). 오간스키는 힘이란 자기 자신의 목적에 부합하게끔 다른 사람들의 행동에 영향을 끼치는 능력이라 정의하고 있다. 이러한 인식하에 국력의 요소를 '자연적인 결정요소'와 '사회적인 결정요소'로 나누어, 자연적 결정요소를 '지리적 요소', '천연자원', '인구'로, 사회적 결정요소를 '경제발전', '정치구조', '국민의 사기'로 설명하고 있다(Organski 1958, 115－184). 미어샤이머(John J. Mearsheimer)는 국력의 요소로서 '잠재력(latent power)'과 '군사력(military power)'을 언급하고 잠재력은 군사력을 확충하는 데 필요한 사회경제적 요소라고 말한다. 이 두 가지는 상호 연관 되어 있고 국력의 요소로서 잠재력보다는 군사력을 그는 강조한다(Mearsheimer 2001, 55－56). 신자유주의적 제도주의자인 나이(Joseph Nye)는 국력을 경성국력과 연성국력으로 나누어 연성국력은 문화, 정치적 가치, 외교 정책과 같은 요소에 기초를 두면서 강제가 아닌 매력으로 영향력을 행사하는 것이라고 설명한다. 이어 그는 경성국력과 연성국력을 결합한 스마트파워(smart power)라는 개념을 소개한 바 있다(Nye 2004, 1－18).

이상으로 대표적인 학자인 모겐소, 오간스키, 미어샤이머, 나이의 국력에 대한 논의와 그 요소에 대해 살펴보았다. 결국 국력이란 타국에게 영향력을 행사할 수 있는 일국의 능력이라고 정의할 수 있다. 이들이 공통적으로 중요시하는 국력의 요소는 경제력과 군사력 두 가지로 축약할 수 있다.

② 의도(intention): 만족도(satisfaction)

세력전이이론을 적용함에 있어 가장 어려운 점은 만족도를 측정하는 것이다. 한 국가가 급속한 경제성장을 이루어 강대국의 지위에 있을지라도 지배국이 만들어 낸 체제에 순응한다면 아무런 문제가 없다. 하지만 기존 체제에 불만족 한다면 지배국과의 전쟁을 일으킬 가능성이 커진다.

체제에 대한 만족도를 측정하는 방법은 다양하다. 예를 들어, 김우상은 '동맹유사성(alliance similarity)'을 기준으로 어떤 강대국이 패권국의 동맹구조와 유사한 점을 지니고 있으면 만족국가군에 속한다고 보는 반면, 상이한 점을 지니고 있으면 불만족국가군에 속한다고 본다(Kim 1991, 833–849). 또한 렘키(Douglas Lemke)와 리드(William Reed)는 '레짐 유형 유사성(regime type similarity)'을 기준으로 패권국과 강대국의 레짐 유형이 유사한 경우 만족국가군에 속한다고 보는 반면, 레짐 유형이 상이한 경우 불만족국가군에 속한다고 본다(Lemke and Reed 1996, 143–164). 이러한 관점에 의하면 중국은 세계질서와 동북아 지역질서 모두에 있어서 현상타파 세력으로 규정될 수 있다. 하지만 중국의 국력 신장이 아직 미국과는 거리감이 있고 관계구조가 상호의존적이기 때문에 세계질서에서 중국을 현상유지 세력으로 보는 것이 보다 타당하며, 다만 동북아 지역질서에서 일본의 국력을 따라잡아가고 있고 관계가 갈등적이기 때문에 여기서는 현상타파 세력으로 보는 것이 적실성이 있다.

③ 세계 및 지역 질서에서의 패권경쟁

패권(hegemony)을 경험적으로 설명하기는 쉽지 않다. 가장 큰 의문은 일국이 그 체제 내에서 어느 정도의 권력을 장악하고 있을 때 '패권국'이라는 용어를 쓸 수 있느냐 하는 점이다. 예를 들어, 전세계에서 차지하는 군사력 혹은 경제력 비중이 몇 퍼센트(%)가 넘으면 패권국인지, 상대적으로 가장 비중이 크기만 하면 패권국인지 합의된 바가 없다. 그리고 다자적인 구조에서 사용할 수 있는 패권이라는 개념을 양자적인 구조에서 사용해도 무방한지 등 패권이라는 개념을 둘러싼 학자들의 논쟁은 많이 있다. 하지만 일국이

한 체제 내에서 규범을 설정하고 집행할 능력과 의도를 가지고 있다면 패권국(hegemonic nation) 혹은 지배국(dominant nation)이라고 지칭할 수 있다는 점에 대해서 부정하기는 어려울 것이다.

오늘날 세계질서에서 패권국은 미국이라고 할 수 있다. 현존 세계질서를 다극 속의 양극구조라고 명명할지라도 양극 즉 G2 구조 하에서 미국과 중국 간의 국력을 비교하면 아직 거리감이 있다. 중국을 잠재적인 도전국가로 예견할 수 있을는지 모르나 지금 이 시점에서 중국을 오간스키가 규정한 패권국으로 보기에는 한계가 있다. 세력전이의 시점이 근접하더라도 중국을 체제 만족국가인지, 불만족국가인지를 예단하기는 쉽지 않을 것이다. 세계질서에서 미국을 패권국으로, 중국을 세력전이를 모색하는 강대국으로 전제하고자 한다.

2차 세계대전 이후 21세기 초에 이르기까지 미국과 소련을 배제한 가운데 동북아 지역질서의 패권국은 일본이라고 해도 과언이 아니다. 2차 세계대전 패전국으로서 일본은 국가 위기상황에 직면하였지만, 냉전 구조를 적절히 활용하면서 한국전쟁으로 인한 전쟁특수 등 경제발전을 통해 동북아 나아가 세계적인 경제강국으로 부상하였다. 군사적 측면에서도 일본은 헌법상으로 전투부대를 보유할 수 없지만 자위대를 기반으로 하여 군사기술과 무기의 현대화를 통해 우수한 군사력을 보유하고 있다. 하지만 1990년대 이후 급속도로 국력을 증가해 온 중국에 맞서 동북아의 지역패권을 지키는데 어려움을 보이고 있다. 중국의 국력을 군사적 측면에서 그리고 경제적 측면에서 규모로 보면 이미 일본을 능가했다고 봐도 문제가 안될 정도이다. 하지만 그 질적 수준에서는 아직 일본을 따라잡지 못하고 있다. 아무튼 동북아에서 일본과 중국 간의 갈등 구조는 어제 오늘의 일이 아니며 세력전이의 흐름 속에서 불안정한 갈등관계가 증폭되고 있는 것이 현실이다.

(3) 세계질서와 지역질서 간 상호작용

폴락(Jonathan D. Pollack) 브루킹스연구소 선임연구원은 국내 한 신문과의 인터뷰에서 한−중 관계보다 미국이 심각하게 우려하는 것은 한−일 관계의 몰락이라고 말한다. 오바마 대통령이 한·일 관계 개선을 위해 중재에 나선 것도 다 그런 이유라는 것이다. 한·미·일 3각 동맹을 강화하려고 하는데 제대로 잘 안 된다는 것이다(조선일보 2014.7.15. A6). 이러한 상황 속에서 기존의 동북아 지역패권국인 일본은 현상타파 세력의 속내를 드러내는 중국과 역사문제, 영토문제 등 여러 분야에서 갈등하고 있다. 일본은 중국에게 동북아 지역패권을 빼앗기지 않으려 세계패권국인 미국을 끌어들이고 있는 것이다(김상준 2013, 141–142).

앞으로의 동북아 지역질서는 더욱 더 예측이 불가능한 모습을 띨 것이다. 중국의 부상에 따른 지역패권국인 일본의 경계, 그리고 이에 대응하는 세계패권국인 미국의 행태 등 복합적인 상황을 고려하여 동북아 지역질서는 물론 세계질서의 미래를 파악해야 할 것이다.

(4) 결론: 미래의 국제질서 시나리오와 한반도 통일

남북한이 2020년쯤 본격적 경제 통합을 시작해 2030년 경제 통일과 함께 정치적 통일을 이루고 2040년에 완전한 통합을 달성하는 내용의 '2040 통일 한국 비전 보고서'가 2014년에 나왔다. 이 보고서는 2020년 전후로 본격적인 남북 경제공동체 체제로 이행하고 2030년까지 경제적 통일을 완성하는 일정을 제시하고 있다. 이어 2030년 경제 통일과 함께 삼권분립에 기초한 민주주의 시장경제 체제로 정치적 통일을 추진할 것이라는 비전을 제시하고 있다. 통일 한국의 의회는 북한에 대한 배려와 지역 균형발전을 위해 남북에서 동수로 선출해 구성하는 상원과 지역별 인구비례 및 직능대표제에 기초해 선출하는 하원으로 구성한다는 계획이다. 이 보고서는 통일 초기 권력구조는 신속한 위기극복과 국가 통합을 위해 강력한 리더십이 필요하다는 점에서 대통령제를 상정하고 있다. 그러나 장기적으로는 남북의 다양한 정치적 요구와 이해를 반영하고 유연한 타협과 정치적 통합을 위해 의원내각제 전환을 고려해 볼 수 있다고 한다. 나아가 당시 이 보고서는 완전한 남북통일이 이뤄지는 2040년대 중반 통일 한국은 인구 8,000만 명에 GDP 세계 8위의 세계 7대(G7) 강국이자 비핵 평화 주도국으로 도약할 것으로 전망한 바 있다(조선일보 2014. 6. 16. A1).

세계질서 및 동북아 지역질서의 일원으로서 한반도 통일을 지향하는 우리나라가 오늘날의 상반된 이중구조 상황 속에서 어떠한 전략적 선택을 해야 할지 우리에게 시사하는 바가 크다. 협력의 전이 양상이 지배하든, 갈등의 전이 양상이 지배하든, 우리는 변화를 강요받을 것이다. 기존의 한·미 관계는 물론, 한－중 관계 나아가 한－일 관계도 구조적 변화 속에서 재정립의 필요성을 느끼는 시점에 우리는 놓여 있다. 한반도 통일을 위한 접근법도 이러한 재정립의 과정에서 재고되어야 하는 것이다.

2. 동북아 안보 레짐 형성에 대한 논의

지금부터 동북아 공동체 형성 논의를 동북아 안보 및 경제 레짐 구축을 중심으로 다루어보고자 한다. 국제레짐 이론은 1970년대 이래 국제관계의 다양한 쟁점 영역에서 널리 사용되고 있다. 특히 1980년대 중반이래 소련과 동구 사회주의권에서의 급격한 개혁의 흐름은 국제협력에 대한 기대와 함께 그 협력의 틀을 모색하게 하였다. 이러한 상황 변화는 신현실주의자들의 주장에 의문을 제기하게 하였고, 신자유주의자들의 주장에 타당성을 더해주었다. 국제레짐 이론의 성장은 이러한 신자유주의적 시각의 적실성 제고와 함께 가능하였던 것이다.

신자유주의적 시각은 현실주의적 시각의 가정들을 대부분 수용하고 있지만, 국제 제도와 레짐의 영향력을 강조한다는 점에서 신현실주의와 다르다. 즉 국제체제의 무정부상태를 "타국에 의해 잠재적이고 현실적인 폭력의 위협에 처해 있는 상황"으로 보는 신현실주의자들과는 달리 신자유주의자들은 이를 "국가간 게임의 규칙을 감시하고 처벌할 중앙권위의 부재"로 보기 때문에, 국제정치에서 제도화(institutionalization)가 각 국가의 행위에 중대한 영향을 미치며 이기적인 국가들 사이에서도 이러한 국제제도에 의해 협력이 용이해질 수 있다고 보는 것이다(Baldwin 1993).

이러한 국제레짐 이론은 신현실주의이론과 국제기구이론의 한계점을 극복하고, 국제관계에서 발생하는 새로운 협력의 양상을 설명하기 위해 등장하였다. 투즈(Roger Tooze)에 의하면 국제레짐은 현실주의와 자유주의 내에서의 불만들이 결합하여 등장한 것이다. 즉 현실주의가 상호의존의 복잡성을 이해하는데 한계가 있고, 자유주의 또한 공식적인 국제기구의 연구로는 새로운 형태의 국가 간 협력을 설명하기 힘들기 때문에 '제도화된 국가 간의 행위 (institutionalized international behavior)'에 초점을 두는 국제레짐 이론이 등장했던 것이다(Tooze 1990, 208).

국제레짐에 대한 개념은 학자에 따라 다양하게 정의되고 있다. 러기(John G. Ruggie)는 레짐을 "일단의 국가군에 의해 받아들여지는 일련의 상호기대, 규칙, 규제, 계획, 기구적인 역량, 재정적인 공약들의 조합(a set of mutual expectations, rules, and regulations, plans, organizational energies and financial commitments)"으로 정의하고 있다(Ruggie 1975, 570). 또한 코헤인(Robert O. Keohane)은 국제제도를 국제기구, 국제레짐 및 관습의 세 가지 형태로 구분하고, 국제레짐을 "국제관계의 특정 쟁점영역과 관련하여 정부들이 합의 명시한 제반 규칙을 가진 제도 또는 국가들이 다양한 쟁점 영역에 있어서 그들의 기대를 조정하고 국제적 행위를 조직화하기 위하여 만든 지배적 제도(governing arrangements)"라고 정의하고 있다(Keohane & Nye 1977, 19). 그에 의하면, 국제레짐은 국제기구 및 관습과 구별이 명확하지 않고 국제기구의 주된 임무가 국제레짐의 기능이 올바로 작동하게 하는 것이기 때문에 실제에 있어서는 이들이 국제레짐에 포함된다고 보고 있다(Keohane 1989, 4−5).

한편, 영(Oran R. Young)은 국제레짐을 "이익과 관련된 특정행위에 있어서 그 행위를 규제하는 사회적 기구 또는 수용된 행위의 조합"으로 설명하고, 모든 사회조직과 마찬가지로 레짐 또한 "행동의 유형 또는 기대의 수렴에 관한 실체"라고 정의하고 있다(Young 1983, 93). 크래스너(Stephen D. Krasner)는 국제레짐을 "국제관계의 특정 영역에서 행위자의 기대하는 바가 수렴되는 명시적 혹은 묵시적인 원칙, 규범, 규칙 그리고 정책결정절차의 총체(sets of implicit or explicit principles, norms, rules, and decision−making procedures around which actors' expectations converge in an area of international rela tions)"라고 정의하고 있으며, 이러한 그의 정의는 가장 보편적으로 받아들여 지고 있다(Krasner 1983, 2). 크래스너의 정의는 원칙, 규범, 규칙 및 정책결 정절차라는 국제레짐의 네 가지 구성요소를 제시함으로써 기존의 개념보다 확장되고 개선된 점은 있으나, 이들 구성요소에 대한 해석과 구별에 대한 어 려움이 그 한계로 지적되고 있다.

이처럼 다양한 국제레짐에 대한 정의를 정리하면, 국제레짐은 "특정한 국 제적 쟁점 영역에서 이해관계가 있는 참여자들의 행위를 규제하는 상호연결 망" 혹은 "국제관계의 특정 쟁점영역에서 관련 행위자들의 행위를 규율하는 각종 규범의 총체"라고 정의할 수 있다. 따라서, 국제레짐이란 국제사회의 행위자들과 그 행위자들의 행위를 규율하는 규범들을 모두 내포하는 개념이 라고 할 수 있다.

크래스너에 의하면, 국제레짐은 국제관계에서 다음과 같은 역할을 한다. 첫째, 국제레짐은 각 국가의 이익을 극대화시키는 방법을 변화시킨다. 둘째, 국제레짐은 국가이익의 해석을 변화시킴으로써 국제협력을 유도한다. 셋째, 국제레짐은 약소국들의 외교능력을 강화할 수 있다. 네째, 국제레짐은 각기 다른 국가들의 국력의 실제 능력을 변화시킨다. 따라서 국제레짐은 다자간 갈등이 발생하는 상황에서 두 개 이상의 국가들이 협력적·제도적으로 대응 하는 하나의 수단이 되며, 이러한 점에서 국제레짐은 제도화된 갈등관리의 한 형태를 나타낸다. 또한 국가이익은 현실주의의 주장처럼 반드시 힘 (power)에 의해서만 얻어지는 것이 아니라, 협력(cooperation)을 통해 공동이 익이 창출될 수도 있다. 이러한 논리에 근거하여 국제레짐이론은 행위자 간 상호 논의를 통해 다자간 이해득실을 계산하고 합리적으로 공동이익을 생각 하면서 자기의 이익을 얻어내는 국가 간 협력적 행위를 함의하고 있다.

이와 같은 국제레짐 이론에 근거하여 연구되고 있는 분야는 국제정치경 제 및 국제안보 등 다양하게 존재한다. 이들 중 국제안보 레짐에 대한 연구 는 국제정치경제 레짐에 비하여 아직 초보적 수준이라 할 수 있다. 국제안 보 레짐이 국제정치경제 레짐보다 형성·유지되기 힘든 이유는 국가이익에 있어서 안보가 경제보다 훨씬 민감하고 치명적인 분야이기 때문이다. 즉, 국가안보는 생존의 문제이며 국제정치경제는 삶의 질 문제라고 할 수 있다. 따라서, 국가 간 국력의 차이를 극대화하려는 제로섬 게임적인 성격을 지니고 있다(Krasner 1983, 359-367).

국제레짐 이론을 안보분야에 적용하기 힘든 이유를 정리하면, 그 하나는 국가안보를 둘러싼 이해관계가 경제분야보다 더욱 더 첨예하게 대립될 가능성이 크다는 것이며, 다른 하나는 국가안보 관련 행위는 국가생존에 직접적이고 치명적인 영향을 미치기 때문에 안보를 둘러싼 위험성의 증대는 국제안보 레짐의 형성을 더욱 어렵게 한다는 것이다. 그러나 국력의 경쟁에 드는 비용이 협력에서 얻을 수 있는 이득에 비해 훨씬 크다는 사실을 깨닫게 된다면 안보레짐의 형성은 용이해질 수 있으며, 실제로 국가들이 안보레짐에 참여함으로써 부담해야되는 손실이 이로부터 얻는 이득보다 작다면 안보레짐의 효과성이 증가할 것으로 생각된다. 예를 들면, 1975년 헬싱키협약에 의한 유럽안보협력회의(CSCE)는 1995년 유럽안보협력체(OSCE)로 제도화되었고, 1874년 브뤼셀협약과 1899년 헤이그협약, 그리고 1925년 제네바의정서는 1997년 화학무기금지협약의 발효와 화학무기금지기구의 설립으로 제도화되었다. 이러한 안보레짐의 형성과 발전은 국제안보 레짐의 가능성에 대한 전형적인 사례라고 할 수 있다.

동북아에서의 국제레짐 논의는 다음과 같다. 국제경제적인 측면에서, 동북아는 경제블록화의 시대에서 낙오지대라고 할 수 있다. 유럽, 북미, 중남미, 동남아 등에서의 경제협력·통합의 움직임과는 달리 아직 동북아는 경제블록의 분위기와는 거리가 멀다. 최근 동북아지역 국가 간 자유무역지대 설정 논의가 진행되고 있으나 일부 국가 간 쌍무적인 차원에서 논의되고 있을 뿐, 지역적 차원의 논의는 아직 활성화되지 못하고 있다.

한편 국제안보적인 측면에서도, 동북아는 탈냉전 시대의 냉전의 섬인 한반도를 둘러싼 냉전적 요소의 잔재로 안보협력의 틀이 형성되지 못하고 있다. 한국-미국-일본을 잇는 남방 삼각동맹과 북한-러시아-중국을 잇는 북방 삼각동맹의 대결구도가 잔존하고 있다고 할 수 있다. 즉 미국-러시아,

중국−일본, 그리고 남한−북한의 쌍무적인 대결구도와 함께 다자적인 대결구도가 공존하고 있는 것이다. 최근 북한 핵무기 개발 관련 위기와 중국과 일본의 대결구조는 이 지역에서 안보레짐의 구축을 어렵게 하는 요인이며, 바로 이 때문에 오히려 안보레짐의 구축이 보다 시급히 요구되는 것이 현실이다.

동북아에서의 이러한 국제레짐 형성의 지연은 경제적 상호의존을 가속화하지 못하고 있으며, 아울러 안보 불확실성의 증대를 야기하고 있다. 보다 안정적인 동북아 질서의 구축을 위해서 경제적 및 안보적 차원의 지역적 레짐 형성이 요구되는 것이 현실이다.

동북아에서 국제안보 관련 레짐 논의를 살펴보면, 안보영역에 있어서 국제레짐의 유형은 규모에 따라 크게 국제적 수준, 지역적 수준, 국가 간 수준으로 분류할 수 있고, 국제안보 레짐이 수행하는 기능에 따라 군비통제 레짐, 검증 레짐, 비확산 레짐, 위기관리 레짐, 분쟁관리 레짐으로도 분류할 수 있다. 그러나 국제안보 레짐은 보통 안보정책의 수단에 따라 집단무력 레짐 및 협력안보 레짐으로 크게 구분한다(홍기준 1997, 177−178).

집단무력레짐은 집단적 무력을 사용하거나 사용 의사를 밝힘으로써 전쟁을 억지 또는 종식 시키는 것을 목적으로 한다. 또한 집단무력레짐은 집단방위레짐과 집단안보레짐으로 구분할 수 있다. 집단방위레짐은 외부로부터의 위협에 대비하는 '외향성'을 띠고, 레짐이 형성되기 이 전에 '명백한 가상적을 설정'하며, 회원국을 제한하는 '폐쇄성'이 있다. 반면 집단안보레짐은 외부뿐만 아니라 내부로부터의 위협에도 대처하기 때문에 '외향성'과 '내향성'을 동시에 가진다. 또한 어느 누구도 가상적이 될 수 있기 때문에 미리 가상적을 설정하지 않으며, 가능한 한 많은 회원국의 참여를 바라는 '개방성'을 띠고 있다(오기평 1992).

협력안보레짐은 다양한 안보영역에서 평화적 혹은 협력적 수단을 통하여 공동으로 평화를 증진시키는 것을 목적으로 한다. 그 하위 레짐으로는 군비통제레짐, 비확산레짐, 검증레짐, 위기관리레짐 등이 있다. 군비통제레짐은 기습공격을 감행할 수 있는 군사력을 통제하는 구조적 군비통제레짐과 기습공격의 의도를 통제하는 운용적 군비통제레짐으로 세분할 수 있다. 구조적 군비통제레짐은 군사력을 감축함으로써 기습공격력을 구조적으로 감소시키는 것으로서, 전략무기감축협정(SALT)과 유럽재래식무기감축협정(CFE)이 여기에 해당된다. 운용적 군비통제레짐은 신뢰구축조치(CBMs)를 통하여 기습공격의 의도 및 가능성을 사전에 예방하는 것이다. 비확산레짐은 무기와 군사기술의 개발 및 무역의 통제를 통해 수평적, 수직적 확산을 방지하고자 한다. 수평적 확산이란 무기 또는 군사기술을 보유하지 않은 국가로의 확산을 말하며, 수직적 확산은 이미 무기 또는 군사기술을 보유한 국가의 무기 보유량이 증가하거나 군사기술이 발전하는 것과 영토 외부에 무기를 추가적으로 배치하는 것을 말한다. 이러한 비확산레짐은 핵무기, 생화학무기, 미사일 또는 이와 관련한 군사기술의 확산을 방지하기 위해 형성되었다. 한편, 검증문제는 군비통제나 비확산레짐에서 가장 중요한 이슈가 되고 있다. 1988년 5월 UN 군축위원회가 채택한 검증원칙 16개항 중 첫 항에 "적절하고 유효한 검증은 군비제한과 군비통제 합의를 위한 필수요건이다"라고 되어 있다. 검증레짐의 목적은 참여자 간에 신뢰를 구축하고 안보관계를 안정화시키며 합의사항을 위반할 경우 정치적인 제재를 가하기 위한 것이다. 또한 군사적으로 병력 및 장비(무기 포함)의 이동, 기습공격 조짐, 군사력의 증가 등을 지속적으로 감시하고, 합의사항을 위반할 경우 응분의 대처를 하기 위해 형성되었다. 검증문제를 구체적으로 타결한 조약은 미·소 간의 중거리 핵전력 조약(INF: Intermediate−Range Nuclear Forces Treaty)으로서, 이러한 INF의 검증체제는 상주감시, 단기통고 사찰, 세부 정보교환, 기타 여러 형태의 현장사찰 등으로 구성되었다. 위기관리레짐은 평화 혹은 전시에 적대국 간에 군사적 위기상황이 발생하였을 경우 신속하게 대처하기 위해 형성된다. 미국과 러시아, 미국과 중국 간의 핫라인 협정이 대표적인 사례이다.

동북아 안보레짐의 가능한 유형은 위에 언급한 집단무력레짐과 협력안보레짐 중 평화적·협력적 조처에 기초한 협력안보레짐이라고 할 수 있다. 따라서, 군비통제레짐, 비확산레짐, 검증레짐 및 위기관리레짐을 그 내용으로 하고 있다. 냉전적 요소가 잔존하고 있는 동북아에서 집단방위레짐 및 집단안보레짐 등을 포함하는 집단무력레짐의 형성은 불가능하며 바람직하지도 않다. 결국 군비통제레짐과 비확산레짐(CWC, BWC, NPT, CTBT 등 관련)을 주축으로 한 포괄적인 지역적 협력안보레짐의 구축이 그 목표가 되어야 하는 것이다. 비확산레짐을 통한 대량살상무기의 통제, 그리고 군비통제레짐을 통한 군비경쟁의 완화가 이 지역의 안보 불확실성을 해결할 수 있는 근간이 되는 것이다.

동북아 국가들의 안보 관심사를 국가별로 언급하면, 우선 중국은 지속적인 경제발전을 위한 안정된 지역적 안보환경을 추구하고 있다. 현재 중국의 지역 안보 관심사는 미국의 군사적 지역패권 음모를 견제하고 일본의 군비 증강을 감시하며 아울러 북한의 핵무기 개발을 포기하게 하는 것이다. 안정된 지역정세를 위하여 중국은 북한의 갑작스런 붕괴와 북미·남북한 간의 전쟁 혹은 갑작스런 주한미군의 철수 등을 경계하고 있다. 무엇보다도 중국이 관심을 두고 있는 안보사항은 일본의 '정상국가화'이다. 즉 21세기 군사적 강국으로서 부상하려는 일본을 적절히 견제하는데 심혈을 기울이고 있다. 따라서 지역적 안보레짐의 구축을 이러한 문제들을 해결하기 위한 가능한 대안으로 상정하고 있다.

일본은 20세기 잔재 청산을 통해 21세기 진정한 강국으로 부상하는 데 전력을 다하고 있다. 그 선결과제로 주변국들과 영토분쟁을 평화적으로 해결하고자 하며, 중국 및 러시아의 군사적 능력을 견제하고 북한의 핵무기 개발을 저지하고자 한다. 일본이 지역 안보협력체 구상을 긍정적으로 바라보는 이유는 북한 핵무기 개발 저지와 주변국들과의 영토분쟁 해결에 도움이 될 것이라는 판단 때문이다.

러시아 역시 경제발전을 위한 안정된 동북아 안보환경을 유지하고자 한다. 동북아에서의 미국의 군사적 패권을 견제하면서 지역안보 불확실성을 제거하는데 관심을 두고 있다. 동북아 지역의 위기관리 체제를 위한 지역 안보협력에 긍정적인 자세를 취하고 있다.

미국의 최근 주요 지역적 안보 관심사는 두말할 나위 없이 북한의 핵무기 개발 저지이다. 평화적인 방법으로 이를 해결하기 위해 미국은 중국과 러시아의 북한에 대한 외교적 압박을 요구하며 이를 원활히 수행하기 위해 동북아 안보레짐의 필요성을 인식하고 있다. 한국의 주요 안보 관심사는 북한의 핵무기 개발을 저지함과 중·일 간의 군사적 대결구도 속에서 그 활로를 모색하는 것이다. 북한의 핵개발 저지를 위해 지역 안보레짐의 형성을 모색하고 있으며, 미래의 가상적이 될 수도 있는 중국과 일본의 틈바구니 속에서 현실감 없는 군비경쟁을 한다기보다 한·미동맹의 틀을 기초로 동북아 안보레짐하에서 안보딜레마를 해결하고자 한다.

동북아에서 현재 유일하게 다자주의적인 틀에 대해서 거부감을 갖고 있는 국가는 북한뿐이다. 북한은 지역안보레짐의 구축이 북한의 정권안보를 손상시키는 구속으로 작동할까봐 이에 부정적인 자세를 취하고 있다. 북·미 간의 양자적 틀 속에서 안보문제를 협상해가며 전통적인 동반자 관계인 중국과 러시아와 공조를 취하는 것이다. 한반도 주변 6개 국가의 입장을 간략히 정리하면, 북한을 제외하고는 모두 다자주의적·규범주의적 틀 속에서 안보문제를 해결하고자 한다. 그러기 위해 동북아 안보레짐의 형성이 요구되는 것이다. 그러나 이러한 국제레짐의 형성 및 유지의 요인들이 그 하위레짐인 국제안보 레짐에도 적용될 수 있는지 살펴보아야 한다. 저비스(Robert Jervis)에 따르면, 다음의 네 가지 조건이 충족되어야 안보레짐이 형성되고 유지될 수 있다고 주장한다. 첫째, 강대국들이 안보레짐의 창출을 선호해야 한다. 둘째, 행위자들은 다른 행위자들도 상호 안보 및 협력에 대해 가치를 부여하고 있다는 확신을 가져야 한다. 셋째, 모든 중요한 행위자들이 현상유지를 선호하지만 소수의 행위자들이 안보는 팽창에 의해 가장 잘 달성된다고 믿는 한 안보레짐은 형성될 수 없다. 넷째, 전쟁과 개별적 안보 추구가 고비용이 소요될 것이라는 믿음을 가질 때 안보레짐은 형성된다(Jervis 1982, 357).

동북아 안보레짐의 형성 가능성을 저비스의 기준에 따라 다음과 같이 평가할 수 있다. 첫째, 강대국들이 안보레짐의 창출을 선호하는가? 한반도 주변 4강은 이에 대해 긍정적이다. 특히 북한 핵개발 위기에 직면하여 더욱 그러하다. 둘째, 각 행위자가 다른 행위자들도 상호 안보 및 협력에 대해 가치를 부여하고 있다고 확신하는가? 이에 대한 답도 긍정적이다. 중국과 러시아의 경우 당면 과제인 경제발전을 위해 안정적인 지역질서를 원하고 있으며, 이를 미국과 일본이 인지하고 있다. 아울러 안정적인 지역질서 유지를 위한 미국과 일본의 노력 또한 중국과 러시아가 인정하고 있다. 문제는 불안요인으로서 작용하는 북한의 태도이다. 셋째, 안보는 팽창에 의해 가장 잘 달성된다고 믿는 행위자가 존재하는가? 정권안보를 위해 핵무기 개발을 추구하는 북한이 가장 커다란 장애요인이며, 아울러 중국과 일본 간의 대결·경쟁구도가 군비경쟁으로 이어지면 부정적인 결과를 낳을 것이다. 넷째, 행위자들이 개별적 안보 추구가 고비용이 소요될 것이라는 믿음을 가지고 있는가? 이에 대한 답은 대체로 긍정적이다. 종합해보면, 동북아 안보레짐에 장애가 되는 요인은 북한의 핵무기 개발노력과 향후 부정적으로 발전될는지 모르는 중국과 일본 간의 대결구도라고 할 수 있다. 따라서 북한 핵무기 개발이 강대국의 외교적 노력에 의해 종식된다면 이는 동북아 안보레짐의 형성을 앞당기는 계기가 될 것이며, 중국과 일본의 대결·경쟁구도가 경제적 상호의존의 심화에 의해 완화된다면 그 레짐 형성에 긍정적으로 작동할 것이다.

현재 지적될 수 있는 동북아 안보레짐 형성에 장애가 되는 요인들을 나열하면 다음과 같다. 첫째, 위에 언급했듯이 중국과 일본 간의 대립·경쟁구도이다. 신현실주의적 시각에 기초한 상대적 이익(relative interest)의 논리 속에서 각국이 지역국제관계를 운용한다면 협력의 가능성은 낮아지며 안보레짐의 형성 가능성은 희박해진다. 둘째, 북한의 핵무기 개발이 어떤 식으로 해결되느냐가 중요하다. 일단 북한의 핵무기 개발 위협이 주변 강대국의 안보협력을 야기하는 긍정적인 측면도 없지 않다. 다만 이러한 안보협력이 긍정적인 결실을 거두지 못하는 경우 상황은 걷잡을 수 없이 악화될 수 있다. 예를 들어, 북한의 핵무기 개발이 기정사실화된다면 일본의 핵무기 개발도 막을 수 없게 되며 이는 핵무기 개발 도미노 현상을 동북아에서 초래하게 되고 궁극적으로 한국과 대만의 핵무기 개발이 정당화되는 상황을 야기할 것이다. 이럴 경우 동북아 안보레짐은 그 필요성과 실효성이 유명무실해진다. 셋째, 일본에 대한 주변국의 역사적인 반감이 동북아 안보레짐 형성에 부정적인 영향을 미치고 있다. 일본에 대한 불신이 아직 잔존하며 동북아 안보협력을 어렵게 할 수 있다. 마지막으로, 주한 및 주일 미군의 존재가 동북아 안보레짐 형성에 부정적인 요인이 될 수도 있다. 지금의 미군 배치는 전후 냉전적 구도하에서 이루어진 것이며, 탈냉전적 구도하에서 이러한 미군의 존재가 레짐 형성에 부담으로 작용할 수 있다. 중국과 러시아, 북한의 입장에서 보면 향후 레짐 형성의 선결조건으로 이에 대한 변화를 요구할 수도 있다.

향후 진정한 동북아 공동체 형성을 위해, 그 전단계로 동북아 안보레짐 구축을 위한 방안을 제시해보고자 한다. 전 장에 언급한 장애요인들에 대한 해결방안을 제시하는 것으로 그 형성방안을 간략히 제안하고자 한다. 첫째, 중국과 일본 간의 대립·경쟁구도가 동북아 안보레짐 구축에 장애요인이라면 지역적 안보레짐 형성에 앞서 사전단계로 중국과 일본 양자 간 군비통제협정을 맺을 필요가 있다. 한국이나 미국이 그 중재자로서의 역할을 할 수 있으리라 기대된다. 둘째, 북한의 핵무기 개발 저지를 위해 현 다자간 틀을 활용하며 외교적 압박을 통해 문제를 해결하여야 한다. 최근 6자회담을 통한 해결노력은 향후 동북아 안보레짐의 형성 가능성을 점칠 수 있는 좋은 예가 된다. 셋째, 일본에 대한 주변국의 역사적인 반감은 단기적으로 해결되기 어려운 문제이며 지역국가들의 경제적 상호의존의 심화와 정부 및 민간 차원의 사회문화적인 교류활성화를 통해 이 문제를 점진적으로 해결하여야 한다. 마지막으로, 주한 및 주일 미군의 존재가 향후 안정된 동북아 질서에 긍정적으로 작동할 것이라 생각되나 중국과 러시아가 거부감을 표명한다면 갑작스런 철수는 바람직하지 못하나 주둔군 재배치 등을 통해 새로운 무기체계와 전략에 걸맞는 성격 변화를 보여주어야 할 것이다. 즉 냉전적인 반공산주의·반소주의적 주한미군의 성격을 평화유지 주한미군의 성격으로 이미지 전환을 해야 할 것이다.

오늘날은 그 어느 때보다 동북아에 있어서 레짐 형성이 요구되고 있다. 세계 4대 강국이 대결·경쟁하고 있고, 남북한이 대치하고 있는 상황에서 동북아 지역 안보레짐의 구축은 우리의 안보를 보증받는 가장 값싼 안보전략임을 인식하고 그 중재자로서 외교적 노력을 경주해야 할 것이다. 균형자(balancer)로서 미국의 역할을 요구하면서 한·미동맹이라는 쌍무적인 안보협력의 틀안에서 동북아 안보레짐이라는 다자적 안보협력의 틀을 모색해야 할 것이다. 우리가 이러한 제도적 장치를 마련하지 못한다면 그로 인한 가장 커다란 피해자가 될 것이다.

한국은 동북아 지역에서 양대 강국인 중국과 일본 사이에 위치하여 이들을 연결함으로써 동북아 지역협력—동북아 협력안보레짐 구축 및 동북아 자유무역지대 설정—에 중재적 역할을 수행할 수 있다. 한국이 안보 및 경제적으로 중국·일본과 비견할 만한 능력을 갖추고 있지는 못하지만, 상호 경쟁적인 대결을 벌이고 있는 중국·일본이 독자적으로 동아시아 지역협력에 주도적 역할을 담당하기 어렵기때문에, 한국의 역할이 중요하다고 할 수 있다. 나아가 진정한 동북아 공동체 형성을 위해 동북아 사람들이 공유하는 지역적 정체성을 확립할 것이 요구된다. 따라서 향후 이러한 진정한 동북아 공동체 형성을 위해 새로운 지역적 정체성을 창출해 나가야 할 것이다.

3. 신지정학적 관점에서 본 동북아 영토갈등 문제

(1) 동북아 영토갈등에 대하여

동북아 지역에서 영토를 둘러싼 갈등이 증폭되고 있다. 탈냉전기 이후 냉전기적 이념갈등이 사라지고 동북아 강대국 간 패권경쟁이 가속화되어왔다. 세계질서는 미국과 중국이 G2 시대를 구가하고 있으나 동북아 지역질서는 일본과 중국 간 불협화음이 지속되고 있다. 이는 중국이 최근 급속한 경제성장을 배경으로 동북아 지역질서를 바꾸고자 하는 데에 있으며, 아울러 일본의 21세기 국가전략이 이러한 움직임과 충돌하기에 그 갈등이 더해가고 있다.

오늘날 동북아 영토갈등의 중심에는 일본의 외교전략과 영토정책변화가 내재한다. 21세기 일본 외교전략의 목표는 20세기 잔재청산과 21세기 UN 안보리 상임이사국 진출이라고 할 수 있다. 20세기 잔재청산의 핵심은 주변국과의 영토문제 해결이며, 이는 한국과의 독도 문제, 중국과의 센카쿠열도 문제, 러시아와의 쿠릴열도 문제이다. 모두 일본이 자국 영토로 주장해온 것으로 그 갈등의 성격은 다르나 전통적인 영토갈등이라는 점에서 맥을 같이 한다. 이는 일본이 대내외적으로 추구하는 보통국가화 혹은 정상국가화와 함께 가는 것이다. 궁극적으로 일본이 바라는 바는 21세기에 국제연합 상임이사국으로서의 지위를 획득함으로써 명실공히 강대국의 역량에 걸맞은 지위를 얻는 것이다.

이러한 일본의 의도에 정면으로 충돌하는 국가는 중국이다. 중국은 그동안 미국을 등에 업고 앞선 경제력을 배경으로 동북아의 패권국 역할을 해온 일본에 대해 더 이상 패권국이 아님을 인식시키려는 노력을 경주해왔다. 경제대국으로서 그리고 군사강국으로서의 힘을 과시하며 일본을 압박하는 양상이 중국이 이제 20세기의 중국이 아님을 보여주는 것이다. 세력전이이론의 주장을 빌면, 중국은 현존 세계질서를 유지하려는 체제 만족국(satisfied)이나 동북아 지역질서에서는 현존 상황을 타파하려는 체제 불만족국(dissatisfied)이기도 하다. 미국의 외교적 역할에 따라 그 갈등이 심화될 수도 있고 완화될 수도 있다고 말할 수 있다. 한편 중국은 남지나해(South China Sea)를 둘러싸고 인접국들과 다툼을 벌이고 있는 것이 현실이다.

한국은 이러한 중국과 일본 간의 패권다툼 속에서 균형감을 유지하며 우리의 활로를 찾으려 하고 있다. 하지만 영토 문제에 관한 한 중국과의 공조를 유지하기도 하고 때로는 독자적으로 일본의 국내정치 우경화와 영토정책 변화에 따른 직접적 충돌을 조절해가며 문제를 해결하고자 한다. 이는 역사문제 등 한·일 간에 놓여있는 해묵은 논쟁과 중첩되어 그 끝이 보이지 않는다. 러시아와 일본 간의 영토갈등도 최근 러시아의 약화와 더불어 해결의 실마리를 찾아가고 있으나 양국 간의 인식차는 여전하다고 할 수 있다.

동북아에 불고 있는 전통적인 영토갈등 바람이 어떤 결과를 가져올지 알 수 없으나 그 해법이 전통적인 방식이 되기는 어렵고 새로운 방식이 되리라 하는 점은 우리가 예상할 수 있다. 즉 경성국력 차원의 힘의 논리로 이를 해결할 수 없는 것이고, 연성국력 차원의 제도의 논리로 이를 해결하려는 지혜가 이들 국가에게 요구되는 것이다.

탈냉전 이전에는 국가들이 특정 공간을 통제하기 위해 무력을 이용해 해당 공간을 점령하는 방식을 선호했었다. 하지만 탈냉전 이후, 국가들은 무력을 이용한 공간 확보보다는 저비용의 공간 관리 방법을 모색하게 되었다. 공간을 통제하기 위해 무력을 사용하는 것은 국가로하여금 큰 비용을 부담하게 하며, 국가 간의 상호의존성이 증대되면서 무력 사용에 대한 국제사회의 비난도 해당 국가에게 큰 부담으로 작용하게 되었다. 국가들은 새로운 공간 통제 방식으로 해당 공간과 관련된 지역 협력체를 만들거나 특정 이슈에 대한 레짐을 만들어 해당 공간에 대한 개입을 가능하게 하는 방식을 사용하게 되었고, 이를 통해 공간을 간접적으로 통제할 수 있게 되었다.

공간에 대한 간접적 통제는 공간 통제에 사용되는 비용 자체를 절감시켜주는 동시에 통제의 정당성을 부여해줌으로써 국제사회의 비난도 피할 수 있다는 점에서 새로운 공간 통제 방식으로 주목받게 되었다. 탈냉전 이후에 변화된 국가들의 이러한 행위를 지정학적으로 해석하고자 하는 관점이 신지정학적 관점이다. 신지정학은 상생, 평화와 같은 협력적 구조를 지정학적 요소를 통해 분석하고자 한다는 점에서 갈등적인 구조를 상정했던 구지정학과는 대비된다.

신지정학적 관점에서는 국가들의 지정전략으로 인해 레짐과 같은 국제적 협력체가 형성될 것이라고 본다. 여기서 동북아 영토갈등을 사례로 개별 국가들의 지정전략의 파악을 통해 레짐의 형성과 유지를 설명할 수 있다는 점을 보이고자 한다.

(2) 이론적 배경: 신지정학적 접근

지정학이라는 용어는 1916년에 출간된『생활형태로서의 국가(Staten som Livsform)』라는 책에서 셸렌(Johan Rudolf Kjellén)이 처음으로 '지리에 기초한 혹은 지리와 관련된 정치'라는 의미로 지정학(Geopolitik)을 언급하면서 사용되기 시작했다(임덕순 1999). 지정학의 정의에 대해서는 다양한 의견이 있는데, 단순하면서도 가장 명확한 정의는 하우스호퍼(Karl Haushofer)의 정의이다. 하우스호퍼는 나치즘에 이론적 배경을 제공했다고 평가되기도 하지만, 20세기 초반에 활발히 활동했던 대표적인 독일의 지정학자이다. 그에 따르면, 지정학이란 "땅과 정치과정사이의 관계를 다루는 학문"이라고 정의될 수 있다. 지정학은 공간에 대한 통제내지는 공간에 대한 영향력 확보를 목적으로, '공간 속에서 전개되는 다양한 공간적 관계를 분석'하는 학문이며(이영형 2004), '국제사회에서 인문 및 자연지리적 변수가 특정 국가의 외교정책 및 국제관계를 촉진하거나 제약하는 관계에 대한 학문 및 정책 분야'라고도 정의할 수 있다(김태환 2014).

지정학의 연구대상은 특정 공간과 관련된 개별국가들의 행위와 몇 가지 국제관계들이다. 지정학에서 주로 다루는 국제관계는 크게 4가지로 나눌 수 있다. 첫 번째는 영토적 국제관계인데, 인접국가들 사이에 존재하는 영토에 대한 영유권 문제와 관련된 국제관계를 의미한다. 두 번째는 정치적 국제관계로, 동맹, 세력권 형성, 전쟁 등과 관련된 국제관계를 지칭한다. 특히, 동맹은 지정학에서 특정 국가가 지리적 제약성을 극복하기 위해 채택하는 중요한 전략 중 하나로 인식된다. 세 번째는 전략적 국제관계인데, 성장거점과 같은 지전략적 요충지를 중심으로 전개되는 국제관계를 의미하며, 여기에는 전쟁이나 경쟁뿐만 아니라 협력도 포함된다. 마지막 국제관계는 경제적 국제관계로, 전략적 자원이나 시장, 이에 대한 접근로 등과 관련된 국제관계를 의미한다. 즉, 지정학은 영토분쟁, 동맹, 지전략적 요충지를 둘러싼 갈등 등과 같은 공간과 관련된 국제관계들을 그 연구대상으로 하고 있다(임덕순 1999).

지정학자들은 이러한 연구의 대상이 되는 공간을 분석함에 있어서 지정학적 요소를 중시한다. 지정학적 요소란 자국의 국익을 위한 행동을 전개할 때, 그 행동에 영향을 미치는 요소들을 의미하며, 지정적 동기(geopolitical motive)라고도 부른다. 대표적인 지정학적 요소로는 위치, 거리, 기후, 주요 자원, 주요 생산시설, 접근로, 시장 규모, 인구분포, 민족분포 등이 있다(임덕순 1999). 지정학자 중 특히 실용적 지정학자들은 지정학적 요소를 기준으로 공간을 평가하며, 궁극적으로는 이를 바탕으로 지정전략(geo-strategy)을 수립한다. 지정학적 요소는 크게 '자연 및 문화 지리적 요소'와 '정치경제 지리적 요소'로 나뉜다.

자연 지리적 요소는 지역적 위치, 기후, 지역의 모양과 크기 등을 지칭하며, 문화 지리적 요소는 인구 및 민족 분포, 종교 및 언어 분포 등을 지칭한다. 정치경제 지리적 요소는 정치적 요소, 군사적 요소, 경제적 요소를 포함하며, 정치적 요소는 세력권, 전쟁, 간섭과 같은 국제관계 현상들을 포함하고, 군사적 요소는 전략적 요충지와 같은 것들을 포함하며, 경제적 요소는 자원의 매장이나 자원에 대한 접근성 등을 포함한다(이영형 2006).

이러한 지정학적 요소를 통해 공간을 평가한 뒤, 해당 공간에 대한 전략을 세우는 것은 지극히 합리적인 행위이다. 본래 국가전략이란 "국가적 노력과 제한된 자원을 효율적으로 개발·통합·조정·배분·사용하는 방향과 방법을 제시하는 종합적이고 체계적인 국가 활동의 추진 계획"을 의미한다. 국가들이 가지고 있는 자원과 능력은 제한적이기 때문에 대외정책과 군사정책을 수립함에 있어서 특정지역에 자원을 집중시킬 수밖에 없다. 따라서 개별 국가들이 국가전략을 세울 때, 전략의 대상이 갖는 정치적 요소와 경제적 요소가 중요하게 고려된다. 그리고 이 전략의 대상이 특정 공간일 때, 이 전략을 지정전략(geo-strategy)이라고 부를 수 있다. 이는 간단하게 '지정학적 이익에 대한 전략적 관리'라고 정의할 수도 있다. 지정전략 중 가장 보편적인 것은 자원지대에 대한 지정전략이다. 그리고 이러한 자원지대에 대한 국가들의 지정전략의 경우, 자원에 대한 지정전략의 차원을 넘어서서 해당 공간을 통제하려는 전략으로까지 추진되기도 한다. 결국, 특정 공간이 가지고 있는 가치에 대한 통제를 위한 전략, 나아가 해당 공간에 대한 통제를 위한 전략을 지정전략으로 이해할 수 있다(이영형 2006).

개별 국가들의 지정전략은 유사한 방향으로 진행되는 경향이 있다. 따라서 여러 국가들의 전략이 집중되는 공간이 발생하게 되며, 이때 해당 공간의 국제정치적 가치는 상승하게 된다. 그리고 일반적으로 이러한 가치를 지정학적 가치라고 부른다. 지정학적 가치가 높은 공간에 대한 개별국가들의 관심은 높아지며, 그 결과 자연스럽게 해당 공간에 대한 갈등 혹은 협력의 국제관계가 발생하게 된다. 기존의 지정학적 연구들은 대부분 갈등 상황에 초점을 맞추고 있었다. 특정 공간 속에서 발생하거나 특정 공간에 대해 발생하는 갈등들을 연구대상으로 하여, 해당 공간에 대한 지정학적 가치를 분석하고, 갈등의 원인을 규명하고자 하는 연구들이 주를 이루어왔다. 하지만 상호의존성의 증대와 국제기구 및 규범의 발달과 같은 탈냉전 이후의 국제정치적 환경의 변화는 국가들이 지정전략으로서 보다 간접적인 통제방식을 사용하게 되면서 갈등보다는 협력적인 모습을 부각시키고 있다. 그리고 이러한 현상과 함께 국가 간 협력을 지정학적 측면에서 연구하는 연구들이 등장하기 시작했다(이영형 2006).

지정학 연구의 역사적 흐름을 개괄적으로 살펴보면, 제2차 세계대전 이전과 냉전기, 탈냉전기 이후로 나눌 수 있다. 지정학이라는 용어가 처음 사용된 것은 스웨덴의 정치학자였던 셸렌의 책, 『생활형태로서의 국가』에서였다. 셸렌은 국가를 공간에 의존하는 유기체라고 주장했는데, 그는 독일의 정치지리학자였던 라첼(Friedrich Ratzel)의 저서 『정치지리학(Politische Geographie)』으로부터 큰 영향을 받았다. 이후, 셸렌의 사상은 1930년대에 하우스호퍼에 의해 계승된다. 하우스호퍼는 셸렌과 마찬가지로 국가를 공간에 의존하는 유기체로 상정하면서, 국가의 발전을 위해서는 생존 공간을 확보해야 한다는 생활권론(Lebensraum), 국가발전을 위해 필요한 자원과 산업을 자급자족해야 한다는 자급자족론(Autarky) 등의 이론을 전개했다. 하우스호퍼는 활발한 연구활동을 통해 지정학의 지평을 넓혔지만, 지정학의 쇠퇴를 가져온 사람이기도 했다. 그가 1930년대 초에 나치의 외교 고문관이 되면서 그의 이론들은 히틀러의 팽창정책을 정당화하는 데에 이용되었고, 그 결과, 지정학이라는 학문에 대해 팽창정책을 위한 학문이라는 인식이 강해지면서 제2차 세계대전 이후 지정학의 쇠퇴를 불러오게 되었다(이영형 2006).

사실 제2차 세계대전 이전, 독일에서 하우스호퍼가 활발하게 연구활동을 하던 시기에, 영국과 미국에서도 많은 학자들에 의해 지정학이 크게 발전하고 있었다. 대표적인 지정학자로는 마한(Alfred Mahan), 맥킨더(Halford Mackinder), 스파이크맨(Nicholas Spykman) 등이 있다. 이들은 주로 지정전략가들로 분류되는데, 이들의 대표적인 이론으로는 마한의 도서국가 지배론과, 맥킨더는 하트랜드(heartland) 이론 등이 있다. 마한의 사상을 살펴보면, 마한은 국가가 발전하기 위해서는 바다의 교통로와 무역로를 차지해야 한다고 봤으며, 이는 해양력의 증강을 통해 가능하다고 주장했다. 따라서 마한은 제해권(command of the sea)의 확보를 국가의 발전에 있어서 가장 중요한 요소라고 보았다. 해양을 중시하는 그의 사고는 국가의 전략을 취함에 있어서 해양이라는 지리적 조건이 가지는 중요성을 강조함으로써, 지정전략가로서의 특징을 보이고 있다. 마한이 해양을 중시하는 반면, 맥킨더는 하트랜드 이론을 통해 대륙세력의 우세함을 강조했다. 맥킨더는 그의 저서 『Democratic Ideals and Reality』에서 전쟁의 승패나 국가의 성장 유무는 국가가 차지하고 있는 공간에 의해 결정된다고 밝혔다. 맥킨더에 따르면 유럽과 아시아는 하나의 대륙이며, 이 둘을 합쳐 유로아시아(Euro−Aisa)라고 규정했다. 그리고 그는 유로아시아의 중북부 지역을 세계정치의 중심지역(pivot area)으로 보고 이 지역을 하트랜드라고 명명했다. 다시 말해, 맥킨더는 세계정치에서의 중심지역인 하트랜드를 차지하는 것이 개별국가가 세계정치에서 강한 영향력을 행사하는 데 있어서 꼭 필요한 조건으로 보고 있다. 영국과 미국에서 행해진 이와 같은 지정전략적 측면의 연구들은 지정학에 대한 정책입안자들의 관심을 촉진하고, 지정학을 이론적으로 풍성하게 했다. 하지만 앞서 언급했듯이, 독일에서 하우스호퍼의 사상이 나치의 사상적 토대로 왜곡되면서 제2차 세계대전 이후 지정학 연구가 급격히 쇠퇴하게 되었다(이영형 2006).

하지만 지정학의 쇠퇴가 지정학의 영원한 사멸을 의미하는 것은 아니었다. 1960년대에 들어서면서, 미국과 유럽의 강대국들을 중심으로 다시 지정학 연구가 시작되었다. 냉전기의 대표적인 지정학적 이론으로는 세버스키(Alexander Seversky)의 결정지역이론, 케난(George Kennan)의 대(對)소련 봉쇄정책, 고르쉬코프(Sergei Gorshkov)의 해양출구 확보 전략 등이 있으며, 특히, 미국에서는 사울 코헨(Saul Cohen), 콜린 그레이(Colin Gray)와 같은 지정학자들의 사상이 활발하게 논의되었다. 냉전이 시작되면서 미국과 소련은 국가전략에 있어서 상대진영에 대한 군사적 전략을 중시하게 되었고, 패권국으로서 국제전략 또한 중시하였다. 당시 이들의 국제전략은 대부분 지정학에 기초되어 있었기 때문에 이 시기에 지정학이 다시 부활한 것은 당연한 일이었다. 이러한 국제전략의 목표는 국가안보였으며, 지정학은 그 수단이었다. 냉전기의 지정학 연구는 대륙세력(소련)과 해양세력(미국)간의 대립상황을 군사 활동과 연관 지어 설명하는 것이 주를 이루었다. 이 시기의 지정학 연구는 활발하게 이루어졌으나, 국가안보와 이데올로기에 가려진 채 조용히 냉전기를 지나게 되었다. 그리고 1985년부터 이데올로기 논리가 점차 약화되면서 그동안 이데올로기를 중심으로 국제정치를 분석해왔던 경향 대신 지정학적 분석과 사고가 다시 국제정치 분석에서 나타나기 시작했다. 그리고 탈냉전과 함께 신지정학이 국제정치에 등장하게 되었다(이영형 2006).

신지정학이란 탈냉전 이후, 전세계적으로 재론되고 있는 모든 지정학적 흐름을 의미하며, 이는 갈등보다는 평화와 협력을 강조하고, 현대과학기술의 발전에 따른 국제정치학적 변화들을 수용한다는 점에서 전통적 지정학과 구별된다. 전통적 지정학과 신지정학의 차이를 좀 더 자세히 살펴보면, 전통적 지정학에서는 민족국가와 영토주권, 하드 파워, 위계적 국제질서가 주요 핵심 개념이었다. 전통적 지정학에서는 영토 및 자원을 통제함에 있어서 발생하는 경쟁상황을 주로 분석했으며, 지정학적 경쟁에서 우위를 점하는 수단으로서 경제력이나 군사력 같은 하드파워를 강조했다. 이는 공간에 대한 직접적 통제방식의 강조와 같은 맥락에서 이해할 수 있다. 또, 수평적인 국제질서보다는 국력에 따른 위계적 국제질서를 가정했다(권오국 2011).

반면 신지정학은 비국가행위자의 증가, 영토의 의미 희석화, 소프트 파워, 소셜 파워, 관계적 권력(relational power), 네트워크 파워, 네트워크 국제질서를 핵심 개념으로 강조한다. 탈냉전 이후에는 개별국가들이 영토 및 자원에 대한 통제를 비교적 간접적으로 하고자하기 때문에 국가 간 갈등보다는 간접적 통제의 수단으로 나타나게 되는 협력 및 제도가 신지정학의 주요 연구대상이 되었다. 또, 전통적 지정학은 군사력이나 경제력을 주요 개념으로 보는 것에 비해, 신지정학에서는 공간에 대한 간접적 통제를 용이하게 해주는 소프트 파워, 소셜 파워, 관계적 권력, 네트워크 파워 등의 권력들이 더욱 주목을 받게 되었다. 같은 맥락에서, 공간을 통제함에 있어서 개별 국가들의 경제력이나 군사력보다는 다른 국가와의 협력 및 제도화에 필요한 힘이 더욱 중요해지면서 신지정학에서는 위계적 국제질서보다는 네트워크 국제질서가 더욱 부각되었다(김태환 2014).

전통적 지정학과 마찬가지로 신지정학도 공간에 대한 지정학적 요소를 고려하고, 평가하며, 공간에 대한 통제를 위한 지정전략을 세운다. 다만, 상호의존성이 증대되고, 국제법 및 제도가 발달하고, 대부분의 영토획정이 안정적으로 이루어진 상태이기 때문에 전략적 가치를 가지는 공간에 대한 통제 방식이 직접적 통제 방식에서 레짐이나 제도를 이용한 간접적 통제방식으로 변했다는 점이 전통적 지정학과 비교했을 때 신지정학이 보이는 중요한 차이이다. 직접적 통제방식을 선호했을 때는 직접적 통제를 용이하게 하는 군사력이나 경제력과 같은 하드파워를 강화하는 방향으로 국가들의 지정전략이 수립되었다. 하지만 개별국가들이 간접적 통제방식을 선호하게 되면서, 제도를 이용한 간접적 통제를 보다 용이하게 해주는 네트워크 파워, 소셜 파워가 지정전략에서 중요한 역할을 하게 되었다. 달리 말하면, 특정 공간에 대한 제도, 특히, 특정 지역에 대한 쟁점영역을 중심으로 형성된 지역적 레짐의 경우, 그 형성과 유지의 이면에는 공간에 대한 간접적인 통제를 추구하는 개별국가들의 지정전략이 숨어있다는 것을 의미한다(정보라 2015).

(3) 동북아 영토갈등의 기원과 현황

일본은 1951년 9월에 샌프란시스코강화조약을 조인하고, 그 샌프란시스코강화조약의 제2장 제2항 (c)에서 쿠릴열도 포기에 동의했다. 물론 이 조약의 항목에는 독도가 없음에도 불구하고 일본정부는 연합국이 독도를 일본영토로 인정해주었다고 억지 주장을 하고 있다. 그리고 조어도(센카쿠제도)가 평후제도에 포함되었는지 여부도 불명확하게 처리되고, (b), (c)에서의 일본이 강탈한 영토에 대한 권리를 포기하면서 어느 국가에 귀속한다는 내용을 빼어 미국 중심의 연합국은 동북아 지역의 영토 귀속문제를 애매모호하게 처리함으로써 영토갈등의 불씨를 남겨두었다(서인원 2016).

제2장 영토

제2항: 영토 포기 또는 신탁 통치 이관

(a) 일본은 한국의 독립을 인정하고, 제주도, 거문도, 울릉도를 포함한 한국에 대한 모든 권리, 자격, 영유권을 포기한다.

(b) 일본은 타이완과 펑후 제도에 대한 일체의 권리를 포기한다.

(c) 일본은 쿠릴 열도와 사할린에 대한 일체의 권리를 포기한다.

(d) 남태평양의 구 위임통치지역은 미국이 신탁통치하며, 오키나와와 오가사와라 제도는 미국의 신탁통치 예정지역으로 삼는다.

(e) 일본은 일체의 국외 자산과 조약체결국에 대한 모든 청구권을 포기한다.

동북아 영토분쟁 배경에는 동서냉전이 있었다. 동서냉전의 격화를 배경으로 일본정부는 쿠릴열도를 반소 감정을 선동하는 수단의 하나로 사용하였다. 하지만 독도 문제는 상황이 달랐다. 미국은 냉전의 동북아 최전선인 한국과 일본 양국이 영토문제로 갈등을 겪는 것이 동북아 안보협력에 있어 큰 장애가 되기 때문에 한일국교정상화에 적극적으로 개입하게 되었다. 그 결과 냉전기 한국과 일본은 독도 문제에 대해 평화로운 관계를 유지할 수 있었다. 동서 냉전이라고 하는 국제정치적 상황 구조 속에서 한일 양국은 갈등 요인을 최소화하고 정치적으로 결속할 것이 요구되었다. 이런 상황 하에서 독도 문제를 양국 간의 중대한 외교문제로 비화시키기 어려웠고, 일본은 독도에 대해 직접적으로 도발할 수 없었다.

오늘날 일본 영토정책의 기본적인 인식은 쿠릴열도와 센카쿠제도 및 독도가 역사적 사실에 비추어 봐도 국제법상으로도 분명히 일본 고유의 영토라는 것이다. 따라서 일본은 쿠릴열도는 러시아에 의해, 그리고 독도는 한국에 의해 불법 점거가 계속되고 있다고 주장하면서 영유권을 둘러싼 문제에 대해 국제법에 따라 냉정하고 평화적으로 분쟁을 해결할 방침을 가지고 있다고 주장하고 있다. 특히 센카쿠 제도는 일본 고유 영토임은 역사적으로도 국제법상으로도 명백하며, 실제로 일본은 이를 유효하게 지배하고 있기 때문에 센카쿠제도를 둘러싸고 해결해야 할 영유권 문제는 애당초 존재하지 않는다고 주장하고 있다.

하지만 센카쿠제도의 경우 지도의 어원을 살펴보면 일본 고유의 영토가 아닐 수 있음을 알 수 있다. 일본정부가 이 섬들을 명명한 방식을 보면 기존의 중국식 지명을 그대로 사용한 경우, 영국인들의 기록에 있는 용어를 번역해서 적용한 경우, 새롭게 명명하는 경우 등이 있다. 사실 1895년에 조어도 등의 제 섬들이 일본식 지명으로 바로 전환되면서 센카쿠제도로 불린 것은 아니다. 전통 중국식으로 각 섬의 지명이 그대로 불렸던 것이다. 본래 중국식 명칭인 댜오위다오(釣魚島), 댜오위타이(釣魚台), 댜오위위(釣魚嶼) 등으로 명명되었다. 영국의 사마랑(Samarang)호 선장인 벨쳐는 이 섬들과 암초들을 Pinnacle Rocks로, 그리고 영국 해군수로부에서는 Pinnacle Groups로 명명하였다. 1895년 교사였던 쿠로이와 히사시(黑岩恒)가 이런 영어식 표기를 번역하여 '센카쿠제도'(尖閣諸島)로 부르면서 그 명칭이 오늘에까지 이르게 되었다. 지명의 유래와 변화를 보면 결코 일본 고유의 영토가 아닌 것이다(서인원 2016).

쿠릴열도의 경우 샌프란시스코강화조약에서 일본이 포기한 쿠릴열도 범위에는 남쿠릴열도인 쿠나시르, 에토로후가 들어가 있다는 것을 인정하지 않을 수 없다. 초창기 일본은 쿠릴열도 정책에서 쿠릴열도의 범위를 은폐시키면서 북방영토라는 정치적 용어를 만들어내면서 결국 쿠릴열도 2도에서 4도 반환설의 기반을 만들어 낸 것이다.

일본이 자국의 영토로 주장하는 독도, 센카쿠제도, 쿠릴열도는 역사적으로나 국제법상으로도 일본의 고유영토라기보다는 역사의 어느 시점에서 획득했던 토지임에 지나지 않고 그 이전에는 일본의 영토가 아님을 알 수 있다. 사실상 국제법상 고유의 영토라는 표현도 거의 의미가 없다. 원래 어느 토지가 그 국가에 있어 고유하다는 것은 법적인 이론의 여지는 없다는 것이다. 어느 토지에 대해 2국 이상이 영유권을 주장하는 사태는 그 토지가 어느 국가에서도 고유하지 않다는 것을 알 수 있다. 따라서 분쟁 발생이전에 존재한 양국 간 조약과 국제협정, 실효지배의 사실을 법적인 견해에서 검토하면 되는 것이다.

물론 국제법 조문이랑 체계에는 고유의 영토라는 개념은 존재하지 않는다. 주권국가가 성립했던 이후 끊임없이 국경선이 움직였던 유럽에 있어 고유의 영토라는 개념은 존재하지 않는다. 그 개념은 센카쿠제도, 쿠릴열도, 독도라는 영토분쟁을 안고 있는 일본 정부가 만들어 놓은 안이고, 극히 정치적인 개념에 지나치지 않는다. 고유의 영토라는 개념은 쿠릴열도라는 용어를 근거로 제시하기 위해 일본 정부가 채용한 것으로, 도쿄나 오사카를 고유의 영토라고는 부르지 않기 때문에 이것은 어디까지나 고유의 본토이고 고유의 영토라는 것은 타국과의 분쟁상태에 있는 섬들을 대상으로 한 용어임을 알 수 있다. 고유의 영토라는 말은 정치적 용어인 동시에 거의 무의미한 말이다. 역사인식으로도 문제가 있는 용어로 말할 수 있다. 고유의 영토라는 말은 사람들의 사고를 정지시켜 문제의 분석에도 이해에도 그다지 도움이 되지 않는 용어이다(서인원 2016).

(4) 동북아 영토갈등에 대한 새로운 이해

탈냉전 이전에는 국가들이 특정 공간을 통제하기 위해 무력을 이용해 해당 공간을 점령하는 방식을 선호했었다. 하지만 탈냉전 이후, 국가들은 무력을 이용한 공간 확보보다는 저비용의 공간 관리 방법을 모색하게 되었다. 공간을 통제하기 위해 무력을 사용하는 것은 국가로 하여금 큰 비용을 부담하게 하며, 국가 간의 상호의존성이 증대되면서 무력 사용에 대한 국제사회의 비난도 해당 국가에게 큰 부담으로 작용하게 되었다. 국가들은 새로운 공간 통제 방식으로 해당 공간과 관련된 지역 협력체를 만들거나 특정 이슈에 대한 레짐을 만들어 해당 공간에 대한 개입을 가능하게 하는 방식을 사용하게 되었고, 이를 통해 공간을 간접적으로 통제할 수 있게 되었다(정보라 2015).

공간에 대한 간접적 통제는 공간 통제에 사용되는 비용 자체를 절감시켜 주는 동시에 통제의 정당성을 부여해줌으로써 국제사회의 비난도 피할 수 있다는 점에서 새로운 공간 통제 방식으로 주목받게 되었다. 탈냉전 이후에 변화된 국가들의 이러한 행위를 지정학적으로 해석하고자 하는 관점이 신지정학적 관점이다. 신지정학은 상생, 평화와 같은 협력적 구조를 지정학적 요소를 통해 분석하고자 한다는 점에서 갈등적인 구조를 상정했던 구지정학과는 대비된다.

신지정학적 관점에서는 국가들의 지정전략으로 인해 레짐과 같은 국제적 협력체가 형성될 것이라고 본다. 국제레짐이란 크래스너(Krasner 1982)의 정의의 따르면 "국제관계의 특정한 쟁점 영역을 둘러싸고 행위자의 기대가 수렴되는 명시적이거나 묵시적인 원칙, 규범, 규칙 및 의사결정 절차의 총체"라고 정의할 수 있다. 레짐이론가들은 레짐의 형성 조건, 유지 조건, 레짐의 변화 등과 같은 주제들을 연구한다. 대부분의 레짐이론가들은 레짐이 정보를 제공하고 소통을 증진시키는 등의 기능을 통해 국가들의 거래비용을 줄여주고, 협력을 더욱 용이하게 한다는 점에 동의한다. 신지정학적 관점에서 개별 국가들은 지정전략을 통해 레짐의 형성 및 유지를 꾀하게 된다는 것이다.

구지정학에 근거한 영토갈등은 힘을 기반으로 한다. 그 지정전략의 목표가 직접통제라서 경성국력이 동원되고 힘의 논리로 문제를 해결하고자 한다. 결과적으로 힘의 우위 확보를 통한 지배가 보편적인 것이다. 반면에 신지정학은 간접통제를 목표로 하여 사실상의 영향력하에 해당 영토를 지배하는 것을 추구한다. 최근 국경 개념의 이해가 지리적 국경 개념에서 문화적 국경 개념으로 이행하는 것도 주목할 현상이다. 직접적인 군사적 대결을 회피하는 가운데 제도적 틀 내에서 해당국 간의 이해관계 조정을 통한 해결이 오늘날의 지정전략이 추구하는 바이다.

오늘날 동북아 국가들 간의 영토갈등은 구지정학의 맥락에서 이해될 수 없다. 이 지역국가 간 물리적 충돌이 간헐적으로 발생하나 이는 무력시위 수준이고 직접적인 군사대결로 비화되지 않는다. 결국 최악의 상황을 피하려는 관성으로 인해 이해관계를 조정해보려는 과정에 있다고 할 수 있다. 현상태의 실효적 지배를 부정하기 위한 군사력 동원은 합리적 선택이 아니라는 점을 지역국가가 인식하고 있어서 파국을 맞이하지는 않고 있다.

동북아 국가 간의 영토갈등을 관리하는 중요한 행위자는 미국이라고 할 수 있다. 미국과 중국 간의 상호의존적 이해관계가 중국의 극단적 선택을 막아내고 있고, 신미·일동맹 체제 하에서 미국의 영향력이 일본의 과도한 행

〈표 8〉 동북아 국가들의 지정전략

구분 \ 유형	구지정학	신지정학
목표	직접 통제	간접 통제
수단	경성 국력	연성 국력
성격	위계적 질서 속의 힘의 논리	수평적 질서 속의 제도의 논리
해결방안	힘의 우위	제도적 근거 및 국제 여론

동을 억제하고 있는 것이다. 한국 역시 한·미동맹의 틀 속에서 냉전기적 남방삼각체제의 우방으로서 일본과의 파국을 피하려는 외교적 입장을 견지하고 있다. 결국 동북아 지역질서는 힘의 논리가 작동하는 구조는 아니나 미국의 역할이 약화되는 순간 구지정학적 맥락의 논리가 회귀할 가능성은 상존한다고 할 수 있다.

(5) 동북아 영토갈등의 해결을 위하여

최근 일본 국내정치의 우경화와 이에 따른 영토정책의 변화는 동북아 인접국가 간 영토갈등을 부추기고 있다. 일본이 들고나오는 논리는 여러 가지이나 대표적인 것은 샌프란시스코강화조약에 대한 일본만의 해석에서 비롯된다. 영토분쟁을 오랜 역사적 맥락에서 볼 경우와 20세기 이후 현존 국제질서의 맥락에서 볼 경우 간에는 큰 시각 차이가 존재한다. 일본의 입장에서는 제2차 세계대전 후 전범국가의 멍에 속에서 잃은 것으로 느껴지는 영토를 제도적으로 되찾고자 하는 마음이 들 것이다. 그럼에도 불구하고 힘으로 해결할 수 없음에 그 한계를 인정할 수밖에 없을 것이다. 더욱이 하나의 논리로 분쟁 대상인 독도, 쿠릴열도, 센카쿠제도의 영유권을 주장할 수 없음에 답답함도 느낄 것이다.

이러한 동북아 지역의 영토갈등을 좌시할 수 없는 것은 그 자체의 심각성도 있지만 이로 인해 지역국가 간 다른 분야의 협력 발전에 장애가 된다는 점이다. 정부 차원의 갈등이 지역국가 내 일반시민 간의 관계를 경직시키고 비정치 분야인 경제·사회문화 분야에서의 관계 악화를 야기하기도 한다. 일본이 영토분쟁을 자행하는 데에는 몇 가지 이유가 있다. 일본에게 영토갈등은 주변국과의 역사인식을 둘러싼 갈등을 상쇄시키고 일본 정체성 논란을 유발하며 일본 사회를 단결시키는 효과를 낳을 수 있다. 또한 영토갈등을 민족주의적 정서와 우경화 경향을 부추기는 국내 정치용으로 활용할 수 있다. 이는 자위대의 자위권 행사의 정상화 등 일본이 보통국가화 할 수 있는 정당성을 확보하기 위함이라고 할 수 있다.

동북아 영토갈등이 직접적인 힘의 행사로 해결되기 어렵다면 즉 구지정학의 지정전략을 활용하여 해결하기 어렵다면 다른 길을 찾아야 한다. 결국 신지정학이 제시하는 제도의 논리 속에서 이 문제 해결의 실마리를 찾아야 한다. 영토갈등을 해결하는 방식은 두 가지 트랙으로 가능할 것이다. 그 하나는 경제적 상호의존을 통한 이해관계의 강화(FTA 등 경제레짐 형성)이며, 다른 하나는 사회문화적인 교류활성화를 통한 가치의 공유(인식공동체 형성)이다. 전자는 동북아 국가 간 관계의 파국을 막는 보호막이 될 것이고, 후자는 지역국가 간 공동체 의식을 가꾸어가는 계기가 될 것이다. 이런 조건하에서 제도의 논리 즉 평화적 공존은 가능할 것이다.

신지정학이 제시하는 지정전략으로서 주목할만한 사항은 인적 네트워킹이다. 국가이익을 뛰어넘는 가치의 공유에 기반한 인식공동체의 형성이 가장 중요한 것이다. 실효적 지배의 재조정이 불가능하다면 이를 인정한 가운데 이해관계의 조정이 그 해결책이 되는 것이다. 그리고 그 조정도 국제법(제도)을 벗어난 양보를 구할 수 없는 것이고 오히려 다른 영역에서 공조를 통해 영토갈등을 비영토문제에서의 타협으로 해결하는 지혜를 짜내야 할 것이다.

동북아 국가들은 이제 동북아 영토갈등에 대한 인식을 새로이 해야 할 시점에 놓여 있다. 21세기에 20세기적 사고로 영토분쟁을 해결하려 한다면 비극적인 결과를 야기할 것이다. 동북아 국가들은 구지정학에 기초한 지정전략을 신지정학에 토대를 둔 지정전략으로 전환해야 한다. 경제, 사회문화적인 지역 레짐 형성은 물론 나아가 안보적인 차원의 레짐 형성을 통해 동북아 국가들의 이해관계를 합치시켜나가는 노력을 경주해야 할 때이다. 여기에 동북아 영토갈등의 해법이 존재하는 것이다.

4. 변화하는 국제질서 속의 한국과 인도의 전략적 선택: 중국의 급부상에 따른 대응을 중심으로

동아시아/남아시아 지역차원에서 중국의 부상은 세계질서와는 다른 해석을 하게 한다. 중국의 부상과 함께 동아시아 및 남아시아 지역 내 패권경쟁은 심화된 것이 사실이다. 예를 들어, 중국과 일본 간 영토·영해 분쟁은 양국의 군함과 전투기까지 동원되는 극도의 긴장 상황으로 전개되기도 하였고, 중국과 인도 간 인도양 해로확보를 둘러싼 해군기지 건설 경쟁은 그 갈등을 확대시키고 있다. 이는 중국이 현존 세계질서에 대한 인식과는 달리 과거 일본이 주도한 동아시아 지역질서와 인도와 분점한 남아시아 지역질서에 변화를 주려는 움직임을 보이고 있다는 주장을 하게 한다. 이러한 중첩된 이중구조를 파악하기 위해서 세력전이이론을 활용하는 것이 적절하다고 할 수 있다.

동아시아의 약소국으로서 우리나라는 중국과 주변국들 사이에서 동맹외교, 중립외교, 또는 균형외교를 구사하기도 하였으며, 중국의 패권이 강할 경우 사대외교를 통해 살아남고자 했다. 오늘날 동아시아에서 우리의 전략적 선택에 관한 논의는 미·중 및 중·일의 중첩된 양자구도 속에서 중견국으로서 취할 수 있는 바람직한 선택을 제시한다는 점에서 중요한 의미가 있다. 아울러 남아시아에서 인도의 전략적 선택에 관한 논의도 또 다른 중첩된 양자구도(미·중, 중·인)의 당사자로 강대국을 지향하는 인도에게 실현가능한 선택을 제안한다는 점에서 큰 의의가 있는 것이다.

한국과 인도는 중국과의 경제적 상호의존 증가 및 미국과의 안보협력 강화라는 유사한 구조적 상황에 직면해 있다. 한국이 중첩된 세력전이 구도 속에서 활로를 모색해야한다면 인도는 세계질서의 미·중 패권경쟁 속에서 지역패권경쟁의 당사자로서 중국과 갈등과 협력을 경험하고 있다. 미국이 동아시아에서 일본을 통해 남아시아에서는 인도를 통해 중국을 견제하고 있다면, 중국은 동아시아에서 북한을 통해 남아시아에서는 파키스탄을 통해 각각 일본과 인도를 견제하며 미국의 세력확장을 막아내고 있다.

그렇다면 남아시아에서 중첩된 양자구도 속에 지역패권경쟁의 당사자인 인도가 취할 수 있는 전략적 선택은 어떠한가. 첫째로 인도가 취할 수 있는 전략적 선택은 균형(balancing) 전략이다. 미국과 중국 사이에서 균형추(balancer) 역할을 하며 인도의 역할과 위상을 유지하는 것이다. 전통적으로 파키스탄과 적대적 감정을 갖고 있고 그 뒤에 중국이 있다고 믿는 인도의 입장은 파키스탄과의 핵균형과 함께 미·중 패권경쟁 속에서 미국의 인도－태평양 전략에 편입되는 것이 유리하다는 판단 속에서 최근 미국에 접근하는 양상이다. 하지만 1960년대와 1970년대에 미·소 패권경쟁 속에서 중국과 함께 비동맹·제3세계의 지도국으로서 활동했던 경험은 중국과의 '불가근불가원(不可近不可遠)' 관계를 중시하게 하고 있다.

둘째로 인도가 취할 수 있는 대안적 선택은 상쇄(offset) 전략이다. 그 균형 기제(balancing instrument)로서 다수 국가들의 지지를 받는 제도(institution) 즉 국제적 규범을 제시하는 가치의 중재자로서의 지위를 얻는 방식으로 즉 양 극단적 이견과 패권적 이해관계를 상쇄시키는 의견 수렴과정을 주도함으로써 리더쉽을 발휘하는 방식으로 외교전략을 취하는 것이다. 인도는 이미 이러한 메카니즘을 활용하여 독자적인 외교노선을 추구한 경험이 있다. 즉 냉전기 비동맹국가 군을 형성하며 미국과 소련 어느 진영에도 속하지 않는 제3세계를 구축했던 것이다.

셋째로 인도가 취할 수 있는 전략은 편승(bandwagoning) 전략이다. 제2차 세계대전 후 과거 영국의 식민지였던 인도는 '잠자는 코끼리'와 같은 대국으로서 반식민주의·반제국주의 노선을 지켜가며 생존을 확보해왔다. 경제적으로는 낙후된 국가였으나 무한한 잠재력을 지니며 정치제도의 근대화 속에서 국가발전을 도모한 끝에 최근 강대국의 하나로서 부상하고 있는 BRICS (브라질, 러시아, 인도, 중국, 남아공)의 일원이다. 하지만 중국의 급부상과 남아시아 지역에 대한 영향력 확대 노력은 인도의 우려를 낳고 미국과의 안보협력 필요성을 제기하였다. 향후 중국의 위상이 변수가 될는지 모르나 중단기적으로 보면 미국에 편승하는 것이 인도의 선택이 될 수 있다.

안보적 측면에서 동아시아에서의 한국과 남아시아에서의 인도는 어떠한 전략적 선택을 취하고 있는가. 한국의 경우 미국에 대한 편승전략에서 미·중 관계 속에서 균형전략으로의 이행 과정에 있다고 볼 수 있다. 인도의 경우 미·중 관계 속에서 균형전략에서 미국에 대한 편승전략으로 옮겨가고 있다. 한편 동아시아에서의 한국과 남아시아에서의 인도는 어떠한 전략적 선택을 취해야 하는가. 북한 핵무기 개발로 인해 한반도 주변정세는 불안정한 상황이다. 북한 비핵화가 우리의 목표라면 주변강국 특히 미국의 협조 없이 북한 비핵화는 불가능하다. 이를 위해서는 한·미 동맹의 기반하에 중국 및 북한과의 관계 개선을 도모해야 한다. 중국이 한국과 가치를 공유할 수 있는 변화를 보인다면 한국은 상쇄전략으로 장기적인 안목에서의 안보를 확보해야 한다. 인도는 장기적으로 유엔 안보리 상임이사국을 지향하는 국가이다. 과도기적으로 중국을 따라잡는 기간 동안 미국에 안보적으로 편승할지언정 결국 상쇄전략으로 외교적 독자노선을 추구해야 할 것이다. 요약하건대, 한국은 편승 → 균형 → 상쇄 전략의 길로 가게 될 것 같고, 인도는 균형 → 편승 → 상쇄 전략의 길로 가게 될 것 같다. 상쇄 전략이란 '가치 공유(shared values)'를 목표로 하므로 결국 바람직한 자본주의와 민주주의 가치 추구의 길로 함께 가는 것을 전제로 자주적인 외교노선을 걷는 것을 말한다. 이는 현존 최강국인 미국의 이해관계와도 배치되는 것이 아니다. 하지만 중국이 이에 동참할지는 아직 미지수이다.

세계질서 차원에서 중국은 아직 미국을 능가하는 초강대국으로서의 모습을 보여주지 못하고 양대 강국을 의미하는 G2로서 현존 체제를 받아들이고 있다. 즉 세력전이이론이 말하는 전쟁을 야기하는 세력전이 가능성을 가까운 장래에 전망하기 어렵다. 반면에 동아시아 및 남아시아 지역질서 차원에서 중국은 각각 일본과 인도를 능가하는 지역 패권국으로서의 모습을 보이고 있으며 그 지위를 얻기 위해 노력하고 있다. 한마디로 말하여, 미·중 간 세력전이 양상과 중·일 간 세력전이 양상은 정반대로 진행되고 있다고 말할 수 있다. 중·인간 세력전이 양상도 정도 차는 있으나 경쟁을 가속화시키고 있다. 문제는 이러한 상반된 이중적 세력전이 상황에서 어떠한 결과가 발생하느냐 하는 점이다(이상환 2015, 16–18).

이에 대해 우리가 생각할 수 있는 시나리오는 두 가지이다. 첫 번째 시나리오는 세계질서의 안정성이 동아시아 및 남아시아 지역질서의 불안정성을 억지(deterrence)하여 중·일 간 및 중·인간의 관계를 압도하는 경우이다. 이러한 상황 하에서 미국, 중국, 일본, 인도는 현상유지 정책을 택하게 될 것이고 동아시아 및 남아시아 질서는 안정적인 모습을 보일 것이다. 두 번째 시나리오는 동아시아 및 남아시아 지역질서의 불안정성이 세계질서의 안정성을 압도하여 동아시아 및 남아시아 지역의 패권경쟁이 가속화되고 중·일 간 및 중·인 간 무력충돌이 발생하는 경우이다. 이러한 상황 하에서 미국이 어떠한 외교정책을 취할지, 일본과 인도에 대해 어떠한 입장을 견지할지가 문제이다. 고립주의냐 국제주의냐, 개입이냐 방임이냐 등 미국의 세계전략이 선택의 기로에 직면하게 되는 상황이 발생할 것이다. 중국은 세계질서에서는 현상유지 세력, 동아시아 및 남아시아 지역질서에서는 현상타파 세력으로서의 행동을 하게 되며, 이는 미국의 묵인이 없으면 성공가능성이 희박한 것이다.

앞으로의 동아시아 및 남아시아 지역질서는 더욱 더 예측이 불가능한 모습을 띨 것이다. 지역패권을 둘러싼 지역강국인 일본/인도의 중국에 대한 경계, 그리고 이에 대응하는 세계패권국인 미국의 전략적 선택 등 복합적인 상황을 고려하여 동아시아 및 남아시아 지역질서는 물론 세계질서의 미래를 파악해야 할 것이다.

이런 가운데 한국은 북한 핵무기 개발에 직면해 있다. 남아시아의 인도–파키스탄 사례는 우리에게 시사하는 바가 크다. 핵무장 강행 사례인 인도–파키스탄의 경우 상호 신뢰구축을 위한 기회를 가질 수 없는 냉전적 구조 속에 양국이 놓여있었다는 점에 주목할 필요가 있다. 미국과 중국 그리고 러시아가 패권적 대결을 하는 가운데 인도와 파키스탄은 카슈미르를 중심으로 대립을 했다. 그러면서도 양국은 특정 강대국과 지속적인 동맹관계를 맺는 것이 아니라 서로를 견제하면서 상황에 따라 전략적인 제휴를 모색했던 것이다. 따라서 예속된 외교관계 속에서 독자적인 핵무장 결정을 하기 힘든 상황이 아닌 보다 자율적인 처지에 있었다고 할 수 있다. 남북한 역시 인도-파키스탄과 유사한 상황에 있는 것처럼 보이지만 그 상이점이 크다고 할 수 있다. 핵보유국인 미국이 한국과 일본의 핵무기 개발을 저지하고 중국과 러시아가 북한의 핵무기 개발을 용인하지 않는 상황이 남북한의 핵무기 개발을 억지해왔다. 인도와 파키스탄이 누려왔던 외교적 및 군사적 자율성이 남북한에게 존재하지 않는다는 점이 핵억지에 도움이 된다는 것이다. 물론 북한이 중국과 러시아의 통제에 순응하지 않고 있는 현 상황을 생각하면 이는 작동하지 않고 있다(이상환 2005, 144-145, 150-151). 작금의 한반도 상황은 북한이 묵시적인 핵보유국이 되는 것이 아닌가 하는 우려를 하게 한다.

Ⅲ. 한반도 주변정세와 남북한 관계

1. 한반도 주변정세

오늘날 미·중 관계의 주요 쟁점은 통상마찰(환율조작국 지정 등), 통화패권 경쟁, 티벳 등 민족문제, 홍콩 민주화 운동 등 인권문제, 대만을 둘러싼 양안관계, 북핵문제 등 다양하다. 중국의 부상에 따른 중국의 해양대국화 추진은 탈냉전기 미국의 동아시아 해양패권 유지 의도와 근원적으로 긴장관계를 조성하면서 미국의 적극적 견제를 초래하고 결국 신냉전을 야기하고 있다.

냉전 초 자본주의와 공산주의라는 이념적 대립에 기초한 적대 관계를 형성했던 미국과 중국은 1972년 실용적 접근으로 반소 연합전선을 구축함으로써 양국 간 안보협력을 이루었고, 1978년 등소평의 개혁개방정책에 힘입어 경제협력으로 이어졌다. 1990년대 탈냉전기 세계화 시대의 도래와 함께 미국과 중국은 강대국 간 안보위기의 약화로 경제를 중심으로 한 전반적인 '전략적 동반자' 관계를 구축해왔다. 이러한 관계의 지속이 양국관계에서 가능한 최상의 시나리오이나 이 같은 상황은 중국의 성장에 따른 국제 역학구조의 변화에 따라 악화될 가능성이 크다. 미국과 중국이 2040년을 전후로 불균형적 양극체제로부터 균형적 양극체제를 형성한다면, 동아시아 지역을 대상으로 한 미국과 같은 역외국가의 불간섭을 요구하는 '중국식 먼로독트린'을 선포할 가능성이 있다.

미·중의 경쟁적 양극체제가 구체화되며 신냉전시대가 구축된다면 미국은 우리에게 더 안전한 협력상대가 될 가능성이 크다. 영원한 우방이 없는 국제정치의 냉엄한 현실을 고려할 때 지리적으로 멀리 위치한 강대국은 상대적으로 '덜 위험한' 존재임에 분명하다. 예를 들어, 중국은 압록강과 두만강을 경계로 우리와 국경을 접하고 있어 백두산 등에 대한 영토분쟁의 불씨가 남아있다. 반면 태평양을 사이에 두고 위치한 미국이 우리의 영토나 주권을 노골적으로 침해할 가능성은 적다. 또한 시장경제에 기초한 자유민주주의체제를 공유하고 있는 한국과 미국은 안보동맹 이외에도 인권, 법치 등 다양한 가치를 공유하고 있기 때문에 다방면에서 중층적인 동반자관계를 구축하기가 용이하다. 하지만 장기적인 역사의 관점에서 보면 편향된 대미관계가 초래할 수 있는 궁극적 비용을 고려할 필요가 있다. 과거 중국본토를 유린한 '원죄'가 있는 일본은 미국의 아시아주둔을 최대한 연장시키기 위해 노력할 것이고, 이 과정에서 한국은 상당기간 한·미·일 삼각공조에 비교적 쉽게 참여할 수 있을 것으로 보인다.

하지만 미국은 아시아에서 결국 언제든지 떠날 수 있다는 사실을 간과해서는 안 된다. 최근 현실화되고 있는 미국의 쇠락이 앞으로 상당기간 지속된다면 과거 미국외교정책의 근간을 이루었던 '고립주의(Isolationism)' 전통이 부활할 수 있고, 이 경우 미국은 '중국식 먼로독트린'을 인정하며 아시아지역에서 철수할 가능성이 있다. 반면 중국은 동북아시아의 영원한 '토착국'으로써 과거 우리 조상이 중국과 국경을 맞대며 살아야 했듯이 미래 우리 후손도 중국과 공존해야 하는 피할 수 없는 운명을 고려해야 한다. 즉, 한국과 중국은 지리적으로 운명공동체인 것이다. 따라서 미·중 갈등이 고조되는 신냉전시대가 도래한 상황에서 한국이 일방적인 친미 편향정책을 선택할 경우 중국과의 관계악화가 가져올 궁극적 비용을 상승시키는 효과가 있는 것이다. 이처럼 두 가지 상충되는 원칙을 고려해 볼 때, 미국의 단기적 매력과 중국의 지리적 토착성 사이에서 냉철한 저울질을 수행하는 것이 향후 한국의 전략적 선택의 딜레마가 될 것이다.

중·일 관계의 주요 쟁점은 역사인식 문제, 센카쿠열도 영유권 문제, 대만 문제를 둘러싼 입장 차이이다. 20세기 동안 미국과 러시아(소련) 간 세계적 패권경쟁의 틈바구니 속에서 주목을 받지 못했던 중국과 일본 간의 힘겨루기가 탈냉전적 이완된 삼각구조 속에서 그 갈등 양상을 증폭하고 있다.

오늘날 동북아세서 가장 큰 갈등요인은 양안 문제이다. 대만은 전략적 요충지로서 중국에게는 해양강국으로 발돋움하기 위한 발판이고, 미국과 일본에게는 중국의 태평양 진출을 견제하는 전초기지이다. 양안 간의 세력균형이 깨지면 동북아의 지역질서는 크게 영향을 받게 된다. 현재 하나의 중국 문제에 있어 대만의 지위를 확정하는 문제에 관해 양안 간의 인식 차이가 크기 때문에 양안 간의 평화적 통일은 시기상조이다. 쌍방 간의 경제교류 증대가 그들 모두에게 유익하다는 데 있어서는 인식을 같이 하고 있어 향후 쌍방 간의 경제교류와 협력은 보다 증대될 것이다. 실리모색이 강화되면 될수록 정치적 협상을 위한 시기가 도래될 것이고, 정치적 협상은 타결될 수 있을 것이다. 이러한 시기는 덩샤오핑이 말한 바 있는 '중국과 대만의 전체 국민의 생활수준이 같아질 때'라고 할 수 있다. 대만과의 안보적 유대가 없는 한국의 입장에서 볼 때 양안관계의 개선은 한국에게 있어 반드시 기회요인만으로는 작용하지 않을 것이다. 중국의 시장경제체제의 도입과 냉전 종식 후 세계 경제의 WTO체제 확립 등은 양안관계를 정치적 대립으로부터 벗어나 '시장경제'라는 공통분모와 '경제발전'이라는 공동이익을 가진 보다 합리적이고 이성적인 관계로 변모시키고 있다. 반면 홍콩 반환 이후 자행되고 있는 중국정부의 인권 탄압 등 가치공유의 실패는 양안관계의 진전을 어렵게 만드는 중요한 요인이 될 것이다. 양안관계에는 미국 등 국제적 요인이 절대적인 영향을 미치고 있어서 중국이든 대만이든 이러한 현상을 타파하기 위한 통일, 독립시도는 거의 불가능한 상황이다.

양안 문제 외에도 중국 내 민족문제 및 인접국에 대한 인식 문제도 동북아 지역 내 갈등 요인으로 상존한다. 우리나라와 연관된 동북공정, 티벳에 대한 서남공정, 신장위구르에 대한 서북공정 등 중국의 왜곡된 인식과 태도는 국제사회의 논란을 자아내고 있다.

2. 북핵문제와 한반도 평화

2016년 1월 6일의 북한 4차 핵실험과 9월 9일 5차 핵실험, 그리고 수차례에 걸친 미사일발사 실험으로 북핵 문제가 더욱 심각해진 가운데 한국과 국제사회는 그동안 강력한 대북재재를 수행해왔다. 1994년 제네바 합의 이후 20여 년 이상 지속된 북핵 문제는 북한이라는 정치체제의 미래를 둘러싼 북한 문제와 밀접한 관련이 있다. 한국과 미국은 중국의 대북 경제제재 참여를 독려하기 위해 많은 노력을 기울였고, 중국은 북핵 협상과 평화체제 협상의 병행추진이라는 대안을 내놓고 국제연합 결의안 2270의 실행을 약속하였다. 그러나 대북 경제제재의 방식과 목적에 관해 각 국가들의 입장 차이는 여전히 존재하고 있다. 북한은 미국 본토에 대한 핵 공격 능력과 2차 공격능력을 갖출 때까지 평화공세를 지속하면서 핵능력을 제고하고 있다. 한국은 이러한 북한의 군사력에 대한 확고한 억제능력을 갖추고, 대북 제재의 국제적 노력을 조율하면서 제재 효과를 극대화하기 위해 노력해야 한다(전재성 2016). 2022년 북한은 10여 차례가 넘는 미사일 시험으로 도발을 계속중이며 ICBM으로 추정되는 미사일 발사 시험으로 핵실험의 레드라인을 넘은 상황이다. 이에 대한 우리의 핵억지능력 제고가 요구되고 있다.

북한의 핵보유 원인은 심각한 안보위협에 의한 것이며 핵보유에 성공함으로서 재래식 전력의 심각한 불균형을 극복하고 남북, 동북아 주변국 간의 세력균형을 구축하려는 북한의 대외전략으로 보인다. 또한 경제난 극복을 위한 방법으로 핵보유를 추진했다는 점이다. 냉전직후 소련붕괴로 인해 직면한 심각한 경제난은 고난행군으로 이어져 수백만의 아사자를 낳았다. 국제적으로 고립된 북한의 경제난을 해소하기 위해서는 미국의 협조가 필수적이므로 미국과의 정상국가 관계를 추구하기 위해 핵을 보유함으로서 수평적 핵 확산을 억제하려는 미국의 적극적 관심과 협상을 유도하였다. 특히 핵 보유는 북한의 안전을 담보하는 역할을 한다는 북한지도부의 정치적 신념 때문이다. 북한은 시리아, 리비아, 이라크 등 비핵보유국이 미국과 서방국에 쉽게 점령당하고 정권이 무너짐을 보아왔다. 따라서 핵의 보유는 정권유지와 안전보장에 기여한다는 믿음을 북한지도부에 심어주었다는 점이다. 위의 이유로 북한은 핵을 쉽사리 포기하지 않을 것이며 오히려 핵보유국의 지위를 획득하기를 선호한다. 따라서 북한의 핵 위협은 한국으로하여금 다양한 대안을 검토하게 하였고 심지어 핵보유를 실행함으로써 핵전력의 대칭을 주장하게 하였다(이신욱 2016).

북한의 핵무기 개발에 직면하여 우리는 무엇을 해야 하는가. 우선 김정은 정권에 대한 우리의 인식을 바꿔야 한다. 첫째, 북한은 곧 무너질 것이기에 시간은 우리 편이라는 인식이다. 우리는 북한 체제와 정권이 불안하기에 곧 무너질 것이고, 그렇기에 북한의 핵은 위협의 대상이 아닐 수 있다는 안이한 생각에 사로잡혀 있었던 것이 사실이다. 곧 무너질 것인데 서두를 필요가 없다는 태도가 적극적인 해결책 마련에 장애가 되었다고 판단된다. 둘째, 북한 핵은 외교적 방법으로 대화를 통해 해결해야 한다는 인식이다. 물론, 대화를 통한 해결이 중요하다. 하지만, 대화만의 수단으로 해결하기 어렵다는 한계에 봉착했다. 강력한 제재의 방법이 수반될 때 진정한 태도변화를 유도할 수 있는 것이다. 셋째, 북한이 핵을 개발해도 우리를 향해 사용하지는 않을 것이라는 인식이다. 우리는 북한이 동족을 향해 사용하지는 않을 것이라는 생각을 가져왔던 것이 사실이다. 이러한 인식 때문에 북핵문제를 당장 해결해야 할 현재의 위협으로 인식하지 않는 문제점이 노정된 것이다. 마지막으로, 북한은 결코 핵을 포기하지 않을 것이라는 인식이다. 우리가 이러한 생각을 갖고 있는 한, 그 어떤 조치도 적극적으로 취할 수 없다. 우리가 노력하는 데 따라 북한은 반드시 핵을 포기할 것이라는 희망을 갖는 것이 중요하다(문성묵 2016). 이러한 인식의 변화로부터 우리의 전략적 선택이 이뤄져야 하는 것이다.

남북이 서명한 첫 비핵화 합의는 1992년 '한반도의 비핵화에 관한 공동 선언'으로 1991년 합의되고 1992년 1월 정원식 국무총리와 북한 연형묵 정무원 총리가 서명했다. 남북은 6개 항의 합의문에서 핵무기 시험·생산·사용 등을 하지 않고 외국에서 들여오지도 않겠다고 선언했다. 또 핵 재처리와 우라늄 농축 시설 보유도 금지했다. 또 비핵화 검증을 위해 '남북핵통제공동위원회'를 구성하고, 상대방이 선정하고 양측이 합의하는 시설에 대해 사찰하는 내용도 담았다. 역대 비핵화 합의 가운데 가장 포괄적이고 진전된 합의로 평가받지만 강제성이 없어 실제 북한의 핵개발은 막지 못했다는 비판도 있다. 북한은 김정은 정권 초기인 2013년 1월 조국평화통일위원회 성명을 통해 "한반도 비핵화에 관한 공동 선언의 완전 백지화, 전면 무효화를 선포한다"고 공식 선언을 하기도 했다.

남북한은 물론 미국·중국·일본·러시아가 참여하는 6자회담에서도 여러 차례 비핵화 합의가 있었다. 2005년 9월 '9·19 공동 성명'이 대표적이다. 북한은 '모든 핵무기와 현존하는 핵 계획'을 포기하겠다고 약속했다. 그 대가로 미국·일본은 북한과의 관계 정상화를 추진하고, 북한이 요구한 경수로 제공 문제를 적절한 시기에 논의하기로 했다. 하지만 북한은 이듬해인 2006년 1차 핵실험을 했다.

북한의 핵무기 문제 해결을 위한 최초의 접근은 한국의 대북 양자접근이라고 할 수 있다. 1990년대 초 남북한 간의 고위급 협상이 진행되고 있을 당시, 북한의 핵무기는 그 존재 여부가 분명치 않고, 북한의 핵기술 수준이 매우 낙후되어 있다는 인식이 팽배해 있었다. 따라서 한국은 핵시설 폐기나 핵무기 개발계획 포기보다는 핵무기 개발 그 자체를 시도하지 않는다는 차원의 양자합의를 협상의 목표로 하였다. 그 결과 남북한 간에 핵의 평화적 이용을 골자로 한 '비핵화공동선언'을 채택하게 되었으며, 이를 '남북한 간의 화해, 군축, 교류, 불가침에 관한 기본합의서'와 함께 남북관계 개선의 전환점으로 크게 부각시켰다. 그 결과 미국과 북한은 '제네바 핵합의'를 서명하게 되었으며, 남북대화 지속을 포함하여 북한의 핵시설 동결의 대가로 경수로 2기 건설 제공, 매년 중유 50만 톤 무상지원, 식량지원 등을 약속하게 된다. KEDO 등을 통해 사실상 대부분의 부담을 한국과 일본에 떠넘긴 미국은 북한의 NPT 복귀와 IAEA 사찰 수용으로 북한의 핵문제를 일단 해결한 것으로 판단, 한국의 대북 개방정책을 수용하였으나, 금창리 의혹 사건을 계기로 대북 핵사찰의 문제점을 제기하기 시작하였다.

미국은 북한이 '제네바 핵합의'를 위반하였음을 비난하고, 즉각 대북 중유 무상지원 등 KEDO 사업을 전면적으로 중단하고, IAEA에 이 문제를 회부하는 한편, IAEA로 하여금 이 문제를 UN 안보리에 회부하도록 하는 등 강경한 태도를 보였다. 이에 북한도 '제네바 핵합의'를 위반한 것은 미국이라고 비난하는 한편, 북·미 간의 '불가침조약' 체결을 요구하고, IAEA 사찰단 추방, NPT 탈퇴, 폐연료봉 재처리 등 미국의 강경 태도에 강경하게 대응하였다. 이처럼 북한이 강경한 태도로 나오게 되자, 북핵 문제는 다시 원점으로 돌아가게 되었으며, 한반도는 '제네바 핵합의' 이전의 '1차 핵위기'와 같은 '2차 핵위기'를 맞게되었다.

북핵 문제가 원점으로 돌아간 상황에서 한국과 미국이 시도한 양자접근은 그 동안 북한으로 하여금 핵무기와 미사일 개발에 필요한 10여 년의 시간을 벌게 하였으며, 이를 저지하려던 한국과 미국은 오히려 이에 필요한 재정적 지원을 비롯하여 북한을 적극 도와준 결과가 되고 말았다. 이처럼 북핵 문제에 대한 양자접근이 북한의 비협조적 태도와 신뢰성의 문제로 실패하게 되자, 미국은 북한이 핵무기 개발을 포기하지 않는 한, 북한과의 대화를 거부하겠다는 강경한 입장을 고수하는 한편, "북핵문제는 미국만의 문제가 아니다"라는 북핵문제의 다자접근 방식의 가능성을 내 비쳤다.

이러한 미국의 다자접근 시도는 중국이 북한을 지원하는 한, 북한과의 핵협상이 쉽지 않으리라는 판단과 무관하지 않은 것으로서, 실제로 중국은 북핵 문제로 동북아지역의 긴장이 고조되면, 현재의 고속성장에 걸림돌이 될 것으로 우려하여 대북한 설득에 나서게 되었다. 북한으로서도 중국의 지원

없이는 대미 협상이 어려울 것임을 잘 알기 때문에 기존의 북·미 양자 해결의 입장에서 일보 후퇴, 중국의 제안을 받아들여 2003년 4월 북경에서 개최된 '북·미·중 3자 회담'에 참가하게 되었다. 북한은 '3자 회담'에서 "새롭고 대담한 해결방도"라는이름으로 '4단계의 일괄타결 방식'을 제안함으로써 핵무기를 포기하는 대가로 안보와 경제적 지원 등 모든 것을 얻으려고 하였으며, 미국도 북한이 먼저 핵을 포기하고 이를 위하여 특별사찰단에 의한 즉각적 핵사찰을 실시할 것과 "완전하고, 불가역적이며, 검증 가능한 방법(CVID)"으로 핵을 폐기하면 경제지원재개를 비롯하여 북한의 안보와 북·미 간 관계개선을 위한 협상을 시작할 수 있을 것이라는 북핵 문제에 대한 종래의 강경한 입장을 거듭 천명하였다.

미국과 북한이 종래의 입장을 한자리에서 분명히 한 것 이외에 회담은 별다른 성과 없이 종료되었지만, '3자 회담'은 북핵문제 해결을 위한 다자접근의 실마리를 제공한 것으로 평가되었으며, 중국이 이를 "다자틀안에서의 양자회담"이라고 한 것은 북한의 참가명분을 제공하면서 북핵 문제 해결에서 스스로의 역할을 부각시키려고 한 것으로 보인다. 이후 미국이 한국과 일본의 참가를 요청하고 북한도 러시아의 참여를 원하게 되자, 2003년 8월 베이징에서 '6자 회담'이 개최되었다. 이는 1988년 10월 노태우 대통령이 한반도문제 해결을 위한 '동북아6자 평화협의회'를 제안한지 15년 만에 개최된 것으로서, 비록 북핵 문제를 중점적으로 다루기는 했어도 동북아에서는 최초로 지역차원의 다자회담이 열리게 되었다.

북핵 문제가 다자적 성격을 갖게 됨에 따라 이에 대한 참가국들의 다양한 입장[1]이 상호 타협·절충되는 과정이 필요하게 되었으며, 이에 따라 다자협상의 틀 안에서 다양한 형태의 대화와 협상이 가능하게 되었다. 우선 미국과 북한 간의 협상을 비롯하여 참가국 간의 양자협상이 가능하게 되었으며, 필요에 따라서는 한·미·일 간의 3자 협상은 물론이고 한·미·중 회담

---

1) 주요국 입장 [미국 = 안보위협 / 세계패권전략에 대한 도전 / CVID; 중국 = 완충지대론 / 북한부담론(대만과 일본의 핵무장); 일본 = 안보위협 / 동북아패권전략에 대한 도전 / CVID; 러시아 = 한반도 비핵화 지지 / 동북아지역 제도 통제]

등 다양한 3자회담과 더불어 4자, 5자회담도 가능하게 되었다. 이러한 다자협상의 장점은 합의사항 이행에 대한 국제적 보장이 자동적으로 적용된다는 점이다.

트럼프 행정부하에 수행된 북미 정상회담[2]의 당시 전망은 다음과 같았다. 첫 번째 시나리오는 북미 간 '대타협'이다. 북미 정상회담에서 양국이 비핵화와 체제보장의 구체적 이행조건을 합의하는 것이다. 그 이행조건이 무엇인지에 대해서는 논란거리이나 비핵화 및 체제보장 로드맵에 대한 합의가 된다. 또한 대타협의 이행방식은 세 가지로 요약될 수 있다. 우선 비핵화와 체제보장의 동시실행 방식이다. 비핵화, 대북 경제제재 해제, 북미관계 정상화가 각 사안별로 동시에 이뤄지는 것이다. 예를 들어, 비핵화 조치로 IAEA 사찰·검증 레짐에 복귀하고 핵시설 또는 핵탄두 및 발사체를 분해·폐기하는 것이다. 이와 동시에 북미 관계 정상화를 위한 첫 시도로 평양과 워싱턴에 북·미 연락사무소를 개설하는 것 등이다. 이는 결국 '동시적·단계적 조치'에 해당하는 것이다. 다음으로는 선 비핵화-후 체제보장 방식이다. 리비아식이 이에 해당하나 사실상 핵무기를 개발한 국가인 북한을 이 방식으로 비핵화 한다는 것은 가능성이 낮아 보인다. 마지막으로 선 체제보장-후 비핵화 방식이 있으나 이는 미국이 수용하기 불가능한 방식이다. 결국 위에 언급한 이행방식 중 어느 것도 그 이행을 위해 시간을 요하며 하루아침에 해결할 수 없다는 점을 주목해야 한다.

---

2) 2018.4.27. 판문점 선언('완전한 비핵화' 공동목표 확인/종전 선언 및 평화협정체결/서해 NLL 일대 평화 수역으로/단계적 군축/확성기 방송 수단 철거/개성에 남북공동연락사무소 설치/문 대통령 답방/8.15 이산가족 상봉); 2007.10.2.-4. 정상회담(6·15 공동선언 이후 7년간의 교류 경험을 토대로 그동안의 장애요인을 극복하고 관계를 발전시키기 위한 비전을 포괄적으로 제시/한반도 평화와 비핵화를 위한 의지를 재확인); 2000.6.13.-15. 6·15 남북공동선언(남과 북은 나라의 통일문제를 그 주인인 우리 민족끼리 서로 힘을 합쳐 자주적으로 해결해 나간다./남과 북은 남측의 연합제 안과 북측의 낮은 단계의 연방제 안이 서로 공통점이 있다고 인정한다./남과 북은 2000년 8월 15일에 즈음해 흩어진 가족, 친척 방문단을 교환하며 비전향 장기수 문제를 해결하는 등 인도적 문제를 조속히 풀어 나가기로 합의한다./남과 북은 경제협력을 통해 민족경제를 균형적으로 발전시키고 사회, 문화, 체육, 보건, 환경 등 제반 분야의 협력과 교류를 활성화해 서로의 신뢰를 다져 나간다./남과 북은 이상과 같은 합의사항을 조속히 실천에 옮기기 위해 빠른 시일 안에 당국 사이의 대화를 개최한다.)

두 번째 시나리오는 북미 간 '불완전한 타협'이다. 양국 정상이 큰 틀에서 합의를 하나, 이후 비핵화와 체제보장의 구체적인 이행과정에서 양국 간 갈등이 증폭되는 상황이다. 세 번째 시나리오는 '실패한 타협'이다. 양국 정상 간 만남이 상징적 의미만 남기고 사실상 이행 조건과 방식을 두고 양국이 적대적 대결 구도로 돌아가는 상황이다.

당시 북미 정상회담의 바람직한 시나리오는 첫 번째인 북미 간 '대타협'이었다. 즉 북미 간 비핵화와 체제보장의 구체적 이행 조건과 방식을 합의하는 것이었다. 결국 이 순간 현실은 세 번째 시나리오에 머물고 있다. 앞으로 우리는 '핵 있는' 평화를 구현하기 위해 불확실성의 5년, 10년, 15년을 살아가야 할는지 모른다.

 **토론하기**

1. 미·중 패권경쟁 속에서 우리의 전략적 선택은 어떠해야 하는가? 이를 논의하시오.

2. 미·중 패권경쟁과 중·일 패권경쟁의 양상이 어떻게 전개될 것이며 어떤 결과를 가져올 것이라 생각하는가? 미국과 중국 간의 패권갈등 속에서 향후 한국의 전략적 선택과 일본의 전략적 선택이 어떠하리라 전망하는가? 이를 토론하시오.

3. '북한 비핵화'와 '한반도 비핵화'가 의미하는 바가 어떻게 다른가? 북한의 비핵화가 유엔 제재를 통해 가능하리라 보는가? 아니면 다른 방안이 있는가? 이를 논의하시오.

정리하기

1. 균형, 편승, 상쇄 전략이란?

첫째로 균형(balancing) 전략은 경쟁적인 국가(군) 사이에서 어느 한 쪽에 치우치지 않은 전략적 선택을 하는 것을 말한다. 이는 자주외교라는 큰 틀에서 보면 매력적으로 보이나 국력이 뒷받침되어야 한다. 둘째로 편승(bandwagoning) 전략은 특정 강대국에 치우친 전략적 선택을 하는 것을 일컫는다. 이러한 편승 전략은 약소국이 생존을 위해 주로 취하는 선택인데, 이 경우에 약소국의 강대국에 대한 편승은 강대국의 직접적인 위협을 피하기 위한 것이다. 셋째로 상쇄(offset) 전략은 균형 전략과 편승 전략이 주로 행위자를 중심으로 한 전략적 선택을 논의한다면 이는 행위자 중심이 아닌 이슈 중심의 균형 전략이라고 할 수 있다. 균형 기제로서 다수 국가들의 지지를 받는 제도 즉 국제적 규범 혹은 기준을 제시하는 가치의 중재자로서의 지위를 얻는 방식으로 즉 양 극단적 이견과 패권적 이해관계를 상쇄시키는 의견 수렴과정을 주도함으로써 리더십을 발휘하는 방식으로 전략적 선택을 하는 것이다.

2. '세계질서와 동북아지역질서의 충돌'을 함의하는 세 가지 시나리오란?

첫 번째 시나리오는 세계질서의 안정성이 동북아 지역질서의 불안정성을 억지(deterrence)하여 중·일 간의 관계를 관리하는 경우이다(최선의 상황). 두 번째 시나리오는 동북아 지역질서의 불안정성이 세계질서의 안정성을 압도하여 동북아 지역의 패권경쟁이 가속화되고 중·일 간 무력충돌이 발생하는 경우이다(차악의 상황). 세 번째 시나리오는 세계질서의 불안정성과 동북아 지역질서의 불안정성이 동시에 작동하여 미·중 간 및 중·일 간의 충돌이 발생하는 경우이다(최악의 상황).

3. 트럼프 행정부하에 수행된 북미정상회담 당시 예상 시나리오 세 가지는 무엇이며 어떻게 귀결되었는가?

첫 번째 시나리오는 북미 간 '대타협'이다. 북미 정상회담에서 양국이 비핵화와 체제보장의 구체적 이행조건을 합의하는 것이다. 두 번째 시나리오는 북미 간 '불완전한 타협'이다. 양국 정상이 큰 틀에서 합의를 하나, 이후 비핵화와 체제보장의 구체적인 이행과정에서 양국 간 갈등이 증폭되는 상황이다. 세 번째 시나리오는 '실패한 타협'이다. 양국 정상 간 만남이 상징적 의미만 남기고 사실상 이행 조건과 방식을 두고 양국이 적대적 대결 구도로 돌아가는 상황이다. 당시 북미 정상회담의 바람직한 시나리오는 첫 번째인 북미 간 '대타협'이었으나, 결국 현실은 세 번째 시나리오로 귀결되었다.

2. 인간안보

 핵심 용어 정리

용어	뜻
인간안보	1990년대 탈냉전기의 흐름 속에서 인권이 주권에 우선한다는 '신국제주의' 원칙 하에 안보 논의가 이뤄지면서 국가안보와 대별되는 개념으로 인간안보라는 안보 개념이 대두함. 이는 '공포로부터의 자유 및 궁핍으로부터의 자유'로 정의되기도 함. 이는 경제안보, 식량안보, 보건안보, 환경안보, 개인안보, 공동체안보, 정치안보의 일곱 가지 영역에서 야기되는 위협을 막는 것을 일컬음
보건안보	인간안보의 한 영역으로서 각종 질병으로부터 안전을 확보하고 건강을 유지할 수 있도록 치료를 받을 수 있는 상황을 의미함
지속가능성 분쟁	탈냉전 이후 냉전적 이념 갈등을 원인으로 하는 분쟁은 확연히 줄었으나, 아프리카, 중남미, 아시아 지역에서 에너지, 환경, 바이오 자원 그 자체를 둘러싼 분쟁이 감소하고 있지 않고 오히려 지속적으로 증가하고 있음. 이처럼 제한된 자원에 대한 중요성과 그에 따라 증가하는 분쟁을 일컬음. 이는 지속가능한 글로벌 사회 (Sustainable Global Society)를 위해 해결해야 할 중요한 과제임

주　제 ────────────────────────────

주권보다 인권을 강조하는 인간안보(human security)는 어떠한가요?
인간안보 여러 가지 의제 중 보건안보(health security)는 어떠한가요?
지속가능성(sustainability) 분쟁은 어떠한가요?

학/습/목/표 ────────────────────────

1. 인권 문제와 인간안보에 대해 이해할 수 있다.
2. 감염병 문제와 보건안보에 대해 이해할 수 있다.
3. 지속가능성 분쟁을 파악할 수 있다.

학/습/목/차 ────────────────────────

1. 인권 문제와 인간안보
2. 감염병 문제와 보건안보
3. 지속가능성 분쟁

I. 인권 문제와 인간안보

1. 국제 인권문제의 대두와 미국의 인권정책

21세기 들어 그 어느 때보다 인권이 강조되고 있다. 9·11 테러는 인권 문제에 대한 국제사회의 관심을 끌기에 충분한 사건이었고 인권보호를 위한 국제사회의 협력을 요구하는 계기가 되었다. 인간이라면 누구나 단지 인간 이라는 이유만으로 소중한 존재라는 명제, 즉 인권은 결코 부정될 수도 없고 부정되어서도 안된다. 이러한 보편적 관점에서 보자면 인권 확보와 신장을 위한 국제사회의 노력 그 자체는 도덕적으로 타당한 것이다.

미국이 세계 인권문제에 관심을 갖게 되는 계기는 인권탄압적인 정부하 의 국민들에 대한 동정심, 인권탄압적인 정부 지도자들에 대한 분노, 인권탄 압은 미국의 건국정신에 위배된다는 신념, 인권문제를 제기함으로써 대외적 으로 미국의 이미지 제고, 그리고 동서 이념투쟁에서 인권문제의 외교적 수 단으로의 활용가능성 등으로 요약될 수 있다(Fraser 1979, 178). 또한 미국의 인권외교정책이 추구하는 목표를 언급하면, 첫째, 건국 이후 미국이 줄곧 추 구하는 자유라는 기본 가치의 외교정책에의 반영, 둘째, 일국의 인권침해는 그 사회내의 또 다른 문제를 발생시킬 우려가 있고 이는 결국 미국의 이익 에 직접적인 해를 끼칠 수 있기 때문에 미리 그러한 사태의 사전 방지, 셋 째, 인권침해는 국제 갈등의 요인이 되기 때문에 이를 사전 방지, 그리고 마 지막으로 세계의 인권존중을 통해 미국의 가치를 보호하는 우호적인 분위기 조성 등이다(홍득표 1998, 283 – 284).

미국의 인권외교는 인권개선을 외교목표의 하나로 내세웠던 카터 행정부 시절에 크게 대두되었고, 21세기 들어 부시(George W. Bush) 행정부는 그 어 느 때보다도 적극적으로 인권을 문제 삼아 대외적으로 개입하였다. 이는 '관 여(engagement)'와 '확산(enlargement)'을 외교정책 기조로 삼아온 미국의 입 장에 그대로 잘 반영되어 있다. 즉 미국식 민주주의와 자본주의라는 미국적 가치의 확산이 미국의 이익과 직결된다는 판단 아래, 이에 어긋나는 상황,

예를 들어 인권유린의 사태에 대해서 이를 시정하고자 하는 입장의 외적 표현이 대외개입이라고 말할 수 있다.

문제는 이러한 인권문제를 이유로 한 미국의 개입이 과연 진정으로 전세계적인 인권보호를 위한 것인지 아니면 다른 국익을 추구하기 위한 수단적인 것인지가 의심스러운 것이 현실이다. 여기서 제기되는 의문은, 미국의 인권외교정책 수행에 있어서 인권보호는 하나의 목적인가, 수단인가? 또한 이는 얼마나 일관성 있게 추진되고 있는가? 하는 점이다.

사실 미국은 그동안 대외정책 추진과정에 있어서 인권보호가 자국의 이익보다 우선하지 못하다는 것을 보여줘 왔다. 그 구체적인 예로 클린턴 행정부가 반미 국가들인 북한, 리비아, 이라크, 이란 등에 대해서는 인권문제를 지속적으로 제기한 반면에 친미 국가들인 이스라엘, 이집트, 모로코, 사우디아라비아, 쿠웨이트 등에 대해서는 언급을 자제한 점을 들 수 있다(이범준 외 1998, 295). 과거 한국, 중국, 코소보, 동티모르, 이라크 등의 사례에 있어서 인권유린 상황의 심각성은 대동소이했지만, 미국은 국익을 고려하여 달리 대응했던 것이 사실인 것이다.

〈표 9〉 코소보 및 동티모르 사례 비교

구분＼사례	코소보	동티모르
독립투쟁 대상	유고연방	인도네시아
발생난민 규모	86만명 (알바니아계 인구의 ⅓)	20만명 (동티모르 인구의 ¼)
종교갈등 구조	세르비아(정교회) 알바니아(이슬람교)	인도네시아(이슬람교) 동티모르(가톨릭교)
미국의 대응	인권이 주권에 우선한다는 적극적 자세	세계경찰 역할을 해서는 안된다는 소극적 자세
미국의 개입시기	사건 발생 약 한달 후	사건 발생 약 4년 후
미국의 개입강도	35,000여 번의 출격 15,000여 톤의 폭탄 투하 폭격으로 약 5,000여 명의 사망	7,000여 명의 제한적 병력 (호주 병력 4,500명 포함)

미국의 외교정책에 있어 인권이 대두되는 과정에서 닉슨(Richard Milhous Nixon), 포드(Gerald Rudolph Ford, Jr.), 카터(James Earl "Jimmy" Carter, Jr.), 레이건(Ronald Wilson Reagan), 부시(George Herbert Walker Bush), 클린턴(William Jefferson "Bill" Clinton), 부시(George Walker Bush), 오바마(Barack Hussein Obama, Jr.), 트럼프(Donald John Trump), 바이든(Joseph Robinette "Joe" Biden, Jr.) 행정부 등 1970·80·90년대 및 2000·2010년대의 50여 년간을 조망해볼 때 역대 정부가 보여준 타국 내의 인권침해에 대한 반응은 다음과 같이 요약될 수 있다. 닉슨·포드 행정부는 무관심하였으며, 카터 행정부는 적극적이었고, 레이건·부시 행정부는 등한시하였으며, 그리고 클린턴·부시(Jr.) 행정부는 새로이 적극성을 보였다. 닉슨·포드·레이건·부시 행정부는 인권문제를 거론하면서까지 이른바 우방과의 관계를 어색하게 만들고 싶지 않다는 입장이었고, 카터 행정부는 집권 자체가 닉슨·포드 행정부의 부도덕성이 역작용을 하여 얻어진 결과이기 때문에 카터 대통령 개인의 도덕적·종교적 믿음과 함께 도덕적인 차원에서 외국의 인권침해를 묵인할 수 없는 처지였다(극동문제연구소 편 1991, 327-328). 클린턴 행정부도 새로이 인권문제를 외교정책의 주요 의제로 관심을 두었으나 그 자체가 목적이라기보다는 수단적인 성격이 강하였다고 볼 수 있으며, 부시 행정부도 이에 크게 벗어나지 않는 인권외교정책을 추진하였다. 이후 오바마 행정부와 트럼프 행정부도 유사한 입장을 견지했고, 오늘날 바이든 행정부는 미·중 패권경쟁의 신냉전 상황 하에서 인권·민주화를 강조하며 새로운 이념갈등을 고조시키고 있다.

프리덤하우스(Freedom House)는 1978년부터 지속적으로 세계 각국의 정치적 권리와 시민적자유에 관한 연간 보고서 『Freedom in the World』를 발간해 왔다. 아울러 공산주의 체제가 붕괴하면서 새롭게 등장한 27개 국가들에 대해서는 1995년부터 Nation in Transit 라는 민주화 과정에 대한 보고서를 발간하고 있다. 프리덤 하우스는 민주주의와 자유의 중요성을 강조하기 위해 세계 각국 및 지역에 대해 단일한 기준을 가지고 조사를 진행한다. 기준이 되는 민주주의의 개념은 민주화 정도에 대한 비교가 가능하도록 최소

정의에 따르고 있다. 프리덤 하우스가 제시하는 민주주의의 개념은 "공정하고 자유로운 경쟁이 보장된 그룹들 가운데서 시민들이 선거를 통해 자신들의 지배자(정치 지도자)를 선출할 수 있으며 정부에 의해 임명된 개인의 통치를 받지 않는 것"을 말한다. 그리고 자유는 "시민들이 정부나 다른 어떤 지배 세력들의 통제나 간섭을 받지 않고 자발적으로 다양한 분야에 대해 선택하고 행동할 수 있는 기회를 분명하게 누리는 것"이라고 정의한다.

Freedom in the World(2021)의 평가는 2020년 기간 동안 세계 195개 국가와 15개 지역의 자유의 정도를 측정한 것이다. 25개 지표에 대해 각각 0~4점을 부여하고 이를 합산한 100점을 최고점으로 하여 점수를 산출한다. 정치적 자유 10항목(40점 만점), 시민적 자유 15항목(60점 만점)을 가지고 각 국별로 항목마다 점수를 할당한 후 합산하는 방식으로 평가가 이루어진다. 그 결과 평가대상 국가(지역)은 자유국(Free), 부분적 자유국(Partly Free), 비자유국(Not Free)으로 구분된다.

<그림 5>의 인권·민주화 지수에 근거하여보면 북미, 서구유럽, 오세아

〈그림 5〉 2021년 전 세계적인 자유도(인권·민주화 지수)

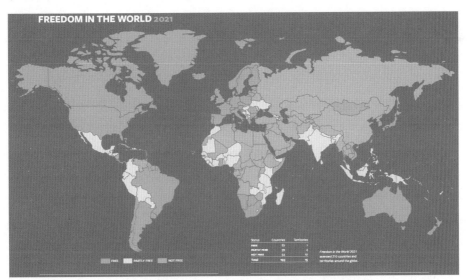

출처: Freedom in the world(http://www.freedomhouse.org/report/freedom-world)

〈그림 6〉 2000년대 전 세계적인 자유도(인권·민주화 지수) 추이

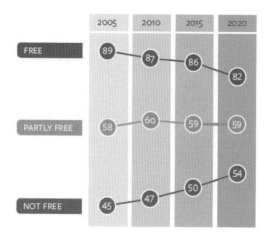

출처: 2021 프리덤하우스 보고서(http://www.freedomhouse.org)

니아, 동아시아와 남미 및 아프리카의 일부 국가만이 자유국으로 분류되고, 반면 대부분의 아프리카, 중동, 중앙아시아, 동남아, 중국, 러시아 등의 국가는 비자유국으로 구분된다. <그림 6>은 전 세계적으로 인권·민주화 상황이 최근에 악화되고 있음을 여실히 보여주고 있다. 2000년대 이래 자유국의 수는 줄어들고 비자유국의 수는 늘어나고 있다. 자유민주주의의 위기가 도래했음을 드러내고 있다. 이러한 민주주의의 쇠퇴는 <그림 7>이 보여주는 바와 같이 미국과 같은 강대국에서도 위기의식을 느낄만큼 심화되고 있다. 2020년 미국 대선 후 트럼프 지지자들이 자행했던 의사당 점거 등 극단적 행동들이 그 예가 된다.

〈그림 7〉 2010년과 2020년 사이 미국 자유민주주의(인권·민주화 지수)의 쇠퇴

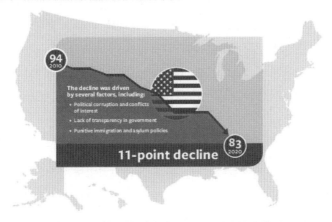

출처: 2021 프리덤하우스 보고서(http://www.freedomhouse.org)

　　북한의 인권문제를 살펴보면, 북한의 '우리식 인권' 개념은 경제발전 없이는 인권보장이 어렵고 인권문제는 국가주권 사항으로 외세의 간섭이 용인되지 않는다는 논리를 바탕으로 하고 있다. 인권규약의 보편적 권리인 정치적·시민적 권리를 자주권, 민족자결권의 논리로 부인하고 북한주민의 정치적·시민적 권리는 '인덕정치'로 보호되고 있다고 주장한다. 우리식 인권에 의하면 개인의 자유보다는 집단적 평등이 강조된다. 즉 인권이 보편적 가치임을 부정하고 각 국가나 사회에 따라 다를 수 있다는 입장을 가지고 있다. 따라서 인권문제는 국제사회가 관여할 수 있는 성격의 것이 아니라는 주장이다.

북한의 인권상황이 국제적 의제로 쟁점화 된 것은 1983년 국제사면위원회의(Amnesty International) 연례보고서에 북한의 실태가 수록되기 시작한 것이 최초이며, 북한의 인권실상은 1988년 아시아워치(Asia Watch)와 미네소타 국제인권위원회가 공동으로 발간한 『북한의 인권』을 통해서 처음으로 공개되었다(송철복 외 1990). 이 보고서는 북한의 인권에 대한 정보 부재와 북한에서의 거주이전의 자유, 언론·출판·집회·결사의 자유, 직업선택의 자유, 신앙과 종교의 자유가 제한받고 있는 것에 대한 우려를 표명하였다. 또한 북송교포들의 신체적·정신적 인권유린 실태와 공개처형 및 특별독재대상구역에서의 인권억압실태에 대해서 기술하였다. 국제사면위원회는 1989년에 『북한인권 문제에 대한 배경설명』을 따로 출판함으로써 본격적인 문제제기를 시작한 이후 1993년, 1994년, 1996년, 1997년에 각각 북한 인권과 관련된 특별보고서를 제출하여 주로 북송교포의 인권상황과 정치범 수용소 실태 및 탈북자 처형과 공개처형에 대한 문제를 제기하였다(한국인권재단 2002). 그리고 국제사면위원회는 지금까지 10여 차례 이상 북한 당국에 서신을 통해 북한 인민의 인권개선을 촉구하였다.

2003년 3월 제59차 유엔인권위원회에서 '북한인권결의안'이 채택되었으며, 2004년 4월 제60차 유엔인권위원회에서는 북한을 포함한 6개국에 대해서 국가별 인권결의안이 채택되었다. 이어 2005년 제61차 유엔인권위원회에서도 결의안이 채택된 바 있다. 특히 2005년 12월 유엔총회는 북한 인권문제에 대한 결의안을 찬성 88표, 반대 21표, 기권 60표로 통과시켰으며, 2004년 10월 미국 하원은 '북한인권법안'을 만장일치로 통과시킨 바 있다. 이처럼 북한 인권에 대한 미국을 비롯한 국제사회의 관심은 탈냉전 및 9.11테러 이후 오늘에 이르기까지 가속화 되고 있는 상황이다.

미국 행정부는 탈냉전 이후 지속적으로 북한에 관심을 표명해왔다. 그러나 주된 관심은 군사적·안보적 이해관계에서 출발하였고 특히 북한의 핵개발, 군사적 위협에 관한 우려가 대북정책의 핵심을 이루어왔다. 따라서 북한의 인권문제는 단순히 인권의 문제가 아니라 국제사회의 군사안보적 맥락에서 이해되어야 하는 것이다.

미국의 대북 인권정책에 있어서, 클린턴 행정부는 초기에 인권문제에 대한 강한 의지를 가지고 있었지만 북핵 위기와 미사일 위기는 인권의제를 부차화 시켰다. 부시 행정부의 북한 인권상황에 대한 관심은 미국 공화당의 북한에 대한 기본적 이미지와 9.11 테러 이후 '악의 축'으로써의 상징화에 근거하여 표출되었다. 미국이 대 북한 인권정책을 수행하는 데 있어서 영향을 주는 요인으로 들 수 있는 것은 미국의 기본적인 국가이익과 동북아 지역에 대한 전략적 고려라고 할 수 있다. 미국의 외교정책은 단순히 인권에 국한된 것이 아니라 개별국가의 이해관계와 연계되어서 작동되고 있는 것이다. 이러한 미국의 모순적 '이중 기준' 정책은 비난을 받고 있다. 즉 군사, 안보, 경제적 이해를 위해서 인권을 이용한다는 것이다.

미국의 북한에 대한 인권 관련 개입 정책이 성공할 수 있는가에 대한 전망은 아직은 회의적이다. 미국이 진정으로 북한에 대한 인권외교정책에서 성과를 거두기 위해서는 일방주의를 극복하고 국제사회와의 협력을 증대시키며, 전통적인 국가안보의 개념이 아닌 인간안보를 추구해야 할 것이다. 또한 북한 정권이 가장 우려하고 있는 체제에 대한 보장이 이루어질 때 북한은 국제사회의 인권에 대한 관심에 보다 적극적으로 반응을 보일 것이다. 이러한 상황이 조성될 때 미국의 대 북한 인권정책은 북한 주민들의 실질적인 인권 신장을 가져오는 보다 실효성 있는 성과를 거둘 것이다.

미국은 21세기 세계 지도국으로서의 패권 유지를 위해 관여와 확산이라는 세계 전략을 추구하며 미국의 사활적 이익이 걸린 지역에 대한 군사개입을 감행하고 있다. 특히 9·11 테러 사건 이후 미국의 군사안보 정책은 인간안보라는 슬로건 하에서 수행되고 있다. 여기서 우리는 군사개입의 정당성 문제를 제기할 수 있다. 인간안보는 인권보호를 위한 주권의 제한 내지 군사개입을 함의한다. 주권을 전제로 한 인권 보호가 아닌 주권에 앞서 인간이기에 가지고 있는 인권을 보호하기 위한 주권의 제한을 정당화하고 있다. 만약 주권을 전제로 한 인권을 받아들이는 입장을 취한다면 인권보호를 위한 국제사회의 군사적 개입은 그 정당성을 잃을 수 있다. 하지만 21세기 국제사회는 주권을 전제로 한 인권 보호 입장을 거부한다.

문제는 인권 침해 사례는 어느 나라에나 발생하고 단지 정도차만 있을 뿐이라는 점이다. 국제사회에서 개입해야 할 수준의 인권 침해 상황을 어떻게 규정하느냐가 국제사회의 과제인 것이다. 만약 소수의 강대국이 그 기준 설정을 독점한다면 자의적인 결정에 따른 무분별한 군사개입이 자행될 소지가 있다.

미국 부시대통령은 2006년 국정연설을 통해 전세계적인 민주화에 기초하여 세계평화를 추구해나가겠다는 의지를 피력하였다. 이 연설에서 부시대통령은 인권이 보장되지 않은 주요한 국가 중의 하나로 북한을 언급하였다. 하지만 미국의 인권정책이 얼마나 효과적으로 국제사회의 인권 신장에 공헌해 왔느냐 하는 질문에 답하기는 어려운 일이며, 북한의 인권개선에 얼마나 도움이 될지는 미지수이다.

탈냉전 시대에 미국 외교정책에 있어 인간안보적인 부분의 중요성이 강조되었고, 인권을 중요시하는 미국의 외교적인 목소리는 커져 왔다. 이제 신냉전의 도래와 함께 '미국적 가치의 확산' 즉 미국식 민주주의와 자본주의의 확산이라는 미국 외교정책의 목표 수행이라는 차원에서 인권외교는 미국 외교정책의 중심축으로 자리잡을 가능성이 크다.

미국의 북한에 대한 인권 관련 개입 정책이 성공할 수 있는가에 대한 전망은 불투명하다. 진정으로 미국이 북한에 대한 인권외교정책에서 성과를 거두기 위해서는 일방주의를 극복하고 북한 정권에 대한 체제 보장을 통해 북한 정권으로 하여금 북한 주민들의 실질적인 인권 신장을 가져오는 정책을 단계적으로 추진하도록 유도해야 할 것이다. 과거 라틴아메리카의 사례와 최근 이라크 상황이 시사하는 바와 같이 국제사회의 개입이 독재정권을 붕괴시킬 수는 있으나 진정한 의미의 인권개선과 민주화는 대내적인 시민사회의 역량에 의해 완성될 수 있다는 점을 명심해야 한다.

2. 인간안보

1990년대 탈냉전기의 흐름 속에서 인권이 주권에 우선한다는 '신국제주의' 원칙하에 안보 논의가 이뤄지면서 인간안보라는 안보 개념이 대두했다. 이와 같은 이론적 논의의 가장 대표적인 시발점은 1994년의 UNDP 연례보고서이며, 이 보고서는 인간안보를 '공포로부터의 자유 및 궁핍으로부터의 자유'라고 정의함으로써 이 분야의 길잡이가 되었다. 또한 이 보고서는 경제 (economic; 빈곤으로부터의 자유 등), 식량(food; 충분한 식량의 확보 등), 보건 (health; 질병으로부터 보호 또는 치료받을 수 있는 것 등), 환경(environmental; 환경오염이나 자원고갈 등의 위협으로부터의 보호 등), 개인(personal; 고문, 전쟁, 강도, 내란, 마약남용, 자살, 교통사고에 이르기까지 다양한 위협으로부터 개인의 신체적 안전 보호하는 것 등), 공동체(community; 전통문화의 보존과 종족의 보호 등), 정치(political; 시민으로써 정치적권리 향유, 정치적탄압으로부터 자유로운 것 등)의 일곱 가지 영역에서 야기되는 위협을 막는 것이 인간안보를 가장 확실하게 보장하는 것이라고 제시하고 있다(이신화 2006; 박한규 2007).

1980년대 이전 냉전기 안보 개념은 국제정치학계에서 군사안보와 거의 동일한 좁은 의미로 해석되었다. 1980년대 이후 '공동안보(common security)', '포괄안보(comprehensive seurity)', '협력안보(cooperative security)' 등 다양한 개념이 논의되었다. 이들은 국가중심적 입장을 견지하나 국가 간 상호협력, 비군사적 안보요소를 강조한다는 측면에서 기존 안보 개념과 차이를 보인다. 냉전종식 이후 안보 개념은 다양한 분야로 확대되어 군사력 중심에서 경제, 자원, 환경, 사회 등으로 옮아갔다. 군사안보의 우려가 감소하면서 사회안보, 인간안보, 정체성안보 등 다른 차원에서 안보 논의가 활성화되었다. 시각도 개별국가 관점에서 범세계적 관점으로 확대되었다.

인간안보 개념이 부각된 이유는 냉전종식과 더불어 내란이 빈번히 발생하여 무수한 민간인 사망자가 생기고, 세계화의 급속한 진전으로 국가중심적 시각이 범세계적 시각으로 사고 범위가 확장되었기 때문이다. 그 개념의 의미는 기아, 질병, 가혹행위 등 만성적인 위협으로부터 개인을 보호하는 것과 가정, 직장, 사회 공동체 속에서 일상생활 양식이 갑작스럽게 파괴되는 것으로부터 개인을 보호하는 것이라고 말할 수 있다.

인간안보와 구별되는 개념으로 국가안보, 포괄안보, 협력안보가 있는데,

국가안보는 국가가 주요 행위 주체이고 군사력에 의한 보호를 특징으로 하나 인간안보는 개인 혹은 비국가행위자도 주체가 될 수 있으며 위협 원천에 따라 다양한 보호수단을 전제로 한다. 포괄안보는 국가의 지속가능한 발전을 위협하는 모든 군사적 위기와 비군사적 위기로부터 국민, 영토, 주권, 핵심 기반의 안전을 보장하는 것이라고 정의된다. 협력안보는 공동안보 개념을 발전시킨 것으로 군사적 쟁점뿐 아니라 경제, 자원, 환경, 인구, 기술 등 비군사적 쟁점들에 대한 국가 간 상호협력을 촉구하는 한편 국가 차원보다는 범세계 차원에서의 해결 노력을 강조한다.

인간안보는 그 개념의 포괄성·모호성으로 인해 분석적·정책적 차원에서의 유용성이 부족한 한계가 있다. 아울러 이는 인도적 개입의 정당성 인정 여부에 따른 국가 간 갈등 문제를 초래할 수 있다. 현실주의자와는 달리 인간안보론자는 인도적 개입의 정당성을 인정하고 이를 강제하기 위한 군사적 개입을 지지한다.

II. 감염병 문제와 보건안보

1. 21세기 새로운 분쟁 원인으로서의 감염병

헨리 키신저는 향후 지구촌에서 발생 가능성이 가장 큰 분쟁은 화석연료를 둘러싼 갈등일 것이라고 말하였다. 에너지 고갈을 우려하는 비관론자들은 석유종말로 인한 갈등이 향후 증폭될 것이라고 주장하고 있다. 한편 지구온난화 문제를 걱정하는 환경 비관론자들은 환경친화적 자원 개발과 화석연료의 사용 자제를 강조하며 환경파괴에 따른 갈등의 도래를 경고하고 있다. 또한 식량부족 문제를 해결하려는 노력이 유전자변형 생물의 우려를 낳고 있다. 오늘날 국제사회는 에너지, 환경, 보건 문제를 둘러싼 분쟁의 늪으로 빠져들고 있는 것이다.

그렇다면 이러한 분쟁의 늪에서 빠져 나올 수 있는 방안에는 무엇이 있는가? 우선 과학기술의 혁명이 이를 가능하게 할 것이다. 따라서 에너지, 환경, 보건 문제와 관련한 한계를 극복할 기술혁명이 그 어느 때보다 요구되는 시점인 것이다. 하지만 이러한 과학기술혁명이 있을지라도 인간의 욕망과 국가 간 이해관계에 따른 분쟁은 종식될 수없는 것이다. 결국 '지속가능한 국제사회(sustainable international society)'는 과학기술혁명과 분쟁해결체제라는 두 가지 축이 조화롭게 작동할 때 가능한 것이다.

오늘날 에너지 및 생물학적 자원 안보는 국제사회에서 가장 주목받는 주요 관심사의 하나로 부각되고 있다. 즉 에너지의 안정적 확보, 대체에너지 개발, 환경 보전, 식량 확보, 질병관리 및 신약개발 등 삶의 질과 관련된 사안이 인류의 공통적인 주목을 받고 있는 것이다. 인간안보(human security)라는 용어가 보편화된 것도 바로 이러한 추세를 반영하고 있는 것이다. 20세기에 생존을 위한 국가주권 수호 즉 국가안보(national security)가 초미의 관심사였다면, 21세기에는 삶의 질 개선을 위한 개인인권 보호 즉 인간안보(human security)가 주요 관심사가 되는 것이다.

문제는 21세기에 들어 에너지, 환경, 보건 문제를 둘러싼 국가 간 분쟁이 일어날 가능성이 증폭되고 있다는 것이다. 이러한 분쟁을 해결하기 위해 다양한 방안이 동원될 수 있다. 우선 에너지 확보를 위한 자원 탐사 및 대체에너지 기술개발 등을 통해 에너지 수급을 안정적으로 할 수 있다. 또한 환경오염을 막는 생산공정 엄수와 대기·해양 오염을 막는 자원 개발 및 이동의 안전성을 도모함으로써 환경보호를 수행할 수 있다. 최근 환경 기술 개발은 에너지 고효율 사용과 환경보호에 모두 기여하고 있다. 나아가 식량 확보를 위한 바이오 혁명은 그 식량 위기의 해결책이 되고 있으며 각종 질병 퇴치를 위한 신약 개발은 인류 보건에 중요한 밑거름이 되고 있다. 이들 방안은 모두 '지속가능성(sustainability)'이라는 개념에 기초하고 있다. 오늘날 국가 간의 분쟁은 각 국가가 지속가능한 국제사회를 만들기 위해 협력하지 않고는 해결될 수 없는 것이다.

국제사회는 최근 코비드19(COVID-19)로 인해 감염병에 대한 경각심을 새로이 하고 있다. 이제 감염병의 확산이 단순한 보건 문제가 아니라 국가 간 갈등을 야기하는 안보적 문제가 되어가고 있는 것이다. 그동안 우리는 국가안보라는 개념에 매몰되어 다른 유형의 안보 개념에 크게 귀 기울이지 않았다. 하지만 인권이 주권에 우선한다는 '신국제주의' 원칙하에 안보 논의가 이뤄지면서 인간안보라는 개념이 대두되게 된 것이다.

감염병 문제는 협의의 인간안보 혹은 최소한의 인간안보 개념에 포함될 수 있는 중요한 국제사회의 의제라고 할 수 있다. 성격상 인간안보의 범주에 있는 감염병 문제가 국가 간의 갈등을 유발하고 이로 인해 국가 간 분쟁 나아가 전쟁으로 이어진다면 이는 국가안보 차원에서의 문제가 되는 것이다. 국제법상 공중보건에 관한 쟁점은 월경질병의 확산 방지 및 국제적 차원에서 공중보건의 수준향상에 초점을 맞추어왔다. 19세기 이전까지, 월경질병의 확산방지에 관하여 국가들은 국제적 협력의 필요성을 인식하지 못하였다. 즉, 질병확산의 방지는 국내적 방역정책으로 충분하다고 생각하였다. 그러나 이러한 제한적인 방역조치는 국제교역의 증가로 인해 한계점에 도달하게 되었다. 제한적인 방역조치에 의한 국제무역의 제한은 국가 차원의 경제적 이해에 많은 영향을 주었으며 국가 간 통상갈등을 초래하였다. 따라서 국제교역의 감소를 유발하지 않는 적절한 수준의 월경질병 확산의 방지에 대한 협의가 필요하게 되었다(김성원 2007). 오늘날 감염병 즉 보건 문제가 국제사회의 갈등 요인이 되고 이를 해결하기 위한 협력이 요구되고 있는 것이다.

2. 주요 감염병 의제에 대한 국제사회의 대응

감염병(communicable diseases)이란 병원체(病原體)가 직접적 또는 간접적으로 면역(免疫)이 없는 인체에 침입·증식하여 일어나는 질병이다. 21세기에 문제를 야기한 대표적인 감염병은 사스(SARS)와 조류독감(Bird Flu), 신종 인플루엔자 A(H1N1), 에볼라 바이러스(Ebola Virus), 메르스(MERS), 그리고 신종 코로나바이러스(COVID-19)이다. 오늘날 국제사회는 동물로부터 인간으로 전이되는 치명적인 감염을 막아낼 체계를 필요로 한다.

(1) SARS

사스(SARS)는 21세기 최초의 국제적 감염병이다. 사스는 2003년 3월 세계보건기구(WHO)에 의해 처음 인지된 특이한 이례적인 폐렴에 부여된 용어이다. 그 첫 번째 발병은 2002년 11월 중국 광동성에서 있었던 것으로 추정된다. 새로운 발병이 계속 이어졌고 2003년 2월에 절정에 달했다. 사스는 감염된 사람들과 접촉한 여행자들에 의해 다른 국가로 확산되었다. 사스의 주요한 발병 국가들로는 싱가포르, 캐나다, 베트남 등이 있다. 처음 발병이 알려진 2003년 2월말부터 그 해 6월말까지 그 질병은 다수의 국가에서 위기를 야기했다. 사스 발병 초기단계에서 중국은 감염병을 은폐함으로써 문제 해결을 어렵게 했다. 그 이유 중 하나는 만약 사스에 관한 정보가 누설된다면 경제적 파급효과가 크리라는 중국당국의 우려였고, 다른 하나는 감염병에 대한 중국의 관행적인 태도로부터 파생된 것, 즉 중국은 감염병을 의료적 조처를 요하는 의료문제로만 취급했다. 사스의 확산은 감염병이 보건위기 이상의 것임을 명백히 보여주었다. 사스의 영향은 생명 손실에 한정되지 않고 사회경제적, 정치적, 안보적 영역으로 확대되었다.

이러한 사스 위기는 세계화의 악영향을 보여주는 좋은 예가 된다. 재화, 정보, 사람들이 더욱 밀접하게 세계경제와 통신 네트워크로 통합되면서 전염성 질병도 개별국가에 거주하는 국민들의 건강을 해칠 수 있을 뿐만 아니라 무역과 정보의 흐름을 방해하여 지역과 세계경제에 타격을 줄 수 있는 것이다. 사스는 동아시아 지역에는 전염병에 대처하기 위한 공동의 노력이 취약하고 부족하다는 것을 보여주었고, 인간안보에 있어 중심적이고 절대적인 부분으로서 일반 국민의 건강안보를 강조하는 계기가 되었다. 사스가 재발할 수 있다는 가능성이 제기되면서 동아시아의 각 국가들은 국내적 대처방안을 마련하고 지역적 협력을 증진하는 등 경계를 강화하고 있다(이신화 2006).

사스 발병 초기단계에서 중국은 전염병을 은폐함으로써 국내문제를 다루는 그들의 전통적인 방식을 취했다. 그러나 중국의 태도는 전염병을 잘못 다룬 두 명의 장관급 관리를 해고하고 WHO에 사스에 관한 일일통계를 보고하기 시작한 그 해 4월 20일에 와서 극적으로 바뀌게 되었다. 사스 사례에서 나타난 중국의 변화는 지난 20여 년간 형성된 중국과 세계 사이의 국제적 연계가 중국의 국내정책 선택에 영향을 끼치기 시작했음을 보여주고 있다(Jaechul Kim 2003).

이러한 중국의 뒤늦은 응답을 설명하려는 두 가지 해석이 있다. 하나는 만약 사스에 관한 정보가 누설된다면 경제적 파급효과가 크리라는 중국당국의 우려였다. 그 질병에 관한 말이 중국 전역에 퍼져가기 시작했을 때 북경 관리들은 그것이 지나가기를 바라면서 그 문제를 무시했다는 보도가 있었다. 다른 하나는 전염병에 대한 관행적인 중국의 태도로부터 파생된 것이다. 대부분의 다른 나라와 마찬가지로 중국은 전염병을 의료적 조처를 요하는 의료문제로 취급한다. 이는 첫 번째 발병 후 중국당국이 WHO에 알리기 전에 왜 그것이 네 달 반이 걸렸는가를 설명 한다(Caballero-Anthony 2005, 480).

사스의 확산은 전염병이 보건위기 이상의 것임을 명백히 보여주었다. 사스의 영향은 생명 손실에 한정되지 않고 사회경제적, 정치적, 안보적 영역으로 확대되었다. 우선 사스의 경제적 영향의 확대는 여러 아시아 경제들 특히 홍콩, 싱가포르, 중국에서 경제활동의 갑작스런 붕괴를 초래했다. 여행당국들은 이들 지역에 대한 여행을 자제하도록 하였고 결과적으로 최악의 관광수지를 초래했다. 이를 악화시킨 것은 도미노 효과의 여파이다. 소비자 불신, 국내수요 급락, 비관적 사업전망으로 출발하여 대다수 기업들은 사스의 비용이 증가하기 시작함에 따라 붕괴 직전으로 치달았다. 경제성장 전망은 재평가되기 시작했고 GDP 성장 예측은 0.5% 내지 1% 수준에서 감소되었다. WHO는 사스로 인한 아시아 지역의 피해를 300억 달러로 추산하였다. 또 다른 분석은 대략 600억 달러로 추산한 바 있다(Caballero-Anthony 2005, 482).

둘째, 위에 언급된 경제적 효과의 심각성은 사스의 사회적 및 심리적 영향에 의해 주로 기인한 것이었다. 사실상 보건위기 과정에서 대두된 주요한 의문의 하나는 "왜 사스가 그토록 많은 두려움을 야기했는가"하는 점이다.

다른 전염병과 비교하여 사스에 의한 사망률은 말라리아 혹은 에이즈에 의한 사망률보다 훨씬 낮다. 대부분의 분석으로부터 두 가지 공통적인 요소들이 왜 사스가 파생시킨 두려움이 낮은 사망률에 비해 지나치게 강조되었던 이유를 설명하는 것처럼 보인다. 하나는 그 질병에 관한 의료 정보의 부족이다. 사스는 전염병이고 치명적일 수 있다. 하지만 전염방식은 아직 미확인 상태이다. 알려진 치료법도 없다는 것이다. 다른 하나는 사스 감염과 사망에 관한 소식이 매스컴을 지배했다. 따라서 의학적으로 규명이 안 된 사스에 관한 대중의 관심 제고는 불확실성의 느낌을 증폭시켰고 몇몇 사례에서는 지나친 대응을 이끌었다. 사스 발생국들에서 불안과 공포의 불편한 분위기가 확산되어 나갔던 것이다(Caballero-Anthony 2005, 483).

셋째, 사스는 또한 특히 중국에서 정치적 파장을 일으켰고 그 이유는 초기발병 시 대처가 잘못되었다는 것이다. 전염병 초기 단계에서 사스에 대한 미흡한 대처로 인해 심각히 훼손된 신뢰로, 중국은 그 질병을 봉쇄하기 위한 싸움에서 그 해결책을 제시하도록 강요받았다. 보건위기의 심각성을 폄하한 이후에 원자바오 총리는 중국에서의 상황이 심각함을 공개적으로 인정하였다. 인정하기 3일 전에 보건장관과 북경시장을 업무태만으로 해고하였고, 아울러 120여 명의 중국 관리들이 그 달에 해고되거나 징계를 받은 것으로 보고되었다. 중국정부는 북경 안과 밖에서 사람들의 움직임을 통제하는 극적인 조처를 취했다. 중국 이외에 여러 국가들이 사스 발병국으로부터 오는 방문객들을 검역하고 통제하기 위한 엄격한 조처를 취했다. 고열을 앓고 있는 사스 의심 환자들을 검역하고 입국을 금지시키기 위해 공항과 다른 출입국 지점에 열감지기가 설치되었다(Caballero-Anthony 2005, 484-486). 사스는 전세계적으로 사람들 사이에 막대한 두려움과 고통을 수반하였다.

고통 받는 국가들이 사스를 방역하는 법을 논의함에 따라 위기는 아세안 및 한국, 중국, 일본 3개국 간에 전례 없는 협력을 낳았다. 2003년 4월 26일 개막된 아세안+3개국 보건장관 회의에 이어, 4월 29일 방콕에서 아세안 및 중국 지도자 특별회의가 열렸다. 사스와 관련된 다양한 의제가 이 회의에서 다뤄졌고, 정보교류와 관련된 긴급 조처들이 합의되었다. 또 다른 주요한 관심사는 사스를 옮기는 것으로 의심되는 외국인들을 확인하는 것이었다. 단기 내지 중기 조처들은 아세안과 WHO 사이에 협력을 심화 시킬 뿐만 아니라 전염병의 발생에 대한 급속한 대응을 위한 지역적 협력 틀을 발전시킬 것이다(Caballero-Anthony 2005, 486-488).

(2) AI

조류독감(Bird Flu)은 에비앙 인플루엔자(Avian Influenza) 바이러스에 의한 감염이다. 이 인플루엔자 바이러스(H5N1)는 조류들 사이에서 자연스럽게 발생한다. 조류독감 바이러스는 인간에게 쉽게 옮겨지는 것은 아니나 1997년 이래 조류독감 바이러스가 인간에게 전염된 여러 사례들이 발생했다. 특히 통제가 어려운 철새들의 이동을 통해 조류독감이 전염될 수 있다는 점은 초국가적으로 다양한 수준에서의 협력이 필요하다는 것을 일깨워주었다. 2005년 동남아시아를 중심으로 발생한 AI는 2년간 70여 명의 사상자를 냈으며 매년 '연례행사'처럼 각국을 뒤흔들고 있다.

2005년에는 닭, 오리 및 야생조류 등에 감염되는 급성 바이러스성 질병인 조류독감(Bird Flu)이 전 세계적으로 발병했고, WHO는 수백만 명이 감염될 수 있다고 경고하였다. 조류와 접촉하거나 익지 않은 가금류 요리를 먹을 경우 인간이 감염되어 사망할 수 있다는 사실은 이 질병에 대한 경계심을 확대시켰고, 특히 통제가 어려운 철새들의 이동을 통해 조류독감이 전염될 수 있다는 지적은 초국가적으로 다양한 수준에서의 협력이 필요하다는 것을 확인시켜 주었다. 한편 조류독감으로 인한 사망자 발생은 동아시아 국가들에서 집중적으로 나타나고 있다. 2006년 5월 인도네시아에서는 이 질병으로 인해 일가족 5명이 사망한 것으로 확인되었고, 이에 따라 조류독감의 인간 감염에 대한 공포가 다시금 확대되고 있다. 이 전염성 질병도 사스와 마찬가지로 적극적이고 긴밀한 지역적·국제적 노력을 필요로 하고 있다(이신화 2006).

조류독감이 인간에게 항시 전이되지는 않으나 여러 인간 감염 사례가 1997년 이래 발생했다. 인플루엔자 A형 바이러스의 모든 변종이 조류에서 발견될 수 있는데, 아시아 가금류에서 발견되는 에비앙 인플루엔자 A형 (H5N1)의 경우 인간 감염 및 사망을 일으키는 조류독감의 예인 것이다. 그 러한 상황에서 사람들은 감염된 조류 혹은 오염된 지역과의 접촉을 피하고 가금을 다루거나 요리할 때 주의를 기울여야 한다. H5N1 인플루엔자의 발 생은 2003년 말 및 2004년 초에서 아시아 8개국(캄보디아, 중국, 인도네시아, 일본, 라오스, 한국, 태국, 베트남)의 가금류 사이에서 발생했다. 당시 감염된 국가에서 약 1억 마리의 조류가 그 병으로 죽었거나 질병 확산방지를 위해 살 처리되었다(WHO Report 2005). 이는 2004년에도 발병했고 2005년 3월말 에 북한 관영방송은 북한에서 처음으로 조류독감이 발생했다고 공식적으로 보도했다. 2005년 2월 2일 캄보디아에서 인간이 처음으로 H5N1 바이러스에 감염되었다고 보고되었다. 이어 7월 21일에도 인도네시아에서 동일한 감염 사실이 발견되었다. 한편 8월 5일자로 H5N1 바이러스에 감염된 사람 수는 베트남 90명, 태국 17명, 캄보디아 4명, 인도네시아 1명 등 총 112명이며, 이들 중 57명이 사망했다는 보도가 있다.

지금까지 H5N1 바이러스를 사람 간에 전이시킨 예는 극히 드물고 전이 시킨다 하더라도 한 사람을 넘지 않았다. 그러나 모든 인플루엔자 바이러스 가 변환 능력을 가지고 있기 때문에 과학자들은 어느 순간 H5N1 바이러스 가 인간 감염을 야기할 수 있으리라 지켜보고 있다(WHO Epidemic Alert & Response 2005).

(3) 신종 Influenza A

신종 인플루엔자 A(H1N1)는 돼지에서 생기는 호흡기 질환으로 A형 인플 루엔자 바이러스에 의한 감염이다. 대개 사람에게 질병을 유발하지 않지만, 감염된 돼지와 직접적으로 접촉한 사람에게 감염될 수 있다고 한다. 초기에 는 '돼지인플루엔자(Swine Influenza; SI)'로 불리었으나, 2009년 4월 30일 WHO는 돼지인플루엔자(SI)는 더 이상 쓰지 않고 '인플루엔자 A(H1N1)'로 부르기로 공식 발표했다. 발생 이후 전세계적으로 감염자와 사망자가 계속 증가하여 2009년 6월 12일 세계보건기구는 신종 인플루엔자 A의 감염병 경보를 5단계에서 최고 단계인 6단계(대륙 간 감염으로 인한 '대유행' 단계)로 격상했다. 2009년 11월 3일 발표를 기준으로 129여 개국에서 26만여 명을 넘는 감염자가 발생하였으며, 20여 개국에서 사망자가 발생했다.

당시 인플루엔자 A로 인해 국가 간 갈등의 양상이 전개되었다. 예를 들어, 멕시코에서 비롯된 인플루엔자 A의 확산을 막기 위해 북미산 돼지에 대한 수입금지 조치를 취하는 나라가 늘어났다. 이에 대해 미국이 경고하고 나서자 통상분쟁 조짐이 보였다. 금수 조치를 취한 국가는 러시아, 한국, 중국, 필리핀, 태국, 카자흐스탄 등이었다. 특히 미국은 이들 국가가 WHO의 권고를 무시하고 멕시코산과 더불어 미국산 돼지까지 수입을 금지한 데 불만을 토로했다. 한편 유럽과 아시아 국가들이 멕시코와 미국 등 북미지역에 대해 내린 여행 자제령도 이들 간 갈등에 한몫했다. 이처럼 돼지 금수 조치와 여행 자제 조치 등이 내려지자 국가 간 갈등이 심화되는 양상을 보였다.

WHO에 의하면, 2009년 11월 3일 발표를 기준으로 129여 개국에서 26만여 명을 넘는 감염자가 발생하였으며, 20여 개국에서 사망자가 발생하였다. 현재 발생지로 지목되는 멕시코에서 260명이 사망하였고, 미국과 브라질에서 각각 1,053명, 1,233명이 사망하였다. 한국의 경우 11월 3일을 기준으로 하루에 약 9천여 명 이상이 감염되었으며, 48명이 신종플루 감염에 따른 합병증으로 인하여 사망한 것으로 알려졌다. 인플루엔자 A의 피해규모와 관련, 4조 달러에 이르는 비용을 수반하고 세계 국내총생산(GDP)의 5%를 잠식할 것이라는 주장에서부터 경제적 피해가 크지 않을 것이라는 예상까지 다양한 해석이 나오고 있다. 그럼에도 불구하고 글로벌 경기침체의 수렁을 빠져나오려는 세계 경제에 악재가 될 것이라는 점은 대다수 전문가들이 동의하고 있다.

(4) 에볼라 바이러스(Ebola Virus)

2014년 8월 8일 세계보건기구(WHO)는 에볼라바이러스 확산에 대해 '국제적 공중보건 비상사태(Public Health Emergency of International Concern; PHEIC)'를 선포했다. WHO는 에볼라 발생국 4국(기니·라이베리아·시에라리온·

나이지리아)에 대해서는 국가비상사태를 선포하고, 공항·항만과 접경지역에서의 검역을 강화해 에볼라 의심 환자나 환자 접촉자의 출국을 금지했다. 또 의심 환자가 있거나 발생국과 인접한 국가들(사우디아라비아, 스페인, 미국, 세네갈 등)은 에볼라 진단실험실을 확보하는 등 긴급 대응반을 구성하도록 했다.

(5) 메르스(MERS)

2015년 한국에서 메르스(MERS) 즉 중동호흡기증후군이 사회적 문제가 되었다. 이 바이러스는 한국 사회에 큰 충격을 주었을 뿐만 아니라 감염병의 역사도 새로 쓰게 했다. 2015년 5월 20일 첫 환자가 발생한 이래, 6월 21일 기준 한국은 사우디아라비아에 이어 세계 2위 발병국이 되었다. 메르스 확진자는 180여 명이고, 한 의료기관에서 나온 최대 감염자 수 83명(삼성서울병원)은 사우디아라비아의 23명보다도 많았다. 4차 감염 사례도 한국에서 세계 최초로 나왔다. 정부의 부실한 초기 대응이 메르스를 키웠고, 의료기관의 취약한 감염 통제가 이를 전국으로 전파했다. 해외에 파급하여 집단감염을 일으키지는 않았으나 메르스로 인한 한국 내 사회경제적 손실은 심각한 상황을 경험했다.

(6) 신종 코로나바이러스(COVID-19)

코로나 바이러스는 사람과 다양한 동물에 감염될 수 있는 바이러스로서 4개의 유형인 알파, 베타, 감마, 델타가 있고 이중 사람과 동물에게 모두 감염되는 것은 알파와 베타이다. 감마와 델타는 동물에게만 감염된다. 코로나바이러스 감염증은 감기를 일으키거나 중증폐렴을 일으키는데, COVID-19는 사스 및 메르스와 함께 중증폐렴을 야기한다. 아직 확정된 것은 아니나 감염원은 동물로 추정되고 동물에서 사람으로 그리고 사람에서 사람으로 전이되는 것으로 보인다. 사람 간 전파는 비말(호흡기 분비물)로 전파되는 것으로 추정된다. 주요 발원지는 중국 우한이며 2022년 1월 8일 기준 223개 국가·

지역에서 3억 명이상의 감염자와 550만 명의 사망자를 유발하며 WHO는 전세계적인 확산(pandemic)을 선언했다. WHO에 의하면 COVID-19는 2019년 12월 31일에 중국 우한에서 발생한 것으로 처음 보고되었다.

3. 국제사회에서의 주요 감염병 관련 보건협력

SARS, AI, 인플루엔자 A의 예는 다수의 국가들로 하여금 잠재적으로 초국적인 감염병과 싸워야 하는 새로운 현실에 적응하도록 하였다. 그 사례는 보건이슈 및 국가안보에 대한 새로운 인식을 관련국들에게 심어주었다. 다른 말로 하여, 그 위기는 안보를 다시 생각하게끔 한 것이다. 포괄적이고 비전통적인 안보의 틀 속에서 좋은 건강이 개인과 국가의 안보에 중요한 요소가 된다는 주장을 할 수 있다. 문제는 위에 언급한 감염병이 단순히 공중보건 관심사가 아니라 국가 혹은 국제 안보 문제로 고려되어야 하는지다. 한편에서는 감염병을 보건 문제로서 보고, 다른 한편에서는 그것을 국가안보 문제로 보고 있다(Caballero-Anthony 2005, 488-489).

위에 언급된 약점을 해결하기 위해서 국제사회는 SARS, AI 및 신종 Influenza A와 같은 감염병을 막아내기 위해 보건 레짐을 형성하고 강화할 필요가 있는 것이다. 다행히도 국제사회는 사스 사례보다는 조류독감 사례에 있어서 보다 적극적인 초기 대응을 하였으며, 이어 조류독감 사례보다는 신종플루 사례에 있어서 보다 능동적인 초기 대응을 한 바 있다. 한마디로 말하여, 국제사회 내 보건협력이 보다 심화되고 있는 것이다.

국제적 감염병 발생 시 국제사회의 이러한 행태의 변화는 감염병에 대한 인식의 변화에 토대를 두고 있다. 즉 세계화의 심화로 국내 방역만으로 감염병을 퇴치할 수 없다는 점과 현대 의학으로 해결하지 못하는 변종 바이러스가 있다는 점이 현실적 한계로 부각되면서 국가 간 협력 없이 선진국과 개도국 모두 이러한 감염병으로부터 자유로울 수 없다는 인식에 기초하여 협력의 틀을 다져가는 것이다. 예를 들어, 선진국의 경우 앞선 의학과 적절한 대처로 자국 내 감염병의 발원을 퇴치할 수 있을는지 모르나 개도국 등 외국으로부터 들어오는 감염병의 공격을 막아내는 것은 현실적으로 불가능한 것이다. 한편 개도국의 경우 선진국의 의료 지원 없이 감염병 문제를 해결하기가 막막한 것이다. 결국 감염병을 둘러싼 국제사회의 협력 틀은 새로운 감염병 레짐(epidemic regime)의 출현을 촉진하는 것이다.

SARS, AI, 신종 Influenza A 등 감염병 사례로부터 배운 주요한 교훈의 하나는 보건과 안보 사이의 밀접한 연관성을 파악할 필요가 있다는 것이다. 국제사회에서 포괄적 안보 인식은 군사적인 것 이외에 정치적, 경제적, 환경적 및 사회문화적 안보 측면 즉 비전통적 안보를 안보 개념에 확장시킨 것이다. 아직 구체화되지는 않았지만 국제사회에서 보건 문제는 이제 안보이슈가 되었다. 감염병의 위험은 단지 더 이상 국내적 관심사가 아니다(Caballero-Anthony 2005, 490-495; Sell 2004). 국제사회에서 안보 이슈화된 감염병 문제를 해결하기 위해 다음의 노력이 요구된다.

첫째, 전염병을 척결함에 있어 통합된 다자적 접근법을 채택해야 한다는 것이다. 이는 보건 문제가 더 이상 의료적 관심사가 아니라 국가안보적 관심사임을 말한다. 둘째, 질병을 피하기 위해 국제 레짐을 발전시키고 증진해야 한다는 것이다. 이는 국제협약 및 관련 보건 의정서에 대한 엄격한 준수를 요한다. 셋째, 좋은 공중보건 체계를 제공해야 한다는 것이다. 다양한 수준에서 협력을 강화함에 있어 건전한 공중보건 체계를 제공한다는 것이 핵심적으로 강조되어야 한다. 넷째, 빈곤과 발전 이슈에 대해 관심을 가져야 한다는 것이다. 지역을 이해함에 있어 빈곤문제를 살펴보고 전염병과의 연계를 재검토해야 한다는 것이다. 대다수 사회에서 가장 취약한 집단은 그들 스스로를 보호하기 쉽지 않은 빈곤 계층이다. 전염병의 대부분은 세계에서 가장 빈곤한 지역에서 창궐한다는 점을 명심해야 한다.

감염병, 광의로 보건 안보는 그러므로 새로운 안보 의제에 포함되어야 한다. 오늘날 다수의 지역적 및 전세계적 현안 문제들이 있다. 상호적이고 산발적이지 않은 협력이 가장 신중한 정책이고, 깨끗한 공기와 물 확보, 그리고 감염병 척결과 같은 보건목표를 달성함에 있어 가장 효과적인 수단이 되는 것이다(Kuismin 1998). 21세기에 진행되고 있는 인간안보의 강화는 단순히 군사적·물리적 위협으로부터의 안보를 보장하는 것과 구별되어야 한다. 예를 들어, 동아시아는 외환위기를 통해 극심한 빈곤과 불법이민 등으로 인해 많은 사람들의 삶이 위태로운 상황에 빠지게 되는 것을 경험하면서 인간안보의 필요성을 절실하게 인식하게 되었다. 아직 대부분의 동아시아 국가들에서 인간안보라는 개념이 상대적으로 익숙지 않은 것이 사실이지만, 새로운 접근법이 요구됨에 따라 역내 국가들은 안보위협이 되는 많은 요소들을 보다 구체적으로 평가하고 인간안보를 포함하여 넓은 의미의 안보를 추구하도록 요구받고 있다(이신화 2006).

국제사회는 1851년에 국제방역조치에 대한 첫 번째 국제회의를 개최하였으며, 이를 계기로 국제공중보건에 대한 레짐이 형성되었다. 1948년 세계보건기구(WHO)의 창설로 국제공중보건레짐은 가시적인 완성단계에 이르게 되었다. 1951년 WHO 총회는 국제공중보건에 관한 단일의 국제협약(국제보건규정; International Health Regulation: IHR)을 체결하였는데, 이는 기존의 국제공중보건레짐에서 개별적으로 다루던 사안을 총괄하는 것이었다. IHR은 관련 국가에 월경질병의 발발에 의하여 관련 국가에 대한 통지의무를 부여하며, 월경질병의 발발 시 이를 통제할 수 있는 적절한 수준의 공중보건메카니즘을 확보할 의무를 부과하고 있다. 국제공중보건레짐은 2005년 새로운 IHR을 채택함으로써 그야말로 글로벌공중보건레짐을 갖추게 되었다. 새로운 IHR은 국가중심적 논의 차원으로부터 개개의 인간중심적 논의 차원으로 공중보건레짐의 다양한 문제를 판단하여, 인간안보 개념을 구체적으로 실현하고 있다고 말할 수 있다. 새로운 IHR은 각 관련 국가가 공중보건에 관한 메카니즘을 확립함에 있어, 인권에 관한 논의가 병행되어야 할 것을 요한다는 점에서 인간안보 개념에서 주장하는 포괄적 안보개념의 현실화를 도모하는 것으로 판단할 수 있다. 또한 과거 IHR의 국가중심적 폐쇄구조를 탈피하여, 새로운 IHR은 비정부기구가 제공하는 질병확산에 관한 정보 또한 질병 발발 국가의 감시를 위한 정보로서 사용할 수 있도록 규정하고 있다(김성원 2007).

국제사회에서 감염병 문제는 단순한 의료적 관심사가 아니라 인간 생존을 위협하는 안보적 이슈로 받아들여져야 하며 인간안보 개념 속에서 받아들여져야 하는 것이다. 하지만 감염병 문제는 단지 인간안보 차원에 머무는 것만은 아니라고 할 수 있다. 21세기 국제 분쟁의 주요한 원인으로 부각되고 있는 것은 에너지, 환경, 생물자원 등 지속가능성과 연관된 것이다. 이들을 확보하기 위해 세계 각국은 무한경쟁 시대에 돌입하였고 전쟁을 불사할 가능성이 있다. 감염병도 유사한 성격의 의제라고 할 수 있다. 다행히도 국제사회는 사스 사례보다는 조류독감 사례에 있어서 보다 적극적인 초기 대응을 하였으며, 이어 조류독감 사례보다는 신종플루 사례에 있어서 보다 능동적인 초기 대응을 한 바 있다. 한마디로 말하여, 국제사회 내 보건협력이 보다 심화되고 있는 것이다. 국제적 감염병 발생 시 국제사회의 이러한 행태의 변화는 감염병에 대한 인식의 변화에 토대를 두고 있다. 즉 세계화의 심화로 국내 방역만으로 전염병을 퇴치할 수 없다는 점과 현대 의학으로 해결하지 못하는 변종 바이러스가 있다는 점이 현실적 한계로 부각되면서, 국가 간 협력 없이 선진국과 개도국 모두 이러한 감염병으로부터 자유로울 수 없다는 인식에 기초하여 협력의 틀을 다져가는 것이다. 결국 감염병을 둘러싼 국제사회의 협력 틀은 새로운 감염병 레짐의 출현을 촉진하는 것이다.

4. 국제사회의 보건 현황과 감염병 협력

<표 10>에 의하면 G-20 국가 중 감염병 등으로 인한 사망률이 가장 높은 국가는 단연 남아프리카공화국이고 이어 인도와 인도네시아 등이 높은 국가라고 할 수 있다. 7개 서구국가들 모두 8% 이하의 사망률로 감염병 등으로 인한 피해가 상대적으로 크지 않다. 반면 브라질, 아르헨티나, 멕시코 등 라틴아메리카 3개국은 모두 두 자리수로 문제가 있다. 특정연도의 데이터를 기준으로 전체를 얘기할 수 없는 상황이나 한국, 터키, 러시아, 중국은 무난한 수준이고 중국의 4%는 절대적인 빈도수로 보면 적지 않은 규모이다. 다만 예외적인 사례는 일본인데 2011년 원전사고의 일시적 반향이 아닌가 생각된다(출산관련 사망 포함).

〈표 10〉 G-20 국가의 감염병 통계

세계지역	국가명	감염병 관련 사항 (%)			
		전체인구 중 감염병 등으로 인한 사망률 (2016)	15-49세 인구 중 HIV 감염률 (2018)	12-23개월 영유아 중 DPT 접종률 (2018)	전체인구 중 개선된 위생시설 접근률 (2017)
북미/서구유럽/ 오세아니아 (7개국)	미국	5	0.4	94	100
	캐나다	6	–	91	99
	독일	5	0.1	93	99
	영국	8	–	94	99
	프랑스	6	0.3	96	99
	이태리	5	0.3	95	99
	호주	5	0.1	95	100
아시아 (7개국)	한국	10	–	98	100
	일본	13	0.1	99	100
	중국	4	–	99	85
	인도	26	–	89	60
	인도네시아	21	0.4	79	73
	터키	4	–	98	97
	사우디아라비아	11	–	96	100
라틴아메리카 (3개국)	브라질	14	0.5	83	88
	아르헨티나	16	0.4	86	94
	멕시코	10	0.2	88	91
동구유럽/ 중앙아시아 (1개국)	러시아	5	–	97	90
아프리카 (1개국)	남아프리카공화국	40	20.4	74	76

출처: 세계은행(World Bank) 보고서(http://www.worldbank.org, 2019).

가용한 데이터 중 HIV 감염률 역시 남아프리카공화국이 단연 1위로 20.4%라는 수치를 보여주고 있고 브라질 등이 어려움을 겪고 있음을 알 수 있다. 영유아 접종률의 경우 대부분의 G-20 국가가 90% 이상의 수치를 보이고 있는데, 인도네시아와 남아프리카공화국은 80% 이하로 상대적으로 한계가 있음을 파악할 수 있다. 전체인구 중 개선된 위생시설 접근률의 경우 7개 서구국가 모두는 100에 가까운 수치를 보여줌으로써 생활위생환경에 문제가 없음을 나타낸다. 하지만 비서구국가의 경우 한국, 일본, 사우디아라비아, 터키, 아르헨티나를 제외하면 생활환경이 위생과 거리가 먼 국가들이다. 특히 인도, 남아프리카공화국, 인도네시아 등은 상황이 심각하며 중국 등도 그리 나은 편은 아니다. 결국 세계 주요 지도국임에도 불구하고 G-20 국가 내 서구국가와 비서구국가 간 차이가 감염병 관련 통계에 여실히 반영되어 있다.

그 영향 요인을 살펴보면 다음과 같다.

(1) 세계화(Globalization)

21세기 감염병 발생이 문제되는 것은 세계화로 인한 급속한 국가 간 전파에 있다. 세계화를 파악하는 지표로 스위스 쮀리히 연방공대의 기업 연구소(KOF: Konjunkturforschungsstelle der Eidgenössischen Technischen Hochschule Zürich)에서 산출한 세계화지수가 있다. KOF 세계화지수(GI: Globalization Index)로 알려진 동 측정지수는 경제적, 사회적, 정치적 지수의 세 가지 범주로 나누어 각 항목별 지수를 산정한다. 이는 1에서 100까지의 지수로 100은 특정한 각 변수영역에서 1970년에서 최근의 기간 동안 최대치이고 1은 최소치이다. 값이 높을수록 세계화의 정도가 높은 것이다.

G-20 국가의 세계화지수(2019년 기준)를 살펴보면 7개 서구국가의 경우 모두 평균치를 웃도는 반면 나머지 12개국 중 한국과 일본만 평균치를 넘어선다. 특히 그 격차가 커서 7개 서구국가의 경우 평균치가 85.44이나 아시아 7개 국가의 평균치는 69.29이고 중남미 3개 국가의 평균치는 67.66이다. 최고치는 영국의 89.84이고 최저치는 인도의 62.10이다.

〈표 11〉 G-20 국가의 세계화지수(GI)

세계지역	국가명	세계화지수	
		2019 (평균 = 75.19)	2016 (평균 = 69.47)
북미/서구유럽/ 오세아니아 ('19기준 7개국 평균 = 85.44)	미국	82.41	75.71
	캐나다	84.64	85.67
	독일	88.60	78.24
	영국	89.84	81.97
	프랑스	87.25	82.61
	이태리	83.37	79.59
	호주	81.99	81.93
아시아 ('19기준 7개국 평균 = 69.29)	한국	79.29	65.42
	일본	78.59	67.86
	중국	65.08	60.73
	인도	62.10	51.26
	인도네시아	62.47	57.75
	터키	71.58	69.95
	사우디아라비아	65.92	67.35
라틴아메리카 ('19기준 3개국 평균 = 67.66)	브라질	60.52	60.50
	아르헨티나	69.90	57.11
	멕시코	72.56	61.65
동구유럽/ 중앙아시아 (1개국)	러시아	72.45	69.40
아프리카 (1개국)	남아프리카공화국	70.12	65.26

출처: 스위스 쮜리히 연방공대의 기업 연구소(KOF: Konjunkturforschungsstelle der Eidgenöss
ischen Technischen Hochschule Zürich)의 세계화지수(Index of Globalization) 보고서
(http://www.kof.ethz.ch, 2016/2019).
* 세계화지수는 경제적, 사회적, 정치적 세계화로 평가되고, 최저 1에서 최고 100의 값을 가지며
100에 가까울수록 세계화가 보다 진척된 것을 나타냄.

세계화 수준과 전체인구 중 감염병 등으로 인한 사망률간의 연관성을 살펴보면, 세계화의 역설인 세계화 수준이 높은 선진국의 경우 그 사망률이 상대적으로 낮다. 이는 세계화가 감염병의 발생을 증가시킨다는 세계화 가설에 대해 감염병의 발생 여부는 그 국가의 방역 혹은 공중보건 체계에 달려 있다는 그 역설을 보여주는 것이다. 즉 G-20 국가 중 세계화수준이 높은 국가일수록 감염병으로 인한 사망률이 낮다는 것은 선진국일수록 감염병 인명 피해가 적다는 해석과 일치한다. 세계화 수준이 평균치 이상인 G-20 국가가 모두 낮은 감염병사망률을 나타낸다는 것(표 11)은 세계화의 역설을 입증한다. 세계화 지수가 평균치 이상인 G-20 국가 9개국 중 한국과 일본을 제외하면 서구 7개국 모두 낮은 사망률을 보인다는 것도 그 가설을 상당부분 뒷받침한다. 또한 세계화 지수가 70 이하인 6개국 중 중국만이 낮은 사망률을 보이고 나머지는 두 자리수의 감염병사망률을 보이고 있다. 중국의 낮은 사망률도 빈도수로 보면 세계 최고수치이다.

(2) 소득 수준(Income Level)

생활수준을 가늠하는 소득수준이 감염병사망률과 연관성이 있다는 가설이 있다. 결국 생활환경이 감염병 발생과 관련된다는 것이다. <표 12>는 고소득국가일수록 감염병 사망가능성이 낮고 저소득국가일수록 감염병 사망가능성이 높음을 나타낸다. 비감염병의 경우는 반대의 결과이다.

(3) 국제사회의 보건 현황

<표 13>에 의하면, GDP 중 보건예산 비율은 미국이 단연 선두이고 G-20 국가 중 10%를 웃도는 국가는 미국, 브라질, 프랑스, 독일, 일본, 캐나다 순으로 그 비율이 높다. 1인당 보건 예산액도 미국이 단연 선두이고 G-20 국가 중 미국, 호주, 독일, 캐나다, 프랑스, 일본 순으로 그 액수가 크다. WHO 기여액(분담금)은 미국, 중국, 일본, 독일, 영국, 프랑스 순으로 중국의 영향력이 주목할 만하다. G-20 국가를 대상으로 감염병 사망률과 1

〈표 12〉 세계은행 소득집단별 주요 사망원인(2012년 기준)

	세계 (건강수명 = 62세)	저소득국가 (건강수명 = 53세)	중하소득국가 (건강수명 = 57세)	중상소득국가 (건강수명 = 66세)	고소득국가 (건강수명 = 70세)
감염병, 모계, 출산전후 및 영양상 조건들	23.0	53.0	32.1	10.3	6.6
– 감염병 및 기생충 질환	11.5	28.2	16.4	4.6	2.6
– 호흡기 질환	5.5	10.4	6.7	3.3	3.4
– 신생아 조건	4.4	9.3	7.3	1.8	0.3
비감염병	67.8	36.9	57.0	80.9	87.0
– 악성 종양	14.7	6.4	7.9	19.4	24.8
– 신경 조건	2.5	1.7	1.6	1.4	6.3
– 심혈관 질환	31.4	13.4	26.3	40.7	38.0
– 호흡기 질환	7.2	4.1	8.2	8.7	5.5
부상·재해	9.2	10.1	10.9	8.8	6.4

출처: McCracken, Kevin and David R. Phillips. 2017. *Global Health: An introduction to current and future trends*. London& New York: Routledge. p.78.

인당 보건 예산액 간의 연관성을 검증할 경우 G-20 국가 중 감염병으로 인한 사망률이 낮을수록 1인당 보건 예산액이 높다는 것은 선진국일수록 보건 예산에 관심이 많다는 해석과 일치한다.

〈표 14〉에 의하면, 인구 1,000명당 의사수의 경우 G-20 국가 중 평균치를 밑도는 국가는 비서구국 중 러시아와 아르헨티나를 제외한 전부이다. 한국과 일본도 평균치에 못 미친다. 특히 인도네시아는 매우 열악한 상황이다. 또한 인구 1,000명당 간호사·산파수는 독일, 호주, 일본 순이며, 캐나다, 프랑스, 브라질, 미국, 러시아, 영국, 한국 순으로 G-20 국가 평균치를 넘어선다. 이태리는 의사수와는 크게 대비되게 간호원·산파수는 서구국가 중 최하위로 아이러니한 모습을 보여준다. 한편 인구 1,000명당 병상수는 일본(13.4)과 한국(11.5)이 1,2위로 단연 앞선다. 감염병 사망률과 인구 1,000

〈표 13〉 G-20 국가의 보건 예산 통계

세계지역	국가명	보건 예산 관련 사항 (% 및 US$)		
		GDP 중 보건예산비율 (2016)	1인당 보건 예산액 (2016)	WHO 기여액(분담금) (2020-2021)
북미/서구유럽/ 오세아니아 (7개국)	미국	17.07	9,869.74	115,766,922
	캐나다	10.53	4,458.21	13,081,250
	독일	11.14	4,714.26	29,138,560
	영국	9.76	3,958.02	21,851,530
	프랑스	11.54	4,263.36	21,181,675
	이태리	8.94	2,738.71	15,822,860
	호주	9.25	5,002.36	10,574,090
아시아 (7개국)	한국	7.34	2,043.86	10,846,820
	일본	10.93	4,233.03	40,975,800
	중국	4.98	398.33	57,439,805
	인도	3.66	62.72	3,990,405
	인도네시아	3.12	111.52	2,598,070
	터키	4.31	468.65	6,559,760
	사우디아라비아	5.74	1,147.33	5,607,620
라틴아메리카 (3개국)	브라질	11.77	1,015.93	14,105,165
	아르헨티나	7.55	955.20	4,377,960
	멕시코	5.47	461.79	6,181,775
동구유럽/ 중앙아시아 (1개국)	러시아	5.27	469.13	11,507,095
아프리카 (1개국)	남아프리카공화국	8.11	428.18	1,301,425

출처: 세계은행(World Bank) 보고서(http://www.worldbank.org, 2019).
세계보건기구(World Health Organization) 보고서(http://www.who.org, 2020).

명당 의사수 간의 연관성을 검증할 경우 일부 예외사례는 있으나 G-20 국가 중 감염병으로 인한 사망률이 낮을수록 인구 1,000명당 의사수가 높다는 것은 선진국일수록 보건 환경이 좋다는 해석과 일치한다.

〈표 14〉 G-20 국가의 보건 현황 통계

세계지역	국가명	보건 현황 관련 사항 (빈도수)		
		인구 1,000명당 의사수 (2014/2016/2017)	인구 1,000명당 간호사 · 산파수 (2015/2016/2017/ 2018)	인구 1,000명당 병상수 (2012/2013/2014/ 2015)
북미/서구유럽/ 오세아니아 (7개국)	미국	2.6	8.6	2.9
	캐나다	2.6	9.9	2.7
	독일	4.2	13.2	8.3
	영국	2.8	8.3	2.8
	프랑스	3.2	9.7	6.5
	이태리	4.1	5.9	3.4
	호주	3.6	12.7	3.8
아시아 (7개국)	한국	2.4	7.0	11.5
	일본	2.4	11.5	13.4
	중국	1.8	2.3	4.2
	인도	0.8	2.1	0.7
	인도네시아	0.4	2.1	1.2
	터키	1.8	2.6	2.7
	사우디아라비아	2.4	5.7	2.7
라틴아메리카 (3개국)	브라질	2.1	9.7	2.2
	아르헨티나	4.0	2.6	5.0
	멕시코	2.2	2.9	1.5
동구유럽/ 중앙아시아 (1개국)	러시아	4.0	8.6	8.2
아프리카 (1개국)	남아프리카공화국	0.9	3.5	2.8
평균		2.54	6.2	7.11

출처: 세계은행(World Bank) 보고서(http://www.worldbank.org, 2019).

Ⅲ. 지속가능성 분쟁

오늘날 에너지, 환경, 바이오 안보 문제는 국제사회에서 가장 주목받는 관심사로 부각되고 있다. 20세기에는 생존을 위한 국가안보가 초미의 관심사였다면, 21세기에는 에너지의 안정적 확보, 대체에너지 개발, 환경 보전, 식량 확보, 수자원 확보, 질병관리 및 신약개발 등 삶의 질과 관련된 인간안보가 주목받고 있다. 특히 제한된 매장량을 갖고 있는 에너지 자원은 한 국가의 경제발전뿐만 아니라 주권 수호를 위한 군사력 확충에 이르기까지 국가의 운명을 결정할 수 있을 정도로 인간의 삶에 결정적인 요소가 되었다. 또한 에너지 자원의 소비에 따른 초국가적 환경위협의 증가는 점차적으로 국가 간 분쟁의 씨앗이 되고 있고 나아가 인류의 삶에 위협을 주고 있다. 따라서 에너지 안보, 환경 안보, 바이오 안보의 확보를 중심으로 하는 지속가능성 분쟁(Sustainability Conflict)은 21세기 국제사회의 중요한 화두가 되었다.

문제는 21세기 들어 에너지 자원, 환경, 식량, 수자원 이슈들이 인간과 사회에 주는 영향이 중요해진 만큼 그와 같은 쟁점을 둘러싼 갈등이나 분쟁이 점증하고 있고 향후 더욱 증대될 수 있음에 주목할 필요가 있다는 것이다.

〈그림 8〉 지속가능성 분쟁과 글로벌 위기관리의 중요성

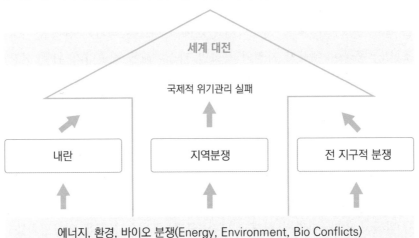

탈냉전 이후 냉전적 이념 갈등을 원인으로 하는 분쟁은 확연히 줄었다. 그러나 아프리카, 중남미, 아시아 지역에서 에너지, 환경, 바이오 자원 그 자체를 둘러싼 분쟁이 감소하고 있지 않고 오히려 지속적으로 증가하고 있다. 이처럼 제한된 자원에 대한 중요성과 그에 따라 증가하는 분쟁은 지속가능한 글로벌 사회(Sustainable Global Society)를 위해 해결해야 할 중요한 과제이다.

에너지 분쟁의 경우 석유와 천연가스 같은 에너지 자원뿐 아니라 금속류의 비에너지 자원을 확보하고 관리하기 위한 국내적, 지역적, 국제적 분쟁은 이미 분쟁으로 귀결되었거나 물리적 충돌의 위험 수위에 이르고 있다. 또한 에너지를 둘러싼 국제적 경쟁과 분쟁 지형에는 기존의 전통적 선진국(미국, 유럽, 일본)과 더불어 중국, 러시아, 인도, 브라질, 한국 등과 같은 신흥 경제권 국가들도 가세하고 있다. 환경 분쟁의 경우 기후변화협약의 진행과정에서 보듯이 선진국과 개도국 간, 과거 감축의무를 지는 국가와 지지 않는 국가 간, 그리고 자발적 감축의무의 양(NDC)과 이행일정을 두고 갈등이 심화되고 있다. 바이오 분쟁의 경우도 최근 신종플루, 사스 등 감염병의 발병국과 인접국가 간 갈등, 그리고 아프리카에서의 식량 및 수자원 부족에 따른 내전은 시간이 지날수록 그 분쟁상황이 악화되고 있다.

자원분쟁은 비단 일국 내의 갈등만을 야기하는 것은 아니다. 거대 자원소비국들은 자원 확보를 위해 자원보유 국가들에게 압력을 행사하거나 경우에 따라 침략 행위를 감행하고 있다. 미군이 이라크와 아프가니스탄에서 피를 흘린 것도, 러시아가 카스피해 근처에서 새로운 국가의 탄생을 가로막는 조치도, 중국이 에너지 자원의 보고인 카스피해에 진출하기 위해 신강−위구르와 티베트의 독립 움직임을 무력을 통해 탄압하고 있는 것도 모두 자원의 안정적인 확보를 위한 강대국들의 에너지 안보 정책의 일환이다. 동북아시아에 큰 피해를 주고 있는 중국으로부터의 황사는 향후 환경 분쟁과 바이오 분쟁으로 증폭될 수 있는 여지가 있다. 더욱 큰 문제는 강대국들의 에너지, 환경, 바이오 정책이 자국의 이익을 위하여 동맹관계를 재편하면서 글로벌 차원에서 충돌하고 있다는 사실이다. 지속가능성 분쟁이 '또 다른 냉전'을 만들고 있다. 따라서 현재 에너지, 환경, 바이오 분쟁은 인류평화를 위협하고 지속가능한 글로벌사회 건설에 큰 장애물이다.

세계 13위의 경제 대국이며 에너지 자원의 거의 전량을 수입에 의존하고 있는 한국도 이미 이러한 자원 확보전에 뛰어들었다. 한국의 에너지 해외의존도는 현재 97% 수준에 이르고 있다. 에너지를 제외한 광물자원의 경우는 경제성장이 지속됨에 따라 그 필요품목의 수가 증가하지만 한국은 이 분야에서도 부존자원이 거의 없다. 이에 따라 전략자원의 수급을 대부분 해외에 의존해야만 한다는 사실은 한국경제의 결정적 취약점이다. 에너지 안보의 시각이 제기되는 이유가 바로 여기에 있다. 이들 에너지의 수급 안정성이 경제발전을 좌우할 뿐 아니라 국민의 생존권이 달려있고, 군사력을 유지하고 운용하는 데에도 절박한 요건이기 때문이다. 그 중에서도 핵심적인 전략자원이 석유라는 사실은 두말할 나위가 없다.

아울러 지난 반세기간 산업화에 박차를 가해 온 한국은 에너지 다소비형 산업구조로 인한 환경 문제에 직면해있다. 향후 적절한 대책 없이 온실가스 배출 감축의무를 질 경우 국가경제에 심한 타격을 받을 가능성이 있다. 특히 1997년 교토의정서의 서명국인 한국은 에너지 소비의 증가, 경제발전과 연계된 환경문제의 해소가 새로운 국가사업의 핵심 과제로 등장하고 있다. 이런 문제 해결을 위한 고부가가치 지식산업 중심의 산업구조로의 개편이 어렵게 되면 한국 경제의 추락은 자명할 것이다. 나아가 식량 문제 해결을 위한 유전공학, 질병 문제 해결을 위한 의약학 및 생명공학의 발전이 병행되지 않을 경우 한국의 위상과 한국인의 삶은 악화될 가능성이 크다.

제3차 세계대전은 발발 가능한 것인가? 만약 가능하다면, 그 분쟁의 성격은 지속가능성 분쟁일 것이다. 따라서 '지속가능한 국제사회'의 구축에 가장 큰 영향력을 미치는 에너지, 환경, 바이오 분쟁에 대한 이해를 통해 그 해결 방안을 모색하는 것이 중요하다. 즉 에너지, 환경, 바이오 분쟁으로 비롯될는지 모를 글로벌 위기를 잘 관리함으로써 지속가능한 국제사회를 유지하고, 에너지·환경·바이오 자원을 효율적으로 공동 사용하는 방안을 강구해야 한다. 이는 전 세계적 수준에서 지속가능한 발전을 가능하게 하고, 인간안보를 확보하여 세계평화를 정착시킬 수 있을 것이다.

 **토론하기**

1. 인권보다 주권을 강조하는 국가안보 개념과 주권보다 인권을 강조하는 인간안보 개념을 비교하면 어떠한가? 주권과 인권이 충돌할 시 우리는 무엇을 우선해야 하는지 논의하시오.

2. 21세기 인류의 건강을 위협한 감염병을 언급하고 보건안보레짐의 시각에서 그 해법을 토론하시오.

3. 지속가능성 분쟁의 원인으로서 에너지, 환경, 바이오(물, 식량, 감염병) 이슈를 설명하고 그 평화적 해결방안을 제시하면 어떠한가? 지속가능성 관련 갈등요인이 제3차 세계대전의 원인이 될 수 있다는 주장에 대해 동의하는가? 이를 논의하시오.

정리하기

1. 인간안보란?

1990년대 탈냉전기의 흐름 속에서 인권이 주권에 우선한다는 '신국제주의' 원칙 하에 안보 논의가 이뤄지면서 국가안보와 대별되는 개념으로 인간안보라는 안보 개념이 대두한다. 이는 '공포로부터의 자유 및 궁핍으로부터의 자유'로 정의되기도 한다. 또한 경제안보(빈곤으로부터의 자유 등), 식량안보(충분한 식량의 확보 등), 보건안보(질병으로부터 보호 또는 치료받을 수 있는 것 등), 환경안보(환경오염이나 자원고갈 등의 위협으로부터의 보호 등), 개인안보(고문, 전쟁, 강도, 내란, 마약남용, 자살, 교통사고에 이르기까지 다양한 위협으로부터 개인의 신체적 안전 보호하는 것 등), 공동체안보(전통문화의 보존과 종족의 보호 등), 정치안보(시민으로써 정치적권리 향유, 정치적탄압으로부터 자유로운 것 등)의 일곱 가지 영역에서 야기되는 위협을 막는 것이 인간안보를 가장 확실하게 보장하는 것이라고 제시한다.

2. 보건안보란?

인간안보의 한 영역으로서 각종 질병으로부터 안전을 확보하고 건강을 유지할 수 있도록 치료를 받을 수 있는 상황을 의미한다. 오늘날 국제사회는 WHO를 통한 공중보건레짐을 통해 감염병에 대비하고 있으며 일반 보건레짐을 통해 보건협력을 강화하고 있다.

3. 지속가능성 분쟁이란?

탈냉전 이후 냉전적 이념 갈등을 원인으로 하는 분쟁은 확연히 줄었으나, 아프리카, 중남미, 아시아 지역에서 에너지, 환경, 바이오 자원 그 자체를 둘러싼 분쟁이 감소하고 있지 않고 오히려 지속적으로 증가하고 있다. 이처럼 제한된 자원에 대한 중요성과 그에 따라 증가하는 분쟁은 지속가능한 글로벌 사회(Sustainable Global Society)를 위해 해결해야 할 중요한 과제이다.

3. 국제기구와 외교정책

 핵심 용어 정리

용어	뜻
정부간기구	주권국가의 합의에 의해 형성된 국가 간의 기능적 조직이며, 국제법상 직접적인 조약에 의해서 성립됨. 이러한 종류의 기구는 회원국으로서 제 국가가 적극적이든 소극적이든 각기 자국의 국가이익과 합치된다고 인정하는 한 유지됨.
국제비정부기구	NGO의 종류는 다양함. 첫째, 국내-국제 조직 여부를 기준으로 국내 비정부기구(NNGO)와 국제 비정부기구(INGO)가 있음. 둘째, 기준에 벗어난 세 가지 특수한 형태의 NGO로 GONGO, QUANGO, DONGO 등이 있음. 셋째, 활동분야를 기준으로 단일과제 NGO와 종합과제 NGO가 있음. 넷째, 활동범위를 기준으로 국내 중심조직과 Global NGOs로 구분됨. 마지막으로, 활동영역을 기준으로 다양한 이슈의 NGO가 존재함. INGO의 역할은 그 기능을 기준으로 관리운용 · 대중교육 및 여론형성 · 정책결정과정 참여 · 감시 · 국제레짐의 설정 기능 등을 들 수 있음.
외교정책 결정요인	외교정책 결정요인을 국제적 및 국내적 측면에서 파악하면, 국제적 요인으로는 국제체제의 성격, 국제기구의 역할, 국제법과 국제관습의 성향, 제3국 혹은 상대국의 영향 등이 있음. 국내적 요인에는 정치체제 및 정부형태의 유형, 외교정책 결정과정의 행위자, 지리적 조건, 정치적 이념, 국력 수준, 외교적 전통과 습관, 제도적 측면, 문화적 측면 등이 있음.

국제사회의 대표적인 비국가행위자로서 국제기구는 어떠한가요? 개별국가의
외교정책은 어떠한가요?

학/습/목/표

1. 정부간기구로서 국제연맹(LN)과 국제연합(UN)에 대해 이해할 수 있다.
2. 국제비정부기구의 유형과 역할에 대해 파악할 수 있다.
3. 외교정책을 체계적으로 이해할 수 있다.

학/습/목/차

1. 정부간기구(IGOs)
2. 국제비정부기구(INGOs)
3. 외교정책

Ⅰ. 정부간기구(IGOs: Inter-Governmental Organizations)

1. 국제기구의 개념

(1) 정의

국제기구(international organization/institution/agency)란 광의적으로는 국경을 초월해서 설립된 상설적 단체를 의미하며, 협의적으로는 조약에 의하여 설립된 국가 간의 단체를 일컫는다. 복수의 국가가 국경을 초월하여 합의에 의해 성립시킨 국제조직이다. 국가들의 공통사항, 즉 안보, 경제, 사회 및 기타 영역의 상호협력을 촉진하기 위하여 조약에 기초하여 결성한 기능적 조직이다. 정기적 또는 상설적으로 활동하는 기관을 구비하고, 회원국가의 주권적 존재는 인정되지만 그 국가의 의사와 행동은 조약내용에 따라서 규율과 제한을 받는다. 각 국가가 조약으로 그 주권의 규율 및 제한을 수락했을 때 국제기구는 형성되고 그 독자적인 존재와 기능이 국제사회에서 전개된다.

(2) 성격과 목적

국제기구란 성격상 국가 간의 조약에 의하여 생성 규율되는 국제법상의 산물이고, 정부간 및 국제비정부 기구를 모두 포함한다. 주권적 성격을 가진 회원국가의 존재와 기능은 인정되나 스스로가 주권적 존재로서 행세할 수는 없다. 그 목적은 국가 간의 평화적 분쟁해결을 위해 국제관계를 규제하는 것이며, 국제사회의 사회·경제적 발전을 위해 국가 간의 협력증진을 지원하는 것이다. 아울러 집단안전보장 조치를 수행한다.

(3) 특징과 권한

국제기구의 회원자격은 통상 주권국가로 제한한다. 이는 다자적인 조약에 의하여 성립하고, 정책결정 시 전회원국은 평등의 원칙에 의하여 동등한 투표권을 가진다. 총회, 이사회, 사무국 등의 조직을 갖춘다. 기구의 재정문제는 회원국 정부의 기부금에 의한다. 그 권한은 회원국을 구속하는 강한 것보다는 회원국의 주권을 침해하지 않는 범위 내에서 제안과 권고 등의 협조만을 구하는 것이 대부분이다. 이를 유형학적으로 구분하면, 구성원의 성격기준에 따라 각국 정부 간의 협력에 의한 정부간기구(Inter-Governmental Organization: IGO)와 개인 또는 민간의 사적인 집단간에 형성되는 국제비정부기구(International Non-governmental Organization: INGO)로 나눌 수 있다. 범위와 기능 기준에 따르면 지역적 국제기구와 특수한 기능적 국제기구 등으로 구분될 수 있다. 또한 참가국의 범위를 기준으로 참여보편적 국제기구(국제연맹/국제연합)와 참여제한적 국제기구로 나눌 수 있다.

2. 정부간기구

(1) 개념

주권국가의 합의에 의한 국가 간의 기능적 조직이며, 국제법상 직접적인 조약에 의해서 성립된다. 이러한 종류의 기구는 구성국으로서 제 국가가 적극적이든 소극적이든 각기 자국의 국가이익과 합치된다고 인정하는 한 성립된다. 힘의 배분과의 관계가 깊으면 깊을수록 이런 기구는 항상 국제사회에 대하여 일방적인 행위를 취할 능력을 결여하고 있는 약소국가의 큰 양보와 불만족을 수반하여 형성된다.

(2) 종류

영향력과 성격을 기준으로 높은 수준의 국제기구와 낮은 수준의 국제기구로 구분할 수 있다. 높은 수준의 국제기구(high international organization)는 제 국가의 독립과 안전보장, 그리고 국제사회의 기본적인 질서와 직접관계가 있는, 다시 말하면 평화와 안보를 위한 정부 간의 종합적이거나 정치·군사적인 국제기구를 말한다. 높은 수준의 세계적 규모의 국제기구로는 국제연합(UN)과 국제연맹(LN)이 있고, 높은 수준의 비세계적 규모의 국제기구로는 북대서양조약기구(NATO), 바르샤바조약기구(WTO), 미주기구(OAS) 등이 있다. 낮은 수준의 국제기구(low international organization)는 비종합적이고 비정치적·비군사적인 업무에 한하여 제휴된 국제기구이며, 국제경제의 관리와 개발에 관한 기구, 국제관계에 있어 보다 제한된 기술적·직능적 업무에 종사하는 기구, 사회적·문화적 제 문제를 취급하는 기구 등이 있다. IGO의 90%가 이에 해당한다.

한편 지역적 국제기구는 지리적으로 상호 인접한 국가들이 지역적 이익을 공동으로 성취하기 위하여 맺어진 국제기구이다. 집단안보를 위한 방위기구, 지역적 경제통합기구, 신생국간의 정치적 기구, 자원관계 국제기구 등이 있다. 첫째, 평화유지기구로는 국제평화유지 문제와 관련하여 NATO(1949), WTO(1955-91) 등이 있다. 둘째, 정치적 기구는 평화유지와 국제적 협력을 촉진하는 등 다목적·종합적 기능을 수행하기 위한 지역적 국제기구로 OAS(1951), OAU(1963, Organization of Africa Unity) 등이 이에 해당한다.

경제적 기구는 지역기구 가운데 가장 많은 것으로 EC(1967-92, European Community), EU(1992). LAFTA(Latin American Free Trade Association), USMCA(구 NAFTA) 등이 있다. 이 외에 자원관계기구는 자국의 자원개발에 의한 최대의 이익을 자국민이 되찾으려는 것을 목적으로 하는 것으로 석유수출국기구인 OPEC(1960, Organization of Petroleum Exporting Countries)가 대표적이다. 또한 아랍 석유수출국기구인 OAPEC(1968, Organization of Arab Petroleum Exporting Countries), 동수출국정부간협의회인 CIPEC(1968), 철광석수출국연합인 AIOEC(1975) 등이 모두 이에 해당된다.

기능적 국제기구는 전문적 국제기구로 한정된 특정의 목적과 임무 또는 기능을 갖는 국제기구이다. 유엔과 연대 관계를 맺고 있는 경제, 사회, 문화, 교육, 보건 등 특수한 기능에 제한된 전문적 국제기구에 국한된다. 예를 들어, 브레튼우즈에서 설립된 기구인 국제통화기금(International Monetary Fund), 국제부흥개발은행(International Bank for Reconstruction and Development), 관

세 및 무역에 관한 일반협정(GATT) 등이 이에 해당된다. 아울러 유엔교육과
학문화기구(UNESCO), 국제노동기구(ILO), 세계보건기구(WHO), 국제전기통
신연합(ITU), 국제해사기구(IMO) 등을 포함한다.

3. 국제연맹(The League of Nations: LN)

(1) 기원 및 정의

제1차 세계대전 후 집단적으로 침략을 방지하고 평화를 유지하려는 염원
에서 국제연맹을 탄생시켰다. 이는 국제평화의 유지와 관련된 모든 활동을
수행하고 비정치적 분야에 있어서의 국제협력의 촉진도 아울러 수행하는 기
구이다. 국제협력의 촉진 및 각 국가 간의 평화와 안전의 달성을 목적으로
설립되었으며, 강대국들의 영향력이 지배적이었다. 정책결정방식에 있어 회
원국 전원일치제 방식(전체적 행동 필요한 실질적 문제)과 다수결 원칙(절차적
행정적 문제, 2/3 혹은 1/2)을 혼용했다. 연맹창설 당시 패전국들을 배제하였
으나 이후 회원국 문호를 개방하여 총 63개국이 가입하였고 해산 당시에는
50개국이었다. 주요한 활동과 임무는 군비축소, 영토보전과 정치적 독립의
상호보장, 분쟁의 평화적 해결 등이었다.

(2) 기능, 역할 및 한계

국제연맹의 기관으로는 총회(산하에 6개 상임위원회), 이사회(미국, 영국, 프
랑스, 일본, 이탈리아 상임이사국 — 미국의 연맹불참으로 4개국 + 다수의 비상임이사
국 — 1922년 6개국/1926년 9개국), 사무국, 상설국제사법재판소, 국제노동기구
(외곽기관) 등이 있다.

총회는 회원국의 대표자로 조직되며 정기적 또는 필요에 따라서 개최된
다. 연맹본부 소재지 혹은 정해진 장소에서 개최되고, 1920년 11월 연맹본
부 소재지인 제네바에서 개최된 후 매년 가을 개최된 바 있다. 각 회원국이

1개의 투표권을 행사하고, 3명 이하의 대표를 파견하며, 매년 총회는 강대국을 제외한 다른 회원국 대표 가운데서 1명의 의장과 6명의 부의장을 선출하고 사무총장의 역할이 크다. 직능별로 6개의 상임위원회[제1 분과위원회-규약 및 법률문제/제2-기술 및 기구/제3-군비축소/제4-행정 및 재정/제5-사회 및 인권/제6-정치적/제7-아편 및 보건]가 있었고 1938년에 1개가 추가되었다.

이사회는 주된 동맹 및 연합국(미국, 영국, 프랑스, 이탈리아, 일본)과 다른 4개 회원국의 대표자로서 조직된다. 5대 강국인 연합국을 상임이사국으로 한다. 이는 미국의 국제연맹 불참으로 4개 상임이사국(1920년)으로 축소되고 독일과 소련의 가입으로 6개 상임이사국(1934년/1936년)이다가 일본, 독일, 이탈리아의 국제연맹 탈퇴와 소련의 축출로 1939년 국제연맹 말기에는 영국, 프랑스 2개국만 상임이사국으로 잔류하게 된다. 총회에서 선출되는 3년 임기의 4개 비상임이사국은 6개 비상임이사국(1922년)으로 확대되고 후에 9개 비상임이사국(1926년)과 11개 비상임이사국(1936년)으로 확대된다. 이사회는 수시로 개최되며 적어도 매년 1회 개최된다. 1929년까지 연 4회 개최되었고, 의장은 프랑스어 국명의 알파벳 순서로 의장직을 수행한다. 전원일치가 원칙이나 가입국의 과반수에 의하여 결정한다. 분쟁당사국은 투표에 참여치 못한다. 토론, 사실조사, 중재 그리고 집행 등 광범위한 권한을 행사하며, 총회와 이사회의 권한 관계가 분명치 않다. 이사회의 전속사항은 상임이사회의 추가지정, 군비축소 계획안, 영토보존 및 정치적 독립존중과 외침에의 옹호문제 및 위임통치에 관한 감독 등이다.

사무국은 연맹 소재지에 사무총장 1명과 필요한 사무관 및 직원을 둔다. 사무총장은 총회 과반수의 동의를 필요로 하고, 연맹에 대한 행정업무와 후방지원의 직능을 담당한다. 사무국 직원은 각국 정부의 국민이면서도 그 정부로부터는 완전 독립된 지위와 신분으로 국제연맹에만 봉사하고 책임지는 위치에 있다.

상설국제사법재판소는 회원국들 사이의 중재재판 또는 사법적 해결을 위한 재판권한을 갖는 재판소이다. 국제연맹의 외곽기관으로 설립되었고, 1899년 제1차 헤이그회의에서 이미 설치한 바 있는 상설중재재판소를 그 전신으로 한다. 국제연맹에 이르러서는 재판소를 진실로 상설기구화한 것이다. 재판관은 모두 15명, 그 임기는 9년이다. 1939년 제2차 세계대전 발발 때까지 재판한 사건은 모두 29건이고, 자문은 27건이다. 이는 국제분쟁의 사법적 해결을 시도한다.

국제노동기구는 국제노동헌장 선언에 연유하며, 1919년 베르사이유조약 제13편 제427조가 정한 노동에 관한 지도원칙에 근거한다. 이는 노동자의 단결권 승인, 임금과 노동시간에 관한 국제적기준의 설정, 부인과 소년근로자의 보호, 남녀노동자에 대한 균등대우, 사회보장제도의 정비, 노동공급의 조절, 실업방지, 연휴제의 채용 등을 포함한다. 총회인 국제노동자회의는 국제노동입법의 제도화를 담당한다. 이는 매년 1회 개최되고, 각국 대표는 4명씩이며, 표결은 출석대표의 3분의 2이상에 의해 결정된다. 국제연맹 회원국의 경우, 자동으로 회원국이 되고, 비회원국으로 미국과 독일도 회원국에 가입한 바 있다. 독일, 이탈리아, 일본은 국제연맹을 탈퇴한 후에도 회원국으로 잔존했다. 국제연맹보다도 더욱 보편성의 원칙에 충실했다.

(3) 국제연맹의 경과

회원국 간의 충돌은 전 회원국에 영향을 미치고 일국의 무력행사는 전 회원국에 대한 범죄를 구성한다는 관여의 원칙(principle of concern)을 규약에서 구체화하고 가입국은 이를 승인한 집단적 안전보장기구로 설립되었다. 미국이 불참하여 국제연맹과 미국을 연결하는 부전조약이 맺어진다. 미국의 불참이유는 다음과 같다. 국제연맹규약이 미국상원에서의 인준과정에서 국내관할권에 대한 절대적인 고집에 따른 유보 때문에 실질적으로 거부되었고, 먼로선언(남북미대륙의 평화와 안보 유지를 위하여 유럽제국의 침투를 방지해야 하며 미국은 유럽제국의 식민지나 분쟁문제에 간섭하지 않는다)에의 회귀 때문이다. 이는 18-19세기 미국의 고립주의원칙을 재확인한 것이다. 영국과 프랑스는 집단안보체제에 회의를 품고, 지역적 안보체제 해결로 회귀하며, 관여의 원칙이 이완된 것도 그 이유이다. 일본과 이탈리아가 국제연맹의 권위를 부인한 것도 국제연맹 종말의 원인이 된다.

(4) 국제연맹의 붕괴원인

첫째, 국제연맹의 산파역이었던 미국이 의회(상원)의 반대로 가입을 거부한 것은 연맹의 권위와 제도에 큰 타격을 주었다. 소련 역시 가입하지 않았다.

둘째, 국제연맹의 제도적인 측면서 볼 때 전쟁을 방지하고 국제평화와 안전을 유지하는 것을 제1차적 목적으로 했으면서도 일정 조건하의 전쟁금지의 예외를 인정함으로써 전쟁을 불법화시키지 못하였다.

셋째, 국제연맹은 국제평화를 직접적이고 효과적인 방법으로 보장하는 수단을 결여하고 있었다. 집단적인 경제제재만을 의무화하고, 군비축소 문제의 한계(독일=군사력 평등 주장, 프랑스=독일보다 우위의 군사력유지 목표 고수, 영국=모든 국가의 직접적이고 일반적인 군축 주장)를 노정했다.

넷째, 당시 국제사회의 공동체 의식이 결여된 국제환경에 문제가 있다. 이기적이고 냉혹한 주권국가 의식이 한계이다.

다섯째, 제1차대전에서 승리를 거둔 전승국이 패전국을 강요하여 그 패배를 확인시키고, 영토/배상 등을 공여하게 하여 패전국의 재기를 억압하려는 데 주요한 목적이 있었다. 당시 이 조약에 의하여 억압되고 자유를 잃고 모욕을 당한 독일을 비롯한 여러 나라는 다시금 독립과 자유를 찾으려고 전쟁을 계획했다. 이는 제2차 세계대전의 원인이 되었다.

여섯째, 모든 중요한 사항을 결정하는 데 있어 전원일치제를 채택하였다. 이는 국제연맹을 아무런 결정도 행동도 할 수 없는 공론의 무대로 만들었다. 결과적으로 전쟁의 여지를 남겨 놓은 것이다.

(5) 국제연맹의 성과3)

첫째, 새로운 국제체제 질서 형성의 의욕적인 출발이었다. 도덕적이며 이상적인 법률적 의미에서는 높이 평가될 수 있는 국제체제이다.

둘째, 연맹의 기본을 집단안보에 두고 모든 세계문제에 있어 분쟁을 평화

---

3) 국제연맹 규약은 베르사이유 평화조약 제1편(26조)으로 1919년 6월 28일에 서명되고, 1920년 1월 10일에 발효되어 1921년 10월 21일에 개정된 후 1946년 4월 19일에 해산되었다.

적으로 해결하고 군축을 실천할 것에 약속함으로써 새로운 국제체제의 기초
가 되었다.

셋째, 국제노동기구는 노동입법의 촉진을 가져오고 노동관련 통계의 정
비 등 노동문제에 관한 제 문제를 검토하게 하는 국제적 구심체가 되었다.

넷째, 전후의 유럽 경제부흥과 재정재건에 노력하였다.

4. 국제연합(The United Nations: UN)

(1) 기능과 역할

국제연합의 목적은 헌장(전문, 19개 장, 111개 조) 전문에 나와있다. 이는
국제간의 평화와 안전을 유지하는 것(국제평화와 안전의 유지), 제 국가 간에
우호적 관계를 발전시키는 것(인민의 동등권 및 자결의 원칙), 경제적, 사회적,
문화적, 인도적 성질의 국제문제에 국제협력을 달성하는 것(국제협력의 달
성), 각국 행동을 조화시키는 중심이 된다는 것(국제활동의 중심) 등이다. 한
마디로 말해, 국가 간의 평화와 안전의 유지에 있는 것이다.

국제연합의 원칙은 주권평등의 원칙[예외인정 - 제한적다수결제, 타국의 의
사에 의해 구속, 강제조치의 의결효력은 이사국은 물론 전회원국의 행동 구속], (헌
장에 의거하는) 의무의 성실이행의 원칙[분담금의 지불을 연체하고 있는 국가는
그 연체금의 금액이 그 당시까지의 만 2년간에 그 국가가 지불하여야 할 분담금의
금액과 동액이거나 또는 이를 초과한 때에는 총회에서 투표권을 가지지 못함], 국제
분쟁의 평화적 해결의 원칙[전쟁은 물론 전쟁에 이르지 않는 무력행사도 제외. 군
사적 조치를 인정], 무력행사 금지의 원칙[유엔의 집단적 안전보장을 위한 무력사
용, 자위권의 행사로서의 무력사용은 일정한 조건하에 허용], (국제연합의 행동에 대
한 원조) 원조제공의 원칙[유엔에 대한 원조제공은 당연히 위반국에 대한 원조금
지를 포함], (비가맹국의 행동) 비회원국 행동확보의 원칙[비회원국의 행동도 이
에 결집되어야 함], (국내사항의 제외) 국내문제 불간섭의 원칙[강제조치의 적용
은 인정, 집단적 간섭제도 도입] 등이다.

(2) 국제연합의 기관

6개의 주요기관 중 총회(General Assembly)는 모든 회원국과 5명 이하의 대표로 구성되는 UN의 최고기관이다. 현재 193개국이고, 한국은 1991년 9월 17일 가입하여 2021년에 UN 가입 30주년을 맞이했다.

그 임무와 권한은 국제평화와 안전의 유지, 국제협력의 촉진, 각종 보고(연차·특별 보고)의 심의, 국제신탁통치제도에 관한 임무, 예산 심의와 승인 임무 등이 있다. 또한 신회원국의 유엔가입에 따른 의결, 각 이사회의 이사국의 선거, 국제사법재판소의 재판관 선거, 사무국 사무총장의 임명, 유엔헌장의 개정 제의 등도 수행한다.

총회에서 각 회원국은 각 1개의 투표권을 행사하고 중요문제(국제적 평화와 안전의 유지에 관한 권고, 안보이사회의 비상임이사국의 선거 등)에 대해서는 '출석하고 투표하는[표결에 불참하거나 결석한 경우에는 기권한 것으로 간주; 거수, 기립, 전자버튼 또는 호명(알파벳순)으로 표결]' 회원국의 3분의 2의 다수결로 결정한다. 기타문제는 출석하고 투표하는 회원국의 과반수로 결정한다. 매년 정기회의와 필요에 따라 특별회의가 개최된다. 정기총회는 매년 9월 셋째 주의 화요일에 유엔본부에서 개최되고, 그 회기마다 의장을 선거한다. 1명의 의장과 17명의 부의장(아시아＋아프리카 7명, 동유럽 1명, 남미 3명, 서유럽 2명; 안보이사회의 상임이사국은 당연직 부의장국 5명) 총 18명으로 의장단을 구성한다. 그리고 보조기관으로 7개의 분야별 주요 위원회(1－정치안보위원회, 2－경제재정, 3－사회인도문화, 4－신탁통치, 5－행정예산, 6－법률, 특별－특별정치)가 있다.

안전보장이사회(Security Council)는 5개의 상임(permanent)이사국(미국, 러시아, 영국, 프랑스, 중국)과 10개의 비상임(non－permanent)이사국으로 구성된다. 비상임이사국 10개국은 공헌과 형평성을 기준으로 지리적 배치를 고려하여 총회에서 3분의 2 이상의 찬성을 얻어 임기 2년으로 선출된다. 아시아＋아프리카지역 국가에 5석, 동유럽에 1석, 중남미에 2석, 서유럽 및 기타에 2석 등으로 배분되며 각 이사국은 1인의 대표를 둔다. 그 임무와 권한을 살펴보면, 국제평화와 유지에 관한 제1차적 책임을 안전보장이사회가 진다. 안보리는 국제사회의 평화유지와 안전에 관한 모든 문제를 심의, 조사, 권고, 조정, 호소할 수 있도록 하고, 이러한 평화적인 방식으로의 해결이 효력을 지니지 못할 때 안전보장이사회는 반강제적인 간섭 또는 적극적이고 강제적인 개입방식도 택할 수 있다. 각 이사국은 1개의 투표권을 행사하고, 절차사항에 관한 결정은 9개 이사국의 찬성 투표로써 성립하며, 그 밖의 모든 사항, 즉 실질사항에 대한 결정은 상임이사국(5대국)의 동의 투표를 포함하는 9개 이사국의 찬성투표로 성립한다. 유엔에서의 중요한 문제의 결정에 5대 상임이사국 전원의 찬성이 없는 한 어떠한 조치나 활동도 할 수 없도록 되어 있다. 이는 거부권(veto)을 의미하며 회원국의 주권평등 원칙과는 분명히 모순되나 국제사회의 엄연한 하나의 현실이다. 과거 거듭된 소련의 거부권 행사는 유엔을 무력화하기도 했다. 상임이사국의 기권 또는 결석에 관한 한 그것은 거부권행사로 보지 않는다는 관행이 있으며, 뉴욕에 상주 대표를 두고 매년 2회 정기회의를 개최한다.

경제사회이사회(Economic and Social Council)는 총회에 의해 선출된 54개 국가로 구성된다. 당초 18개국이었으나 1965년 헌장개정을 통해 27개국으로 확대되고 1973년 헌장개정을 통해 54개국으로 확대되었다. 이는 계속 늘어나는 개발도상국들의 이사회 참여요구에 부응한 것이다. 임기는 3년이고, 매년 18개 이사국이 개선된다. 지역적 배분 기준은 아프리카 14개국, 아시아 11개국, 중남미 10개국, 동유럽 6개국, 서유럽 및 기타 지역 13개국 등이고, 1인의 대표와 1개의 투표권을 지닌다. 출석하고 투표하는 이사국의 과반수에 의하여 의사결정이 이뤄지며 그 운용은 극히 민주적이다. 최소한 매년 3회의 회기를 가지며, 그중 1회기는 정기 총회 개최 직전에 개최한다. 경제사회이사회는 국제적인 경제·사회·문화·교육·보건과 이와 관련된 문제들에 관한 연구와 보고를 행하거나 발의한다. 일반적으로 강제권력을 가진 것이 아니고 총회의 권위 하에서 지시를 받고 이 임무를 수행할 뿐 그 임무수행에 대한 책임은 총회와 나누어 담당한다. 총회 산하의 제2위원회인 경제·재정위원회와 제3위원회인 사회·인도·문화위원회와 많은 부문에서 임무가 중복된다.

신탁통치이사회(Trusteeship Council)는 원래 국제연맹으로부터 물려받은 위임통치지역과 2차대전의 결과 패전국으로부터 분리된 전 식민지지역 및 자발적으로 유엔의 신탁통치 지역으로 들어온 제 지역의 점진적인 독립을 성취시킬 목적으로 유엔의 6개 주요기관 중의 하나로 설립되었다. 오늘날 식민지의 소멸로 사실상 유명무실한 기관이다.

국제사법재판소(International Court of Justice)는 9년 임기의 15명의 재판관으로 구성되며 총회와 안전보장이사회가 과반수 이상의 찬성으로 선출하며 재선이 가능하다. 1946년 2월 각국별 판사단에서 선출한 새로운 판사들이 임명됨으로써 국제사법재판소는 그 기능을 발휘하게 되었다. 15명 재판관 중 동일국가의 국민은 2명 이상 재판관이 될 수 없다. 재판관은 자국의 대표로서가 아니라 법률학자로서의 개인적인 능력에 의하여 선출되며, 비회원국의 국민도 재판관으로 선출될 가능성이 있다. 재판관 15명중 5명은 5대 상임이사국의 국적소유자이고, 나머지 10명만이 이들 국가 외의 국적 소유자들에게 배분된다. 분쟁의 사법적 해결을 담당하며, 국가 이외의 국제기구나 개인은 당사자 능력을 갖지 않는다. 조약의 해석, 국제법상의 문제, 국제의무의 위반이 인정되는 사실의 존재, 국제의무의 위반에 대하여 행하여지는 배상의 성질 또는 범위 등을 담당한다. 공용어는 영어 및 프랑스어이고, 소송의 제기는 재판소 서기에의 특별한 합의통고 또는 서면신청에 의하여 재판소에 제출함으로써 성립한다. 재판관 전원 출석으로 개정하고, 정족수는 9명이다. 모든 문제는 출석한 재판관의 과반수로 결정하는데 가부가 동수인 때는 재판소장 또 재판소장 대리재판관이 결정투표권을 갖는다. 재판소의 심의는 비공개이고 비밀이다. 판결에는 기초이유를 게시하고, 재판에 참여한 재판관의 성명을 기재한다.

사무국(Secretariat)은 국제연합의 상설성과 다양한 업무의 계속성을 유지하게 한다. 각종 회의의 조직과 입안, 유엔을 위해 필요한 자료와 정보의 수집·조사와 연구업무, 사무총장의 역할을 통한 직접적인 개입도 그 역할이다. 1명의 사무총장, 34명의 사무차장 및 차장보, 약 2만여 명의 직원이 종사한다. 사무총장은 안전보장이사회의 권고에 의하여 총회가 임명하고 유엔

행정직원의 장이다. 국제사회에 미치는 영향과 비중은 대단히 크다. 안보리의 상임이사국을 포함한 9개국 이상의 찬성을 얻는 인물을 선정하여, 총회에 권고한다. 총회는 단순다수결에 의해 임명여부를 결정하며, 상임이사국의 어느 1국도 거부권 행사가 없어야 한다. 주로 중소국 출신으로 비교적 중립적인 국가의 인사가 임명된다. 역대 UN 사무총장은 António Manuel de Oliveira Guterres(Portugal; 2017-2026), Ban Ki-moon(Republic of Korea; 2007-2016), Kofi A. Annan(Ghana; 1997-2006), Boutros Boutros-Ghali (Egypt; 1992-1996), Javier Perez de Cuellar(Peru; 1982-1991), Kurt Waldheim(Austria; 1972-1981), U Thant(Myanmar; 1961-1971), Dag Hammarskjöld(Sweden; 1953-1961), Trygve Lie(Norway; 1946-1952) 등이다. 임기는 5년이고 재임 가능하다. 모든 회의에서 사무총장의 자격으로 행동하는데, 대표로서의 임무(유엔을 대표하며 그 공식 대변자), 행정 및 봉사의 임무(행정직원의 장), 정치적인 임무 등을 수행한다. 사무국 직원은 내규(Staff Rules and Regulations)에 의해 활동한다. 국제기구에 대한 충성심 그리고 회원국 정부로부터의 독립성이 요구된다. 헌장의 원칙에 충실해야 하고 업무상의 지시는 본국정부가 아닌 사무총장으로부터만 받는다. 최고수준의 능률, 능력 및 성실을 확보해야 하고, 광범한 지리적 기초에 의하여 채용된다. 실제 채용과정에 있어서, 각국의 재정적인 공헌도와 지리적 기초에 의한다는 지역적 배분이 1차적 고려 대상이다. 사무직은 P-1에서 P-5까지, 고급직급은 D-1/D-2의 계급으로 채용되고, 영구직과 단기직으로 구분된다. 3분의 1이 UN의 뉴욕본부에 근무하고, 3분의 2는 UN 제네바사무소, 지역위원회 그리고 130여 개국의 UN사무소에 분산 근무한다. 유엔의 계획을 집행하기 위한 감독, 통제, 그리고 협력의 기능을 수행한다. 일반 국제법상 외교관이 누리고 있는 특권과 면제권을 똑같이 부여받는다.

(3) 국제연합의 회원국

원회원국은 샌프란시스코에서 국제기구에 관한 연합국 회의에 참가한 국가 또는 1942년 1월 1일의 연합국선언에 서명한 국가로서 유엔헌장에 서명하고 이를 비준한 국가들이다. 전쟁 중의 동맹관계에 기초하고, 강대국들의 전원 가입을 실현했다. 원회원국은 51개국이고 평화애호국(peace-loving states).으로서 국제의무를 이행할 의사와 능력이 있는 국가들을 일컫는다. 신회원국의 가입자격은 헌장 제4조("… 헌장에 포함된 의무를 수락하고 또 이 기구에 의하여 제시된 의무들을 이행할 능력과 의사가 있다고 인정되는 다른 모든 평화애호국에 개방되어 있다.")에 의한다. 가입 절차는 안보이사회가 권고하고 총회가 의결함으로써 효력이 발생한다.

헌장 규정에도 불구하고 전후 신생국가들의 유엔참여는 좌절되었다. 미·소진영을 중심으로 한 양극구조의 경직성, 거부권행사, 폐쇄성 등 미·소 양국의 경쟁적인 상호배제정책(policy of competitive exclusion)의 지배로 새로운 회원국의 증가는 여의치 않았다. 결국 일괄타결(package deal) 또는 일괄 가입이 대안으로 등장했다. 1953년 제8차 유엔총회는 일괄가입(안)을 타결하기 위한 주선위원회(Committee of Good Offices)를 구성했고, 1955년 제10차 유엔총회에서 채택(52 : 2 : 5로 압도적 다수로 채택)했다. 일괄가입이란 비합법적이고 비정상적인 방법이기는 했어도 정치적 타협을 통한 현실적 접근이었다. UN 회원국은 2006년에 몬테네그로, 2011년에 남수단 가입으로 현재 193개국이다.

(4) 국제연합의 기능과 활동

국제연합은 집단안전보장(collective security; 다수의 국가가 그들의 안전을 상호간 집단적으로 보장하는 것 ↔ individual security; 일국이 자국의 힘만으로써 그 국가의 독립과 안전을 보장하는 것)을 주요한 활동으로 한다. 이는 국제기구의 회원국이 상호 간에 무력의 불행사, 영토의 불가침을 약속하고 어떤 회원국이 그 의무에 반하여 평화를 파괴하는 경우 다른 모든 회원국이 평화파괴국에 대하여 취하는 강제조치를 의미한다. 평화와 질서를 수호하려는 측에 월등한 힘이 놓여있어 그 어느 나라도 감히 평화와 질서를 교란하려고 기도할 수 없게 되어 있는 국가 간의 힘의 배분상태를 말한다. 이는 새로운 질서를 창출하는 장치가 아니고 이미 존재하고 있는 평화와 질서를 수호하기 위한 현상유지 지향의 안전장치이며, 또한 어떤 특정한 평화교란자를 미리 상정하고 있지도 않다. 구별되는 개념으로 집단자위[특정한 국가의 예상되는 행위를 규제하기 위해 여러 나라가 공동방위동맹을 맺음; 체제 내의 국가들은 우방, 적으로 간주되는 명확한 적과 동지의 사전 구분; 예를 들면, 북대서양조약기구(NATO), 바르샤바조약기구(WTO)]가 있다.

집단안전보장이 작동되기 위해서는 다음 세 가지 조건이 요구된다. 첫째, 평화애호국가(군)의 힘이 침략자의 힘보다 월등히 강해야 한다. 둘째, 평화파괴자가 누구라는 데에 대한 일치된 견해가 늘 형성되어야 한다. 셋째, 각 국가들은 집단안전보장 체제 유지를 위하여 언제 어디서나 자국의 힘을 사용할 의사를 가져야 한다. 실제 집단안전보장의 행사는 안전보장이사회 상임이사국인 5대 강국의 거부권없는 합의에 전적으로 의존해야하나 5대 강국 간의 이해관계로 어려움이 존재한다. 결국 유엔의 집단안보제도의 약화와 실효성 상실은 헌장 제43조의 불이행에 연유한다. 약소국이 평화를 교란할 때는 쉽게 작동할 수 있으나 강대국이 평화파괴자가 될 때에는 전혀 무력한 것으로 실제 국제평화질서를 파괴하는 나라가 강대국임을 생각할 때 결국 무의미한 제도가 될 수 있다.

집단안전보장 기능이 실제 작동하기 어렵다보니 그 변용으로 평화유지활동과 평화유지군활동이 실제로 행해져왔다. 평화유지활동은 집단안보제도의 무기력성에 대한 대안으로 헌장 제6장에 명시된 '분쟁의 평화적 해결' 방식과는 다른 방식이다. 이는 비전투적이고 비제재적인 것으로 국가 간의 분쟁에 개입하는 것뿐만이 아니고 국내 정치상황에도 개입하는 것이다. 거의 모든 경우에 군사력을 전개시킨다는 점에서 집단안보와 유사하나 침략자를 응징하는 것이 아니고 전투를 방지하기 위하여 완충지대를 설정하거나 휴전을 성취함으로써 질서를 유지하는 것을 말한다. 이는 자위의 경우를 제외하고는 무력을 거의 사용하지 않는다. 군대보다는 오히려 경찰적 성격을 지니며, 감시, 순찰, 완충지대의 형성, 질서유지 또는 협상 활동을 모두 포함한다. 평화유지활동을 담당하는 주체로는 군사옵서버단(비무장군인으로 구성; 휴전감시, 위반조사 및 보고 등 임무를 수행)과 평화유지군(무장군인 및 민간전문요원으로 구성; 전투재발방지, 질서회복 및 유지, 신뢰회복을 통한 정상상태 증진을 수행) 이 있다. 이는 국제분쟁 해결을 위한 유익한 환경조성에 기여하고, 현실적으로 유엔이 집단안보조치로서 유엔상설군 또는 경찰군을 유지, 파견할 수 없는 국제정황에서 가장 실질적인 수단이다. 오늘의 안보이사회가 시행하고 있는 평화유지활동은 평화조성활동이다. 평화유지군 활동의 예로는 유엔 격리감시군(UNDOF), 유엔 키프러스평화유지군(UNFICYP), 유엔 레바논주둔잠정군(UNIFIL), 유엔 인도/파키스탄 군사감시단(UNMOGIP), 유엔 휴전감시기구(UNTSO), 유엔 앙골라검증단(UNAVEM), 유엔 이란/이라크 감시단(UNIIMOG) 등이 있다.

국제연합의 실질적 활동의 하나는 분쟁의 평화적 해결이다. 국제분쟁을 발생원인에 따라 유형학적으로 구분하면, 영토 및 국경 분쟁(국가 간에 일정 영토에 대한 주장이나 반대주장 또는 국경선을 정하는 데에 따른 국가 간 분쟁; 캐시미르사태 등), 냉전 분쟁(제2차 세계대전 직후에 전개된 냉전 상태 속에서 형성된 이념적인 대립 분쟁; 한국전쟁 등), 독립 분쟁(아시아·아프리카 및 중동 지역의 많은 국가들의 반식민운동이 국제적인 분쟁의 내용을 구성한 것; 인도네시아 독립분쟁 등), 국내관할권 분쟁(단일국가 내에서 발생한 분쟁들; 남아공 소수인종 차별분쟁 등), 외부간섭 분쟁(한 국가의 국내적인 정치투쟁, 혁명, 시민전쟁에 대하여 인접국가나 또는 강대국이 개입함으로써 확대되는 분쟁; 그리스를 공산세력의 위협으로부터 구제하기 위한 UN 발칸특별위원회 등)등이 있다.

이외에 분쟁 해결에 관한 전통적인 해결방식으로는 협상, 중재, 사실조사, 중개, 조정, 중재재판, 국제사법재판 등이 있다. 협상(negotiation)은 국가 간 분쟁을 해결하는 데 있어서 가장 오래된 유용한 기술. 개인, 집단 또는 국가가 서로 상충하는 이익이나 공통된 이익을 절충, 타협하는 상호작용의 한 형태를 말한다. 중재(good offices)는 분쟁당사국에게 제3국이 협상분위기 조성을 위하여 통신시설이나 회담장소 등을 제공함으로써 이루어지는 것으로, 제3국은 기술적인 면에서 분쟁내용에는 간여하지 않고, 다만 당사자 간 회담이 결렬되어 어느 쪽도 대화재개를 선도치 않을 때 이를 권하는 정도의 개입만 하는 것이다. 사실조사(inquiry)란 분쟁으로부터 중립적 위치에 있는 조사단에 의한 사실규명을 통한 해결에 이르는 조건의 설정을 의미한다. 중개(mediation)란 제3자가 실질적인 제안을 함으로써 분쟁당사국들이 해결방법을 찾는 데 도움을 주는 평화적 해결방식을 말한다. 성공적인 중개는 분쟁당사국 상호간의 긴장을 감소시키며 대립되는 주장을 조화시킨다. 조정(conciliation)이란 분쟁당사국 간에 얽힌 실질 내용에까지 개입하는데 있어서는 중개와 같으나 오직 그 구성에 있어서 중개자가 개인이 아니고 국제위원회나 국제기구라는 점에서 차이가 있다. 중개에 있어서는 해결절차가 오직 분쟁당사국의 타협에 의한 자발적인 것임에 비하여 조정에서는 분쟁당사국이 사전에 조정위원회의 결정에 승복할 것을 합의함으로써 그 법적 효력이 강하다. 중재재판(arbitration)은 분쟁당사국이 사전 합의한 범위 내에서 법률적 원칙을 적용하여 분쟁을 해결하는 방식이다. 사전 합의한 사항이라도 재판결과 그것이 주요한 국가이익에 관련될 때는 이행에 어려움이 따른다. 국제사법재판(adjudication, judical settlement)은 분쟁당사국이 분쟁해결을 국제사법재판소에 제소함으로써 성립하며, 중재재판과는 달리 사전의 합의는 요하지 않는다. 이는 분쟁당사국이 국제사법재판소의 재판관할권을 승인하지 않으면 사실살 불가능하고 일단 승인했을 때 그 결정은 법적 구속력을 갖는다.

한편, 유엔 안보이사회에 제기된 분쟁이 그 해결을 모색하는 방법 중에는 막후외교와 예방외교 등이 있다. 분쟁의 평화적 해결을 위한 조용한 막후외교는 함마슐드 UN 사무총장 때부터 개시된 방법으로 공·사적인 절차가 혼합된 새로운 분쟁해결방식이다. 유엔의 비공개적 주선에 의한 접촉으로 사태해결에 큰 기여를 한 예로는 1946년의 이란사태, 수에즈 분쟁 등이 있다. 또한 예방외교는 분쟁의 평화적 해결을 보완하는 가장 훌륭한 기술로 휴전이나 비무장지대 내에 휴전감시단의 파견, 적대세력의 중간에 유엔군을 끼워넣는 방식, 국내정치질서를 유지하기 위하여 내적인 갈등을 봉쇄하는 방식, 국내의 적대세력 간의 투쟁을 막기 위하여 유엔군사력을 사용하는 경우, 평화유지활동을 통하여 유엔이 분쟁을 해결하는 방법 등이 이에 해당한다.

평화적 변화와 기능주의도 장기적 차원에서 UN의 주요한 역할이다. 평화적 변화의 의미는 어떤 문제가 분쟁의 단계에 이르지 않고 일반복지나 우호관계를 저해할 우려가 있는 사태에 머물러 있으면서 분쟁으로 발전할 가능성이 있을 때 이를 미연에 방지하기 위하여 문제가 된 현상태를 미리 변경시키는 것을 말한다. 장기적이고 무형적이며 점진적 과정이다. 이는 국제정치체제의 근원적인 규범이나 가치의 변화를 근본적으로 지향한다. 현상유지적인 집단안보와 비교하면, 평화적 변화는 분쟁의 본질적인 내용에 간여해야만 성립하고, 목적의 관리에 역점을 둔다. 이는 회원국들의 국내사정을 고려한 현상타파 내지 현상변경의 성향을 보이며, 그런 사태가 일어나기 전에 대처한다는 면에서 사전예방적 조치이다. 반면에 집단안보는 수단의 관리에만 역점을 두고, 모든 회원국들을 일률적으로 취급하며 그들의 국내정치 상황과는 상관없이 현상유지적 성격을 가진다. 이는 침략이나 무력행사의 위협이 있은 후에 수행되어 사후구제적이다. 평화적 변화의 목표는 국제정치체제가 안고 있는 분쟁의 요인들을 근원적으로 제거하고자 하는 것이다.

UN은 총 예산의 4분의 3을 경제적·사회적 목적을 위하여 사용하고, 기능주의 활동은 UN 전문기구와 관련 국제비정부기구 및 지역기구를 통해 수행된다. 기능주의란 종래의 정치적 접근방식에 의한 평화의 유지에서 탈피하여 비정치적인 영역인 경제적·사회적·기술적·인도적 분야에서의 국제적 활동을 강조한다. 기능활동의 예로는, 산업발전 분야에서 IBRD(국제부흥개발은행;세계은행;유엔전문기구), 무역증진 분야에서 IMF(국제통화기금;유엔전문기구), GATT(관세 및 무역에 관한 일반협정;유엔전문기구), 기술협력 분야에서 UNDP(유엔개발계획), 사회문화 분야에서 UNESCO(유엔교육과학문화기구;유엔전문기구) 등이 있다.

(5) 국제연합의 문제점

우선 거부권의 타당성에 관한 논란이다. 거부권은 헌장의 원칙인 다수결주의에 대한 예외로 국제정치 현실에 대한 인식과 타협의 산물이다. 그 목적은 강대국의 지도력을 실효성 있게 운영하고 강대국에게 책임감을 부여하기 위함이다. 냉전기인 1989년 8월까지 총 230회의 거부권 행사가 존재했고, 그중 75%인 116회가 소련에 의한 것이고, 65회가 미국, 29회가 영국, 17회가 프랑스, 3회가 중국에 의한 것이었다. 거부권의 순기능은 거부권이 유엔 창설과 존재를 위해서 강대국의 이익을 보장해주어야 한다는 현실적인 요구에 따른 장치라는 점이다. 강대국들이 보유한 거부권이 빈번한 남용으로 인해 부작용도 적지 않았지만, 역설적으로 강대국들이 동조하지 않으면 어떤 문제도 해결할 수 없다는 안전판으로서의 기능도 무시할 수 없는 것이다.

다음은 분담금 및 평화유지비 기여 문제이다. 유엔은 제반 경비의 확보를 위하여 총회 산하에 분담금위원회(Special Committee on Contributions)를 두고, 이 위원회는 각국별로 분담금률표(Scale of Assessment)를 만들어 각국의 분담금을 결정한다. 분담금률표는 특별한 이유가 없는 한 3년간 유효하고, UN 정규 분담률은 매 3년마다 결정한다, 분담률산정방식은 매 6년마다 검토한다. 분담금은 100분율을 기초로, 국별 GNI, 개인소득, 경제사정, 외환수입 등에 따른 지불능력 등을 고려(논란)한 것이고, 총회에서 3분의 2 다수결로 결정한다. 이는 회원국의 의무사항이다. 1946년에 미국이 약 40%를 부담하였으나 1973년 제28차 총회에서 미국의 분담률은 25% 이내로 제한되었다. 한국의 2022~2024년 유엔 정규예산 분담금률은 2.574%이며, 직전 3개년인 2019~2021년 정규예산 분담률 2.267% 대비 0.307% 포인트 상승했다. 한국의 유엔 예산 분담금률 순위는 미국, 중국, 일본, 독일, 영국, 프랑스, 이탈리아, 캐나다에 이어 9위다. 스페인, 호주, 브라질, 러시아 등보다도 앞선다. 전 기간동안 한국의 정규예산 분담금률은 11위였다. 이는 1991년 유엔 가입 당시 분담금률인 0.69%에 비교하면 약 30년 만에 약 3.7배로 늘어난 수치다. 평화유지활동(PKO) 예산 분담률 순위 역시 2019~2021년 10위에서 2022~2024년 9위로 상승했다. 북한의 유엔 정규예산 분담률은 2019~2021년 0.006%(129위)에서 2022~2024년 0.005%(133위)로 감소했다.

마지막으로 헌장개정과 국제행정 문제를 들 수 있다. 헌장개정에 관한 규정(제108조)에 의하면, 헌장 개정은 총회와 안전보장이사회(어떤 이사국이든 9개국 이상 찬성)가 요구하여 개최된 총회에서 3분의 2 이상의 찬성을 통해 가능하다. 총회에서 채택된 개정안은 각국의 헌법절차에 따라 비준되어야 하는데, 이 경우 제109조 2항 "전체회의의 3분의 2의 다수에 의하여 권고된

이 헌장의 변경은 안전보장이사회의 모든 상임이사국을 포함한 유엔회원국의 3분의 2에 의하여 각자의 헌법상의 절차에 따라 비준되었을 때 효력을 발생한다."에 의거한다. 비준과정에서 5대 상임이사국의 거부권이 실제 작용하도록 되어 있는 것이다. 헌장개정 과정을 언급하면, 제1차 개정(1963년 채택, 1965년 8월 31일 발효), 제2차 개정(1965년 채택, 1968년 6월 12일 발효), 그리고 제3차 개정(1971년 채택, 1973년 9월 27일 발효) 등이 있다. 이는 회원국 수의 증가에 따른 산하기관의 참여기회를 확대함으로써 취하여진 개정이 주류이다. 실질적인 취약성의 보완을 위한 개정은 각 회원국들의 이익상충과 상임이사국의 구미에 맞지 않는 경우 그 실현이 불가능하다.

사무총장 역할과 사무국 운영에 있어서도 한계가 잔존한다. 국제관료제도 발전의 구조적 제약요인으로 지적할 수 있는 것은 유엔본부가 미국 영토 내 위치하고, 미국의 재정적 지원에 크게 의존하며, 미국 시민이 직원에 많다는 점이다. 아울러 미국 국내법상 보안규칙에 따른 제약과 러시아(소련)의 부정적 태도 등도 약점으로 작동한다. 사무국은 정부 간의 기관이지 정부를 초월한 국제관료제도로 수용할 수 없다는 인식도 문제이다. 사무국 직원과 관련하여 채용, 근무조건 및 유엔에의 충절과 관련한 논란 등이 발생하여 지역적 배분 문제, 영구직과 단기직 문제, 및 충절과 중립의 문제 등을 초래하고 있다. 헌장 제100조 1,2항에 의하면, 사무총장과 직원은 유엔 밖의 다른 정부나 기관으로부터 지시를 받아서도 안 되며 각국도 이들에게 영향을 미치려고 해서는 안된다. 국제관리로서 유엔에 대한 책임과 충절만을 요구한다. 현실적으로 폐쇄된 국가일수록 단기직을 선호하고, 유엔의 독립된 국제행정기구로서의 존재를 전면 수용하지 않는 상태에서 단기 사무직원의 충절은 당연히 자국을 향할 수밖에 없는 한계가 있다.

5. UN 안전보장이사회 개편 논의

유엔 안전보장이사회 개편 논의가 다시금 부각되고 있다. 그 핵심은 상임이사국 수를 늘리는 방식과 관련한 것이다. 기존 2＋3안과 더불어 그동안 다양한 방안들이 제시되어왔다. 상임이사국 5개국을 증설함에 있어 이들 5개국 모두를 영구 상임이사국으로 할 것인지, 그 대상국은 어떠한지 등 몇 가지 쟁점이 논란거리이다. 예를 들어, 일본과 독일을 영구 상임이사국으로 받아들이고 각 대륙별 대표성을 일부 감안하여 인도와 브라질 등을 영구 혹은 임기제 상임이사국으로 받아들이자는 안이 가능한 안으로 회자되고 있다 (김계동 외 2011).

유엔 안보리 상임이사국 진출을 희망하는 G4(일본, 독일, 인도, 브라질)가 유엔 창설 70주년인 2015년을 목표로 안보리 개혁 논의 진전을 위해 적극적인 활동을 전개해왔다. 이에 대해 UfC(Uniting for Consensus) 국가들은 반대의 입장을 표명하고 있다. 이들은 안보리 개혁과 관련하여 정기적 선거를 통해 선출되는 비상임이사국의 증설만을 지지하는 국가군으로 한국, 이태리, 캐나다, 터키, 멕시코, 아르헨티나(이상 G20국가), 스페인, 파키스탄, 콜롬비아, 코스타리카, 몰타, 산마리노 등 총 12개국이 회원으로 등록되어 있다. 1998년 한국, 멕시코, 이태리, 스페인 등의 주도로 만들어진 UfC는 비상임이사국 증설만이 안보리의 민주성, 책임성, 투명성 및 대표성을 증진하는 현실적인 방안이라는 기본 입장을 유지하며 일본 등 4개국의 상임이사국 진출에 반대해 온 것이다.

군사력과 경제력을 포함하는 경성국력 측면에서 보면 상임이사국 진출을 주장하는 G4 중 일본과 독일의 요구는 상당부분 타당성을 지니고 있다고 할 수 있다. 이어 인도와 브라질의 경우도 상임이사국으로의 자격요건에 근접해가고 있다. UfC 중 상임이사국 진출을 주장할 수 있는 국가는 이태리 정도라고 말할 수 있다. 경성국력 차원에 한정하여 G4의 주장을 반박하기에는 한계가 있음을 보여주는 대목이다.

경성국력에 기초한 미국의 위상은 팍스아메리카나라고 말할 수 있을 정도로 부동의 최대강국이다. 중국의 위상역시 부동의 세계 2위 강대국이며 경제력과 군사력 측면에서 모두 그 영향력이 급부상하고 있음을 파악할 수 있다. 그렇다면, 이러한 경성국력이 국제사회에서 중국의 위상을 바르게 반영하고 있는 것인가? 나아가 G2 시대라고 할 수 있는 것인가? 국제사회에서의 영향력은 경성국력만으로 설명되기에는 한계가 있다. 한 예로 일본이 세계 제3위의 경제대국이며 제5위의 군사대국임에도 불구하고 세계 지도국으로서의 위상을 갖추지 못하는 것은 다름이 아니라 일본의 국가 이미지 즉 연성국력에 기반한 영향력의 한계로 인한 것이다. 중국 또한 그 경성국력에 걸맞은 영향력을 행사하고 있다고 보기 어려우며 그 이유는 연성국력의 취약성에 근거하고 있다고 말할 수 있다(이상환 2013).

민주화와 국가투명성이 과연 강대국의 조건이냐고 묻는다면 논란거리임에 틀림없다. 하지만 세계 지도국의 조건이냐고 묻는다면 그렇다고 답변할 수 있는 것이다. 상임이사국이 강대국이면 되는 것인지, 세계 지도국으로서의 자격을 갖추어야 하는 것인지를 이 시점에서 묻는다면 세계 지도국으로서의 면모를 갖추어야 한다고 말할 수 있다(Barnett & Duvall 2005; Mansfield & Pevehouse 2006). 물론 기존 상임이사국 중 중국과 러시아의 예를 들어, 강대국 혹은 경성강국이면 그만이라고 주장한다면 이를 반박할 논리가 궁색해진다.

그렇다면 1945년 시점의 상임이사국 구성 기준과 2020년 시점의 상임이사국 자격요건이 같아야 할 것인가? 아니라면 무엇을 추가로 고려해야 할 것인지. 민주화, 국가투명성 외에 고려할 사항이 한·두 가지가 아니다. 국제사회에의 기여, 제2차 세계대전시 침략국의 경우 올바른 사죄와 역사인식 등도 중요한 항목이다. 1945년 당시 안보리는 현실과 이상의 타협 산물이다. 주권평등을 토대로 일국일표주의에 기반한 총회와, 국제연맹시기의 반성으로서 '힘'의 국제사회를 그대로 반영한 안전보장이사회를 중심으로 유엔은 출범한 것이다. 2020년대 이 시점은 전후 냉전적 이념대립이 종식되었고 '힘'의 국제사회라기보다는 '힘'과 '제도'의 국제사회이고 지도력은 경성국력과 연성국력의 조화 속에서 나온다고 말할 수 있다. 국력과 더불어 국가 이

미지(image), 위신(prestige)이 중요한 시대가 된 것이다.

프리덤하우스 민주화지수에 의하면 상임이사국 중 미국, 영국, 프랑스, G4 중 독일, UfC 중 캐나다만이 세계 지도국으로서의 면모를 보여주고 있다. 상임이사국 중 중국과 러시아는 자유롭지 못한 국가이며, G4 중에서도 일본, 인도, 브라질은 자유로운 국가이나 약점을 안고 있다. G4의 상임이사국 진출 주장을 명백히 배격할 수 없는 결과이다. 유엔 안보리 재구성 논의는 결국 상임이사국 증설을 하고자 한다면 어느 국가가 그 대상이 되어야 하느냐로 귀결된다. UfC 국가들은 상임이사국 증설보다는 정기적으로 선출되는 비상임이사국의 확대와 안보리 운영의 대표성, 민주성, 책임성, 효율성 증진을 강조하고 있다(김계동 외 2011).

위에 언급한 대로 G4 중 상임이사국으로서의 자격은 경성국력 측면에서만 보면 일본과 독일이 우월하고 상대적으로 인도와 브라질은 뒤처진다. 연성국력을 아울러 고려하면 독일만 살아남을 수 있고, 일본은 역사인식 등 국가 이미지 문제의 약점, 인도와 브라질은 국가투명성 문제의 한계로 인해 그 지위를 인정하기가 어려워진다. 하지만 기존 상임이사국의 약점을 고려하면 이러한 논리도 한계가 있다고 본다. 단지 상임이사국 진출의 시대적 조건만을 들어 G4 중 일본, 인도, 브라질을 배격할 수 있을 뿐이다.

애당초 Two+Three 안이 나왔을 때 Two는 독일과 일본을 의미했고 Three는 지역강국으로서 임기제 혹은 영구직 상임이사국을 의미했다. 당시 Three로 인지되는 국가들은 지역대표성을 지닌 국가였고 이는 남아시아의 인도, 중남미의 브라질, 아프리카의 남아공을 의미하는 것으로 보였다. UfC의 상임이사국 증설 반대의 이면에는 우리는 왜 안되느냐의 목소리도 잠재해있다고 본다. 서구유럽의 이태리, 동북아의 한국, 중남미의 멕시코, 북미의 캐나다, 유럽과 아시아를 가교하는 터키 등의 국가들 입장에서 보면 독일과 일본은 물론 인도와 브라질의 진입이 득보다는 실이 많을 것으로 판단하기 때문이다.

유엔 출범 이래 안전보장이사회의 상임이사국 수는 5개국으로 변함없이 유지되고 있다. 2005년 5개의 상임이사국을 24개국으로 확대 운영하자는 제안은 무산되었고, 오늘날 G4 4개국(독일, 일본, 인도, 브라질)이 상임이사국 지위를 얻기 위해 노력을 다하고 있으나 쉽지 않은 상황이다. 세계질서는 21세기 새로운 변화 속에 놓여있으나 유엔 내 역학구도는 아직 제2차 세계대전 후의 20세기 질서를 그대로 반영하고 있다. 단지 대만이 유엔에서 축출되어 중국이 이를 계승하고, 구소련이 붕괴되어 러시아가 새로운 주인이 된 것이 안보리 변화의 전부이다. 나머지 유엔 안보리 비상임이사국 10개국은 총회에 의해 2년 임기로 선출되는 관행이 계속되고 있다.

Ⅱ. 국제비정부기구
(INGOs: International Non-Governmental Organizations)

1. 성격과 영향

비국가행위자인 국제비정부기구는 사회집단이나 민간조직이 국가를 통하여 간접적으로 국제정치에 관여하거나 국가를 떠나 직접적으로 국제적인 행동을 하는 방식으로 국제사회의 제 문제에 참여한다. INGO는 국가주권이나 권위의 제약으로부터 보다 자유롭게 각국의 국민에 밀착되어 그 영향력은 날로 확대되는 추세이다.

2. 기원, 정의 및 유형

그 기원은 1838년 설립된 영국반노예사회(The British Anti-Slavery Society)라고 할 수 있다. 국제연맹은 INGO에게 거의 발언권을 주지 않았으며 제2차 세계대전이 발발하기 전인 1939년까지 약 700개의 INGO가 존립했다. 제2차 세계대전이 발발하자 전쟁으로 인해 고통받는 사람들을 돕기 위해 영국의 구호기관인 OXFAM과 미국의 식량구호 단체인 CARE를 포함한 많은 INGO가 설립되었다.

국제연합 헌장의 초안을 작성하기 위해 모인 샌프란시스코회의에서 INGO는 일정한 자격을 갖출 경우 표결권은 아니나 국제연합의 경제사회이사회(ECOSOC)로부터 협의적(consultative) 지위를 얻어 어느 정도의 발언권을 갖게 되었다. ECOSOC 이외의 국제연합기구에서 이러한 지위를 획득하지 못하는 등 이러한 발전에는 큰 한계기 있고, 안전보장이사회에서는 철저히 격리되어있다.

INGO는 NNGO(National Nongovernmental Organizations)들이 국제적으로 연계되어 있는 조직이라고 할 수 있다. 또한 "시민에 의한 사적 단체로서 그 조직과 활동이 국제적이며 다국적기업 등과는 달리 비영리적인 조직" 혹은 "정부와 분리되어 있으나 사회문제에 적극적이며 이윤을 추구하지 않고 또한 초국가적인 활동영역을 가지고 있는 사적 시민들의 조직"으로 정의된다. 국제기구연보(Yearbook of International Organization)를 발행하는 국제협회연합(Union of International Association)의 INGO 자격기준은 최소한 3개 국가에서 활동하고 국제적인 목표를 추구할 것, 회원국가가 최소한 3개 국가일 것, 본부와 더불어 공식적인 구조가 설정될 것, 직원은 선출 및 개선될 것, 재정적 자원은 최소한 3개 국가로부터 나올 것, 그리고 비영리기구일 것 등이다. 그 예로는 OXFAM, Greenpeace, Save the Children, MSF(Mēdecins Sans Frontiēres; 국경없는의사회), International Planned Parenthood Federation(국제가족계획연맹) 등이 있다.

NGO의 종류는 다양하다. 첫째, 국내-국제 조직 여부를 기준으로 보면 일국 내에 한정되어 조직되어 있을 경우 국내비정부기구(NNGO), 국내 NGO들이 국제적으로 연계되어 조직되어 있을 경우 국제비정부기구(INGO)이다. 둘째, 기준에 벗어난 세 가지 특수한 형태의 NGO를 언급하면, 우선 정부에 의해 조직된 NGO를 들 수 있다. 이는 냉전기에 주로 소련진영 내의 공산주의 정부와 제3세계의 권위주의적 정부에 의해 창출되고 또한 재정적으로 이러한 정부에 의해 전적으로 의존하였던 NGO(government-organized nongovernmental organization; GONGO)이다. 또한 유사 NGO는 그들 자원의 많은 부분을 공적 기금에 의존하는 NGO(quasi-nongovernmental organization; QUANGO)이다. 그리고 원조제공자가 조직한 NGO로 원조 제공자들이 그들의 필요를 충족시키기 위해 직접 설립하는 NGO(donor-organized NGO; DONGO)이다. 셋째, 활동분야를 기준으로 보면, 특정영역에서 단일과제를 다루는 단일과제 NGO(여성NGO, 환경NGO 등)와 사회 전 분야에 걸쳐 다양한 문제들을 다루는 종합과제 NGO(YMCA, YWCA, 경실련, 참여연대 등)로 나뉜다. 넷째, 활동범위를 기준으로 보면, 국내 중심조직과 Global NGOs(Greenpeace, WWF; 세계야생동물보호기금 등)로 구분된다. 마지막으로, 활동영역을 기준으로 보면, 정치, 경제, 문화, 환경, 여성, 인권, 주민자치, 평화, 소비자, 법, 교육, 청소년, 언론, 빈곤과 외채, 빈민, 주거, 교통 등과 관련한 NGO가 존재한다. 예를 들어, 환경 INGO인 Greenpeace, 인권 INGO인 Amnesty International과 Human Rights Watch, 소비자부문 INGO인 Consumer International, 정치개혁을 위한 INGO인 Common Cause, 개발 INGO인 NOVIB(Netherlands Organization for International Development Cooperation), 부패청산을 위한 NGO인 Transparency International 등이다.

3. 기능, 역할 및 한계

INGO의 기능은 관리운용 기능, 대중교육 및 여론형성 기능, 정책결정과정 참여 기능, 감시 기능, 국제레짐의 설정 기능 등을 들 수 있다. 이러한 INGO는 재정운영 상 두 가지 문제점을 초래하기도 한다. 먼저 재정의 독립성(자발적 지원금의 상대적 축소) 문제로 중국은 외국이 자국의 NGO에 영향력을 행사하는 것을 방지하기 위해 연구소를 비롯한 중국의 국내 NGO들에게 외국이 직접적으로 자금을 지원하는 것을 봉쇄하기로 결정한 바 있다. 다음으로 재정의 투명성(INGO의 난립과 자금누수) 문제는 비전문가들에 의한 비체계적이고 비효율적인 자금 운영에서 비롯된다. 소말리아와 르완다에서

NGO자금 증발사건 등이 그 예이다.

활동의 한계에도 불구하고 INGO 활동에 대해 기대하는 바는 INGO가 단일의 특화된 분야에 적합한 전문성을 갖추고 효율적인 활동을 할 수 있고, 비정치적인 중립성과 독립성에 기초하여 국제사회의 신뢰를 형성하며, 일반 대중에 파고들어 보다 실질적인 효과적 활동을 할 수 있다는 점이다. 그럼에도 불구하고, 그 한계는 특정 분야의 목표달성에 집중하다보면 타분야의 문제를 악화시킬 가능성이 있다는 것(난민구호사업과 반군지원 등), INGO간 이견 시 해결의 실마리를 찾을 구심점이 부재한다는 것, 외부자금의 지나친 의존은 독립적 활동을 저해한다는 것(기부금에만 의존 시 기부금 제공자에게만 책임, 기부금 유용에 대한 감시의 어려움 등), INGO활동은 결국 활동을 인정하는 정치적 조건에 좌우된다는 것, INGO 조직 내 리더쉽의 문제로 강제능력이 결여되어 있다는 것, INGO의 중복활동 및 설립남발, 특정 개도국에서의 INGO의 부재 등이다.

4. 국제연합과의 관계

INGO와 ECOSOC과의 관계는 국제연합 헌장 제71조를 통해 연계된다.

"The Economic and Social Council may make suitable arrangements for consultation with non-governmental organizations which are concerned with matters within its competence. Such arrangements may be made with international organizations, and where appropriate, with national organizations after consultation with Member of the United Nations concerned."

이는 INGO를 정부 간 협정으로 설립된 것이 아닌 국제단체라고 정의하고, ECOSOC로 하여금 특별협정의 체결을 통해 일정한 자격요건을 갖춘 INGO에게 협의적 지위를 부여하는 권한을 규정하고 있다. INGO와 국제연합과의 연계 동기는 상호보완적이라는 점에 근거하는데, 국제연합은 INGO

가 가지고 있는 전문적인 지식과 능력에 기초한 정보와 조언을 필요로 하고, INGO는 활동하고 있는 전문분야에 있어서의 국제여론을 전달하여 정책에 반영할 필요성을 가지고 있다.

1968년 ECOSOC 결의안 1296에 의하면, 자격을 갖춘 INGO에게 국제연합과의 협의자격을 심의하여 부여하도록 되어 있다. 이 경우 INGO를 세 종류로 구분할 수 있는데, 이는 협의적 지위 I, II, III을 의미한다. 협의적 지위 I 국제비정부기구(Category 1 INGO; Category I organizations are large, representative bodies working on a wide range of topics.)는 ECOSOC가 다루는 의제의 대부분을 다루며 다수 국가들을 대표하는 다수 회원들을 갖고 있는 INGO이다. 산하 각 위원회에 대해 의제제안-회의출석발언-서면진술 등의 권한(general consultative status)을 가진다. 예를 들어, 국제로터리클럽, 표준화기구(ISO), 국제상업회의소(ICC), 국제연합협회세계연맹(WFUNA), 이웃사랑회 국제본부(Good Neighbor International) 등이 이에 해당된다. 협의적 지위 II 국제비정부기구(Category 2 INGO; Category II includes organizations with skills in only some of the ECOSOC issues.)는 ECOSOC가 다루는 의제의 일부를 다루며 다수 국가들을 대표하는 다수 회원들을 갖고 있는 INGO로 산하 각 위원회에 대해 회의출석발언-서면진술 등의 권한(special consultative status)을 행사한다. 예를 들면, 국제사면위원회(Amnesty International), 기독교 청년동맹(YMCA), 밝은사회 국제본부(Global Cooperation Society International) 등이 이에 해당된다. 협의적 지위 III 국제비정부기구(Category 3 INGO; Category III NGOs are those which can make occasional contributions to the work of the Council.)는 ECOSOC 혹은 산하기관에 유용한 공헌을 할 수 있으리라고 기대되는 INGO로 초청을 받는 경우에만 회의출석 및 의견서 제출 가능(roster status)하다. 이는 ECOSOC 하부기관인 비정부기구위원회의 추천을 통해 ECOSOC의 조치에 의해 명부에 오른 INGO, 사무총장에 의해 명부에 오른 INGO, 전문기구 또는 기타의 국제연합 기관과 협의적 지위에 있음으로써 명부에 오른 INGO 등으로 구성된다.

협의적 지위에 있는 INGO들이 비정부기구회의(Conference on Non-

Governmental Organization: CONGO)를 조직하고, 협의적 기능 수행과 관련한 공동이익을 위해 의견을 교환하는 공식적인 채널을 활용한다. 비공식적인 채널로는 협의적 지위를 획득하지 못한 INGO들은 회기중 로비 혹은 시위 등을 통해 영향력을 행사하려고 노력한다. INGO의 영향력은 1972년 스톡홀름 유엔 인간환경회의에 참석한 이래, 1985년 나이로비 제2차 세계여성회의, 1992년 리오데자네이로 환경개발회의, 1995년 북경 제4차 유엔 여성회의 등을 통해 확장되어왔다. 또한 ECOSOC 비정부기구위원회(Committee on Non-Governmental Organizations)는 INGO 관련 사안을 처리하는 조직으로 INGO로부터의 협의적 지위의 신청과 지위의 변경 신청에 대한 심사 등을 담당한다.

III. 외교정책(Foreign Policy)

1. 외교정책결정이론

외교정책 결정요인을 국제적 및 국내적 측면에서 파악할 수 있다. 국제적 요인으로는 국제체제의 성격(패권적 단극체제, 냉전적 양극체제, 경쟁적 다극체제; 국제체제가 미치는 영향은 개별국가의 능력에 따라 달라짐; 약소국은 국제체제의 성격에 따라 더 많이 좌우됨), 국제기구의 역할(회원국들의 압력 및 국제기구의 규범이 개별국가의 외교정책 수행에 영향을 미침), 국제법과 국제관습의 성향(국제사회에 상존하는 일반적 관행과 규범도 개별국가의 외교적 행위에 영향을 미침), 제3국 혹은 상대국의 영향(제3국의 중재여부가 때로는 개별국가의 외교적 행위에 영향을 줌; 상대국에 대한 각종 정보의 양과 질이 외교적 판단에 영향을 미침) 등이 있다.

국내적 요인에는 정치체제 및 정부형태의 유형(민주주의적, 권위주의적 정치체제 여부, 대통령중심제, 의회내각제 정부형태 여부 등), 외교정책 결정과정의 행위자(정부당국, 의회, 정당, 이익집단, 언론, 여론 등의 역할), 지리적 조건(대륙 세력, 해양세력 등), 정치적 이념(자본주의세력, 사회주의세력 등), 국력 수준(국가가 동원가능한 자원의 규모), 외교적 전통과 습관(과거의 외교적 관행과 전통이 그대로 계승되는 측면이 강함), 제도적 측면(국내법 및 규범), 문화적 측면(국민성, 정치문화, 경제문화 등) 등이 있다.

국제안보 차원에서 외교정책 유형은 현존 국제질서에 대한 만족도를 기준으로 현상유지 전략과 현상타파 전략으로 구분할 수 있다. 또한 역학 구도를 고려한 전략적 선택으로 균형 전략과 편승 전략이 있다. 이러한 균형 전략은 성격 상 세력균형, 공포균형, 위협균형, 이익균형 등으로 구분된다. 또한 편승 전략은 패권안정, 세력전이 등과 연결된다. 국제정치경제 차원에서 통상정책은 전략적인 경제외교(관리무역), 개방적인 경제외교(자유무역), 폐쇄적인 경제외교(보호무역) 등으로 나뉠 수 있다.

외교정책 결정과정과 관련한 대표적 이론으로 앨리슨(Graham Allison)의 세 가지 모델을 설명하고자 한다(Allison 1971). 첫째는 합리적 정책모델(rational policy model)이다. 그 가정은 각국 정부는 전략적 목표를 극대화시키는 행위를 선택한다는 것이다. 주요한 행위자는 국가(정부)이고, 주요한 주장은 정책적 행위는 그 행위가 가져다주는 비용－이익 분석에 의해 결정된다는 것이다. 합리적 선택으로서 정책적 행위는 국가목표 설정－대안제시－대안평가－최선의 대안선택이라는 절차를 거친다고 한다. 쿠바미사일 위기 시 미국은 서방측에 대한 위협 제거와 소련의 계략을 사전에 차단하겠다는 것을 목표로 하였고, 소련은 미·소 간 미사일 격차를 감소시키고 베를린에 대한 협상지위를 제고하며 쿠바 사회주의 정권을 보호하겠다는 목표를 갖고 있었다. 소련에 대한 미국의 정책적 대안들로는 무반응, 외교적 압력, Castro에 대한 비밀스런 접근, 침공, 기습적인 공중공격, 봉쇄 등 여섯 가지 옵션이 있었는데, 당시 미국의 합리적 정책 모델에서 제시하는 과정을 통해 최선의 대안으로 봉쇄(containment)라는 전략을 선택했다.

조직과정모델(organizational process model)의 가정은 각국 정부가 기설정된 정책결정 준칙들을 갖고 있는 여러 조직들로 구성되며, 이들 조직들은 특정 사안에 대한 결정 이전에 설정된 이러한 준칙들에 의해 주로 영향을 받는다는 것이다. 주요한 행위자로 각 정부조직(국가지도자 정점으로 한)을 강조하고, 주요한 주장으로 문제제기 후 각 조직은 SOP에 의해 정책적 판단을 하고, 국가지도자는 각 조직에서 주장하는 각종 대안들을 검토하여 최종결정을 하는데, 이러한 결정은 최선이라기보다는 차선인 경우가 대부분이라는 것이다. 한마디로 말하여, 정책결정은 조직과정의 산물(t는 t−1의 산물)이라는 것이다. 예를 들어, CIA와 Airforce간의 갈등 시 입장 차는 이를 잘 반영한다.

관료적 정치모델(bureaucratic politics model)의 가정은 각국 정부가 정부 내 위계적인 구조 속에서 정책담당자들 간의 협상−거래에 의해 정책적 행위를 선택한다고 한다. 주요한 행위자는 정부 내 정책담당자들(다양한 견해를 갖고 있는)이고, 주요한 주장은 각 정책담당자는 국가이익과 개인이익의 견지에서 정책적 행위를 한다는 것이다. 어느 누구도 독자적 판단에 의한 결정을 하지 못하고, 정책적 행위는 정책담당자들 간의 타협−연합−경쟁의 결과인 정치과정의 산물이라고 주장한다. 쿠바미사일 위기 당시, 대통령은 군사적 행동(blockade), 국무장관도 군사적 행동(surgical airstrike), 국방장관은 외교적 행동 후 군사적 행동(blockade), 국가안보보좌관은 외교적 행동(diplomacy), 합참본부장은 군사적 행동(airstrike or invasion) 등을 주장했다. 이러한 정치적 과정의 산물로서 봉쇄(blockade)가 선택되었다는 것이다. 일반적으로 관료적 정치모델은 비위기적 상황의 정책결정과정에 대한 분석으로 보다 적합하다.

2. 각국 외교정책론

(1) 미국의 외교정책 총론

미국의 외교는 미국의 '예외주의(exceptionalism)'라는 정신에 근거한다. 미국 예외주의란 다른 나라와 구별된다는 우월 의식에 기반하며, 그 배경은 종교적측면에서 청교도들은 신이 자신들을 특별한 숙명(manifest destiny)을 가진 자들로 선택해서 미국을 건국하게 했다고 생각한다는 것이다. 정치적 측면에서는 유럽의 부패한 절대왕정과 달리 타국에 모범이 되는 정치체제를 성립했다는 자부심에 기초한다. 지정학적 측면에서는 풍부한 자원과 외부침략으로부터 안전한 위치를 강조한다. 오늘날 위대한 미국은 미국식 '민주주의'와 '자본주의'가 세계 최고라는 믿음에 토대를 두고 있다.

미국의 외교이념은 복합적인 양상을 포함한다. 전략적 선택으로 현실주의와 자유주의 사고, 국제사회에서 미국의 역할과 관련하여 고립주의와 국제주의 등을 그 내용으로 한다. 이를 유형학적으로 구분하면, 현실주의적 국제주의는 미국의 가치를 전세계적으로 확산하고자 하고, 필요시 무력 사용도 가능하다고 판단하며, 제2차 세계대전 이후 봉쇄정책(containment policy)이 그 주요한 예다. 현실주의적 고립주의는 군사력을 통해 미국의 안보를 강화하고, 미국의 불필요한 대외문제 개입을 자제하며, 경제적으로도 보호주의 성향을 보이는 것이다. 자유주의적 국제주의는 미국의 가치를 전세계적으로 확산하고자 대외문제에 적극적으로 개입하나 군사력 사용은 자제하고 대상국가－강대국－국제제도와의 협력을 강조한다. 국제연맹 창설과 카터 및 클린턴 행정부하의 인권외교가 이에 해당된다. 자유주의적 고립주의는 미국식 가치를 국내적으로 구현 강화하고, 대외문제에 다자적 방식을 옹호하며, 그 대표적인 예는 먼로독트린(미주대륙으로의 유럽팽창을 저지하기 위한 미국의 유럽대륙에 대한 불간섭 선언)이다.

탈냉전기 이래 미국 외교정책의 변화를 살펴보면, 클린턴 행정부는 자유주의적 국제주의에 가깝다. 이 시기에 미국은 자국 중심의 국제질서 형성을 위해 국제기구를 통한 다자협력과 동맹국과의 협력에 기초한 공세적 개입을 강화하였다. 부시 행정부는 1기에는 현실주의적 국제주의를 추구하여 국제문제에 대한 선별적 개입 정책을 견지했다. 특히 9.11 테러 이전에는 '방어적' 현실주의적 국제주의를, 이후에는 '공세적' 현실주의적 국제주의를 추구했다. 당시 미국은 불량국가 및 테러세력에 대한 선제 핵공격을 천명하기도 했다. 부시행정부 2기에 미국은 실용적 보수주의에 기초한 외교전략을 추진했다. 신보수주의 노선에 기초하여 북핵문제에 대해 공세적으로 대응하고, 대중국 봉쇄노선과 미사일방어 전략 등 국제문제에 선택적 개입 노선을 따랐다. 오바마 행정부도 실용주의를 유지했고, 테러리즘－핵무기 확산－신자유주의 질서 불안정 등 주요 국제문제에 적극 개입했다. 이 시기에 미국은 다자 레짐을 적극적으로 활용했고, 주요국가 간 협조체제 구축을 강화하며 스마트 파워를 추구했다. 트럼프 행정부는 미국 우선주의를 표방하며 실용주의와 선택적 개입주의에 기초한 정책을 추진했다.

21세기 들어 미국의 주요 외교정책 기조의 하나는 대 아시아 균형정책 (재균형; rebalancing)이다. 미국 단극체제에 큰 변화를 야기한 것은 중국의 부상이고, 중국의 부상은 군사적, 경제적, 문화적 차원에서 다층적으로 진행 중이며, 중국의 부상으로 대변되는 국제체제 수준의 힘의 변화는 미국의 쇠퇴와 연관되므로 미국은 쇠퇴하는 강대국이 아닌 아시아에서의 힘의 변화를 균형에 기반한 안정과 평화로 이끌어 가는 데 핵심역할을 수행할 수 있다고 본다. 이에 한·미 및 미·일 동맹을 강화하고, 북한 비핵화를 추진하며, 동북아 다자안보 및 동아시아 지역주의를 구축한다는 것이다.

〈표 15〉 트럼프 행정부 대 바이든 행정부, 미국 외교의 전략 변화

트럼프(Trump)	바이든(Biden)
미국 우선 자국주의	동맹 중심 국제주의
양자주의/협상주의	다자주의/규범주의
top-down 의사결정(big deal)	bottom-up 의사결정(step by step)
가치의 진영화(1단계)	진영 내 네트워크화(2단계)
친 이스라엘, 반 이란	대 이스라엘 관계 현상유지, 대 이란 관계 개선
대북 빅딜/정상회담 방식	대북 단계적 해법/실무회담 방식
대한 방위비 증액 압박	대한 반중국 연대 가입 압박

(2) 중국의 외교정책 총론

중국의 외교정책은 중화주의에 토대를 두고 있다. 중화주의란 세계는 문명화된 중화세계와 야만적인 이적세계로 구성되고, 중국은 지리적으로 세계의 중심에 위치하며, 한족은 가장 우수한 종족으로 중화문명은 유일하고 절대적인 표준이 된다는 사고이다. 이는 배타적 성격이 강하여 과거 동아시아 조공관계도 이에 근거한다. 서구중심주의와 비교하면, 공통점은 문화제국주의, 자문화중심주의, 비교적 자발적 동의에 기초한 주변국에의 수용을 부과한다는 것이고, 상이점은 서구중심주의가 우월성의 근거로 동도서기를 삼고 대외적 팽창주의를 정당화하는 이념으로 활용되었다면, 중화주의는 대내외적 통치이념이며 수평적인 국제질서관에 토대를 둔 서구중심주의와는 달리 수직적인 국제질서관에 근거한다.

중국의 외교정책을 대변하는 말로 도광양회(韜光養晦)와 유소작위(有所作爲)가 있다. 도광양회란 빛을 감추고 때를 기다린다는 의미로 경제적·군사적 실력을 기르며 때를 기다린다는 의미로 받아들여진다. 1990년대에 미국 등 강대국에 대항하지 않고 경제성장에 전념하는 '도광양회'에 중점을 두었다. 유소작위란 적극적 주변국 외교를 일컬으며 전 세계적 차원에서 세계질서의 다극화 실현을 위해 다른 강대국들과의 관계를 강화하기 위해 노력한다는 것이다. 따라서 동아시아에서의 리더십 발휘를 시도하고, 북핵문제의 적극적 중재를 시도하고자 한다.

중국의 외교정책 기조는 주권과 영토보전이고, 국가통일(대만 문제)을 추구하며 사회주의 체제와 이데올로기를 유지하는 것이다. 구체적으로 말하면, 중국의 현대화와 경제발전에 유리한 평화롭고 안정적인 국제환경을 조성하고, 미국을 중심으로 한 서구 세력의 봉쇄정책 저지 및 국제적 영향력 확대를 도모하며, 평화와 발전 시대에 경제발전을 통해 현실문제를 해결하고자 한다. 한마디로 말하여, 중국식 사회주의 건설을 통해 강대국의 위상을 되찾고자 한다.

책임대국(責任大國)이란 "세계적 영향력을 지닌 지역대국"의 위상을 말하며, 지역대국의 위치에 있으나 세계적 대국을 지향한다는 것이다. 부상에 따라 야기될 수 있는 충돌과 전쟁을 회피하면서 점진적이며 단계적 방식의 부상을 기획하고자 한다. 외교전략으로 다극화전략, 동반자외교, 대미 실리외교, 다자주의 외교를 추구하는 것이다. 이는 화평굴기(和平崛起), 화평발전(和平發展), 화자위선(和字爲先)을 구현하는 것이다. 화평굴기란 '평화적 부상'을 의미하고 중국위협론에 대응하여 평화적 의도와 정책을 강조한다. 화평발전은 2004년 이후 '굴기'가 중국위협론을 연상시키는 측면이 있어 그 용어를 대체한 것이다. 화자위선은 2006년 이후 '화합'을 강조하여 중국위협론의 확산에 따른 국제적 고립에 대한 우려를 반영하고 있다.

21세기에 중국은 신형대국 관계를 강조하고 있다. 이는 기존 강대국과 신흥 강대국은 반드시 군사적으로 충돌한다는 명제를 피하기 위해 기존 강대국인 미국과 신흥 강대국인 중국이 새로운 관계를 구축해야 한다는 것이다. '중국의 꿈' 즉 중화민족의 위대한 부흥을 꿈꾸며 일대일로, AIIB, RCEP 등 중국의 영향력을 확대하고자 하는 것이다.

시진핑 정부의 외교정책은 중국의 부상과 국제적 영향력 확대에 따른 자신감을 반영하여 대일 압박기조를 유지하고 대미 신형대국관계를 조성하며, 중국몽을 실현하는 것이다. 시진핑 주석의 영도하에 중국은 중국 주도의 새로운 국제 규범을 창출하고자 한다. 따라서 해양권익 보호와 군사강국을 지향하고 있다.

주변국 관계에 있어, 중국은 범세계적 차원에서 미국의 패권과 우위를 인정하는 한편, 아시아 지역 내에서 중국의 우월적인 지위와 역할을 추구하고 있다. 대만 문제에 있어서 중국의 입장은 단호하다. 대만 문제를 놓고 미·중 관계가 갈등을 겪고 있고 한반도의 안정유지와 2개의 한국이 유지되는 것을 목표로 한다. 북핵 문제로 북·미 간 갈등이 고조되어 군사적 대결상황으로 치닫지 않도록 관리하는 한편, 김정은 정권이 붕괴되지 않도록 지원하여 북한에 대한 영향력을 유지하고자 한다.

(3) 일본의 외교정책 총론

제2차 세계대전 후 일본의 외교정책은 요시다 독트린에 근거한다. 요시다 독트린이란 전후 첫 수상 요시다 시게루의 노선으로 전후 일본 대외정책의 기본 방향을 정한 것이었다. 정치안보적 측면은 미국에 철저히 의존하여 안전을 확보하는 한편 '팍스 아메리카나'하에서 경제발전에 전력을 기울이는 노선인 것이다.

일본의 외교정책 기조는 일본의 평화와 안전의 유지, 자유·민주주의·인권의 옹호, 자유무역체제의 유지 등으로 요약될 수 있다. 경제발전을 위해 빈약한 자원으로 에너지 대부분을 대외무역에 의존하며 시장을 더욱 개방하고 고부가가치 산업에 중점을 두는 정책을 추구했다.

이러한 외교정책은 탈냉전기 들어 커다란 전환을 맞이했다. 소위 보통국가론 혹은 정상국가론이 이에 해당한다. 보통국가론은 1993년 자유당 당수 오자와 이치로의 주장으로 일본 안보론에 큰 영향을 끼쳤다. 제2차 세계대전 종전 이래 일본은 교전권을 포기하고 군대를 보유하지 않는 평화헌법을 유지해왔다. 보통국가론의 주요 내용은 일본의 경제규모에 걸맞게 국제사회에 적극적으로 참여하기 위해 정상적 보통국가로 변모해야 한다는 것이다. 이는 일본의 안보정책이 기존 미·일 동맹에 기초한 방위에서 명시적인 정치·군사적 역할을 추구하는 적극 방위로의 전환을 의미한다.

이는 21세기 들어 아베 독트린으로 새로운 전기를 마련했다. 그 5원칙은 인류의 보편적 가치인 사상·표현·언론의 자유 실현, global commons로 존재하는 해양 지역에서의 법과 규칙 엄수, 자유로운 경제관계의 추구, 문화적 연계의 충실화, 그리고 차세대 간 교류의 촉진 등을 내용으로 한다. 일본은 가치외교 하에서 호주와 인도를 일본과 가치를 공유하는 국가로 분류하고 있다. 향후 일본의 대외정책 방향은 일단 패권국 미국과의 긴밀한 관계를 축으로 하면서도 독자적 영역을 확보하려는 시도를 계속 전개할 것이다.

(4) 러시아의 외교정책 총론

러시아는 유라시아 심장부의 핵심국가로서 역사적으로 세계 정치, 경제, 안보 질서에 중대한 영향을 끼쳐왔다. 러시아는 1990년대 정치, 외교, 경제 3중 전환을 동시에 진행하면서 소위 잃어버린 10년으로 지칭될 정도로 극심한 정치·경제적 혼란과 취약한 외교·안보 역량으로 세계 질서에 별다른 영향력을 주지 못했다. 아시아·태평양, 심지어 동북아 경제, 안보 논의에서 주요 행위자로 언급되지 않을 정도로 위상이 하락했다. 2000년대 들어 강한 러시아를 모토로 등장한 푸틴정부가 경제발전을 통한 강대국 지위 회복을 우선적인 목표로 삼고 성공적으로 추진하면서 다시 강대국으로 재부상하고 있다. 러시아 외교정책의 내용을 살펴보면, 국제적 위상 제고, 이념이 아닌 합리적 사고에 기반한 실용주의 노선, 다인종·다종교 국가로서 대화와 협력을 통한 국제사회의 이해 조율, 다극체제 하에서 타국과 대치를 유발하지 않는 국익 추구 등이 있다.

재부상 후 러시아 외교정책의 경향은 독자적·공세적 외교정책이 대두하고, 다극화 외교를 활발히 추진하며, 다자주의 외교를 확대·강화하는 것이다. 또한 에너지 자원을 전략적으로 활용하고 동방정책을 적극적으로 추진하고자 한다. 여기서 독자적·공세적 외교정책은 2004년 푸틴의 재선 이후 변화하기 시작한 것으로 2007년 2월 제43차 국제안보회의에서 미국의 군사전략을 일방적이고 불법적인 것으로 규정하며 미국의 NATO 확대 및 폴란드 MD체제 구축을 비난했다. 미국의 동유럽에서의 MD구축을 러시아는 러시아를 대상으로 한 것으로 판단하여 미국이 MD를 계속 추진할 경우 러시아는 이에 적극 대응할 것이라고 발표했다. 한편 에너지 자원의 전략적 활용이란 2003년 '러시아 에너지 전략 2020'을 채택한 후 에너지 산업의 국유화를 확대하고, 2006년 1월 우크라이나에 대한 천연가스 공급을 중단하며 우크라이나의 친서방 정책을 억제시키고자 했다. CIS 국가들에 대해서도 친러, 반러 성향에 따라 천연가스 공급 가격을 달리 책정하는 등 러시아는 에너지를 전략적으로 활용하고 있다.

러시아의 대 미국 정책은 9.11 테러 이후 협력으로 방향을 전환하고 2002년 5월 미·러 핵합의를 이루고 미 트럼프 행정부 하에서 밀월관계를 가졌으나 최근 미 바이든 행정부의 출범 이후 우크라이나 문제 등으로 인해 다시 냉각기를 겪고 있다. 러시아의 대 중국 정책은 '전략적 협력의 동반자 관계'를 심화하고 미국의 일방주의를 견제하기 위한 양국 간 공동전선을 강화하고 있다. 러시아의 대한국 정책은 한반도에서의 영향력 유지 및 남북한 과의 협력 증대에 중점을 두고 있다. 한반도 비핵지대화 및 WMD 비확산을 강조하고, 남북한과 시베리아 횡단열차(TSR), 한반도 종단열차 연결을 위한 논의를 시작하기도 했다.

북핵 문제에 있어 러시아는 1990년대 중반 이후 북핵위기 해소의 중재자·조정자 역할을 자임하며 제재가 아닌 포용을 해야만 위기를 해소할 수 있다고 주장해왔다. 러시아는 현상 변경으로 의도치 않게 미국과 대결구도가 형성되거나 대규모 난민 유입, 북핵 폭격으로 인한 방사능 대량 누출 등 러시아 극동지역에 피해가 발생할 점을 우려한다. 푸틴 정권 이후 한반도 문제에 대한 러시아의 영향력 역시 제고되고 있다.

 **토론하기**

1. 국제연합(UN) 내 안전보장이사회(Security Council)의 상임이사국 개편 논의에 대해서 어떻게 생각하는가? Two+Three 안을 설명하고 새로운 상임이사국의 자격요건을 논의하시오. 독일과 일본, 그리고 가능한 후보국을 언급하며 그 적실성을 토론하시오.

2. 경제사회이사회(ECOSOC)의 협의적 지위를 갖는 Category I, II, III 각각에 해당하는 INGO의 권한을 비교하여 설명하고 그 효과성과 한계를 논의하시오.

3. '쿠바미사일 위기' 사례를 대상으로 미국의 외교정책 결정과정을 분석한 후 세 가지 모델을 제시한 앨리슨의 주장에 대한 비판적으로 고찰하면 어떠한가? 이에 대해 토론하시오.

정리하기

1. 정부간기구란?

주권국가의 합의에 의해 형성된 국가 간의 기능적 조직이며, 국제법상 직접적인 조약에 의해서 성립된다. 이러한 종류의 기구는 회원국으로서 제 국가가 적극적이든 소극적이든 각기 자국의 국가이익과 합치된다고 인정하는 한 유지된다.

2. 국제비정부기구의 유형과 역할이란?

NGO의 종류는 다양하다. 첫째, 국내-국제 조직 여부를 기준으로 보면 국내 비정부기구(NNGO)와 국제 비정부기구(INGO)가 있다. 둘째, 기준에 벗어난 세 가지 특수한 형태의 NGO를 언급하면, GONGO(government-organized nongovernmental organization), QUANGO(quasi-nongovernmental organization), DONGO(donor-organized NGO) 등이다. 셋째, 활동분야를 기준으로 보면, 단일과제 NGO와 종합과제 NGO가 있다. 넷째, 활동범위를 기준으로 보면, 국내 중심조직과 Global NGOs로 구분된다. 마지막으로, 활동영역을 기준으로 보면, 정치, 경제, 문화, 환경, 여성, 인권, 주민자치, 평화, 소비자, 법, 교육, 청소년, 언론, 빈곤과 외채, 빈민, 주거, 교통 등과 관련한 NGO가 존재한다. INGO의 역할은 그 기능을 기준으로 관리운용 기능, 대중교육 및 여론형성 기능, 정책결정과정 참여 기능, 감시 기능, 국제레짐의 설정 기능 등을 들 수 있다.

3. 외교정책 결정요인이란?

외교정책 결정요인을 국제적 및 국내적 측면에서 파악하면, 국제적 요인으로는 국제체제의 성격, 국제기구의 역할, 국제법과 국제관습의 성향, 제3국 혹은 상대국의 영향 등이 있다. 국내적 요인에는 정치체제 및 정부형태의 유형, 외교정책 결정과정의 행위자, 지리적 조건, 정치적 이념, 국력 수준, 외교적 전통과 습관, 제도적 측면, 문화적 측면 등이 있다.

3^부

국제정치경제 이슈

1. 국제통상

 핵심 용어 정리

용어	뜻
FTA (Free Trade Agreement)	국가 간 상호 무역증진을 위해 물자나 서비스 이동을 자유화시키는 협정으로, 국가 간 제반 무역장벽을 완화하거나 철폐하여 무역자유화를 실현하기 위한 양국 간 또는 지역 사이에 체결하는 무역협정임.
USMCA (United States Mexico Canada Agreement)	미국·멕시코·캐나다 간에 맺은 자유무역협정으로 1994년 발효된 북미자유무역협정(NAFTA)을 대체하는 새로운 협정임. 2020년에 발효된 것으로 'USMCA'에는 미국의 요구안이 폭넓게 반영되어 있음.
EU (European Union)	유럽의 정치·경제 통합을 실현하기 위하여 1993년 11월 1일 발효된 마스트리히트조약에 따라 유럽 12개국이 참가하여 출범한 연합기구임. 원래 유럽경제공동체(EEC) 회원국과 함께, 1995년에 유럽자유무역연합(EFTA) 회원국이 모두 가입함. 2007년 불가리아·루마니아가 새로 가입함으로써 가맹국 수가 총 27개국(독일, 프랑스, 아일랜드, 벨기에, 네덜란드, 룩셈부르크, 덴마크, 스웨덴, 핀란드, 오스트리아, 이탈리아, 스페인, 포르투갈, 그리스, 체코, 헝가리, 폴란드, 슬로바키아, 리투아니아, 라트비아, 에스토니아, 슬로베니아, 키프로스, 몰타, 불가리아, 루마니아, 크로아티아 등)으로 늘어남.

1부 4장 국제통상(International Trade)과 금융/통화질서

주   제 ────────────────────────────────

국제통상(trade) 문제를 국제정치경제 시각으로 살펴볼까요?
UR과 NR은 무엇일까요?
한국의 자유무역협정 체결 노력을 살펴볼까요?

학/습/목/표 ────────────────────────────────

1. 국제통상의 현안 의제를 파악할 수 있다.
2. 우리나라가 당면한 국제통상 관련 의제를 이해할 수 있다.

학/습/목/차 ────────────────────────────────

1. 국제경제통합(International Economic Integration) 및 UR/NR에 대한
   이해
2. 한국의 자유무역협정 체결에 대한 논의

I. 국제경제통합(International Economic Integration) 및 UR/NR에 대한 이해

1. 국제경제통합의 의의

지리적으로 인접한 다수의 국가가 동맹을 결성하여 상호 간에 무역의 자유화를 꾀하며 역외국에 대해서는 공동으로 무역제한을 가하는 형태의 국가 간 결합을 의미한다. 역내 무역 자유화와 요소이동, 그리고 재정·금융 등 전반에 걸친 상호협력 도모를 그 내용으로 한다. 이를 위한 전제 조건은 지리적 인접성, 유사한 경제발전 수준, 동질적인 사회문화 구조, 각종 대외정책의 유사성, 인종 및 혈통의 유사성 등이다.

2. 국제경제통합 유형

(1) 자유무역지대(free trade area)

역내 상품의 자유무역 보장, 역외 상품에 대한 독자적인 관세정책 및 무역제한조치 실행을 주요 내용으로 한다.

(2) 관세동맹(customs union)

역외 상품에 대한 공동(수입)관세 부과, 역내 상품의 자유무역 보장을 주요 내용으로 한다.

(3) 공동시장(common market)

역내 재화뿐만 아니라 노동·자본과 같은 생산요소의 자유로운 이동 보장, 역외 각국에 대한 공동의 관세제도 설정을 주요 내용으로 한다.

(4) 경제연합(economic union)

공동시장의 내용에 더하여 회원국 간 경제정책의 조정과 협력을 강화하기 위해 공동 경제정책을 실시하는 것을 주요 내용으로 한다.

(5) 완전경제통합(complete economic integration)

회원국 상호 간에 초국가적 기구를 설치하여 그 기구로 하여금 각 회원국의 모든 사회경제정책을 조정·통합·관리하는 형태의 통합을 말한다.

3. 국제경제통합 사례

(1) 지역경제통합기구

유럽지역 – 유럽연합(EU), 북미지역 – 북미자유무역지대(NAFTA 후에 USMCA), 중남미 – 남미공동시장(MERCOSUR), 동남아 지역 – 동남아국가연합(ASEAN) 및 아시아자유무역지대(AFTA), 아·태지역 – 아시아태평양경제협력체(APEC) 및 포괄적·점진적 환태평양경제동반자협정(CPTPP), 동아시아 지역 – 역내포괄적경제동반자협정(RCEP) 등이 있다.

(2) 현안 사례 1 (북미 + 중남미)

① 중남미 경제통합 진전과 미주 자유무역지대(FTAA)의 출범 전망: 미주의 경제통합은 1990년대 이후 빠르게 진전되었고, 1990년대 중반 이후 북미와 남미 33개국을 하나의 시장으로 통합하는 미주자유무역지대 협상이 진전되었다. 하지만 2003년 트리니다드 토바고에서 열린 미주 자유무역지대 무역협상위원회(CNC) 회의가 결렬된 바 있고, 이어 2005년 아르헨티나 및 2009년 트리니다드 토바고에서 열린 미주 정상회담도 별다른 성과 없이 끝났다.

② 미주지역에서 자유무역지대의 결성이 구체화 되고있는 배경요인: 1990년대 이래 빠르게 진행된 미주지역의 지역통합운동의 흐름(NAFTA, MERCOSUR)이 있었고, 1990년대 이후의 국제적 환경의 변화는 냉전질서의 종식으로 인해 국제관계에서 안보나 이념적 대립이 줄어들고 경제관계의 상대적 중요성이 증가하였기 때문이다. 아울러 유럽통합의 빠른 진전과 WTO 협상이 지연되면서 미국은 당시 지역주의를 다자주의에 대한 보완 전략으로 채택하기 시작하였다. 특히 라틴아메리카 지역은 스페인어와 포르투갈어를 공통으로 사용하는 언어적 통일성과 문화적·종교적 동질성, 그리고 독립 직후의 범미주통합운동의 전통 등 공통의 정체성을 위한 좋은 조건을 가졌다.

(3) 현안 사례 2 (동아시아 + 태평양연안)

① 동아시아무역지대＝아세안 국가와 한국, 중국, 일본(ASEAN Plus Three)을 포함하는 동아시아지역경제통합이 미국에 대해서 차별적이지만 않으면 미국이 용인할 것이라는 전망이며, 중국이 역내 각국을 위협하지 않나 하는 중국 위협론이 중요한 걸림돌이다.

② 오늘날 중국은 동아시아지역경제통합에 적극적으로 참여하고 있다. 1997년 이후 중국 자신이 동아시아에서의 지역경제통합, FTA 창설에 적극적으로 나섰다. 중국은 브루나이, 말레이시아, 인도네시아, 필리핀, 싱가폴, 태국 등 6개 선발회원국과는 2010년까지, 캄보디아, 라오스, 미얀마, 베트남 등 4개 후발회원국과는 2015년까지 FTA를 추진하였다. 이는 중국이 동아시아에서 EU 및 NAFTA(USMCA)와 같은 거대 경제블록을 탄생시켜 미국의 일극체제에 대항하겠다는 의지를 드러낸 것이다. RCEP(Regional Comprehensive Economic Partnership; 역내포괄적경제동반자협정)은 동남아시아국가연합(ASEAN) 10개국과 한·중·일, 호주, 인도, 뉴질랜드 등 16개국의 역내 무역자유화를 위한 협정으로 다자간 자유무역협정(FTA)이다. 2012년 11월 20일 16개국 정상이 협상 개시를 선언했으며 첫 RCEP 회담이 2017년 11월 필리핀 마닐라에서 열렸다. 2019년 11월 4일 RCEP 정상회의에서 인도를 뺀 15개국이 협정문에 가서명을 하였고, 2020년 11월 15일 출범하여 2022년 발효되었다.

RCEP 회원국의 인구는 22억 6천만 명(전세계 인구 중 29.9%), 명목 국내총생산(GDP)은 26조 3천억 달러(전세계 GDP 중 30%), 무역규모는 5조 4천억 달러(전세계 무역규모 중 28.7%)이다.

이에 경쟁적인 지역경제블록으로는 미국의 탈퇴로 존재감이 떨어진 CPTPP(포괄적·점진적 환태평양경제동반자협정)가 있다. 이는 2018년 체결되었으며 일본, 호주, 뉴질랜드, 말레이시아, 싱가포르, 브루나이, 베트남, 캐나다, 멕시코, 페루, 칠레를 포함한 11개국이 그 회원국이고 인구는 5억 1천만 명(전세계 인구 중 6.7%), GDP는 11조 3천억 달러(전세계 GDP 중 12.9%), 무역규모는 2조 9천억 달러(전세계 무역규모 중 15.3%)이다. RCEP과 CPTPP에 모두 가입한 나라는 일본, 호주, 뉴질랜드, 말레이시아, 싱가포르, 브루나이, 베트남 등 7개국이며, 일본과 호주는 안보협력체인 쿼드(Quad: Quadrilateral Security Dialogue) 멤버이기도 하다. 인도의 경우 대중 무역적자 확대를 우려해 RCEP에 불참했다.

4. 국제협력 논의

국제경제통합은 국가 간 경제협력을 전제로 한다. 이러한 경제협력은 외교안보적 고려를 기초로 이뤄진다. 국제협력의 전제조건은 상호이해 증진을 위한 교류이다. 여러 계층간의 광범위한 문화교류, 전문가 간의 공동연구 및 학술자료교류, 상호유학촉진 혹은 정부차원의 장학금, 스포츠교류, 관광교류 등이 이에 해당된다. 국제협력은 범세계주의와 지구촌을 지향하고 지역주의와 경쟁의 심화를 완화하기 위해 필요하다.

국제경제협력은 참여국 수에 따라 양자(국)간 협력[공여국과 수원국/자본·재화·용역 등의 무상원조, 차관, 직접투자방식/구속대부(공여국의 재화수출과 결부되는 자금공여/불리한 조건으로 물자구입, 경제발전에 자주성 상실 우려)]과 다자(국)간 협력[국제협력기구를 통하여 이루어지는 경제협력/IBRD·IMF·ADB/결정방향이 일정한 국제적인 기준에 의하여 수행 비교적 공평성/국제기관의 자주적인 판단에 의하여 결정/구속성 대부성 없음/피공여국의 자유재량성 부여/경제개발에 자주성]으로 나뉜다. 또한 그 성격에 따라서는 정부 간 협력과 민간 협력으로 구분된다. 정부 간 협력은 자금의 원천이 정부이고 그 자금은 개발도상국에 대한 지원, 공적개발지원(경제개발 또는 복지향상 목적) 및 기타 공적자금으로 활용된다. 민간 협력은 민간자금으로 대부분 상업적인 이윤동기에 근거한다. 한편 대상을 기준으로는 자본협력(투자자본의 부족을 메꾸어주는 협력)과 기술협력(기술의 부족을 메꾸어주는 협력)으로 구분한다. 조건에 따라서는 유상협력과 무상협력이 있는데, 유상협력은 원조국 측에 혹은 국제기구에 일정기간이 경과한 뒤 상환하는 것을 전제로 자금을 공급하는 경제협력이며, 무상협력은 자금의 상환을 요구하지 않는 경제협력이다. 마지막으로 사업성격을 기준으로 계획사업원조는 개도국의 개발을 위한 구체적인 사업을 지정하고 이에 필요한 자금을 공여하는 경제협력이다. 이에 비해 비계획사업원조는 개도국 경제 전체의 개발 또는 안정에 기여하는 것을 주목적으로 하여 공여하는 경제협력이다.

5. UR(Uruguay Round)과 WTO

(1) UR협상의 성격과 의의

① 광범위한 협상의제 채택

제8차 다자간 통상협상인 우루과이라운드(UR) 협상은 선진국과 개도국의 관심사항을 모두 포괄하는 광범위한 의제를 채택했다. 미국을 비롯한 선진국들은 그들이 경쟁력을 가지고 있는 서비스, 지적재산권, 국제투자 등 새로운 분야를 협상의제에 포함시켰고, 개도국은 섬유 쿼타제도, 각종 회색지대 조치 등 보호무역장벽의 완화 또는 폐지를 추구했다.

② 규범의 정비 및 강화

GATT는 GATT 체제의 실효성 확보를 위하여 GATT규정을 대폭 정비 강화하는 노력을 병행했다. 그 예로 반덤핑, 긴급수입제한, 분쟁해결절차, 보조금 및 상계관세제도 등이 모두 의제에 포함되었다.

(2) UR협상의 전개과정

1단계는 1986년 9월의 UR출범으로부터 1988년 12월의 몬트리올 중간평가 시기까지의 시기이고, 2단계는 중간평가 이후 UR협상 타결의 최초 목표 시점이었던 1990년 12월의 브뤼셀 각료회의까지의 시기이다. 브뤼셀 각료회의 실패 이후 미국과 EC 사이에 농산물 협상에 대한 최초의 타협이 이루어졌던 1992년 11월의 블레어하우스 협정 때까지가 3단계에 해당된다. 블레어하우스 협정 이후 1993년 12월 15일 협정 타결 시점까지가 마지막 단계이다.

(3) UR협정의 주요내용

UR의 결과 GATT 체제를 대체할 세계무역기구(WTO) 체제가 수립되었다. 그 주요 내용은 관세[관세에 관한 협상에서는 철강, 건설장비, 농업기계, 의료기기, 가구, 의약품, 맥주, 증류수 등 8개 분야의 75개 품목에 대하여는 무관세로 하고, 화학제품 등 196개 품목의 관세를 일률적으로 0~6.5%로 인하함], 반덤핑[우리나라를 비롯한 개도국은 가능한 한 반덤핑관세의 부과를 억제하는 방향으로 개편하자는 것임/덤핑마진 산정방법의 개선과 구성가격 산정 시 실제 판매비 및 실제 이윤을 산입하도록 의무화함/미국, EU 등에서는 판매비나 이윤이 일정 수준 이하이면 자의적으로 판매비(원가의 10%), 이윤(원가 및 비용의 8%)을 정하여 덤핑마진을 산정함으로써 덤핑이 아닌 경우도 덤핑으로 인정될 수 있었음/현지생산판매 등 우회덤핑에 대한 반덤핑관세의 부과를 합법화함], 보조금 및 상계관세[무역을 왜곡시키는 정부의 보조금을 규제하고 선진국이 자국의 산업을 보호하기 위한 수단으로 활용하고 있는 상계관세 규제제도를 개선하여 공정무역을 실현한다는 데 협상의 목표를 둠], 긴급수입제한조치[GATT의 기본정신과 상충 되는 것이므로 이를 발동할 수 있는 예외적인 상황이 엄격하게 규정되어야 함/긴급수입제한조치에 관하여 무차별 원칙을 준수하되 예외적으로 사실상의 선별적용을 인정함/나아가 수출자율규제협정, 시장질서유지협정 혹은 기타 유사한 회색조치의 적용을 금지시킴] 등 관련 협정에 잘 반영되어 있다.

이와 함께, 섬유 부문에서는 다자간 섬유협정(MFA)에 의한 쿼타규제를 받아온 섬유교역을 10년간에 걸쳐 완전 자유화하는 동시에 단계별 규제철폐방법을 채택했다. 서비스 부문에서는 서비스무역에 관한 일반협정(General Agreement on Trade in Services: GATS)을 채택했고, 모든 형태의 서비스교역을 협상대상으로 서비스 자체의 교역뿐만 아니라 서비스제공을 위한 인력이동과 회사설립까지 협상의제에 포함시켰다. 아울러 모든 서비스분야에서 타회원국을 동등하게 대우하여야 한다는 최혜국대우의 원칙을 채택했다. 지적재산권 부문에서는 무역관련 지적재산권 협정(Agreement concerning Trade Related Aspects of Intellectual Property Rights: TRIPs)을 채택하였다. 또한 무역관련 투자 부문에서는 내국민대우 및 수량제한의 금지원칙에 저촉되는 신규 및 기존의 투자제한조치를 금지하고, 국산품이나 국내에서 조달된 제품의 사용이나 구매를 강요하는 국산품 사용의무 제도를 금지하며, 국제수지를 이유로 한 기업활동 제한, 판매시장 지정, 외환통제 등을 금지했다. 논란이 많았던 농산물 부문에서는 농산물에 대한 모든 비관세장벽을 철폐하고 관세율을 감축하며, 국내보조금, 수출보조금을 연차적으로 감축하고, 최소시장접근 및 현행시장접근을 인정하기로 했다. 다만 특별세이프가드가 인정되었다.

무역관련 규범에 있어서는 원산지규정의 적용범위를 구체화하여, GATT상의 최혜국대우, 반덤핑, 상계관세, 세이프가드조치, 원산지 표시요건, 각종 수량규제 및 관세쿼터, 정부조달 및 무력통계에 적용하도록 하는 원산지규정을 두었다. 한편 기존의 정부조달협정은 중앙정부기관만을 대상으로 삼았으나, 정부조달 확장협상에서는 중앙정부기관, 지방정부기관 및 정부투자기관 등을 포함시켰다. 협정의 적용범위를 확대하여, 기존의 정부조달협정은 물품만을 적용대상으로 하였으나, 정부조달 확장협상에서는 물품뿐만 아니라 서비스 및 건설도 포함시켰다.

WTO 협정의 가장 큰 성과는 실효성 있는 분쟁해결제도를 갖추었다는 점이다. 분쟁해결기구(Dispute Settlement Body: DSB)를 설치하여 이 기구가 패널의 설치, 패널 및 상소보고서의 채택, 결정 및 권고의 이행에 대한 감시,

양허 및 기타 의무의 정지에 대한 승인 등의 권한을 보유한다. 이러한 분쟁해결제도의 특징은 분쟁해결 절차규정의 단일화, 분쟁해결기구(DSB)의 신설, 상소제도의 도입 등이다. 한마디로 말하여, 분쟁해결기구는 패널을 설치하고 패널 및 상소기구보고서를 채택하며 권고사항 및 판정의 이행상태를 감독하고 대상협정상의 양허 및 기타의무의 정지를 허가하는 권한을 행사한다.

1995년 출범한 WTO 체제로 인해 우리나라는 WTO 체제하의 각종 협상의 규정에 일치하지 않는 우리나라의 각종 보조금, 산업지원정책, 수량제한 조치 등에 대한 제소가 증가할 것을 대비하여 우리나라의 무역 및 산업지원 제도 등에 대한 각종 제도의 과감한 개선이 이루어졌다. 분쟁해결과정에서 제3국으로서의 역할 및 참여기회가 증대된 점을 고려하여 앞으로 분쟁발생 시 공동이해관계국과의 공동 보조 및 협력을 통해 우리의 입장이 충분히 반영될 수 있도록 다각적인 외교채널을 구축해 나가야 할 것이다. 아울러 우리나라가 관련된 분쟁의 제소발생 시 우리의 입장을 충분히 반영시킬 수 있도록 WTO 전문가를 양성해야 할 것이다.

6. DDA 협상(도하개발아젠다협상; New Round)

(1) 뉴라운드 논의의 배경

UR의 결과로 WTO가 탄생하고 다자체제가 확립되었으나 이는 미완성의 타결이었다. 양허협상의 개시는 각료회의에서 선언되는 것이 관행이었으나 이를 위한 각료회의 개최가 상당한 시일을 요하고 당시 합의가 어려웠다. 농업과 서비스라는 민감하고 광범위한 협상이 개최되면서도 전통적인 공산품 관세인하, 또한 지난 몇 년간의 WTO 협정 이행과정에서 제기된 문제들을 동시에 다루지 않는다는 것은 비현실적인 것이었다. DDA 협상은 2001년 11월 공식적으로 출범한 후, 2005년 1월 1일까지 3년의 기간 동안 최종협상안을 타결시키기 위한 본격적인 협상국면에 돌입하게 되었다. DDA 협상은 UR협상에 이어 제2차 세계대전 이후 시작된 제9차 다자간 무역협상이며,

WTO 출범 이후 첫 번째 다자간 무역협상이었다. 2001년 협상을 출범시킬 당시 계획은 2005년 이전에 협상을 일괄타결방식으로 종료한다는 것이었으나 농산물에 대한 수입국과 수출국의 대립, 공산품 시장개방에 대한 선진국과 개도국의 대립 등으로 인해 DDA 협상은 진전이 거의 없는 상황이다.

(2) 주요 의제와 내용

농산물의 경우, 농산물 관세의 추가인하, 농산물에 대한 수출보조금의 추가감축 또는 폐지를 목표로 했다. 서비스의 경우도 서비스 시장의 추가자유화, GATS(서비스협정)의 개정을 추구했다. 반덤핑 의제는 우회덤핑방지규범의 제정, 반덤핑조치의 남용 규제를, 공산품 의제는 추가적인 공산품관세 인하, 비관세장벽에 대한 투명성 제고를, 그리고 투자 의제는 투자자 보호를 위한 다자간 투자규범의 마련을 목적으로 논의되었다. 경쟁정책(반경쟁적 기업관행에 대한 규제, 회원국간 경쟁법 및 정책의 조화), 환경(환경보호를 위한 무역보복조치의 허용여부, 환경부과금 부과) 및 전자상거래(전자상거래로 거래되는 상품의 무관세조치, 인터넷으로 전송되는 전송물의 정의 및 범위)도 유사한 맥락에서 그 타결을 모색한 것이었다.

(3) 뉴라운드 협상 당시의 한국 내 거시적 파급효과

금융서비스 분야에서의 자유화는 세계적인 금융서비스 공급자를 유치하는 데 도움을 주고, 이는 다시 우리나라가 e−business 관련 기술의 투자지로서 매력을 높이는 효과를 갖게되고 컴퓨터 관련 서비스의 새로운 장과 수요를 창출하는 효과를 가지게 된다. 또한 향후 서비스협상에서 통신서비스의 개방확대 요구는 필연적이며, 통신과 전력 모두 외국인투자 지분제한을 완화하라는 요구가 커지고 있다. 우리나라는 라디오 및 TV 방송은 외국업체의 진입이 금지되어 있고, 케이블 TV와 위성방송은 부분적으로 개방되어 있으며, 영화상영분야에 있어서 스크린쿼터 제도가 존재한다. 향후 협상에서는 케이블 TV 및 위성방송의 개방확대와 아울러 스크린쿼터 제도의 철폐 요구가 있을 것으로 예상된다. 법률서비스의 경우, 외국로펌이 한국에 사무소를 설립하고 국내로펌과 동업을 하며 국내 변호사도 고용할 수 있게 되면 외국로펌의 선진적인 노하우나 경영기법의 전수, 업무 및 정보체계의 네트워크화, 업무영역의 다양화 및 전문화 등의 긍정적 효과를 가져올 것이다. 교육서비스의 경우, 대학 이상의 교육서비스는 향후 WTO 서비스협상에서 개방요구가 있을 것이다.

II. 한국의 자유무역협정 체결에 대한 논의

우리나라가 FTA를 추진한 이유의 하나는 우리나라가 기존 수출시장을 유지하고 새로운 시장에 진출하기 위함이고, 다른 하나는 능동적인 시장 개방과 자유화를 통해 국가 전반의 시스템을 선진화하고 경제체질을 강화하기 위함이다. 우리나라는 2019년 기준 칠레, EFTA, 아세안, EU, 미국, 중국 등 57개국과 16건의 FTA를 발효하였다. 2004년 우리나라의 첫 번째 FTA가 발효된 이래 동시다발적 FTA 추진으로 비교적 단기간에 미국, EU, 아세안, 중국 등 주요 거대경제권과 FTA를 체결한 상황이다. 한·칠레 FTA 체결은 15년이 지났고, 한·미 FTA, 한·EU FTA, 한·아세안 FTA 등 주요경제권과의 FTA가 발효된 지도 5년 이상이 되었다.

FTA가 당초 목표를 달성하였는지를 FTA 네트워크 구축 성과, 상품시장 개방 성과, 해외직접투자 성과, 제도적 성과라는 네 가지 측면에서 살펴보면 다음과 같다. 첫째, 네트워크 구축 측면에서 보면, FTA 체결국과의 교역비중이 지속적으로 높아지기는 했으나, 최근 주요 경쟁국들의 FTA 네트워크가 확대되면서 FTA 허브 국가로서의 위상은 다소 약화되는 모습을 보이고 있다. 둘째, FTA는 우리나라 교역 및 교역 품목수를 증가시켜왔다. 셋째, FTA는 우리나라의 해외직접투자(FDI) 유출입에 긍정적인 기여를 해왔다. FTA는 선진국과 개도국에 대한 해외직접투자(OFDI)를 모두 증가시켰으나, 외국인 직접투자(IFDI)의 경우 선진국으로부터의 유입만 증가시킨 것으로 나타났다. 마지막으로, FTA를 통해 국내제도 간소화와 지식재산권 보호수준 강화 등의 제도적 성과를 달성했다. 공정거래법과 상표법 등이 개정되어 개선된 모습을 보였다. FTA의 발전과 성공적인 결과를 위해서 개도국과의 신규 FTA 체결 및 개선협상 추진, 다양한 경로를 통한 기업애로사항의 효율적인 반영, 상호간의 경제협력을 강화하는 신무역협정 로드맵 마련, 중소기업 국제화를 통한 품목다변화 추진, 소비자들의 FTA 체감도 제고, 포용적 통상을 위한 정책 강화 등이 요구된다.

한국과 미국의 경제적·안보적 이해관계가 한·미 FTA를 가능하게 한 것이다. 경제적인 측면에서 농업과 일부 서비스업을 빼면 미국의 산업은 한국과 상호보완적이어서 일본이나 중국과의 FTA보다 개방에 따른 피해 위험이 적었다. 또한, 양국은 반도체·철강·쇠고기 등 다양한 통상 분야에서 분쟁을 겪으며 협상을 해왔기 때문에 타협의 가능성이 큰 상황이었다. 한국은 미국이라는 세계 최대의 시장을 확보할 수 있고, 우리 산업의 고도화를 마련하는 기회가 될 수 있었다. 우리나라의 대외신인도를 제고하는 계기가 될 수 있으며, 미국의 각종 규범 및 제도에 내재된 글로벌 스탠더드를 우리나라의 경제 및 사회 전반에 확산시켜 경제구조를 선진화하는 계기가 될 수 있었다. 안보적인 측면에서 한·미 FTA는 1953년 한미 군사동맹 체결 후 양국 관계를 한 단계 진전시키는 중대한 계기가 될 수 있었다. 한미 동맹의 강화를 통해 동아시아에 영향력을 행사하려는 미국의 노력에 부합하며, 한국의 중국 경제권 편입을 사전 차단하려는 미국의 목적에도 부합한다.

반면에 한·미 FTA 체결을 어렵게 한 대표적인 요인의 하나는 ISD(투자자·국가간소송제)라는 FTA 조항 때문이었다. ISD는 외국에 투자한 기업이 현지에서 정부 정책에 의해 불이익을 당했을 때 해당 정부를 상대로 소송을 할 수 있는 제도이다. 이는 1965년 설립된 국제투자분쟁해결기구(ICSID)가 재판소 역할을 한다. 전 세계 2,000여개 협정에 ISD가 들어가 있을 정도로 국제사회의 표준이 되었으나, 당시 한·미 FTA 반대진영에서 '경제 주권을 포기한 행위'라고 맹비난하는 등 독소조항이라는 여론이 커져서 한·미 FTA

체결을 가로막는 원인이 되었다. 통상교섭본부 자료에 따르면 당시 우리나라는 총 81개국과 ISD를 통해 투자분쟁을 해결하기로 합의를 해놓은 상태였다. 전문가들은 한·미 FTA에 담긴 ISD는 공공 분야에 대한 예외를 많이 두고, 소송절차와 정보를 공개하도록 의무화한 데다, 양국이 추가 협상까지 합의해 이전의 다른 협정보다 우리에게 유리하다고 평가했지만 잘 받아들여지지 않았다. 더욱이 1967년 ISD를 관장하는 국제투자분쟁해결기구(ICSOD)에 가입한 이후 당시까지 한 번도 제소를 당한 적이 없었다. 결국 한·미 FTA의 체결 여부는 하느냐 마느냐의 문제가 아니라 어떻게 하느냐의 문제였다. 즉, 맹목적인 찬성론과 반대론은 문제가 있다는 것이다.

🍎 토론하기

1. 국제경제통합 유형 중 자유무역협정(free trade agreement)을 이해하고 한·미 FTA의 공과를 토론하시오.

2. CPTPP와 RCEP을 비교하여 설명하고 RCEP의 회원국인 우리나라가 CPTPP에 가입해야 하는지 가입한다면 그 정치·경제적 효과는 어떠한지 논의하시오.

정리하기

1. 국제경제통합(International Economic Integration)이란?

지리적으로 인접한 다수의 국가가 동맹을 결성하여 상호 간에 무역의 자유화를 꾀하며 역외국에 대해서는 공동으로 무역제한을 가하는 형태의 국가 간 결합을 의미한다. 역내 무역자유화와 요소이동, 그리고 재정·금융 등 전반에 걸친 상호협력 도모를 그 내용으로 한다. 이를 위한 전제 조건은 지리적 인접성, 유사한 경제발전 수준, 동질적인 사회문화 구조, 각종 대외정책의 유사성, 인종 및 혈통의 유사성 등이다. 그 유형으로는 통합 수준에 따라 자유무역지대(free trade area), 관세동맹(customs union), 공동시장(common market), 경제연합(economic union), 완전경제통합(complete economic integration) 등이 있다.

2. WTO 협정의 가장 큰 성과의 하나인 분쟁해결제도는 어떠한가?

WTO 협정은 분쟁해결기구(Dispute Settlement Body: DSB)를 설립하여 이 기구가 패널을 설치하고 패널 및 상소기구보고서를 채택하며 권고사항 및 판정의 이행상태를 감독하고 대상협정상의 양허 및 기타의무의 정지를 허가하는 권한을 행사한다.

3. CPTPP와 RCEP을 비교하면 어떠한가?

구분	RCEP	CPTPP
공식협상 개시	2013년 5월	2010년 3월
협상 타결	2020년 11월 (2022년 1월 발효)	2018년 3월 (2018년 12월 발효)
세계 GDP / 교역 비중	29% / 25%	13% / 14%
협상 범위	관세 철폐 치중	관세 + 비관세장벽 철폐
자유화 수준	낮은 수준의 무역자유화 (상품 분야 최대 92% 관세 철폐)	높은 수준의 무역자유화 (상품 분야 95~100% 관세 철폐)
회원국	15개국 (한국, 중국, 일본, 호주, 뉴질랜드, ASEAN-10)	11개국 (일본, 호주, 뉴질랜드, 캐나다, 멕시코, 칠레, 페루, 브루나이, 말레이시아, 싱가포르, 베트남)
공통 회원국	일본, 호주, 뉴질랜드, 브루나이, 싱가포르, 베트남, 말레이시아	

2. 국제 통화·금융

 핵심 용어 정리

용어	뜻
외채	한 국가(또는 거주자)가 다른 국가(또는 비거주자)에 대하여 이행하여야 하는 채무계약. 한 국가의 정부 또는 민간부문에서 다른 국가의 정부 또는 민간부문에 대하여 갚아야 하는 빚
단일통화 통화통합 (Monetary Union)	공동의 중앙은행이 존재해서 통화통합에 참여하는 국가들의 공통물가 상승률과 개별국가의 실업률의 합이 최소화되도록 정책을 운용함
달러라이제이션 (Dollarization)	미국 달러를 자국 내의 유일한 법정 통화로 설정하거나 자국화폐와 함께 법정통화로서 동시에 인정하는 것으로, 자국 화폐는 계산의 단위나 잔돈의 형태로만 남을 수 있으며 중앙은행의 기능은 거의 소멸됨

I. 국제금융구조(International Financial Structure) 및 FR에 대한 이해

1. 세계자본시장(global capital market)의 등장과 금융라운드(FR: Finance Round)

(1) 환율제도의 변화

1800년대의 금본위제도를 시작으로 1980년대 후반의 루브르협정까지 국제통화제도는 다음과 같은 여러 가지 환율제도를 기반으로 하여 운영되었다.

[고정환율제도]

금본위제도(the Gold Standard, 1821－1914) → (불안정한 변동환율제도/양차대전 사이) → 브레튼우즈 체제 = 금-외환본위제도(the Gold Exchange Standard = 좁은 변동폭의 고정환율제도 Fixed Rates with Narrow Bands, 1944－1971) → 스미소니언체제(넓은 변동폭의 고정환율제도 = Fixed Rates with Wide Bands, 1971－1973)

[변동환율제도]

자유변동환율제도(Free or Clean Float, 1973. 3) → 킹스턴체제(1976. 1., 관리변동환율제도 managed float) → 플라자협정(1985. 8., 관리변동환율제도하의 조율 시도) → 루브르협정 (1987. 2., 관리변동환율제도하에서 이루어진 합의)

① 양차대전사이(1925-1939): 불안정한 변동환율제도

제1차 세계대전(1919－1923)은 세계경제의 거의 모든 부분을 분란시켰다. 미국을 제외한 대부분의 국가들이 재정지출을 늘리기 위해 금본위제도하에서의 태환성을 버렸고 화폐발행을 통한 재정지출의 증가는 각국에서 인플레를 가져와 금본위제도하에서의 약속된 화폐의 태환성이 유지될 수 없게 되었다. 제1차 세계대전 후 금본위제도로의 복귀를 시도했으나 실패했다. 전쟁을 수행하는 과정에서 나타난 인플레는 전쟁 전의 환율로 다시 돌아가는 것을 불가능하게 했다.

1925년 영국을 중심으로 다시 금본위제도로 돌아가려는 움직임이 있었다. 처칠 수상이 전쟁 전의 금과 파운드화 간의 교환비율을 고집하여 전쟁으로 인한 인플레이션으로 파운드화가 크게 과대평가되는 문제가 나타나게 되었다. 교환비율을 유지하기 위해서 영국은 국내적으로 긴축정책을 필요로 했다. 이로 인해 성장이 저하되고 실업이 급증하여 영국노동자들의 고통이 심화되었다.

미국과 영국의 상대적 경제력이 전쟁 이전과 크게 달라졌다. 미국 달러가 국제무역과 국제금융에서 막강한 존재로 부각되었다. 이러한 미국 달러의 부각은 과거의 금본위제도로의 복귀를 무의미하게 만들었다. 1931년을 시작으로 한 대공황(Great Depression; 1929-1939)은 짧은 기간이나마 부활했던 금본위제도를 다시 무너지게 했다. 국가들은 하나둘씩 자국 화폐의 태환성을 버리기 시작했고 각국이 경쟁적으로 자국화폐의 재평가인하, 관세 인상, 외환과 자본이동 통제, 국제 무역과 금융에 역행하는 국제경제정책 등을 추진하여 국제통화제도를 통한 협조를 불가능하게 했다. 이러한 국제통화제도의 붕괴에 의해 가속화된 세계경기의 침체는 제2차 세계대전을 발발하게 하는 촉진제 역할을 한 것이다.

② 브레튼우즈 체제와 금-외환본위제도(1944-1971)

제2차 세계대전 후 미국 달러화가 기축화폐가 되었다. 미국 달러화만이 금태환성을 갖추었다. 미국의 주임무는 금 1 ounce가 $35로 태환되도록 보장하는 것이었다. 이러한 조건을 수행하기 위하여 미국은 다른 국가의 중앙은행들이 요구하면 즉시 금을 사주거나 팖으로써 금과 달러 간의 교환비율을 유지해야 했다. 이는 조절가능한 고정환율제도 혹은 변동 폭이 좁은 고정환율제도이다. 금-외환 본위제도를 만들게 된 배경은 이러한 방식을 통하여 대공황 당시에 경험한 환율의 경쟁적인 재평가인하를 피할 수 있고 IMF를 통한 협조체제의 구축이 가능하리라고 믿었기 때문이다.

하지만 이러한 브레튼우즈 체제는 예견된 문제점을 안고 출범했다. 미국은 자신의 금보유고 이상 통화량 발행이 불가능했다. 동시에 다른 국가들은 국가 간 거래를 위해 많은 달러가 필요했다. 자국 통화의 가치를 유지하기 위한 외환시장 개입을 위해서도 많은 유동성이 필요한 것이었다. 미국 입장에서는 달러의 공급을 제한하여야 하는 필요성과 달러의 공급을 충분히 해주어야 하는 당위성이 상호모순되게 공존했다. 브레튼우즈 체제하에서 미국은 이 두 가지 목표를 동시에 달성하는 것이 주요 관건이었다.

브레튼우즈 초기에는 유럽국가들이 경제재건을 위하여 자본재를 수입해야 했기 때문에 많은 달러를 필요로 했다. 달러의 수요가 공급을 초과하여 달러부족시대가 도래한 것이다. 미국이 국내경기 활성화 정책을 통해 국내경기가 호전되고 대유럽 수출이 줄고 수입이 늘어남으로써 달러의 공급초과 현상이 심화되기 시작했다. 외국의 중앙은행들이 자신들의 금고에 달러가 자꾸만 쌓여가는 것을 목격했다. 미국의 통화팽창정책은 인플레이션과 국제수지적자를 유발하고 결과적으로 달러화 가치를 추락시켰다. 타국들은 환율을 유지하기 위해 외환시장에 개입하여 달러를 매입했고 결국 자국의 통화량은 증가했다. 미국으로 인해 덮어쓰는 인플레 압박은 타국의 불만을 야기했다. 특히 역사적으로 인플레이션을 혐오해온 독일에서의 불만은 커졌다.

1960년대에 들어 브레튼우즈 체제의 붕괴 조짐이 보이기 시작했다. 1960년대 초에 이르러 결국 미국 달러가 외국으로 나간 양이 미국의 금보유고를 훨씬 초과했다. 미국 달러화의 금태환 가능성에 대한 의심이 커지기 시작했다. 외국 중앙은행들은 미국 달러의 재평가 인하를 예측하고 앞다투어 자국 보유 달러를 금으로 교환하려 했다. 미국 금의 대량 외국 유출 사태가 벌어지자 1971년 8월 15일 미국의 닉슨 대통령(37대 1969–1974년)은 달러의 금태환성을 포기했다. 이는 1960년대 이후 나타난 미국 경제력의 전반적인 약화를 반영한 것이었다.

③ 브레튼우즈 체제, 그 이후

자유로운 변동환율제도의 수용 준비가 안된 상태에서 과도기적으로 완화된 고정환율제도(a fixed rates with wider bands)가 시행되었다. 1971년 12월 18일 10개국 그룹(벨기에, 캐나다, 프랑스, 독일, 이태리, 일본, 네덜란드, 스웨덴, 영국, 미국)이 미국 워싱톤디씨 스미소니안재단(Smithonian Institution)에 모여

합의를 도출했다. 이는 스미소니언 협정(넓은 변동폭을 허용하는 고정환율제도)으로 미국은 1934년 이후 유지되어온 금의 공정가격을 1온스에 $35로부터 $38로 인상했다. 당시 미국은 달러의 금태환성을 수용 안했다. 여타 국가들은 미국 달러의 과대평가를 시정하기 위해 환율을 재조정하여 자국 화폐의 가격이 달러에 대하여 높아지도록 했다. 환율이 기존의 좁은 변동폭인 1%에서 ±2.25%의 범위 내에서 변동할 수 있도록 허용한 것이었다.

스미소니언 협정은 실질적으로 브레튼우즈 체제의 결함을 전혀 수정하지 못했다. 1973년 2월 미국은 금의 가격을 1온스당 42.22달러로 인상했고 달러의 금태환성을 수용하지 않았다. 1973년 3월 전세계의 대부분의 주요 화폐들은 새로운 변동환율제도로 갔다. 이는 관리변동환율제도(managed floating)라 불리운다. 외환시장에서 환율이 화폐에 대한 수요와 공급에 의해 결정되지만 어느 정도 중앙은행들이 외환시장에 개입하는 방식의 환율제도를 말한다.

브레튼우즈 체제를 대체한 변동환율제도가 합법적으로 제도화된 것은 1976년 1월 자마이카의 수도 킹스턴에서 개최된 회의에서였다. 금에 대한 공정가격 폐지, 금의 비통화화를 위해 IMF 회원국들로 하여금 금 확보에 대한 의무를 없앤 것이다. 킹스턴 협정의 가장 중요한 내용은 각국이 스스로 원하는 환율제도를 채택할 수 있도록 허용한 것이다. 고정환율제도 또는 변동환율제도가 똑같이 대우를 받게 된 것이다. 각국은 국내 경제정책의 안정성을 강화함으로써 국제금융체제의 안정성에 도움이 되도록 하고자 했다. 각국은 세계시장에서 자국 상품의 가격 경쟁력을 높이기 위한 경쟁적인 환율의 평가절하를 자제할 것을 요구받았다.

1980년대 국제통화제도는 또다시 조정의 필요성에 직면했다. 1985년 9월 22일 미국, 일본, 서독, 영국, 프랑스 재무장관이 미국 뉴욕의 플라자호텔에 모였다. 과대평가된 달러화에 대한 개입에 합의했다. 당시 달러화의 가격이 높아진 것은 미국 재정적자의 누적으로 인한 높은 금리가 주된 원인이었다. 달러화의 강세는 미국의 무역수지적자를 확대하고 나아가 세계경제전반의 침체를 낳았다. 따라서 이들 국가는 미국 달러의 가격을 인하하여 전세계적으로 나타난 무역불균형과 그로 인한 보호무역주의를 해소하고자 하는 조치를 취하게 되었다.

1986년 미국과 일본은 달러화가 충분히 하락하였다는 데 합의했고, 이제 문제는 달러화의 하락을 더이상 허용하지 않는 것이었다. 어떠한 조치에 대한 합의 없이 달러화의 하락은 지속되었고, 미국과 일본 간 및 미국과 서독 간 갈등이 심화되었다. 미국은 일본과 서독의 긴축재정정책이 달러화의 지속적인 하락의 원인이라고 인식하고 일본과 서독이 자국 경제의 부양을 위한 정책을 시행해야 한다고 주장했다. 아울러 일본과 서독이 미국으로부터의 수입을 늘리지 않는다면 달러화의 하락은 지속될 수밖에 없다고 경고했다. 일본과 서독은 달러화의 하락으로 자국 수출의 감소를 경험하면서도 국내 인플레이션을 자극하지 않는 범위 내에서 국내 경기부양을 위해 최선을 다하고 있음을 주장했다. 이들 국가는 근본적 문제의 원인이 되었던 미국의 국내 재정적자 감축 약속을 이행해야 한다고 강조했다.

1987년 2월 Group of Five에 카나다와 이태리를 추가하여 프랑스 파리 루브르 궁에서 모임을 가졌다. 당시의 달러화 가격(153엔 또는 1.82도이치마르크)이 적정한 수준이라 합의가 이뤄졌다. 미국 베이커(James Baker) 재무장관은 달러화 가격인하를 중단하고 미국정부의 재정적자를 감축하는 것이 환율의 안정에 중요하다는 것을 인정했다. 그 후 1987년 6월 이태리의 베니스에서 루브르협정을 확인하고, 일본은 350억 달러의 재정지출 증가 및 조세감축을 통한 자국 경기부양을 추가로 약속했다. 이로 인하여 국가 간 공조를 통한 국제통화제도의 발전과 관리변동환율제도의 운용이라는 플라자협정의 기본정신이 다시 살아나게 되었다.

(2) 세계금융 시장의 등장과 그 배경요인

1980년대에 냉전체제의 와해와 함께 금융에 관해서도 국가 간 지리적 장벽이 붕괴되고 세계금융시장이 등장했다. 1990년대에 들어서서 이에 따른 여러 가지 조정의 문제로 어려움을 겪게 되었는데, 1997년 동아시아 금융위기도 1980년대 국제금융시장의 완전자유화와 개방화에 따른 부적응의 여파였다. 이전 국제금융(international finance)이 세계금융(global finance)으로 변화했다.

그 배경요인은 다음과 같다. 첫째, 세계경제의 구조적 변화이다. 유럽과 일본 및 중국 경제의 부상, 신흥공업국들의 성장, 석유수출국 기구(OPEC)의 역할 강화 등으로 인해 유로-달러시장과 동남아의 위안화-엔화권이 형성되고, 석유가의 획기적 인상으로 인한 석유달러의 집중화로 이의 재순환의 문제가 국제금융시장의 성격과 구조를 근본적으로 변화시켰다. 둘째, 국제 정치경제의 자유주의적 접근의 강조이다. 1980년대 초에 이르러 전후 국가 규제하에 운영되었던 국가중심 금융체제로부터 고전적 자유주의의 자유방임 주의에 기초한 시장중심 금융체제로의 전환이 모색되었다. 영국 대처(Margaret Thatcher) 수상과 미국 레이건(Ronald Reagan) 대통령은 국내금융시장은 물론 국제금융시장의 규제를 본격적으로 완화하기 시작했다. 국제금융시장이 시장원리에 의해 운영되기 시작했다. 셋째, 기술혁명이다. 세계금융 체제의 등장은 기술혁명이 가능하게 했다. 장거리 무선통신과 컴퓨터의 발달은 지구촌 곳곳의 금융거래를 실시간으로 가능하게 했고, 세계를 하나의 금융시장으로 통합시켰다. 이는 화폐이동의 전자화, 정보화의 진전 등을 그 내용으로 한다.

결국 금융시장이 국가의 기능보다 시장기능에 의해 운영되도록 한 것이다. 세계금융시장의 민간기능이 확대되면서 금융의 자유개방화는 국가 간 정책조정과 협력을 더욱 필요로 해왔다. 국제부채문제가 국가 간의 중요한 국제정치경제 문제로 등장한 것이다.

(3) 1990년대 이후 국제 통화·금융 체제의 양상

기축통화로서 여전히 미국 달러가 중요한 역할을 담당하고 있지만 다른 화폐들 특히 중국 위안화와 일본 엔화의 역할이 증가했다. 특히 유로의 등장은 국제금융체제를 일극체제에서 양극체제로 전환시켰다. 미국-유럽 간 갈등협력 관계가 유지되는 상황이다. 국제금융시장에서의 거래규모가 기하급수적으로 증가하고, 이에 따라 안정화를 위한 정부개입의 효과를 기대하기 어려운 상태이다.

한편 국제금융체제의 지역화 현상이 나타났다. 1978년에 유럽금융체제가 성립되면서 시작되어 외채위기 해소과정에서 더욱 공고해지는 모습을 보였다. 1980년대 후반기에는 엔화의 강세에 따른 아시아 금융 지역화 현상이 나타났다. 1990년대에 들어서면서 유럽의 경우 마스트리히트 조약의 화폐통합에 합의하고, 1999년 유럽 단일화폐인 유로가 탄생했다. 이후 2010년대 중국의 위안화 급부상은 새로운 아시아 금융 지역화 현상을 야기했다. 이는 단기적으로 지역 내 국가들 간 갈등, 지역 간 국가들 갈등을 초래해왔다.

아울러 금융의 네트워크화 현상이 나타났다. 각국의 금융시장들이 상호 밀접한 관계 속에서 연결되어, 은행, 기업 및 금융시장 같은 민간부문에 의해서 빠르게 진행되었다. 금융네트워크는 주로 민간부문에 의해서 만들어지고, 금융시스템은 IMF와 같은 국제기구, 정부 및 정책에 의해 주도되어왔다.

최근 국제통화제도의 변화를 요구하는 배경요인으로 우선 금융의 글로벌화 현상에 따른 시장중심체제의 강화를 들 수 있다. 이제 국제통화제도는 자유방임으로 움직일 수 없으며 집합적인 행동이 필요하고, 1980년대 중반 이후 사용되어온 즉흥적인 협조방식은 한계에 이르고 있다. 변화에 적응하기 위한 새롭게 강화된 국제통화제도의 원칙을 마련하여야 한다는 것이다. 그 목적은 각국의 중앙은행들이 자국화폐의 질적인 향상을 위해 서로 경쟁하고 환율의 단기적인 불안정성을 해소하며 국내물가의 안정성을 도모하는 데에 있다.

2. 국제 통화통합의 흐름

(1) 유로화(EURO)

① 유럽 통화통합(EMU)의 목적은 다음과 같다.

경제적 측면에서 단일통화의 실현은 환율변동으로 인한 투자 및 교역 환경의 불안정성과 통화 교환 과정에서 불가피하게 발생하는 거래비용을 제거하고 인플레이션을 억제한다. EMU는 경제적 관점에서 본다면 독일이 원하는 바가 아니며, 이를 수용한 것은 통일을 위한 정치적 선택이었다. 독일의 주관심사는 유로화가 독일의 마르크화만큼이나 안정성이 있고 새로이 설립된 유럽중앙은행이 독일연방은행 만큼이나 자율성을 갖도록 하는 것이다. 독일은 유럽에 독일식 통화질서를 이식하고자 한 것이었다. 프랑스를 비롯한 여타 EU 회원국은 유럽통화체제(EMS) 하에서 유럽의 경제가 독일의 패권적 지배하에 놓일 수밖에 없었기 때문에 독일의 지배력을 약화시키기 위한 수단으로써 EMU를 추진한 것이다. 독일 주도하의 EMS 체제 하에서는 경기부양과 실업률 감소를 위한 팽창적 재정정책이 불가능하였기 때문이다. EMU 체제 하에서는 경제 및 통화정책이 초국가적 기구에 의해 결정되며, 더욱이 정책결정은 단순다수결로 행해진다. 이러한 제도적 장치 하에서 독일의 입지는 약화되고 프랑스를 비롯한 다른 나라들의 영향력은 EMS에서보다는 상대적으로 강화되어 힘의 대칭성이 이루어지게 되었다. 프랑스를 비롯한 여러 EU 회원국들의 EMU 추진 목표는 EMS의 강화가 아니라 오히려 이를 '연화'시키는 것이다.

② 위안화와 유로화 부상에 따른 부정적 영향은 다음과 같다.

이는 역외 국가들에게는 수입 장벽을 강화할 우려를 낳고, 기축통화에 대한 주도권을 둘러싼 대립과 갈등이 미국과 중국 혹은 유럽 사이에 통화전쟁으로 격화되면 양측은 결국 보수주의적 성격을 강화시키게 되어 세계경제에 악영향을 미칠 가능성 있다. 결국 세계경제는 달러화, 위안화, 유로화의 3대 통화가 주도할 것이다. 중장기적으로 볼 때 위안화나 유로화가 달러화에 필적할만한 주요 통화로 부상하게 된다면 대부분의 국가들이 달러보유를 감소시킴으로써 균형을 맞추어 외환을 보유하려 할 것이다. 한국 등 아시아 국가들은 위안화의 부상과 유로화의 확장으로 절대적인 달러의존 관계를 벗어나 현재의 외환 관리체제를 개선시킬 수 있는 계기를 만들 수 있다.

③ 유럽 화폐통합의 잠재적 문제점은 가시성의 증폭과 민주성의 결핍으로 특
징지어진다.

가시성의 증폭이란 유럽통합의 사안이 분배적 파급효과를 내포하고 있고
그 파급효과의 인과성이 일반 대중들의 인식수준에서 감지될 경우 정치쟁점
으로 가시화(잃는 자의 불만 표출)될 우려가 있다. 민주성의 결핍이란 회원국
에 대한 EU법의 직접 효력성, 가중다수결에 의한 의사결정, 각료이사회와
집행위원회 운영의 불투명성 등을 말한다.

(2) 달러라이제이션(Dollarization)

① 유형

첫째, 공식적 달러라이제이션은 미국 달러를 자국 내의 유일한 법정 통화
로 설정하고, 자국 화폐는 계산의 단위나 잔돈의 형태로만 남을 수 있으며
중앙은행의 기능은 거의 소멸되는 것을 말한다(파나마, 에콰도르, 엘살바도르).
둘째, 준공식적 달러라이제이션은 자국화폐와 함께 미국 달러가 법정통화로
서 동시에 인정되고, 은행예금의 대부분은 달러로 이루어지며 임금이나 세
금 지불 그리고 일상의 상거래에 있어서 달러가 국내통화의 보조적 역할을
수행하는 것을 말한다. 중앙은행이나 다른 통화당국의 기능이 유지되며, 일
정부분 자신의 통화정책을 펼칠 수 있는 여지가 주어진다(바하마, 아이티). 셋
째, 비공식적 달러라이제이션은 미국 달러가 비록 법정통화는 아니지만 자
국 통화 이외에 가치척도, 계약이나 거래의 수단, 또는 가치저장의 수단으로
서 널리 사용되는 것을 일컫는다(아르헨티나, 볼리비아, 페루, 우루과이, 코스타
리카, 니카라과).

금융의 국제화는 라틴아메리카 경제를 달러화의 지배하에 깊숙이 빠져들
게 했다. 금융의 국제화는 80년대 초에 발생하여 80년대 말까지 장기간 지
속된 외채위기로부터 탈피하기 위한 중요한 방편이었다. 라틴아메리카 주식
총액의 42%가 미국시장에 상장되었고, 외국인 직접투자가 획기적으로 증가
했다. 국내금융시장에 외국은행들이 대거 진출하고, 내부거래에 있어 달러

화가 점진적으로 국내화폐를 대체했다. 라틴아메리카에서 자유변동환율제와 달러라이제이션이라는 양 극단으로 나아가는 양극화 추세가 진행되고 있으며, 달러라이제이션은 안정을 우선하는 극단적 대안으로 제시되고 있다.

② 달러라이제이션 주장의 근거는 이들 국가의 안정을 위한 최적이 아닌 불가피한 선택이었다.

달러라이제이션이 투명하고 합리적인 거시경제 운영을 촉구하여 재정균형과 국제수지 균형의 합리화에 도움이 된다는 것이다. 인플레이션의 악순환을 유발하는 평가절하가 대안이 아니므로 달러라이제이션 선택은 불가피한 것이다. 달러라이제이션으로 인해 기대되는 미국과의 무역과 금융통합의 심화 그리고 규제와 감독의 강화에 따른 재정과 금융부문의 투명성과 효율성의 증대와 같은 효과는 장기적으로 라틴아메리카 경제개혁에 보다 중요한 결과를 가져올 것이다.

③ 달러라이제이션에 대해 미국은 신중한 입장을 가지고 있다.

미국으로 달러라이제이션 국가의 화폐발행차익이 이전되는 효과가 있고, 달러라이제이션을 채택한 국가가 그로 인해 보다 많은 미국의 투자를 유입함으로써 경제를 보다 건전하게 만든다면 그것은 미국 생산품의 시장확대를 의미하는 것이며 평가절하의 위험이 사라짐으로써 달러라이제이션 국가에 대한 수출은 보다 안정적으로 증대될 수 있다. 미국이 달러라이제이션 국가에 대한 다양한 직간접적 영향력을 보다 용이롭게 행사할 수 있게 된다. 라틴아메리카의 달러라이제이션에 대한 미국의 입장은 그에 따른 비용이나 책임을 떠맡지 않는 범위 내에서 조심스러운 지지를 하는 것이다. 라틴아메리카의 달러라이제이션은 합리적인 장기적 발전전략으로서의 선택이라기보다는 위기에 처한 정부의 정치적 구원이자 안정을 통해 보다 큰 이익을 누리는 세력들을 위해 구조조정을 가속화하고 신자유주의의 뿌리를 확고히 하는 (누가 통치해도 정책의 변화를 가져올 수 없는) 경제의 탈정치화를 추구하는 강력한 정치적 목적을 가진 선택이다.

(3) 유럽의 통화통합과 라틴아메리카의 통화대체(달러라이제이션) 간 차이

유럽의 통화통합은 재정정책을 중심으로 다국적인 거시경제 정책의 일치를 위한 복잡하고 장기적인 과정을 거치고, 나아가 노동을 포함한 생산요소의 자유로운 이동을 보장하는 가운데 이루어졌다. 유럽연합에 소속된 각 국가들은 유럽 중앙은행에 파견된 각국의 대표를 통해 정책결정에서의 민주적 참여가 가능하기 때문에 각국은 비록 화폐 발행 주권은 포기했지만 보다 큰 범위 내에서 지역적 화폐 발행 주권을 획득했다고 볼 수 있다. 라틴아메리카의 달러라이제이션은 미국과의 협의 없이 일방적 형태로 채택되었기 때문에 달러라이제이션을 채택한 라틴아메리카의 국가들은 유럽연합의 개별국가가 누리는 그러한 권리를 가지지 못한다. 달러와 같은 특정국가의 통화를 일방적으로 자국의 법정통화로 대체하는 비대칭적 통화통합(예: 달러라이제이션, 엔블록, 위안화블록 등)과 EMU의 경우처럼 유로라는 새로운 통화를 기반으로 하는 단일통화 통화통합(예: 유로화, 아시아단일통화 등)이 통화통합의 두 가지 유형이다.

(4) 동아시아 통화통합 논의

가능한 유형은 세 가지가 있다. 첫째, ACU 페그(peg)는 동아시아국가들의 통화로만 구성된 통화바스켓으로, 아시아국가들이 자국의 통화를 ACU에 페그함으로써 상호고정된 환율을 유지하는 것이다(예: 유럽의 EMS-독일 마르크화가 실질적인 기축통화역할을 담당하고 여타 회원국들은 자국통화가치를 마르크화에 고정시키는 효과). 둘째, 위안화 혹은 엔화 통용 통화통합이다. 중국의 통화인 위안화와 일본의 통화인 엔화를 자국의 법정통화로 통용하는 제도이다. 자국의 물가상승률은 기축통화국인 중국 혹은 일본의 물가상승률과 일치시키고 국제수지는 기축통화국의 통화발행에 따라 결정된다. 중국과 일본의 동아시아 패권경쟁 속에서 현실적으로 가능성이 매우 작다. 셋째, 단일통화 통화통합(통화동맹, Monetary Union)은 공동의 중앙은행이 존재해서 통화통합에 참여하는 국가들의 공통물가상승률과 개별국가의 실업률의 합이 최소화되도록 정책을 운용하는 것이다. 단기적으로 아시아 개도국들의 이해와 중국과 일본의 이해를 동시에 고려할 때 유럽의 EMS와 같은 형태의 ACU 페그가 가장 현실성이 높은 대안이 될 수 있을 것이다. 장기적으로는 아시아의 경제통합이 진전됨에 따라 단일통화 통화통합의 실현가능성은 점차 높아질 것으로 전망된다.

3. 개도국의 외채문제

(1) 개도국 외채문제에 대한 이해

외채란 한 국가(또는 거주자)가 다른 국가(또는 비거주자)에 대하여 이행하여야 하는 채무계약이다. 한 국가의 정부 또는 민간부문에서 다른 국가의 정부 또는 민간부문에 대하여 갚아야 하는 빚으로 외국인이 소유한 국내의 건물, 공장, 그리고 그 밖의 부동산 등도 모두 외채이다. 외채는 반드시 외국의 은행이나 IMF나 세계은행 같은 공적기관으로부터의 대출만을 의미하는 것은 아니다. "외국인이 소유한 국내 자산의 합"을 말한다. 단기 외채는 1년 또는 1년 미만의 만기일을 갖는 외채이다. 장기 외채는 오랜기간 동안 외채의 원금을 상환하지 않아도 되고 단지 이자만이 단기에 지급되면 되는 외채이다. 해당 외채의 이자를 상환하기에 충분한 수익을 가져오는 경우, 외채의 상환기일이 사업의 투자회수 기간과 일치하는 경우, 외채가 상환될 때까지 예기치 않은 상황에 대한 충분한 고려 등이 있는 경우에는 외채문제가 발생하지 않는다.

(2) 1997년 동아시아 금융위기 시 한국의 외채문제 사례

동아시아 금융위기 시 한국의 외채구조를 살펴보면 다음과 같다. GDP중 외채의 비중과 총외채 중 장단기 외채의 비중(장기/단기, 단위 10억 달러, 괄호 안은 비중)은 금융·외환위기를 진단하는 가늠자이다. GDP 중 외채의 비율

이 30%가 넘고 총외채 중 단기 외채의 비율이 50%가 넘어가면, 이는 경고
등이 켜진 것이다. 1994년과 1996년 통계치는 1997년 한국의 금융·외환위
기를 예고하고 있다. 1997년 이후 통계치가 호전된 것은 모라토리움
(Moratorium; 지불유예) 이후 IMF가 개입한 결과가 반영된 것이기 때문이다.

[총외채 중 장단기 외채의 비중(장기/단기, 단위 10억 달러, 괄호안은 비중)]

1982년 24.7(66.6)/12.4(33.4) → 1984년 31.6(73.3)/11.4(26.5) →
1990년 17.4(54.9)/14.3(45.1) → 1994년 43.3(44.7)/53.6(55.3) →
1996년 71.4(43.4)/93.0(56.6) → 1997년 94.9(60.0)/63.2(40.0) →
1998년 118.9(78.5)/32.6(21.5)

[GDP중 외채의 비중]

1985년 51.4% → 1990년 12.6% → 1994년 19.2% → 1995년 21.8% →
1996년 27.6% → 1997년 32.8% → 1998년 52.1%

외환위기를 발생시키는 요인은 환율의 과대평가, 큰 폭의 경상수지 적자,
지나친 외화차입자금 의존, 금융시스템의 심각한 문제로 증폭되는 깊은 불
황 등이다. 당시 한국의 외환위기 원인은 기업부문의 과잉투자와 금융부문
의 취약성에 있었다. 자본금을 초과하는 해외차입과 과도한 단기차입이 그
주된 문제였다. 즉 외환보유고나 경상수지에 비해 과도한 외채 및 높은 단기
외채 비중이 문제였던 것이다. 외환위기 당시 일본, 독일, 프랑스의 3개국
채권은 전체의 43.12%를 차지했고, 미국과 영국을 포함한 상위 5개국 비중
이 58.61%를 차지했다. 선진국이 일부 자금을 회수하게 되면 한국경제는 큰
충격을 받게 되고, 한국경제는 자본이동의 양떼현상으로 인해 큰 타격을 입
을 수밖에 없는 상황이었다. 한국의 외환위기는 일본이 단기자금의 상환을
요구함으로써 외환 유동성 부족으로 급속하게 진전되었다.
　　낮은 수준의 가용외환보유고가 한국의 외환위기를 발생시킨 주요한 원인
이었는데, 총외채에서 단기외채 비중이 높을수록 외환위기 가능성이 높아진

다. 단기외채를 장기외채로 전환하면 외환위기 가능성이 크게 감소하여 외채 만기연장을 이용하고자 했다. 따라서 각 국가가 적정외환보유고를 확보하는 것이 외환위기를 방지하는 데 중요하다.

〈표 16〉 **1997년 당시 한국의 국가신용등급의 변화**

	S&P's		Moody's		Fitch IBCA		구 분
투자 적격 범위	AAA AA+ AA AA-	97.10.23前	Aaa Aa1 Aa2 Aa3		AAA AA+ AA AA-	97.11.25前	우량
	A+ A A-	97.10.24 97.11.25	A1 A2 A3	97.11.27前 97.11.28	A+ A A-	97.11.26	양호
	BBB+ BBB BBB-	97.12.11	Baa1 Baa2 Baa3	97.12.11	BBB+ BBB BBB-	97.12.11	잠재적 불안정
	BB+ BB BB-	98.2.17現在	Ba1 Ba2 Ba3	97.12.21現在	BB+ BB BB-	98.2.2現在	투자부적격 ○
	B+ B B-	97.12.23	B1 B2 B3		B+ B B-	97.12.23	투자부적격 ●
	CCC+: D		Caa: C		CCC+: C-		지급 불능

주) ○는 지급 불능 가능성 낮으나 상황 따라 가능 / ● 는 지급 불능 가능성 매우 높음

외국자본 차입 시 국제신용평가기관의 국가신용등급이 중요하다. 스탠다드앤푸어스(S&P) 사의 경우 국가신용등급 평가의 주요 항목은 크게 정치적 위험도, 소득 및 경제구조, 경제성장 전망, 재정의 유연성, 공공부채 부담, 물가안정도, 국제수지의 유연성, 외채 및 외환유동성 등이다. S&P와 무디스(Moody's) 사는 국가신용도 평가에 있어서 대상국가의 현재 정치·경제 상황 및 위험도에 초점을 두기보다는 미래지향적 분석을 통해 등급평가를 하고

있다. 따라서 평가의 성격은 다소 주관적인 요인이 많이 작용하며, 평가대상
국에 대한 새로운 정보가 그 국가의 정치·경제에 대한 기존 시각에 큰 변화
를 줄 경우에만 변동한다. 따라서 당시 한국과 같이 일단 국가신용등급이 투
자부적격 수준으로 크게 하향조정된 경우에 대외신인도를 회복하는데 많은
어려움이 있다고 볼 수 있다. 그러나 국제신용평가기관의 신용평가가 미래
지향적이라기보다는 이미 공공에게 알려진 정보를 추후에 반영하는 식의 수
동적 성격을 지니고 있어, 초기 경보장치(early warning system)로서의 기능이
미흡하다는 비판도 있다.

(3) 중남미 외채문제 사례

1980년대 초 라틴아메리카 외채위기는 1970년대 미국의 대외정책의 산
물이었다. 1970년대 미국의 라틴아메리카 정책은 1960년대의 진보를 위한
동맹이라는 공식원조의 방식보다 민간자본의 진출이라는 전통적인 방법으로
의 회귀를 목적으로 하게 되었다. 다국적 기업의 직접투자와 다국적 은행의
자본진출이 그 주요한 방식이었다. 닉슨의 정책 수단이 다국적 은행이 된 이
유는 1960년대 라틴아메리카로 진출한 다국적 기업에 대해 브라질이나 멕시
코와 같은 이 지역 선두 공업국가들의 비판이 제기되고 있는 가운데 미국으
로서는 표면적으로 드러난 다국적 기업의 활동보다는 보다 내부적으로 진행
될 수 있는 금융자본의 진출이 이 지역의 민족주의를 덜 자극하는 방법이었
기 때문이다. 다국적 은행의 자본진출이라는 새로운 방식을 통해 근본적으
로 변함없는 지배-종속 관계를 유지하려 했던 것이다. 라틴아메리카 국가
들의 경제정책 실패가 가중될수록 은행들의 불안도 커져갔지만 사고가 발생
한다하더라도 실책의 대가를 지불하는 것은 은행이 아니라 그 국가의 국민
이 될 것이라는 확신이 있었다. 미국은 막대한 자국의 경제적 이익이 라틴아
메리카에 걸려있었으므로 외채의존적 산업화를 통해 종속으로부터의 탈피를
꾀하고 있던 라틴아메리카를 계속 종속적 위치로 묶어두는 방법이 필요했고
이것은 다국적 은행이라는 새로운 자본의 진출로서 가능해진 것이다.

석유가격의 상승으로 경제성장에 타격을 받은 라틴아메리카가 '제3세계

민족주의'를 공유해왔던 OPEC와 거리를 두게 됨으로써 미국은 제3세계 국가들 간의 연계를 저지하며 그들로부터의 도전을 막아낼 수 있었다. 1979년에 들어서 미국은 긴축통화정책으로 선회하고, 긴축통화정책이 세계의 유동성을 고갈시켜 달러의 가치와 세계의 금리를 급등시켰다. 이미 누적되어 가던 라틴아메리카의 부채 문제를 악화시킨 것이다. 내부적으로 정통성의 결여라는 한계를 띠고 있던 '브라질형' 국가들은 경제정책의 성공이 정권유지의 가장 중요한 수단이었다. 외형적으로 지속적 성장을 보이기 위해서는 외국자본에 의존하는 이른바 '외채산업화'를 취할 수밖에 없었다. 이는 결국 외국자본이 라틴아메리카의 주요 산업국으로 흘러들어오는 계기가 되었다. 그 주체는 다국적 은행들이었고, 당시의 라틴아메리카 국가들에게는 다국적 은행의 차관이야말로 채권국의 정치적 간섭 없이 성장할 수 있는 최대의 기회로 간주되었다.

부채의 상환불능(debt default; moratorium) 상황이 발생하는 이유는 1970·1980년대에 경제개발에 따른 자본수요를 충당하고자 선진국의 민간·공공차관을 도입했으나, 경제발전은 예상을 밑돌고 부채의 원리금 상환이 어려워졌기 때문이었다. 예를 들어, 멕시코와 베네주엘라는 국제석유가의 급격한 하락으로 국가의 수출소득이 대폭 감소되어 계획했던 부채 상환이 어려워진 경우이다. 당시 GNP대비 총외채 비율은, 멕시코의 경우 1985년(55.5%), 1990년(41.1%), 1994년(34.3%), 1995년(60.8%), 1996년(48.9%)이고, 브라질의 경우 각각 49.8%, 28.1%, 27.7%, 23.6%, 24.5%, 아르헨티나의 경우 각각 61.1%, 46.0%, 27.8%, 30.1%, 32.3%, 개도국 평균치는 각각 36.5%, 35.5%, 40.3%, 38.9%, 36.0%, 34.9%이었다. 수출소득에 국가의 경제성장을 전적으로 의지했던 많은 저발전 국가들은 선진공업국들의 잇단 보호무역주의 장벽에 직면하여 예정했던 수출소득을 올리지 못하고 국제수지 균형은 어려워졌다. 한편 제3세계의 정치적 부패는 발전을 위해 도입한 외채를 효율적으로 관리하지 못하고 낭비하였고, 결국 경제는 침체하고 부채는 증가했다.

II. 미·중 통화 패권경쟁 및 동아시아 금융위기에 대한 논의

1. 국제금융 논의 1: 미·중 통화 패권경쟁

(1) IMF에서 중국의 부상과 국제금융통화질서 전망

2015년에 국제통화기금(IMF: International Monetary Fund)에서 상당한 변화가 일어났는데 그것은 중국 위안화(Renminbi 또는 Yuan)가 IMF 특별인출권(SDR: Special Drawing Rights) 바스켓에 포함된 것이다. IMF가 관리하는 SDR 바스켓에 중국 위안화의 포함은 비서구 개도국 통화로서는 1970년대 중반 이후 40년 만에 처음이다. 한편, 당해년도 12월에는 세계가 그리 주목하지는 않았으나 중국 위안화의 SDR바스켓 포함에 못지않게 중요한 또 하나의 변화가 있었는데 그것은 2010년에 합의된 IMF거버넌스 개혁안이 최종 발효조건을 충족하여 IMF에서 중국이 영향력을 발휘할 수 있는 교두보가 마련된 것이었다. 이는 2010년 G20 서울 정상회의에서 세계 경제력 분포의 변화, 즉 개도국의 경제력 증가를 반영하여 중국을 포함하는 개도국이 IMF에서 더 많은 발언권을 갖도록 하는 거버넌스(지배구조) 개혁이 합의되었는데, 그것이 5년 만에 발효하게 된 것이다. 2010년 합의 당시에 IMF 거버넌스 개혁안은 IMF 역사에서 가장 원대한 변화로 일컬어졌는데 중국은 그의 최대 수혜국이었다.

중국 위안화의 SDR 바스켓 편입과 발언권 강화는 IMF 내에서 중국의 부상을 의미하는데, 그에 주목해야 하는 이유는 IMF가 국제금융 통화 관리에서 핵심적인 국제기구이고 그 자체로서 현존하는 국제금융통화질서를 상징하기 때문이다. 기축통화는 패권적 국제질서의 구성요소이기 때문에 기축통화의 변화는 국제질서의 변화로 볼 수 있다. 중국 경제가 성장을 지속하고 SDR 바스켓 편입으로 위안화의 국제적 신뢰도가 상승하면 위안화가 기축통화의 하나로 자리 잡을 가능성이 있고, 이는 미국 주도의 국제질서가 다극화됨을 의미한다. 그리고 IMF는 미국이 수립한 국제금융통화질서를 관리하는 기구였기 때문에 IMF 거버넌스 변화는 IMF에서 미국 영향력의 감소 및 국제금융통화질서 주도권을 둘러싼 미국과 중국의 경쟁 가능성을 예고한다. 하지만 위안화가 IMF SDR 바스켓에 편입되고 중국의 발언권이 강화되었다고 하여 국제금융통화질서가 당장 변화하는 것은 아니다. 그러나 IMF에서의 부상으로 중국은 실제(de facto)뿐만 아니라 법적(de jure)으로도 국제금융통화에 영향력을 행사할 수 있게 된 것이라고 볼 수 있다.

(2) 위안화의 SDR 바스켓 편입

IMF의 SDR은 1969년에 국가들의 미국 달러 중심의 외환보유고를 보충하여 국제 무역 및 금융거래에서 유동성을 향상시킬 목적으로 도입된 인위적인 국제준비자산(synthetic international reserve asset)이다. SDR은 실제로 사용되는 통화(currency)가 아니고, IMF에 대한 요구(claim)도 아니다. SDR은 민간(private) 사용이 허용되지 않고 중앙은행과 같은 준비자산을 다루는 공적(official) 금융기관만이 보유할 수 있다. IMF 회원국은 다른 회원국과의 자발적인 합의를 통해서 SDR을 자유로이 거래되는 실제 통화로 교환할 수 있다. IMF는 회원국의 쿼터에 비례하여 SDR을 배분하는데, 2015년 9월까지 배분된 SDR의 총 규모는 2,041억 SDR(2,800억 달러)이고, 11.3조 달러에 달하는 세계 총 외환보유고에서 SDR이 차지하는 비중은 약 2.5%에 불과하다.

SDR이 처음 발행되었을 때 1 SDR = 미국 $1 = 금 0.888671g의 관계에 있었으나, 1971년에 미국 달러화의 금태환성이 중지되면서 SDR은 통화 바스켓으로 전환되고, 1974년에 16개(1974년 SDR 바스켓 구성 16개 통화: 미국 달러화, 독일 마르크화, 일본 엔화, 프랑스 프랑화, 영국 파운드화, 이탈리아 리라화, 네덜란드 길더화, 캐나다 달러화, 벨기에 프랑화, 사우디아라비아 리얄화, 스웨덴 크로나화, 이란 리얄화, 호주 달러화, 스페인 페세타화, 노르웨이 크론화, 오스트리아 쉴링화, 각각의 비중은 33, 12.5, 7.5, 7.5, 7.5, 5.0, 5.0, 5.0, 4.0, 3.0, 2.0, 2.0, 1.5, 1.5, 1.5, 1.5%), 1980년에 5개(독일 마르크화, 미국 달러화, 영국 파운드화, 일본 엔화, 프랑스 프랑화), 2000년부터 4개 통화(미국 달러화, 영국 파운드화, 유럽 유로화, 일본 엔화)로 구성된다. SDR 바스켓은 세계 무역과 금융체제에서 통화들의 상대적 중요성을 반영하기 위해 5년 주기로 구성 통화 및 통화별 비중을 검토한다. 2015년 11월 30일에 IMF 집행이사회(Executive Board)는 중국 위안화를 SDR 바스켓에 포함하고, 이 새로운 SDR 바스켓을 2016년 10월 1일부터 발효시키기로 결정했다. 당시 IMF는 위안화를 SDR 편입기준으로 '광범위한 사용(widely used)', '자유로운 사용(freely usable)'에 대해서 검토하고, 모두 충족한다는 결론을 내렸다(2015년 8월).

SDR 편입기준은 통화가 국제 무역과 금융 거래에서 중심적인 역할을 하는 것을 의미한다. 통화의 '광범위한 사용'은 상품과 서비스의 최대 수출국의 통화를, '자유로운 사용'은 국제 거래의 지불과 주요 외환시장에서 광범위하게 사용되는 통화를 의미한다. '자유로운 사용' 기준은 외환보유고 내 통화의 비중, 해당 통화로 표시된 외화자산·채권 등의 비중 및 외환시장에서의 거래 규모 등으로 평가될 수 있다. 중국은 상품과 서비스를 결합한 무역총액에서 세계 2위이므로 위안화는 '광범위한 사용' 기준을 쉽게 충족하나, '자유로운 사용' 기준에서는 논란이 있었다. 중국의 자본시장은 여전히 정부의 통제하에 있으며 그것이 국제금융시장에서 위안화의 광범위한 사용을 저해하기 때문이다. SDR 바스켓에서 위안화의 비중은 당시 10.92%로 달러화, 유로화에 이어 세 번째로 높게 배정되었으며, 2016년 10월 1일부터 발효되었다.

(3) IMF 내 3대 쿼터와 투표권

IMF의 거버넌스는 회원국의 쿼터에 기반을 두므로 쿼터 개혁은 거버넌스 개혁과 동일하다. IMF는 국가들의 회원 가입 시에 세계 경제에서의 상대적 중요성에 기초하여 쿼터를 배정하는데, 회원국의 쿼터는 비례적으로 의사결정 투표권(voting rights), 집행이사회 이사국 지위, SDR 배분 및 경제위기 시 IMF로부터 지원받을 수 있는 금융지원(facility) 규모를 결정하는 등 다기능적이다.

2008년 금융위기를 겪으면서 중국은 외환 변동으로부터 중국 경제를 보호할 필요를 인식하였고, 그것을 위안화의 국제화, 즉 미국 달러화 사용을 줄이고 위안화를 국제결제에 사용하여 해결하려고 했다. 위안화가 국제화되면 중국은 환율 리스크, 무역과 투자에서 외환거래 비용, 해외 자금 조달 비용을 줄일 수 있다. 그리하여 중국은 미국 달러화로 표시된 막대한 자산을 외환보유고에 보유할 필요가 없어졌고 위안화의 SDR 바스켓 편입은 이러한 위안화의 국제화를 촉진할 수 있었다.

중국은 미국 달러화의 기축통화 지위가 군사와 경제에서 미국의 패권적 지위를 떠받쳐주고 있으므로, 중국도 국제정치적 목적에서 위안화를 기축통화 지위로 상승시킬 필요를 인식했다. 중국은 경제와 정치 분야에서 강대국 지위에 걸맞게 위안화가 기축통화 지위를 획득해야 하고, SDR 바스켓 편입이 이를 촉진할 것으로 봤다. 위안화가 기축통화로 사용되면 기축통화로서 미국 달러화의 사용이 감소하고 동시에 국제금융통화질서도 개혁되는 것이다.

미국이 위안화의 SDR 바스켓 편입을 지지한 것은 미국이 IMF에서 직면한 단기 현실적 제약과 대중국 장기 전략의 양면을 갖고 있다. 단기 현실적 제약으로는 우선 미국이 2010년에 합의된 IMF 거버넌스 개혁안이 의회의 비협조로 5년간 지연되고 있는 것에 대해 부담을 안고 있었기 때문이다. G20 정상회의에서 미국은 IMF 개혁 지연에 대해 반복적으로 비판받았고, 중국의 불만은 아시아인프라투자은행(AIIB: Asian Infrastructure Investment Bank) 등과 같은 금융통화기구의 창설을 자극하였다. 다음으로, 전통적으로 IMF 내에서 미국과 유사한 입장이었던 독일, 영국, 이탈리아, 프랑스가 중국 위안화의 SDR 바스켓 편입을 지지하였기 때문이다. 이들 국가는 미국의 반대에도 불구하고 중국이 추진하는 AIIB에도 가입하여 미국을 당혹하게 하였다. 마지막으로 IMF 규정상 SDR 바스켓은 전체 투표권의 70%로 변화될 수 있는데, 미국은 17.7%의 투표권으로 거부권을 행사하는 것이 가능하지 않았다.

중국 위안화의 SDR 바스켓 편입과 IMF에서의 발언권 강화는 장단기적으로 국제금융통화에 다음과 같은 영향을 가질 것으로 보인다. 우선 기축통화로서 위안화의 완만한 부상을 예견할 수 있다. 중국 위안화의 SDR 바스켓 편입은 위안화의 신뢰도에 긍정적 영향을 미칠 것이나, 각국 중앙은행의 외환보유고와 민간의 금융투자 배분에 급격한 재분배가 일어나지는 않을 것이고, 위안화의 기축통화 지위 획득은 점진적으로 진행될 것으로 보인다. 위안화의 SDR 바스켓 편입으로 각국 중앙은행 및 국부펀드들은 외환보유고의 효율적 운용과 환율 리스크 다변화 차원에서, 그리고 중국이 2017년에 구매력(PPP) 기준 GDP로 세계 최대경제국으로 성장하여 무역과 투자에서 민간의 위안화 사용의 증가에 대비하여 위안화 표시 자산을 보유할 인센티브가 증가할 것이다. 그럼에도 불구하고 위안화의 기축통화 지위 획득은 완만하게 진행될 것으로 보인다. 현재 세계 외환보유고에서 위안화가 차지하는 비중이 작고, 중국이 세계 1위 경제대국이 된다고 하더라도 중앙은행들이 외환보유고 구성 통화를 변화시키는 속도가 빠르지 않을 것이기 때문이다. 중국 위안화와 글로벌 외환보유고 비중(%, 추정치)을 살펴보면, 0.3%(실제 2015.03), 2.9%(2015.12), 6.9%(2020), 10.4%(2025), 12.5%(2030) 등이다. 이는 세계 외환보유고에서 미국 달러화와 유럽 유로화의 비중(2015.10기준)인 63.98%, 20.34%와 대비된다.

2. 국제금융 논의 2: 1997년 동아시아 금융위기

(1) 동아시아 금융위기의 원인

1980년대 중반 이후 일본경제의 호황이 실제가치보다 높게 평가된 증권과 부동산 가격의 거품현상을 창출했다. 1990년대 중반 거품현상의 붕괴와 더불어 증권과 부동산 가격의 폭락사태가 벌어지고 증권과 부동산을 담보로 잡고 있던 은행들이 부실대출의 충격으로 도산하기 시작했다. 일본경제의 어려움은 엔화권으로 지배적 영향력을 미치고 있던 동남아 경제권 특히 필리핀, 태국, 인도네시아, 말레이시아의 금융위기를 초래했다. 동남아지역에서도 고도의 경제성장 동안 실제가치보다 높은 부동산 가격과 증권가격의 상승이 경제의 거품현상을 초래하여 일본경제의 침체는 이들에게 위기를 조성했다. 1997년 일본이 국내금융위기 수습을 위해 아시아지역에 투자했던 자본을 회수하며 국제 투기성자본의 태국바트화 공격과 함께 금융위기가 본

격화되었다.

동아시아 외환·금융 위기가 1990년대에 자본시장 자유화의 과정에서 대규모 외국자본이 유입되면서 환율이 달러에 대하여 평가절상되고, 수출경쟁력이 막대한 타격을 받으며, 경상수지 적자가 확대되는 과정에서, 도입된 외자는 부동산 등 비생산적인 부문에 투자되었기 때문이다. 제조업 투자의 경우도 수익성 낮은 산업에 과다한 투자로 기업의 과잉 생산설비와 부실화를 초래하고 재무구조를 악화하며, 금융부문도 취약해지게 되었다. 적절한 건전성 규제와 감독이 따르지 않은 금융자유화는 위험에 대한 적절한 평가를 하지 않은 금융 거래 및 투자를 용이하게 하여 결국 파산을 하게 했다.

1980·90년대 라틴아메리카(멕시코, 브라질 등)의 외환·금융 위기는 과다한 재정적자, 경상수지적자 증가, 외채누적에 따른 국가신용등급 하락, 외채조달의 한계에서 비롯된 것이었다. 특히 외국인들이 국내에서 발행된 정부채권에 투자하고 있던 자금을 회수함으로써 발생한 것이고, 내국인의 자본도 상당한 정도 유출되어 일어난 것이다. 반면에 1990년대 동아시아 외환·금융 위기는 주식과 부동산 등 자산 가치에 거품이 형성되고 그 후 거품이 꺼지면서 외환위기가 발생한 것이었다. 라틴아메리카의 외채위기는 공공부문(대부분 정부나 공기업의 부채)에서 비롯된 것이고, 동아시아는 민간부문(대부분 금융기관과 기업의 부채)에서 비롯된 것이다.

동아시아 금융위기의 원인을 진단하면, 무리한 경제성장 일변도 정책에 따른 경제의 거품현상의 발생, 환율과 금융정책에 대한 정부의 부적절한 대응(관치금융), 기업들의 무리한 차입경영과 기업회계의 불투명성으로 인한 국제신인도의 저하, 국제투기성자본의 공격에 대한 방어장치의 부재 등으로 요약될 수 있다. 동아시아 외환위기에 대한 설명은 크게 크루그만(Paul Krugman) 등이 주장한 내부요인론과 삭스(Jeffrey Sachs) 등을 중심으로 한 외부요인론으로 나눌 수 있다. 내부요인론에 의하면 동아시아 외환위기는 도덕적 해이 문제로 인해 기업 및 금융기관들이 과다 차입한데서 비롯되었다고 보는 반면에 외부요인론은 동아시아 경제자체는 건실했으나 몇 가지 악재가 겹쳐 panic 현상을 일으키면서 위기가 발생했다고 본다. 하지만 동아시아 외환위기는 여러가지 요인이 복합적으로 작용하여 발생한 것으로 볼 수 있으므로 내부적 원인과 외부적 원인을 동시에 고려해야 한다.

(2) 동아시아 금융위기의 해법

당시 미시적 해결책으로는 미야자와플랜에 따른 일본의 자금지원(한국 83.5억 달러, 태국 18.5억 달러, 인도네시아 24억 달러, 말레이시아 22억 달러, 필리핀 30억 달러)이 있었고, 거시적 해결책으로는 아시아통화기금(AMF) 설립, 단일통화안 논의(예: 유럽식 통화통합 = 유로화 혹은 미주식 통화대체 = 달러라이제이션) 등이 있었다.

내부적 요인 해결을 위한 정책은 금융부문이 효율적이고 건전해질 수 있도록 경쟁원리를 도입하고 건실한 영업활동을 유도하는 방향으로 규제 및 감독을 강화하는 것이다. 투명한 회계, 자기자본비율 확보, 단기외채에 상응하는 유동외화자산 확보 등은 물론 장기적으로 시장원리에 따라 내부규제 및 감독이 강화될 수 있도록 유도하는 것이 요구된다. 외부적 요인 해결을 위한 정책은 핫머니(hot-money) 등 급격한 자본이동의 폐해를 방지하기 위해 칠레 등 일부 국가들이 취하고 있는 규제방식의 도입을 고려함과 아울러 파생상품 등을 통한 규제회피에도 대비하는 것이다.

동아시아 금융위기는 개도국 내외의 악재가 겹쳐 발생한 사건이다. 정경유착 등 사회적 병폐와 부도덕한 선진국 자본 침투의 결과이다. 이와 더불어 동아시아 지역에 대한 중국의 영향력을 견제하려는 미국 등 선진국 자본의 정치적 음모로 해석하는 견해도 있다. 이는 동아시아 발전 모델의 한계를 보여준 사건이나 그렇다고 신자유주의 발전 모델을 그대로 수용할 필요는 없다. 국가주도적 발전 모델을 개선하기 위해 국가개입의 축소와 시장자율성의 확대를 도모해야 하는 것이다. 구조조정을 통해 비효율은 없애야 하나 국가의 건전성 개입을 늘려 투기성 자본은 통제해야 할 것이다.

🍎 토론하기

1. 동아시아 금융위기의 원인을 내인론, 외인론, 내·외인론의 시각에서 설명하고 논의하시오. 그 교훈은 무엇이라고 생각하는가?

2. 향후 미·중 통화패권경쟁의 결과가 어떠하리라 생각하는가? 기축통화로서 달러화의 지위와 역할에 대해 논의하시오.

정리하기

1. 유럽 통화통합(EMU)의 목적은?

경제적인 측면에서 단일통화의 실현은 환율변동으로 인한 투자 및 교역 환경의 불안정성과 통화교환의 과정에서 불가피하게 발생하는 거래비용을 제거하고 인플레이션을 억제할 수 있다. 정치적인 측면에서 독일이 유럽 통화통합을 수용한 것은 통일을 위한 정치적 선택이다. 또한 프랑스를 비롯한 여타 EU 회원국의 입장에서 보면 유럽통화체제(EMS)하에서 유럽의 경제가 독일의 패권적 지배하에 놓일 수밖에 없었기 때문에 독일의 지배력을 약화시키기 위한 수단으로써 EMU를 추진한 것이다. EMU 체제하에서는 경제 및 통화정책이 초국가적 기구에 의해 결정되며, 더욱이 정책결정은 단순다수결로 행해진다. 이러한 제도적 장치 하에서 독일의 입지는 약화되고 프랑스를 비롯한 다른 나라들의 영향력은 EMS에서 보다 상대적으로 강화되어 힘의 대칭성이 이루어지게 되는 것이다.

2. 동아시아 금융위기에 대한 설명으로 내부요인론과 외부요인론은?

내부요인론에 따르면 아시아 위기는 도덕적 해이 문제로 인해 기업 및 금융기관들이 과다 차입한 데서 비롯된 것이라고 보는 반면, 외부요인론은 동아시아 경제 자체는 건실했으나 몇 가지 악재가 겹쳐 panic 현상을 일으키면서 위기가 발생하였다고 본다. 동아시아 금융위기는 여러 가지 요인이 복합적으로 작용하여 발생한 것으로 볼 수 있으므로 내부적 원인과 외부적 원인을 동시에 고려해야 한다.

3. 전세계적인 외채 위기에 대한 해법으로 베이커플랜과 브래디플랜은?

베이커플랜(Baker Plan, 1985년 미 재무장관)은 외채의 상환일정 조정에 필요한 공적 자금 지원을 그 주요한 내용으로 하며, IMF와 세계은행이 필요한 재원을 제공하고 채무국들로 하여금 구조개혁과 경제정책의 수정을 하게 함으로써 장기적으로 외채를 상환할 수 있게 하는 것이다. 브래디플랜(Brady Plan, 1989년 미 재무장관)은 베이커플랜에 외채 감면(relief), 삭감(reduction), 또는 탕감(forgiveness)이라는 새로운 제안을 포함한 것이다.

3. 국제환경

 핵심 용어 정리

용어	뜻
그린라운드 (Green Round)	지구 환경문제를 국제 통상거래와 연계하여 각국이 환경규제기준을 마련하고 이를 위반한 제품에 대해 수입을 금하고, 국제 환경협약을 이행하지 않은 경우 통상규제를 가하는 것을 골자로 하는 다자간 국제환경 협상
지속불가능한 개발방식 (Unsustainable Mode of Development)	선진국이 개도국의 환경파괴적인 개발방식을 비난할 때 사용하는 용어로 오늘날 국제환경문제는 개도국의 무분별한 개발방식에 연유한 것이라는 주장을 뒷받침함
지속불가능한 생활양식 (Unsustainable Way of Life)	개도국이 선진국의 환경파괴적인 생활방식을 비난할 때 사용하는 용어로 오늘날 국제환경문제는 선진국의 자원 낭비적인 생활방식에 연유한 것이라는 주장을 뒷받침함

주   제 ──

국제환경(environment) 문제를 국제정치경제 시각으로 살펴볼까요?
GR 및 기후변화(협약) 레짐 문제를 살펴볼까요?
글로벌 환경갈등 문제를 살펴볼까요?

학/습/목/표 ──

1. 국제환경의 현안 의제를 파악할 수 있다.
2. 우리나라가 당면한 국제환경 관련 의제를 이해할 수 있다.

학/습/목/차 ──

1. 그린라운드(Green Round) 및 기후변화 레짐 문제에 대한 이해
2. 글로벌 환경갈등 및 전 지구 차원(Global)의 환경협약에 대한 논의

Ⅰ. 그린라운드(Green Round) 및 기후변화 레짐 문제에 대한 이해

1. 환경문제의 국제화

(1) 경제개발과 환경보호의 갈등과 조화

UR(다자간 무역협상)의 결과 자유무역 규범을 표방하는 WTO(세계무역기구)가 설립, 출범하였다. GR(다자간 환경협상)은 환경보전 규범을 표방하고 있다. 결과적으로 자유무역 규범과 환경보전 규범의 충돌이 생긴다. 자유무역 대 환경보전 혹은 경제개발 대 환경보호라는 충돌의 결과, 개발과 보전의 균형조화론이 대두되어왔다.

(2) 환경문제에 대한 인식의 시대적 변화

냉전기에 환경문제는 주요한 관심사가 되지 않았다. 당시에는 High Politics 이슈들(전쟁과 평화, 개별·집단안보, 군비경쟁 등)이 주요 관심사였다. 환경보전보다 경제개발이 우선(경제개발>환경보전)이었다. 1972년에 스톡홀름 '유엔인간환경회의'에서 '유엔환경계획(UNEP)'이 설립되었다. 이는 환경분야에서의 국제협력촉진과 지구 감시를 위한 국제환경보전기구였다. 이어 1982년에는 유엔에서 '세계자연헌장(World Charter for Nature)'이 채택, 선언되었다. 냉전기의 환경 논의는 실효성 없는 선언적 차원의 합의와 관심 표명이었다.

탈냉전기에 들어, Low Politics 이슈들(경제, 무역, 환경 등)이 주요 관심사가 되었다. 환경보전과 경제개발의 조화(경제개발 = 환경보전)가 강조되면서 이제 환경문제가 전면에 부각된 것이다. 1992년에 브라질 리우데자네이로에서 열린 '유엔환경개발회의'에서 리우선언(환경과 개발의 조화를 추구하기 위한 기본원칙)과 의제 21(환경문제의 발생원인과 해결방안을 규정한 21세기를 향한 종합실천계획)이 채택, 발효되었다. 국제사회가 환경문제의 심각성을 인지하고 공동대처할 것을 합의하고 선언한 것이다. 리우회의는 환경문제가 국제사회의 핵심의제로 대두됨을 알리는 신호탄이 되었다.

이를 뒤이은 1997년 '리우＋5회의'를 거쳐, 2002년에는 남아프리카공화국 요하네스버그에서 '유엔환경개발회의'가 개최되었다. 여기서 채택된 '요하네스버그선언'은 지속가능발전의 3대 축인 환경보호 및 경제·사회발전의 상호 의존성과 보완성을 강화하고 전진시키기 위한 공동의 책임을 강조하고 있다. 이 선언은 빈곤퇴치, 소비·생산 패턴변경 및 자연자원기반의 보전·관리가 지속가능발전의 필수요건이며 포괄적인 목표임을 인식하고 있다. 이는 인류사회를 빈·부로 나누는 깊은 단절의 선과 선진국·개도국 간 격차는 지구촌의 번영, 안전 및 안정을 위협하는 주요 요인임을 언급하고 있다.

1992년 리우회의 이후 20년이 지난 시점인 2012년에 브라질 리우데자네이루에서 '리우＋20 회의'가 열렸다. 이러한 유엔지속가능발전회의(UNCSD, Rio＋20)에서 193개 유엔 회원국의 대표들은 이번 회의를 통해 지속가능발전목표(SDGs: Sustainable Development Goals)의 수립을 결의하였고, 유엔환경계획(UNEP)을 강화하는데 합의했다. Rio＋20 회의는 지속가능발전을 실현하는데 있어서 시민사회의 역할이 더욱 더 확장되어야 한다고 강조하는 자리가되었고, 지속가능한 소비 생산을 위한 10년 계획이 유엔에서 공식적으로 채택이 되는 계기가 되었다. 이번 정상회의를 통해 국내총생산(GDP)이 더 이상 발전을 측정하는 지표가 될 수 없음을 명확히 하고 대안적인 지표 개발에 착수하기로 합의했다. 이러한 몇몇 성과들에도 불구하고 Rio＋20를 통해 인류사회가 기대했던 경제·사회·환경의 축을 균형적으로 통합하는 진정한 지속가능한 발전으로의 구체적이고 실질적인 로드맵을 제시하는 데에는 그 한계를 분명히 드러냈다. Rio＋20 회의를 통해 1972년 로마클럽의 '성장의 한계' 보고서부터 시작하여, 1992년 리우데자네이루, 2002년 요하네스버그, 다시 2012년 리우데자네이루까지 인류가 경험한 40년간의 지속가능발전을 위한 국제지구환경거버넌스의 실패에 대한 실질적인 공통의 해답을 세계 각국 지도자들이 도출하기를 기대하였지만 결국 실패로 돌아갔다. Rio＋20 회의의 결과문서 최종안인 '우리가 원하는 미래(The Future We Want)'의 내용에 따르면, 실질적인 이행수단과 새로운 정치적 합의에 대한 결정을 차후 후속 과정으로 미루고 있어서 또 하나의 실패로 평가되었다.

2022년은 1972년 최초의 스톡홀름 유엔 환경회의 이후 50년 만에 스웨덴에서 세계환경의 날인 6월 5일에 '하나뿐인 지구(Only One Earth)'라는 주제로 유엔 환경회의가 개최된다. 이는 더 깨끗하고 친환경적인 방식을 통해 자연과 조화를 이루며 지속가능한 삶을 살아야 할 필요성을 강조하고자 한다.

2. 그린라운드(Green Round: GR)

그린라운드 논의가 가능하게 된 배경은 우선 무역자체에 관한 논의가 일단락되었기 때문이다. 상품과 서비스를 포함한 유무형의 무역에 관한 전반적인 규범틀(WTO 협정)이 정립된 후 세계무역의 관심은 무역자체에 관한 논의로부터 무역에 영향을 미치는 관련요인 즉 환경기준, 노동기준, 경쟁조건 등으로 옮기게 되었다. 다음으로, 국가 간 상호의존성의 증대도 GR 논의에 일조했다. 경제의 범세계화 서비스, 지적재산권 등으로의 국제무역의 영역 확대에 따라 공정한 경쟁조건의 확립과 시장접근의 개선차원에서 환경, 노동, 기술 등의 새로운 문제들이 부각되었고, 이를 둘러싼 경제정책 및 국가 주권의 상호조치를 위한 새로운 협상의 필요성이 대두되었다. 마지막으로, 경쟁의 심화와 새로운 보호주의 수단 모색이 그 배경요인이 된다. 냉전 종식 후 세계 각국은 경제적 이익을 우선적으로 추구해왔고, 자유무역체제 출범과 함께 선진국들은 자국 산업을 보호하고 기업의 경쟁력을 확보하기 위한 수단으로 환경, 노동, 경제정책 등에 관한 국제규범의 강화 노력을 본격화해왔다. GR의 주요 의제는 수입품에 대한 환경기준 적용 문제(제품의 생산공정의 표준문제 등), 국별 환경기준의 차이를 이유로 한 무역규제 문제(환경상계관세, 환경보조금 등), 다자간 환경협상상의 무역규제의무와 GATT원칙상의 상충 문제 등이라고 할 수 있다.

환경문제와 관련한 국제적 갈등은 크게 '국가 대 국가의 갈등'과 '선진국과 개도국 간의 갈등'으로 구분된다. '국가 대 국가의 갈등'은 인접국 간의 갈등을 의미하며, 특정지역의 환경문제를 야기한 원인제공국가의 규명과 그 책임 정도를 결정하는 문제와 관련된 지역적 혹은 양자 간 환경갈등과 관련된다. 그 원인제공국가에 의한 피해가 정확히 어느 정도인지, 그 국가가 얼마를 책임져야할 지가 불명확하여 양자 간 물질적 배상합의가 사실상 어렵다.

〈표 17〉 선진국 대 개도국 간 환경갈등

구분	선진국	개도국
환경파괴 원인에 대한 인식	개도국들의 지속불가능한 개발 방식	선진국들의 지속불가능한 생활양식
환경파괴 책임에 따른 지원 문제	• 자금지원: 선진국의 대 개도국 원조자금인 공적개발지원자금의 추가지원 • 기술이전: 민간기업간의 기술협력	• 자금지원: 선진국의 대 개도국 원조자금인 공적개발지원자금과는 별도로 새롭고 충분한 환경관련 기금의 제공 요구 • 기술이전: 비상업적이고 특혜적인 기술이전 요구

'선진국 대 개도국 간의 갈등'은 환경파괴 원인에 대한 인식과 환경파괴 책임에 따른 지원 문제에 대한 이견으로 인해 해결이 쉽지 않은 상황이다. 선진국은 환경보전을 앞세워 후진국의 개발규제, 자국의 환경기술 수출, 무역에서의 국제경쟁력 강화라는 목표를 추구하고자 하며, 개도국은 자국의 개발권 보호, 환경보전을 위한 선진기술 및 재정지원 확보, 환경무역 규제로부터 탈피라는 목적을 달성하고자 한다.

GR의 결과, 환경보전이라는 명분으로 인해 취해지는 통상규제에 의해서 빚어지는 갈등이 증가해왔다. 세계무역기구(WTO)는 환경과 관련된 개별국의 일방적 통상규제조치가 자유무역주의의 원칙을 해칠 우려가 있으므로 GR을 통해 해결하려 했다. 환경보전을 이유로 한 통상규제의 유형은 네 가지인데, 각국이 국내적 환경규제를 자국 산업의 보호를 위한 비관세장벽으로 활용하지 않도록 국가 간 합의를 필요로 하는 사항이다. 첫째, 자국 환경

보호를 위해 수입품에 대해 엄격한 환경기준을 적용하는 것이 가능하다. 예를 들어, 1990년 미국의 대기정화법은 자동차 배기가스 기준을 강화한 것인데, 자국 상품에 대해 동일한 기준 적용 시 이는 정당성이 인정된다. 둘째, 자국보다 상대적으로 낮은 환경기준하에서 저가로 생산된 수입품에 대한 상계관세 부과 혹은 동일 품목을 생산하는 자국기업에 대한 보조금 지원이 가능하다. 예를 들어, 1991년 미국의 법안은 미국보다 완화된 환경관리 기준을 이용해 저가로 외국에서 제조된 수입품에 대해 상계관세 부과를 목적으로 한 것인데, 이는 환경보호의 문제라기보다는 경쟁력 문제의 성격이 강하다. 셋째, 개별 국제 환경협약에 의한 통상규제는 정당성이 인정된다. 예를 들어, 몬트리올의정서·바젤협약 등의 국제환경협약은 비가입국에 대해 통상규제를 통한 참여유도를 하고 있다. 넷째, 자국의 외부환경 파괴를 통해 제조·수확된 수입품에 대한 일방적 제재는 불가하다. 이는 일국의 환경정책을 타국에 강요하는 결과, 보호주의적 무역조치의 남용 가능성이 존재하기 때문이다. 예를 들어, 멕시코 연안 돌고래보호를 이유로 한 멕시코산 참치통조림 수입금지 조치(미국 주법안)는 그 정당성이 인정되지 않는다.

3. 기후변화(협약) 레짐

(1) 교토의정서에 대한 이해

온실가스가 대기 중에 축적이 되면 지구표면으로부터 방출되는 적외선을 과다하게 흡수함으로써 지구가 더워지는 현상을 '지구온난화'라고 한다. 교토의정서에서 정한 지구온난화 대상 가스는 이산화탄소(CO_2), 메탄(CH_4), 아산화질소(N_2O), 수소불화탄소(HFC), 과불화탄소(PFC), 육불화항(SF_6) 등 여섯 가지이다. 이러한 지구온난화는 자연생태계의 변화는 물론 인간의 보건, 주거 환경과 농업, 축산 및 산업활동 전반 등 사회·경제적인 차원에서 광범위한 영향을 미치게 된다. 지구온난화의 기후변화가 초래하는 물리적 환경변화로 혹서, 강우량의 증가, 사막화 현상, 국지적 강수량 분포의 변화, 지역식

생의 변화, 해수온도와 해수면의 상승 및 지진의 작은 발생 등이 있으며 이로 인해 지역에 따라 다양한 손실과 이익이 발생할 수 있다. 지구온난화에 따른 기온의 상승은 해수의 팽창, 고산지대의 빙하 및 극지방 빙원의 용해로 인해 해수면이 상승함에 따라 토양이 소실되고, 말라리아, 황열병, 콜레라 등 전염병이 늘어날 것이다.

기후변화협약은 지구온난화를 야기하는 온실가스 배출을 감축하기 위해 1992년 6월 브라질 리우 유엔환경정상회의에서 채택되고 1994년 3월 발효되었다. 180여개 국가가 참여하고, 우리나라는 1993년 12월 47번째로 가입하였다. 기후변화협약은 전문과 26개 조항 및 2개의 부속서로 구성되어 있으며, 대기 중의 온실가스 농도 안정화를 그 목적으로 규정하고 이를 위한 구체적인 온실가스배출을 부속의정서에서 규정하였다. 온실가스 배출 감축의 의무를 규정한 교토의정서와 관련하여 한국은 2002년 10월 국회 본회의에서 기후변화협약에 관한 동 의정서를 비준하고 11월 8일 코피 아난 유엔 사무총장에게 기탁함으로써 교토의정서 비준국으로 온실가스 배출량을 줄이려는 국제적 노력에 동참하게 됐다.

기후변화협약은 주요 원칙과 구성, 선진국, 개도국들의 공약 등을 주요 내용으로 하고 있다. 기후변화협약의 구체적 실행방법들은 기후변화협약 당사국 총회(COP)에서 논의되어 왔다. 특히 3차 당사국 총회에서는 선진국의 온실가스 감축목표를 설정한 교토의정서를 채택함으로써 가시적인 목표 설정이 가능해졌다. 제7차 당사국 총회에까지 이르는 논의 끝에 교토의정서의 발효(2005.2.16)에 따른 대부분의 사항들이 합의되었으며, 이는 주요 국가들의 비준을 남겨 놓고 있었다.

당시 온실가스 감축의무 부담 원칙은 의무부담에 있어서는 1인당 온실가스 배출량, GDP 단위당 온실가스 배출량, 1인당 GDP, 1인당 GDP 성장률, 지표면 온도 증가에 기여 정도, 인구증가, GDP에 따른 배출 탄성치, 수출에 따른 배출 탄성치, 수출에 따른 화석 연료 탄성치, 에너지 공급 중 재생에너지의 비율 등의 기준이 고려되었다. 감축의무부담을 지는 교토의정서 부속서(Annex I) 국가의 선정 및 국가별 의무수준은 협약 3조1항의 공평성

(equity), 공통의 차별화된 책임(common but differentiated responsibilities), 당사국의 능력(respective capabilities) 원칙이 적용되었다. 일반의무사항은 선진국과 개도국에 공통적으로 적용되는 최소한의 의무사항으로 각국은 모든 온실가스 배출량 및 흡수량에 대한 국가통계와 정책이행에 관하여 국가보고서를 작성하여 기후변화협약총회에 보고해야 한다. 선진국은 협약 발효 후 6개월, 개도국은 3년 이내에 최초의 국가보고서를 제출해야 하는데, 우리나라는 1998년 3월에 제1차 국가보고서를 제출한 바 있다.

특별의무사항은 주로 EU, 미국, 일본 등 선진국을 대상으로 한다. 특별의무사항을 받는 국가들은 온실가스 저감 및 흡수원 보호를 위한 국가정책을 채택하며, 구체적 조치를 이행하고 온실가스 감축을 위한 경제수단의 활용에 있어서 국가 간에 조화를 도모해야 한다. 또한 선진국은 개도국이 기후변화대책의 역량을 높일 수 있도록 재정지원 및 기술이전에 노력해야 할 의무를 지닌다. 한국은 현재 일반의무사항에 해당하는 국가보고서 제출 및 기후변화방지 국가전략 수립의 의무를 지고 있으며 특정한 감축 분을 부과 받는 특별의무사항에서는 제외되어 있다.

양적인 감축목표와 관련하여 교토의정서는 부속서 I 국가가 2008-2012년간 공약기간 중 배출량을 1990년 배출량 대비 5% 이상 감축하기 위하여 대상 온실가스의 CO_2 환산 총배출량이 부속서 B에 따라 각국에 할당된 양(assigned amount)을 초과하지 못하도록 합의하였다. 교토의정서는 단순한 온실가스 배출 감축뿐만 아니라 배출권 거래(Emission Trading; 온실가스 감축의무 국가에 대해 배출쿼터를 부여한 후, 배출량이 쿼터량보다 적은 경우, 차이만큼을 국가 간 거래를 허용), 청정개발체제(Clean Development Mechanism; 선진국인 A국이 개도국인 B국에 자본과 기술을 투자하여 온실가스 감축 분을 투자국의 감축 실적에 반영), 공동이행(Joint Implementation; 선진국인 A국이 선진국인 B국에 투자하여 발생된 온실가스 감축 분의 일정 분을 A국의 배출저감 실적으로 인정) 등의 경제적 유인 제도를 도입하고 있다. 이들 교토 메커니즘은 기후변화협약에 경제적 성격을 부각시키기도 한다.

1990년을 기준으로 했을 때 Annex I 국가의 온실가스 배출량 비중은 미국이 36.1%로 가장 높고, EU 24.2%, 러시아 17.4%, 일본 8.5%, 캐나다 3.3%, 폴란드 3.0%, 호주 2.1%, 루마니아 1.2%, 체크 1.2%, 기타 11개국 3.0% 등의 순으로 나타난다. 교토의정서 논의에 있어 선진국 간에도 의무부담의 수준과 방법에 대립이 표출되어왔다. EU를 비롯한 유럽 국가들은 구속력 있는 감축목표설정을 요구한 반면, 미국·일본·호주 등 화석연료사용도 및 무역의존도가 높은 국가들은 비구속적인 느슨한 의무부담을 희망하였고, 의무위반 시 제재조치의 도입에도 소극적인 입장을 보여 왔다. 개도국 간 입장 차이는 더욱 뚜렷하게 나타났다. 특히 화석연료의 수출에 전적으로 의존하여 협약에 대해 부정적 태도를 보이는 산유국(OPEC)들과 해수면 상승을 생존의 위협을 받으면서 강력한 감축목표설정을 요구하는 47개 군소도서국(AOSIS: Alliance of Small Islands States) 간의 대립은 강하게 부각되어왔다. 이러한 개도국들 간 극단적인 입장차이로 온실가스 감축문제 협상에서 G-77을 중심으로 한 개도국의 공동입장 정립은 거의 불가능한 상황이었다.

(2) 기후변화협약의 추이에 대한 이해

제18차 유엔기후변화협약 당사국 총회(2012년, 카타르 도하)에서 온실가스 배출량 감축 등 세계 기후변화에 대응하기 위해 190여 개국이 지난 2005년 발효한 국제협약 '교토의정서(Kyoto Protocol)'의 효력을 2020년까지로 8년 더 연장했다. 카타르 도하에서 열린 제18차 유엔기후변화협약 당사국 총회(COP 18)에 참석한 195개국 정부 대표단은 폐막 총회에서 2013~2020년까지 제2기 교토의정서를 이행하기로 합의했다. EU를 비롯한 38개국은 이 기간에 자국의 온실가스 배출량을 1990년 대비 최대 20%까지 줄이기로 약속했다. 제1기 교토의정서(2008~2012년)에 참여한 38개국의 온실가스 감축 목표량은 1990년 대비 최대 8%였다. 그러나 1기 체제에 참여했던 일본·캐나다·러시아·뉴질랜드 등 4개국은 "2기에는 법적인 감축 의무를 지지 않겠다"며 사실상 교토의정서 대열에서 이탈했다. 미국은 1기에 이어 2기에도 온실가스 감축 의무이행을 거부했다. 당시 우리나라는 온실가스 배출량 1·3위인 중국·인도 등과 함께 개도국으로 분류돼 2020년까지 감축 의무를 지지 않게 되었다. 이 총회에서 세계 각국은 선진국, 개발도상국, 극빈국 등으로 갈려 쟁점마다 대립하는 등 합의 도출에 난항을 겪었다. 도하 총회의 대표적인 성과는 극한적 홍수와 가뭄 등 기후변화로 인한 개도국들의 '손실과 피해(loss and damage)' 보상을 논의하는 새로운 제도를 설립하기로 합의했다는 점이다. 하지만 온실가스 상위 1~5위 배출국가가 2기 교토의정서 대열에서 모두 이탈한 데다, 개도국에 대한 선진국의 자금 지원 규모 등 주요 세부 쟁점을 타결하는 데는 끝내 실패했다.

〈표 18〉 교토의정서 주요 수정 내용

구분	1차 협약	2차 협약
이행 기간	5년(2008~2012년)	8년(2013~2020년)
온실가스 의무 감축 이행국	38개국	38개국(일본, 러시아 등 4개국 빠지고, 몰타 등 4개국 편입)
온실가스 감축량 (1990년 대비)	평균 5.2%, 최대 8% 감축	최대 20% 감축
법적 성격	각국 의회의 승인으로 법적 구속력 가짐	각국 정부 차원의 약속으로 법적 구속력 없음
개도국에 대한 재정 지원	• 3년(2010~2012년)간 300억 달러 지원 • 2020년 이후 매년 1000억 달러 지원	• 향후 3년(2013~2015년)간 재정 지원 계속하되 규모는 명시 안 함 • 2020년 이후 매년 1000억 달러 지원 약속은 유효

1기 교토의정서 체제(2008~2012년)에서는 전 세계 온실가스 배출량의 55%가 넘는 38개 선진국이 1990년 대비 평균 5.2%, 최대 8%까지 감축하기로 약속했다. 37개국(미국 제외)은 자국(自國) 의회의 비준을 받아 국제사회에 법적 의무를 지겠다고 공언했다. 그러나 2기 체제에서는 일본·캐나다·러시아·뉴질랜드 등 온실가스 다량 배출국이 "온실가스 감축에 대한 법적 의무를 지지 않겠다"고 밝혔다. 사실상 교토의정서 체제에서 이탈한 셈이다. 중국·미국·인도 등 온실가스 배출량 1~3위 국가는 1기에 이어 이번에도 온실가스 감축 의무 이행에 동참하지 않았다. 그나마 "2020년까지 온실가스

를 최대 20% 감축하겠다"고 선언한 EU 등 38개국의 온실가스 총배출량은 전 세계 배출량의 15%도 안 된다. 1기 교토의정서는 각국 의회의 비준까지 이뤄졌지만 2기 체제는 정부 차원의 약속만으로 출범해, 법적 구속력이 없다는 점도 문제로 꼽힌다. 또한, 개도국에 대한 선진국의 재정 지원도 불확실한 상황이다.

(3) 기후변화협약의 향방에 대한 이해

위에 언급한 바와 같이, 2015년에 유엔기후변화협약 협상은 중대 국면에 접어들었다. 온실가스 배출로 인한 지구온난화를 억제하기 위한 국제사회의 유일한 다자협의체인 유엔기후변화협약 협상은 2012년 12월 카타르 도하에서 폐막된 제18차 당사국총회(COP18)를 기점으로 2020년 단일한 신 기후변화체제 출범을 목표로 한 새로운 협상체제로 전환되었다. 선진국에게만 온실가스 감축의 법적 의무를 부과했던 이분법적인 교토의정서와 달리 '2020년 이후 신 기후체제(Post-2020)'는 선진국과 개도국을 가리지 않고 모든 유엔기후변화협약 당사국에 동일하게 온실가스 감축의 법적 의무를 부과하는 것을 목표로 했다. 2015년을 협상종료 시한으로 정하고, 2015년 이후 각국이 국내비준과 준비과정을 거쳐 2020년 신 기후변화체제를 출범시킨다는 것이 당시 계획이어서 2015년을 전후하여 기후변화협상의 중대 고비가 도래한 것이다.

유엔 기후변화협약 상의 제21차 당사국총회(COP21: 21st Conference of Parties)가 프랑스 파리에서 개최되었다. 2020년 이후(post-2020) 국제사회의 기후변화 대응을 위해 신 기후변화체제 수립 여부를 결정할 유엔 기후변화협상이 2015년 11월 30일~12월 11일 기간 동안 프랑스 파리에서 개최되었다. 신 기후변화체제에서는 그동안 기후변화 협상의 주요 장애물 중 하나인 교토의정서 상의 하향식(top-down) 국가별 온실가스 감축목표 강제할당 방식이 사실상 폐기되었다. 재정지원에 대한 가시적이고 신뢰할 만한 선진국의 확약이 신 기후변화체제 출범에 대한 개도국 지지와 신뢰를 결정하는 열쇠라 할 수 있었다. 포스트 2020 신 기후변화체제는 온실가스 감축을 각 국가가 제출하고 국가결정공약(INDC: Intended Nationally Determined Contribution)을 기초로 추진하게 되어, 향후 협상의 실질적인 핵심쟁점은 제출된 국가결정공약의 이행여부를 검증하는 투명성(transparency) 제도를 어떻게 구축하느냐의 문제가 된다. 온실가스 감축 목표 설정과 이행계획은 개별 국가가 자율적 결정하도록 맡기되, 일단 제출된 INDC에 대해서는 감축 행동 이행 여부를 철저히 감시감독 할 수 있는 국제적 검증체제를 확보하여 감축 행동이 실효성을 높이는 체제를 마련하자는 것이다. 이는 상향식(bottom-up) 감축방식이고, 자발적 감축목표 설정과 이에 대한 국제적 검증체제(MRV: Measurable·Reportable·Verifiable)를 결합하는 형식이 된다.

지난 2017년 6월 미국 도널드 트럼프(Donald Trump) 행정부의 파리협정 탈퇴선언에도 불구하고 유엔 기후변화 협약 197개 당사국 중 대부분의 국가가 파리협정을 비준함으로써 파리협정의 이행에 대한 국제사회의 지지는 더욱 확고해졌다. 2017년 11월 독일 본에서 개최된 제23차 유엔기후변화협약 당사국 총회(COP23)는 파리협정 세부규칙(rulebook) 마련을 위한 기반문서를 마련하였다. COP23 협상의 주요 결과인 NDC 추가지침 의제의 주요 논점은 NDC 및 지침의 범위(scope), 선진-개도국 NDC의 차별화(differentiation) 및 개도국에 부여하는 유연성(flexibility)의 범위로 요약할 수 있다. 개도국 그룹(LMDC: Like-minded Developing Countries), 아프리카 그룹, 아랍 그룹 등 개도국은 그동안 파리협정 후속협정을 지속적으로 주장해온 NDC 및 지침의 포괄(comprehensiveness)을 다시 강력하게 개진하였다. NDC 추가지침의 구성을 선진-개도국을 구별하지 않고 단일하게 구성할 것인지 아니면 선진-개도국을 구분하여 이원적으로 구성할 것인가에 대한 기존 당사국 입장 차이가 지속되었다. NDC 추가지침에 있어서 개도국은 NDC의 기본성격이 개별 당사국이 자율적으로 결정(nationally determined nature of NDC)하는 것이며, 선진국은 정량기준에 따라 NDC를 구성해야 할 의무(obligation)가 있으며, 개도국은 국가 상황 및 능력에 기초하여 NDC를 구성할 수 있도록 유연성(flexibility)을 부여해야 한다는 기존 입장을 그대로 제기하였다. 이 협상에서는 아프리카 그룹을 중심으로 개도국들이 선진국의 2020년 이전의 기후행동 공약(pre-2020)의 이행을 강력히 요구하면서 선진국 협상 진영을 압박하여 일정한 성과를 거두었다. 개도국들은 선진국의 교토의정서 2차 감축 공약(2013-20)을 내용으로 하여 Doha Amendment의 비준 및 2020년까지 매년 1,000억 불의 기후재정 확보를 위한 약속이 이루어지지 않았다는 점을 강력히 규탄하고, 선진국들의 성실한 공약 이행을 압박하였고, 결국 선진국들은 2018년 및 2019년의 pre-2020 온실가스 감축에 대한 검토(stocktaking)와 2018년 및 2020년 기후재정에 대한 보고서 작성 등을 약속하였다.

기후변화(협약) 레짐이 아직 실효성이 없는 이유는 미국의 불참 때문이다. 상호의존 시각에 의하면, 미국의 교토의정서 비준 거부는 일시적으로 가능하나 결국 미국은 그 레짐에 복귀할 수밖에 없을 것이라는 것이다. 미국의 비준거부는 국제사회의 다른 이슈 영역에서 미국의 지도력을 훼손할 뿐이라고 한다. 상호의존된 국제사회에서 이슈연계에 따른 압박으로 미국의 기후변화협약 레짐 복귀(협약 비준)는 곧 이뤄질 것으로 이 시각은 보고 있다. 반면에 종속 시각에 의하면, 미국의 교토의정서 비준 거부는 강대국과 약소국 간 종속관계를 보여주는 좋은 예라는 것이다. 세계 최대의 이산화탄소 배출국인 미국의 참여 없이 기후변화협약 레짐은 그 실효성을 거두기 힘든 상황이며, 미국의 비준 거부는 사실상 그 레짐의 발효를 무력화시킨다는 것이다. 미국은 자국의 의사가 관철되지 않을 경우 복귀하지 않을 것이며 결국 자국에 유리한 방향으로 새로운 의정서를 만들어낼 것이라는 점이다. 여타 국가들도 미국의 이러한 입장을 바꾸지 못한다는 것이다. 이에 국가주의 시각은 양비론적 입장에서 미국의 교토의정서 비준 거부는 교토의정서에 따른 온실가스 감축의무가 미국이 감내하기 힘든 수준이었기 때문이라는 것이다. 미국도 내심 그 레짐에 참여할 수밖에 없음을 인식하고 있으나 지나친 감축의무가 미국의 세계패권전략에 반하는 관계로 그 조정을 요구하고 있다는 것이다. 21세기 세계패권은 에너지패권이라고 할 정도로 자원패권은 세계지도국이 되는데 절대적이다. 이러한 에너지 패권을 유지하는 데 기후변화협약 레짐 복귀에 따른 온실가스 감축의무가 악영향을 미치지 않는 범위 내에서 미국은 그 의정서를 수정하여 복귀할 것이다.

2016년 대통령 당선 후 트럼프는 지구온난화(global warming)를 전면 부정하였으며, 기후변화 대응을 위해 노력해온 오바마 행정부를 비난해왔다. 임기 말에 트럼프 대통령은 기후변화 및 파리협약에 대해 기존의 강경했던 태도에 비해 다소 누그러진 모습을 보이기는 했으나 기후변화(협약) 레짐에 복귀하지는 않았다. 2021년 집권한 바이든 대통령은 친환경·재생에너지 산업 육성을 내세우며 기후변화(협약) 레짐에 복귀할 의사를 표명한 바 있다. 기후변화(협약) 레짐의 전망이 밝게 느껴지는 것도 그 때문이다.

2021년 11월에 영국 글래스고에서 열린 제26차 유엔기후변화협약 당사국총회(COP26)에는 197개 당사국 정부대표단을 포함하여 산업계, 시민단체, 연구기관 등에서 4만여 명이 참석했다. 글래스고 기후합의(Glasgow Climate Pact)의 주요한 내용은 적응재원, 감축, 협력 등 분야에서 각국의 행동을 촉구하는 것이었다. 특히 일부 개도국들이 강하게 반대하던 국가감축목표(NDC) 공통 이행기간은 미국과 중국이 5년의 이행기간 설정에 합의함으로써 협상 돌파구를 마련하였고, 모든 당사국이 동일하게 5년 주기의 국가감축목표 이행기간을 설정하도록 독려하기로 했다. 따라서 2025년에 '35년 국가 감축목표', 2030년에 '40년 국가 감축목표'를 제출한 후 매 5년마다 차기 '국가 감축목표'를 제출하기로 했다.

II. 글로벌 환경갈등과 전 지구 차원(Global)의 환경협약에 대한 논의

1990년대 이후 환경문제와 관련된 범세계적(global) 그리고 지역적(regional) 수준의 국제적 환경협력이 활발히 진행되고 있다. 국제환경협약이라는 용어는 좁은 의미로 환경문제와 관련되어있는 다자간의 협약(convention)을 지칭하지만, 흔히 환경문제와 관련된 사항을 다루는 양자 간의 조약(treaty)·협정(agreement)·의정서(protocol) 등을 포괄하는 넓은 의미로 사용되고 있다. 국제적으로 채택된 환경협약은 약 200여 개에 달하고 있는데, 이들은 대기보전, 유해물질 규제, 동식물 보호, 해양환경 보호, 수질 보호, 자연자원 보호 등으로 분류되며, 무역규제 조치를 포함하고 있는 협약 수는 일부이다. 국제환경협약의 발전은 국가관할권 내에서의 활동이 그 이외의 지역에 대한 환경피해를 끼치지 말도록 해야 된다는 주권의 일부 제한 가능성이 확립되어 온 점과, 대기·오존층·기후·남극·심해저 및 외기권 등이 인류의 공유물이란 인식이 확립되어 온 점에 근거하는 것이다. 국제환경협약은 여타 국제협약에 비하여 상당히 다른 특징을 가지고 있는데, 첫째로 환경 분야가 다양함에 따라 협약의 대상 분야가 광범위하고 목적달성의 방식이 서로 다르다는 점, 둘째로 환경보호를 위한 규제조치와 지속적인 개발의 필요성 간에 적절한 타협점을 모색해야 한다는 점, 그리고 끝으로 협약이행의 강제성과 실효성 제고를 위한 장치가 마련되어 있다는 점이다. 이러한 국제협약은 가입국에만 효력이 있기 때문에 비가입국은 아무런 영향을 받지 않는다. 이에 미국 등 선진국이 들고 나온 것이 비가입국에 대한 통상규제와 개도국에 대한 재정지원이라는 몽둥이와 당근이다.

1987년 9월에 채택되어 1989년 1월부터 발효된 몬트리올 의정서(Montreal Protocol)는 정식이름이 '오존층 파괴 물질에 관한 몬트리올 의정서'이다. 이 의정서는 몇 가지 화학물질에 대한 소비 및 생산감소를 규정하고 있는데, 이는 염화불화탄소(CFC 상품명 Freon)와 할론 등이 외계로부터 들어오는 자외선으로부터 지구를 보호하는 오존층을 파괴한다는 과학자들의 연구결과에 근거하고 있다. 이러한 보고가 1974년에 학계에 발표된 후인 1985년에야 '오존층 보호에 관한 비엔나협약'이 이루어졌고, 이의 시행을 위한 몬트리올 의정서가 1987년 9월에 채택된 것이다. 한국은 1992년에 비엔나협약과 몬트리올 의정서, 1993년에 런던개정의정서, 그리고 1994년에 코펜하겐 개정의정서에 가입하였다. 몬트리올 의정서는 2000년까지 프레온가스 및 할론의 생산과 소비를 1986년 수준의 50퍼센트로 삭감할 것을 결의하였으나, 런던개정의정서는 이를 더욱 강화시켜서 2000년까지 100% 삭감을 결의하였고, 코펜하겐개정의정서는 프레온가스 및 할론 등의 생산소비금지를 1996년으로 단축시켰다. 이러한 몬트리올의정서는 글로벌환경협약의 대표적인 성공

사례로 이후 오존층 파괴 현상이 크게 완화된 것으로 알려졌다.

　반면 위에 언급한 기후변화 협약(Climatic Change Convention)은 실패사례로 1992년 5월 채택되어 6월 '유엔환경개발회의'에서 서명된 것이다. 이는 지구온난화의 주범인 이산화탄소(CO_2)의 배출규제를 목적으로 하고 있다. 즉 석탄이나 석유 등 화석연료의 연소 시에 발생하는 이산화탄소가 대기 중에 층을 형성하여 태양열의 복사에너지가 대기 밖으로 나가는 것을 차단하여 지구의 기온이 상승하게 되는 데 이러한 '온실효과'를 막기 위한 것이다. 이러한 지구온난화 현상은 기상이변을 통한 농림수산물의 피해, 사막화, 해양에 접한 지역의 수몰로 인한 육지의 감소, 이에 따른 거주지 및 농경지의 상실 등 중대한 사회경제적 문제를 연쇄적으로 불러일으키게 된다. 이 협약의 주요 골자는 각국이 지구온난화를 일으키는 가스의 배출을 안정시키고, 개도국들이 지구온난화를 야기하는 가스의 배출을 최소화하는 데에 필요한 기술 자금을 선진국으로부터 이전받을 수 있도록 장치를 마련한다는 것 등이다. 각국은 이산화탄소 배출규제의 필요성에 대해서는 인식을 같이하면서도 어느 시기까지 얼마만큼의 배출규제를 한다는 정책에는 합의를 보지 못하였다. 최근까지의 협상과정을 살펴보면, 유럽연합의 국가들과 일본, 그리고 해수면의 상승으로 그 피해가 막중할 군소도서국가들은 이산화탄소 배출규제에 적극적이나 미국은 자국 내 산업에 끼칠 영향을 고려 소극적인 자세를 견지하고 있다. 또한 석유수출기구(OPEC) 국가들도 화석연료 감축에 의한 석유소비량 감소, 이에 따른 원유가의 하락을 두려워하며 이산화탄소 배출량의 구체적 감축일정에 적극 반대하고 있다. 교토회의에서 개도국들이 구속력 없이 자발적으로 감축목표를 설정하자는 수정안을 제시하였으며, 한국은 선후진국 사이에 낀 중간자적 특수성 때문에 어느 쪽에도 선뜻 지지를 표명할 수 없는 난감한 입장이었다. 자칫 선진국으로 분류될 우려로 결국 우리는 '자발적 감축목표 설정안'이 채택되기를 원했던 것이다.

〈표 19〉 전지구차원의 환경협약

구 분	목 적	이 슈	대 책
몬트리올의정서 - 1987채택 - 1989발효 - 한국 1992가입	오존층 파괴물질에 대한 소비 및 생산 감소	당시 한국은 개도국조항 적용을 받지 못함. 선진국 수준과 동일한 프레온가스 사용 감축 의무. 개도국들에게 재정지원금까지 지출해야 할 형편임	프레온가스 사용의 역사적 누적 통계에 있어 선진국들에 비해 훨씬 미약한 한국이 동일한 감축의무를 지지 않도록 가능한 많은 양보를 얻어낼 수 있도록 외교적 노력을 할 것
기후변화협약 - 1992채택/발효 - 한국 1993가입	지구온난화의 주범인 이산화탄소의 배출 규제	각국은 이산화탄소 배출규제에 대한 인식을 같이하면서도 어느 시기까지 얼마만큼의 배출규제를 한다는 정책에는 합의를 보지 못함	에너지 다소비형 산업구조를 가진 국가에 대한 특별 고려와 선발개도국으로서 선진경제권에 접근하는 국가는 기존의 선진국과 다른 특별 고려를 한국은 요청해야 할 것
생물다양성협약 - 1992채택 - 1993가입 - 한국 1994가입	지구 생태계 및 환경파괴로 말미암아 급속히 멸종되어가는 생물다양성 보호	개도국은 생물다양성에 대한 독점적 권리 및 이를 이용한 유전공학물질에 대한 공동소유권 주장. 선진국은 자원에 대한 자유접근 및 유전공학 기술이나 신물질에 대한 독점적 지적 소유권 주장	유전자원에 대한 독점적 권리를 주장하는 개도국 입장에 반대. 개도국의 유전공학 기술이전 요구에는 동조. 가능한 선진국의 유전공학 기술에 대한 접근 가능성을 널리 확보해야 함
바젤협약 - 1989채택 - 1992발효 - 한국 1994가입	유독성 폐기물의 국가 간 이동을 규제하고 폐기물 이용을 엄격히 제한	유해 폐기물의 국가 간 이동에 대한 제한 범위. 선진국의 개도국에 대한 폐기물 수출 문제	재활용 목적으로 고철·폐지 등을 수입하는 처지에 있는 한국은 이 협약의 발전추이에 관심을 기울여야 할 것
멸종위기종의 국제교역협약 - 1973채택 - 1975발효 - 한국 1993가입	야생 동식물군중 멸종위기에 처한 종의 보호	멸종위기의 정도에 따른 분류에 있어 이견	일부 동물을 약재에 사용하고 있는 한국은 그 규제 여부에 관심을 기울여야 할 것

한편 유해폐기물의 국가 간 이동 및 그 처리 통제에 관한 바젤 협약(Basel Convention on the Control of Transboundary Movements of Hazardous Wastes and Their Disposal)은 유독성 폐기물의 국가 간 이동을 규제하고 폐기물 이용을 엄격히 제한하고자 1989년 3월 스위스 바젤에서 채택되었고 1992년 5월 발효되었다. 당시 39개국이 참가하였으며 한국은 1994년 2월에 가입하였다. 이 협약에 의하면 가입국이 자국영토 내의 폐기물 발생을 최소화하고, 가능한 한 자국의 영토 내에 충분한 처리시설을 확보해야 하며, 유해폐기물의 국가 간 이동은 인간의 건강과 환경에 위험을 초래하지 않는 경우에만 허용된다는 것이다. 이 협약의 목적은 크게 두 가지인데 하나는 유해폐기물의 국가 간 이동규제 및 엄격한 이용요건 규정이고 다른 하나는 이동 시 사고에 대한 책임 및 보상에 대한 규정이다. 협약의 주요 내용은 규제대상 유해폐기물(중금속 함유 폐기물: 수은·납 등, 독성 함유 폐기물: PCB·시안 등) 선정, 유해폐기물의 국가 간 이동에 대한 제한과 금지, 책임과 배상, 그리고 유해폐기물 관리와 관련된 일반적 의무 등이다. 한국은 재활용 목적으로 폐기물을 수입하는 위치에 있음으로 이 협약의 의무사항에 관심을 기울여야 한다.

토론하기

1. 기후변화협약 레짐은 성공할 것인가? 성공이냐 실패이냐를 전망하고 그 이유를 논의하시오.

2. 오늘날 지구환경문제의 책임은 선진국에 더 있는가? 개도국에 더 있는가? 지속불가능한 개발방식(Unsustainable Mode of Development)과 지속불가능한 생활양식(Unsustainable Way of Life)의 관점에서 논의하고 책임에 따른 해법을 토론하시오.

정리하기

1. 그린라운드의 핵심적 논의 내용은?

전 세계적인 자유무역의 실현을 위한 우루과이라운드(UR)가 타결된 후, 1995
년 1월 세계무역기구(WTO)체제의 출범과 함께, '그린라운드(GR)'라는 다자간
환경협상이 대두되었다. 앞으로 환경문제의 국제화는 더욱 빠른 속도로 진행
될 것이며, 우리의 경제에도 많은 영향을 미치게 될 것이다. 환경-통상 갈등
의 발단은 여러 국가들이 국내적 환경규제를 자국 산업의 보호를 위한 비관
세장벽으로 활용하려는 데 있다. 환경기준은 그 국가가 처한 사회적, 경제적,
기술적 여건에 따라 다를 수밖에 없음에도 불구하고 많은 국가들이 자국의
국내 환경기준을 수입품 등 모든 상품에 일방적으로 적용하려 하고 있다. 특
히 국가 간 환경통제기술의 차이가 심각한 경우 이러한 움직임은 기술수준이
낮은 국가에게는 치명적인 문제가 될 수 있다. 환경관련 통상규제는 향후 더
욱 강화될 전망인데, 그 이유 중의 하나는 국제경제관계에서 무역의 비중이
점차 높아지면서 치열해지는 국제수출경쟁 속에서 기업들은 그 생존을 위해
불공정 요인을 찾게 되고 이에 국가 간의 환경기준의 차이를 그러한 불공정
요인에 포함하게 된다는 것이다. 다른 하나는 국제환경문제의 해결에 있어 국
가 간의 협력은 불가결한데 환경문제의 중요성에 대한 인식이 제고됨에 따라
비협조국에 대한 제재수단으로서 통상규제가 강화될 것이라는 점이다.

2. 기후변화협약이란 무엇인가?

기후변화협약은 지구온난화를 야기하는 온실가스 배출을 감축하기 위해 1992
년 6월 브라질 리우 유엔환경정상회의에서 채택되고 1994년 3월 발효되었다.
180여개 국가가 참여하고 있고, 우리나라는 1993년 12월 47번째로 가입하였
다. 기후변화협약은 전문과 26개 조항 및 2개의 부속서로 구성되어 있으며,
대기 중의 온실가스 농도 안정화를 그 목적으로 규정하고 이를 위한 구체적
인 온실가스배출을 부속 의정서에서 규정하였다. 온실가스 배출 감축의 의무
를 규정한 교토의정서와 관련하여 한국은 2002년 10월 국회 본회의에서 기후
변화협약에 관한 동 의정서를 비준하고 11월 8일 코피 아난 유엔 사무총장에
게 기탁함으로써 교토의정서 비준국으로 온실가스 배출량을 줄이려는 국제적

노력에 동참하게 됐다. 그 이후 기후변화협약 레짐은 국가 간 이해관계의 충돌 및 미국의 협약 탈퇴 등 수차례의 난항을 겪어가며 오다가 오늘날 자발적 감축 목표 준수를 기조로 하는 새로운 단계에 접어들게 되었다.

3. 지속불가능한 개발방식(Unsustainable Mode of Development)과 지속불가능한 생활양식(Unsustainable Way of Life)은 무엇을 의미하는가?

지속불가능한 개발방식(Unsustainable Mode of Development)이란 선진국이 개도국의 환경파괴적인 개발방식을 비난할 때 사용하는 용어로 오늘날 국제환경문제는 개도국의 무분별한 개발방식에 연유한 것이라는 주장을 뒷받침한다. 지속불가능한 생활양식(Unsustainable Way of Life)이란 개도국이 선진국의 환경파괴적인 생활방식을 비난할 때 사용하는 용어로 오늘날 국제환경문제는 선진국의 자원낭비적인 생활방식에 연유한 것이라는 주장을 뒷받침한다.

4. 국제노동

 핵심 용어 정리

용어	뜻
블루라운드 (Blue Round)	노동기준과 통상을 연계시키기 위한 것으로, 국제적인 노동기준을 설정하여 이 기준에 미달하는 국가의 상품에 대해서 통상규제 조치를 취하려는 다자간 노동협상을 말함
국제노동기구(ILO)의 핵심 협약	결사의 자유, 강제노동 금지, 차별금지, 아동노동 금지 등 4개 분야에 걸쳐 8개 협약으로 이뤄짐. 이는 강제노동에 대한 협약(제29호), 결사의 자유 및 단결권 보호에 관한 협약(제87호), 단결권 및 단체교섭에 대한 원칙 적용에 대한 협약(제98호), 동일가치 노동에 대한 남녀 노동자 동등보수에 관한 협약(제100호), 정치적 견해 표명·파업 참가 등에 대한 강제노동 철폐에 관한 협약(제105호), 고용 및 직업상 차별대우에 관한 협약(제111호), 취업 최저연령에 관한 협약(제138호), 가혹한 형태의 아동노동 폐지에 관한 협약(제182호) 등임
노동의 세계화	자본의 세계화에 대칭적인 개념으로 국가 간 노동력의 자유로운 이동을 일컬음. 국가 간 소득격차를 가져오는 두 측면 즉 자본과 노동의 세계화 중 국제적 노동이동성의 제약은 선진국과 개도국 간 빈부격차를 더욱 심화시킴

주   제 ───────────────────────────────

국제노동(labor) 문제를 국제정치경제 시각으로 살펴볼까요?
BR은 무엇일까요?
노동의 세계화, 노동력의 국제적 이동문제를 살펴볼까요?

학/습/목/표 ───────────────────────────────

1. 국제노동의 현안 의제를 파악할 수 있다.
2. 우리나라가 당면한 국제노동 관련 의제를 이해할 수 있다.

학/습/목/차 ───────────────────────────────

1. 블루라운드(Blue Round) 논의에 대한 이해
2. 노동의 세계화에 대한 논의

I. 블루라운드(Blue Round) 논의에 대한 이해

1. 블루라운드의 현황과 전망

블루라운드는 노동기준과 무역을 연계시키기 위한 것이다. 기본적 인권과 관련하여 모든 나라가 준수해야 할 일정한 기준의 노동기준이 있어야 한다는 것이다. 개발도상국들이 저수준의 노동기준하에서 생산한 상품을 수출하는 행위를 사회적 덤핑으로 간주하여 이러한 불공정한 행위를 무역제재의 수단을 통해 시정해야 한다는 것이다. 선진국들은 자신들의 심각한 실업문제가 개발도상국이 싼 임금으로 만든 상품 때문에 생겨난 것으로 인식한다. 개도국의 빈약한 노동기준에 대해 통상규제를 가할 수 있다면 자국 상품의 경쟁력이 살아나고 고용도 증대될 수 있다는 발상에서 계속적인 문제를 제기하고 있다. 국제적인 노동기준을 설정하여 이 기준에 미달하는 국가의 상품에 대해서는 통상규제 조치를 취하고자 하는 것이다. 개도국들은 아동노동 및 죄수노동 금지, 결사의 자유보장 등 인도적 차원의 명분을 내세운 선진국들의 주장을 개도국의 저임금 경쟁력을 겨냥한 위장된 보호주의라고 반박한다. 노동기준에 관한 문제는 ILO에서 논의될 내용일 뿐이라는 것이다.

국제적 노동기준은 국제적으로 근로조건과 노사관계를 지배하는 규율이다. 구체적 내용으로는 강제노동 금지, 아동노동 금지, 결사의 자유, 단체교섭권과 같은 기본인권에 관한 사항과 최저임금제, 최대 근무시간 제한, 작업장의 위생 및 안전과 같은 경제적 후생 수준과 관련 있는 근무여건에 관한 사항 등을 포함한다. 하지만 노동기준의 준수를 강제할 법적 제도적 장치는 미흡한 실정이다. 무역과 연계시킬 수 있는 노동기준에 대해서 국제사회의 구체적인 합의 도출이 부재한 것이 현실이다. 여기서 ILO의 결사의 자유, 단체교섭권, 강제노동 금지, 아동노동 금지 등은 1995년 3월 덴마크 코펜하겐에서 개최된 세계사회개발정상회의에서 핵심적 노동기준으로 인정되었다.

국제적 노동기준의 효과는 부정적이다. 노동기준의 설정여부와 관계없이 노동기준은 노동 시장에서 내생적으로 결정되기 때문이다. 단체교섭제도나 노동관행은 국가마다 고유한 성격이 있다. 개도국에 광범위하게 존재하는 아동노동은 아무리 노동기준을 인위적으로 설정한다고 하더라도 해결할 수 없다. 강제노동은 강제적으로 노동을 해야 하는 근로자가 효용극대화를 추구할 수 없고 또한 직업선택의 자유를 가지지 못하기 때문에 자원배분을 왜곡시켜 경제적 효율성의 손실을 발생시킨다. 노동기준에 대한 보호수준이 다른 국가 간의 경쟁은 특히 고기준의 국가와 저기준의 국가가 직접 경쟁하는 부문에서 선진국에게 불리하게 작용될 수 있다는 점이 지적된다. 이는 과도하게 낮은 노동기준이 특별한 비교우위를 창출하고 이것이 수출을 자극하고 외국인 직접투자의 유입을 가져온다는 믿음에 근거한다.

세계에서 노동의 기준을 명확히 정한 것은 아니지만 어느 정도 인권의 측면에서 노동의 기준을 정하고 있다. 예를 들어, 결사의 자유의 보장과 단체교섭권, 강제노동의 금지 및 아동노동의 폐지를 이야기 할 수 있다. 이들을 정리하여 나열해 보면, ① 결사의 자유 및 단체교섭권, 즉 노동자들이 자신의 선택에 따라 조직을 결성하고 사용자들과 자유롭게 그들의 노동조건을 협상할 수 있는 권리, ② 예속노동과 아동노동에 대한 착취적 형태와 아동들의 건강과 안전을 심각한 위험 속에 몰아넣는 아동노동 형태의 철폐, ③ 노예 및 의무적 형태의 강제노동 금지, ④ 고용에서의 차별금지, 즉 모든 노동자들이 동등한 대우를 받을 수 있는 권리로 나누어볼 수 있다.

국제노동기구(ILO)는 국제 노동 기준을 만들기 위한 기구이다. 그리고 ILO의 조약은 다른 일반 조약들과 마찬가지로 가입을 하고 그 조약을 인준하는 절차를 통해서 효력을 가지게 된다. 즉 국내법으로 수용하는 것이다. 이 노동의 기준은 기본 인권, 고용, 사회정책, 노동행정, 노사관계 등으로 구분할 수 있다. 먼저 기본적 인권을 보면, 이는 노동자들이 자유롭게 노동조합에 가입하거나 자신을 대표하는 어떠한 조직에도 가입할 수 있는 권리가 있는 것이다. 그리고 어떠한 종류의 강제노동도 거부할 수 있으며 동일노동의 동일임금을 이야기하면서 인종이나 성에 따른 차별을 받지 않을 권리가 있는 것을 말한다. 두 번째로 고용 면에서 이야기하면, 각 국가는 고용을 원하는 이들은 모두 고용이 될 수 있도록 고용을 최대화할 의미를 지니고 있다고 정의하고 있다. 뿐만 아니라 장기적인 고용안정을 보장하기 위해서 고용이 종결되는 조건들에 대해서도 이야기하고 있다. 세 번째 사회정책은 생존을 위해서 최소한의 생존기준의 보장을 이야기하고 있으며 이러한 최저수준의 생존의 향상에도 힘쓸 것을 이야기하고 있다. 게다가 재생산의 부분인 교육 역시도 강조하고 있다. 네 번째 노동행정의 부분은 사회의 주체들을 참여하는 효율적인 행정을 이야기하고 노·사·정 함께 만나 이야기할 수 있는 공간을 만들기 위해서 국가는 노력해야 한다. 마지막으로 노사관계는 단체교섭과 노동 조건의 대부분을 담고 있으며 노동자들과 사용자들 간의 단체교섭의 점진적 확대를 이야기한다. 노동 조건의 부분에는 최저임금과 여성고용 등 여러 가지를 다루고 있다. 하지만 이러한 ILO의 협약은 그 국가가 이러한 조약을 비준함으로써만 효력을 발휘할 수 있다. 한국은 이러한 ILO의 조약 중 대부분을 수용하고 있다.

UN의 핵심노동기준은 유엔의 몇몇 조항들에 포함되어 있으며 이는 비준국에 구속력을 가지고 있다. 다음은 이러한 조항들의 직접적 원천이다. 첫째, 유엔 경제적 문화적 사회적 권리에 관한 협약에 보면 공정하고 유리하게 일할 수 있는 권리, 사회적 보호와 인간다운 생활을 누릴 수 있는 권리, 교육받을 수 있는 권리를 가지며 이것을 향상할 의미가 국가에게 있다. 이 협약은 노동에서 차별 받지 않을 것을 이야기하고 있는 것이고 또한 노동조합이나 자신의 이익을 위한 조직에 가입할 수 있는 권리를 인정하는 것이다. ILO의 협약과 비슷한 모습을 보이고 있다. 둘째, 시민적, 정치적 권리에 관한 협약을 보면 생명권, 고문금지, 사상의 자유 등을 포함하고 있다. 그리고 결사의 자유와 강제노동 금지, 법 앞의 평등 등도 이야기하고 있다. 즉 노예나 강압적인 노동을 금지하고 있는 것이다. 셋째, 아동 권리에 관한 협약을 보면 아동은 특별한 보호를 받을 권리와 건강한 발육을 할 권리리가 있다. 이 역시도 ILO의 아동노동금지의 모습과 흡사하다.

OECD는 WTO와 같이 법적 구속력을 가지고 있지는 못하지만 새로운 통상 이슈에 관해서는 회원국들의 합의가 이루어지면 세계적으로 공론화되어 시행되는 곳이다. 여기에서는 경제정책을 비롯한 많은 부분을 함께 이야기하는데 노동 역시 그중의 하나이다. 한국 역시도 OECD에 가입할 당시에 고용노동사회문제연구소에서 제3자 개입금지와 복수노조의 금지 등이 국제 노동기준에 어울리지 않는다는 문제제기를 했었다. 물론 이러한 권고는 법적 구속력이 없지만 OECD라는 공통의 공유가치가 존재하고 국제적인 신뢰에 의해서 이러한 권고를 받아들이게 되고 국제기준의 노동법 역시 받아들이게 된다. 이러한 OECD의 노동기준의 원천은 다국적 기업에 대한 OECD의 가이드라인에서 시작된다. 다국적 기업 역시도 종업원들에게 결사의 자유와 단체교섭권을 부여할 것을 권고하고 노동자대표와 기업의 경영성과에 대해서 함께 이야기할 것 역시도 권고하고 있다. 뿐만 아니라 노동자의 훈련을 담당하고 비차별적 고용정책을 장려한다. 그리하여 다국적 기업이 같은 국가 내에서 다른 기업에 비해서 뒤떨어지는 노동기준을 가지지 않기를 권고하고 있다.

노동과 통상의 연계가 UR이나 WTO와 같은 다자간 통상협상의 의제로 채택되기 힘든 이유는 노동정책은 정부의 입장에서 보면 경제발전의 성격이나 구조를 결정하는 중요한 경제정책이다. 근로자의 생계나 복지후생과 관련된 사회정책의 중요한 부분인 것이다. 선진국과 개도국 모두 나라의 경제구조나 발달상황 등이 다르기때문에 적정한 국제적인 기준을 정하는 것이 어려운 상황이다. 개도국이 선진국 수준으로 정해진 근로기준을 따라야 한다면 개도국의 입장에서는 엄청난 부담이 된다. BR논의는 미국과 프랑스가 주도해왔다. 미국은 국내의 통상법을 통하여 근로자의 권리를 보호하지 않는 나라에 대하여 일방적인 보복조치를 취해오고 있다. 미국은 이러한 법의 제정으로 통상 상대국의 근로자 보호를 주장하고 자유무역보다는 공정무역의 이상을 실현하고자 해왔다.

2. 블루라운드에 대한 선진국과 개도국의 입장차이

(1) 선진국 입장

첫째, 노동권은 인간의 기본권 중의 하나라는 것이다. 하지만 장시간 노동이나 저임금은 이러한 인간으로서의 최소의 권리에 위배되는 행위이다. 게다가 아동 노동이나 여성 노동은 착취의 대상이 될 뿐 아니라 인권의 문제이기도 하다. 아동은 육체적으로 그리고 정신적으로 아직 노동을 완전히 소화하기에는 많이 부족하기 때문이다. 더욱이 여성의 노동도 일반적인 노동이 아닌 높은 강도의 노동은 이겨내기 힘들다. 그리고 강제 노동이나 노예 노동은 인간으로서의 노동권이 보장되는 노동이 아니라 힘들게 일만 하는 근로에 지나지 않는 것이다.

둘째, 노동의 사회적 덤핑은 안 된다는 것이다. 개도국에서는 노동조건을 악화시켜 저임금과 장시간 노동을 강요한다. 그 속에서 노동자들에 대한 임금이 감소함으로 생산비는 다른 선진국보다 당연 감소할 수밖에 없다. 이러한 낮은 임금을 통한 낮은 가격을 사회적 덤핑으로 규정한다. 덤핑을 불공정 거래로 인정하는 국제무역체제의 흐름을 본다면 노동 덤핑 역시도 불공정 거래에 해당할 수밖에 없다. 그러므로 이러한 불공정 거래에 대한 통상규제는 당연한 것이라고 선진국은 주장한다.

셋째, 노동덤핑으로부터 자국 산업도 보호해야 한다는 것이다. 노동덤핑 상품이 너무나도 싸게 자국으로 유입된다면 자국의 동종 산업은 많은 영향을 받을 수밖에 없는 상황에서 자국의 산업을 보호하고 육성해야 하는 국가로서는 이러한 무역을 막아야 한다. 그러므로 이러한 노동조건의 악화를 통한 생산에 제재를 가할 수밖에 없다.

(2) 개도국 입장

첫째, 선진국의 보호무역주의 정책에 불과하다는 것이다. 이러한 노동기준을 내세워 통상압력을 가하는 것은 노동조건이 잘 정비되어 있고 노동의 기준이 확립되어있는 선진국에만 유리한 것이다. 뿐만 아니라 개도국이 가질 수 있는 유일한 무기인 낮은 임금·가격에 대한 제재로서 이는 자국만을 위한 보호주의 혹은 선진국들만을 위한 주장에 지나지 않는다.

둘째, 산업혁명기의 선진국을 돌아보자는 것이다. 산업화 초기 단계에 선진국들도 노동자들을 열악한 환경 속에 내몰면서 그들의 경제를 성장시켜 왔다. 엥겔스의 저작 『영국 노동자들의 상태』에서도 알 수 있듯이 산업화 초기의 노동자들은 인간 이하의 대우를 받으면서 노동을 했다. 그러한 그들의 노동이 결국 지금의 선진국을 만들어 낸 것이다. 지금까지 노동자에 대한 착취를 할대로 다한 선진국이 지금의 개도국에게 지금의 선진국 노동기준을 적용하려는 것은 불공정한 것이다.

셋째, 자본·기술 모두 없다는 것이다. 일단 노동조건을 향상하면서도 선진국의 동종 산업과의 경쟁을 위해서는 기술의 발전과 많은 자본을 요구한다. 하지만 개도국은 이러한 기술이 완비되어 있지 못하고 자본 역시도 선진국에 비해 많이 뒤처질 수밖에 없다. 이러한 상황에서 공정거래는 불가능하고 이는 선진국의 배불리기에 지나지 않는다.

(3) 선진국과 개도국의 합의 가능성

블루라운드의 논의는 계속되어야 한다. 하지만 블루라운드를 통해서 노동기준에 미치지 못하는 나라에 대해 통상규제를 가하는 것은 앞에서 말한 선진국의 이익만을 위한 것에 지나지 않는다. 통상규제를 가하기 전에 먼저 기술이나 축적된 정보를 개도국에게 무상 지원하거나 자본의 지원이 필요하다. 이는 선진국에서 축적된 노동기준에 대한 정보나 역사, 그리고 많은 이윤의 창출을 할 수 있는 기술의 이전이 필요하다. 뿐만아니라 개도국에서 이러한 노동기준을 지키면서 성장을 계속할 수 있는 자본의 투자가 적극적으로 이뤄져야 한다.

1970년대를 거치면서 수입대체 지향적 성장전략을 도모하던 개도국들이 수출 지향적 성장전략으로 선회하자 개도국의 무역규모가 증가하고 선진국 상품과 경쟁적인 개도국 상품 수가 증가하게 되었다. 그와 함께 1980년대에

는 국제적 자본이동 및 다국적 기업의 활동이 증가하는 한편 선진국 노동시
장에서는 빈부격차가 증가하고 실업률이 높아지는 현상이 목격되었다. 이를
배경으로 비교우위를 확보하고 투자유치를 하기 위한 노동기준의 하향경주
가 선진국 빈부격차 확대 및 실업 증가의 원인이라는 인식이 그 사실 여부
와는 독립적으로 광범위하게 확산되었다.

이러한 문제 제기로 말미암아 핵심적 노동기준의 준수정도가 다른 국가
들의 무역성과, 핵심노동기준의 변화함에 따라 확인되는 무역성과, 산업부
문별로 핵심적 노동기준이 다른 국가들이 보인 무역성과, 아동노동이 생산
한 재화의 수출가격 분석 등에 대한 실증연구들이 다양하게 진행되었다. 그
러나 이들 실증연구들은 노동기준이 낮은 국가들이 수출시장 비중을 높여
고기준의 국가들에게 악영향을 미치고 있다는 주장을 뒷받침해주는 설득력
있는 증거를 발견하지 못했다. 낮은 노동기준이 비교우위를 낳는다는 실증
적 증거가 아직 빈약하여 낮은 노동기준이 불공정한 무역관행이라고 간주할
만한 근거가 취약했던 점은 WTO 협정에 노동기준에 관한 사항이 포함되지
않았던 결정적 이유 중의 하나이다. 1998년 ILO의 '노동의 기본 원칙 및 권
리에 관한 ILO 선언(ILO Declaration on the Fundamental Principles and Rights
at Work)'을 전환점으로 하여 다자간 논의과정에서 제재적 성격의 무역과 노
동기준 연계논의가 적합하지 않다는 결론이 내려지자 그 동안 무역과 노동
기준 연계를 주장해 오던 미국은 새로운 접근법으로서 지역무역협정 및 쌍
무적 협정에서 국제적 노동기준을 향상시키는 방식으로 전환하였다.

II. 노동의 세계화에 대한 논의

다보스포럼은 스위스 제네바에 본부를 둔 세계경제포럼(WEF)이 1971년
부터 매년 스위스의 휴양지 다보스에서 개최하는 토론회이다. 세계 각국 정
상과 국제기구 대표 등 정치·경제 분야 거물급 인사와 유력 학자들이 모여

세계경제의 발전 방안 등을 자유롭게 논의하는 민간 회의다. 2012년 스위스 다보스에서 개막한 다보스포럼의 최대 화두는 '자본주의의 위기와 그 해법'으로 요약할 수 있다. 이를 상징하듯 포럼 첫날 가장 먼저 열린 세션 제목은 '자본주의에 대한 토론(Debate on Capitalism)'이었다. 기업인과 노조 대표 등이 패널리스트로 참석한 이 세션에서는 기업의 도덕적 해이에서부터 21세기 경제 체제에서도 변화를 거부하는 19세기형 정부 시스템, 세계화에도 불구하고 현실에 안주하는 노동계, 중국식 국가자본주의론의 부상 등 난상 토론이 이어졌다.

가장 먼저 포문을 연 것은 버로(Sharan Burrow) 국제노동조합총연맹(ITUC) 사무총장이다. 그는 "은행의 대마불사와 각국 정부의 암묵적 동의로 서민만 피해를 봤다"면서 "작금의 위기는 금융 업계의 도덕 불감증에서 시작됐다"고 말했다. 그는 "각국 정부가 경기 부양책을 쓰면서 납세자들의 돈을 거둬 은행 부도를 막는 데 썼다"면서 "잘못한 사람들이 아무런 처벌을 받지 않은 채 자본주의 시스템은 (고장 난) 그대로 돌아가고 있어 서민들만 피해를 보고 있다"고 주장했다. 그는 또 "세계 최고 부자 나라인 미국이 최저임금을 올리려 할 때 기업인들이 반대했다"면서 "기업의 소비자인 서민들에게 하루하루 버틸 수 있는 최소한의 지원을 반대하면 세계경제는 더욱더 추락할 것"이라고 경고했다. 라잔(Raghuram Rajan) 시카고대 교수는 현 자본주의 시스템의 한계를 지적했다. 그는 "자본주의 시스템에 문제가 생긴 것은 급격한 기술 발달과 세계화, 창의적인 기업에 대한 과도한 보상 등이 한꺼번에 어우러졌기 때문"이라고 진단했다. 이어 그는 "자본주의 체제의 최대 위협은 성장 정체"라면서 "한정된 일자리를 놓고 노사정(勞使政)이 사회적 합의를 이끌어내지 못한다면 자본주의 체제에 대한 불만은 계속될 것"이라고 전망했다. 프랑스의 최대 통신 기업인 알카텔-루슨트의 페르바엔(Ben Verwaayen) 사장은 정부와 금융 시스템의 후진성 문제를 제기했다. 페르바엔 사장은 "우리는 전 세계가 하나로 연결되면서 24시간 경제 체제에 살고 있다"면서 "그럼에도 정부 구조는 1912년에 입안된 형태로, 금융회사는 1950년대 기준으로, 기업은 2011년 기준으로 작동하고 있다"고 주장했다. 즉 21세기 문제를 해결하는 데에 정부의 역할이 제한적일 수밖에 없다는 것이다.

하지만 세계적인 헤지펀드 회사인 칼라일그룹의 루빈스타인(David Rubenstein) 창업자 겸 회장은 "자본주의 체제는 완벽하지 않다"고 인정하면서도 "자본주의 체제보다 나은 경제 체제는 아직까지 없다"고 단언했다. 보완할 필요는 있지만 폐기할 필요는 없다는 것이다. 특히 자본주의 체제는 소련 붕괴로 공산주의와 사회주의 체제에 완승했다고 지적했다. 루빈스타인 회장은 "자유방임형인 서구식 자본주의가 자칫하면 강력한 국가 개입형의 중국식 국가자본주의(state capitalism)에 밀릴 가능성이 있다"고 말했다. 지금까지 서구 정부는 거시경제 정책에 몰두하고 일자리 창출 등 미시경제 정책은 기업이 맡았지만, 자본주의 체제의 위기가 도래하면서 강력한 정부 개입을 요구하는 목소리가 높아지고 있다는 것이다. 이에 대해 라잔 교수는 "국가자본주의는 따라잡는 데는 능숙하지만 새로운 시스템을 창출하는 데는 형편없다"고 반박했다. 이 세션을 관람한 하버드대 케네디스쿨(행정대학원)의 엘우드(David Ellwood) 학장은 "자본주의의 위기는 수년 전에 이미 도래했지만, 아직 구체적인 해결책이 나오지 않고 있다"고 말했다. 참석자 상당수도 자본주의 시스템에 과부하가 걸렸다고 지적했다.

'노동의 세계화'는 국가 간 소득불균형의 원인과 관련된다. (자본의) 세계화 시대에 있어 고려해야 소득불균형은 국가 간 소득불균형이다. 선진국을 중심으로 하는 세계화 주도국가와 세계화의 흐름에 동참하지 못한 이른바 한계 국가 간의 소득수준 격차가 더욱 확대되고 있음은 이미 본 바와 같다. 최근 국제기구 회의가 있을 때마다 비정부기구(NGO)들이 주도하는 격렬한 시위가 빠지지 않는 것은 한 국가 내의 소외된 계층뿐 아니라 소외된 국가의 입장을 대변하는 것으로 볼 수 있다. 신고전파적 경제이론이 주장하는 것은 자유시장경제 하에서 빈국은 일반적으로 부국보다 성장잠재력이 크고 따라서 빨리 성장할 수 있기때문에 국가 간 소득불균형은 점차 해소될 수 있다는 것이다. 경제이론에 따르면 경제성장과 함께 자본은 값싼 노동력을 찾아 부국에서 빈국으로 이동하게 되며 반면 노동력은 임금수준이 상대적으로 낮은 빈국에서부터 임금수준이 높은 부국으로 이동하게 된다. 그 과정에서 노동비용(임금)과 자본비용(금리)은 부국과 빈국에서 일정한 수준으로 수렴하게 되는 바, 이는 바꾸어 말하면 소득수준이 서로 수렴함을 의미하는 것이다.

결국 경제이론이 주장하는 국가 간 빈부격차 해소의 필연성과 현실의 국가 간 소득 격차 심화 간의 괴리는 어디에서 오는 것인가? 국가 간의 관계는 국내적 차원의 문제보다 더욱 정치적 성격을 강하게 띠는 것이 일반적이다. 소득분배의 문제도 이의 예외가 아니다. 국가 간 소득불균형을 설명하는 요인들은 한 국가 내의 소득불균형을 설명하는 요인보다 정치적 혹은 정치경제적인 성격을 나타낸다. 이는 노동력의 국제적 흐름과 투자자본의 국제적 흐름이라는 두 가지 측면에서 관찰할 수 있다.

부국과 빈국 간 소득수준의 수렴을 주장하는 신고전파 이론이 전제로 하고 있는 것은 국내적으로는 물론 국가 간 노동과 자본의 자유로운 이동이다. 따라서 이러한 생산요소 이동의 국제적 제약에서부터 이론과 현실 간 괴리의 원인을 규명하는 것은 당연하다. 제2차 세계대전을 전후하여 대부분의 선진국은 정도의 차이는 있지만 외국으로부터 자국시장으로의 노동력 유입을 제약하는 조치를 취해 왔다. 특히 보다 나은 직업을 추구하는 미숙련노동의 국가 간 이동은 자유롭게 이루어지고 있지 못한 것이 현실이다. 미국의 경우 외국으로부터 유입되는 이민이 최근 증가 추세에 있는 것이 사실이지만 이민을 원하는 많은 사람이 직접적이고도 다양한 제약에 직면하고 있다. 물론 값싼 노동력의 대량 유입은 정치적 불안정을 야기할 수 있고 이를 우려하여 적지 않은 유럽 국가들이 빈국으로부터의 이민 제한조치를 취하고 있다. 그러나 이것이 정치적으로 정당화될 수 있는 조치임에도 불구하고 시장경제와 상품 및 요소의 자유로운 이동을 주장하고 있는 서구 선진국들 스스로가 바로 그 원리의 핵심인 노동의 자유로운 이동을 제한하고 있다는 사실이 개도국의 반발을 야기하는 원인이 되고 있다.

일부 선진국의 경제학자 혹은 정책담당자들은 선진국의 이민 장벽에도 불구하고 이것이 빈국에 미치는 영향이 크지 않다고 주장한다. 그것은 이민에 대한 제약 효과가 자본의 국제적 흐름에 의해 상당한 정도 상쇄될 수 있다는 논리에 입각하고 있다. 말하자면 개도국의 입장에서 보면 노동력이 선진국으로 이동하는 대신 선진국의 자본이 개도국으로 이동함으로써 비슷한 효과를 달성할 수 있다는 것이다. 그러나 이러한 논리에도 문제가 있다. 즉 오늘날의 현실이 보여주는 것은 직접투자의 흐름이 경제이론이 제시하듯이 값싼 노동력을 찾아 개도국으로 흐르지 않는다는 것이다. 오늘날 전체 외국인투자의 약 70%는 선진국으로부터 다른 선진국으로 유입된 것이며, 선발 개도국 8개국으로의 흐름이 20% 정도를 차지한 반면 나머지 약 10%의 투자 자금이 100여 개국의 개도국에 분산된 것으로 나타났다. 세계은행의 통계에 따르면 극빈개도국에 대한 외국인직접투자는 개도국에 대한 총투자의 7%에도 미치지 못하고 있다. 이렇게 볼 때 선진국의 시장경제 및 자유화, 개방화 주장은 그 이론적 타당성에도 불구하고 현실에 있어서는 매우 선별적으로 적용되어 왔으며, 이러한 환경 하에서 오늘날의 세계화 추세는 구조적으로 국가 간의 소득불균형을 심화시킬 수밖에 없다는 결론에 도달한다.

이상에서 설명한 국가 간 소득격차를 가져오는 두 측면 즉 자본과 노동의 국제적인 흐름에 대한 자연적, 인위적 제약은 독립적인 문제가 아니라 상호 연관되어 있다. 특히 선진국에 의한 이민 장벽은 정치적 성격의 문제이며 이로 인한 노동이동성의 제약은 외국인투자자금의 이탈과 결부되어 개도국 빈곤문제의 심각성을 높이고 있다. 정책적으로 선진국의 이민 장벽 완화를 기대할 수 없는 상황에서 생산요소의 자유로운 이동을 전제로 하는 신자유주의적 세계화가 완전한 정당성을 가질 수는 없다. 따라서 한편에서는 세계화의 주체인 선진국들에 의한 신자유주의적 정책의 불완전성을 이해하려는 노력과 동시에 다른 한편에서는 이러한 불완전성을 극복하기 위한 개도국들의 개발전략 수정 노력이 필요하다.

노동의 세계화에 대한 의견은 세 가지인데, 상호의존 시각은 자본의 세계화가 이뤄지면 선진국의 자본은 자연스럽게 개도국에 흘러들어가서 투자를 하게 되고 고용을 창출하게 되므로 개도국의 경제발전에 기여하게 된다고 한다. 결국 자본의 세계화가 개도국의 경제발전으로 이어지므로 노동의 세계화를 인위적으로 실현한다기보다 시장에 맡기는 것이 필요하다는 것이다. 노동의 세계화는 자본의 세계화에 대한 개도국의 정치적 슬로건일 뿐인 것이다. 종속 시각은 선진국의 세계화 논리대로 선진국과 개도국 간부가 수렴되기 위해서는 자본의 세계화와 더불어 노동의 세계화가 이뤄져야 하나 현실 세계는 이것이 불가능한 상황이라고 한다. 선진국이 자국에게 유리한 자본의 국제적 이동은 실현하면서도 불리한 노동의 국제적 이동은 소극적인 것이 현실이라고 비판한다. 개도국의 입장에서 보면 노동의 세계화는 반드시 실현해야 할 것이며, 이를 통해 경제발전은 가능한 것이다. 양비론적인 국가주의 시각은 노동의 세계화가 개도국의 경제발전을 보증하지 못하며 자본의 세계화 속에서도 자국의 경쟁력을 살리는 것이 중요하다고 주장한다. 개도국의 경제발전 과정에서 선진국 자본을 잘 활용하면 약이 되고 잘못 활용하면 독이 된다. 개도국 정부의 역량에 따라서 경제발전의 여지가 남아 있는 것이다.

 **토론하기**

1. 블루라운드에 대한 선진국의 입장과 개도국의 입장을 비교하여 설명하고 그 타당성 여부를 논의하시오.

2. 자본의 세계화에 대한 대항 논리로서 노동의 세계화 논리의 타당성과 가능성을 토론하시오.

정리하기

1. 블루라운드(BR)란 무엇인가?

블루라운드는 노동기준과 무역을 연계시키기 위한 것이다. 기본적 인권과 관련하여 모든 나라들이 준수해야 할 일정한 기준의 노동기준이 있어야 한다는 것이다. 개발도상국들이 저수준의 노동기준 하에서 생산한 상품을 수출하는 행위를 사회적 덤핑으로 간주하여 이러한 불공정한 행위를 무역제재의 수단을 통해 시정해야 한다는 것이다. 선진국들은 자신들의 심각한 실업문제가 개발도상국이 싼 임금으로 만든 상품 때문에 생겨난 것으로 인식하며, 개도국의 빈약한 노동기준에 대해 무역제재를 가할 수 있다면 자국 상품의 경쟁력이 살아나고 고용도 증대될 수 있다는 발상에서 계속적으로 문제를 제기하고 있다. 따라서 국제적인 노동기준을 설정하여 이 기준에 미달하는 국가의 상품에 대해서 통상규제 조치를 취하려고 한다. 그러나 국제적 노동기준의 효과는 부정적이다. 노동기준의 설정여부와 관계없이 노동기준은 노동시장에서 내생적으로 결정되기 때문이다.

2. 국제노동기구(ILO)의 핵심협약이란 무엇인가?

ILO 핵심 협약은 결사의 자유, 강제노동 금지, 차별금지, 아동노동 금지 등 4개 분야에 걸쳐 8개 협약으로 구성된다. 이는 강제노동에 대한 협약(제29호), 결사의 자유 및 단결권 보호에 관한 협약(제87호), 단결권 및 단체교섭에 대한 원칙 적용에 대한 협약(제98호), 동일가치 노동에 대한 남녀 노동자 동등 보수에 관한 협약(제100호), 정치적 견해 표명·파업 참가 등에 대한 강제노동 철폐에 관한 협약(제105호), 고용 및 직업상 차별대우에 관한 협약(제111호), 취업 최저연령에 관한 협약(제138호), 가혹한 형태의 아동노동 폐지에 관한 협약(제182호) 등이다. 8개의 ILO 핵심 협약 중 제105호의 경우 우리나라의 형법체계나 국가보안법과 상충되어 비준하지 않은 상태이다.

3. 노동의 세계화란 무엇인가?

선진국의 시장경제 및 자유화, 개방화 주장은 그 이론적 타당성에도 불구하고 현실에 있어서는 매우 선별적으로 적용되어 왔으며, 이러한 환경하에서 오늘날의 세계화 추세는 구조적으로 국가 간의 소득불균형을 심화시킬 수밖에 없다는 결론에 도달한다. 요컨대 오늘날 세계화된 지구촌 시장은 모든 국가에게 기회를 제공하지만 정작 그 기회를 이용할 수 있는 국가는 선진국과 소수의 개도국에 국한되어 있다. 대부분의 개도국들은 외국인투자의 혜택에서 소외되거나 그 접근이 제약되어 있다. 개도국의 값싼 노동력에도 불구하고 투자자본이 이들을 외면하는 것이다. 국가 간 소득격차를 가져오는 두 측면 즉 자본과 노동의 국제적인 흐름에 대한 자연적, 인위적 제약은 독립적인 문제가 아니라 상호 연관되어 있다. 특히 선진국에 의한 이민 장벽은 정치적 성격의 문제이며 이로 인한 노동이동성의 제약은 외국인투자 자금의 이탈과 결부되어 개도국 빈곤문제의 심각성을 높이고 있다.

5. 국제반부패

 핵심 용어 정리

용어	뜻
부패 (Corruption)	국제투명성기구(TI)가 정의하는 부패란 사적 이익을 위한 공적 권력의 오용을 말하며 그 예로 공무원에 대한 뇌물공여와 공금횡령 등이 있음
반부패라운드 (Anti-Corruption Round)	세계무역기구(WTO)체제하에서 새로운 이슈로 거론되고 있는 부패와 통상규제의 연계 문제와 관련하여 국제적 상거래에 있어서 부패 관행의 규제를 위해 국제적 규범을 마련하려는 다자간 협상을 의미함
OECD **부패방지협약**	공식 명칭은 "국제 상거래에 있어서 외국공직자에 대한 뇌물공여 방지에 관한 협약"으로, 이 협약은 뇌물을 제공받은 관리에 의해 저질러지는 범죄 행위인 "수동적 뇌물수령"과 대조되는 의미에서 일부 국가에서 "능동적 뇌물공여"라고 칭해지고 있는 뇌물을 약속하거나 제공하는 자에 의해 저질러지는 범죄 행위를 다루고 있음

국제부패(Corruption) 문제를 국제정치경제 시각으로 살펴볼까요?
국제투명성기구(TI)의 부패 지수(CPI)를 살펴볼까요?
뇌물과 떡값을 비교해볼까요?

학/습/목/표

1. 국제부패의 현안 의제를 파악할 수 있다.
2. 우리나라가 당면한 국제부패 관련 의제를 이해할 수 있다.

학/습/목/차

1. 반부패라운드(Anti-Corruption Round)에 대한 이해
2. 국제투명성기구(TI)의 부패지수(CPI) 및 뇌물 · 떡값에 대한 논의

I. 반부패라운드(Anti-Corruption Round)에 대한 이해

1. 국제적 반부패 논의의 배경과 전개과정

(1) 반부패라운드(Anti-Corruption Round)

세계무역기구(WTO) 체제하에서 새로운 이슈로 거론되고 있는 부패와 통상 규제의 연계문제와 관련하여 국제적 상거래에 있어서 부패 관행의 규제를 위해 국제적 규범을 마련하기 위한 다자간 협상을 의미한다. 하지만 WTO에 속해 있는 개도국들이 이에 반대하고 있어 아직 이를 전세계적 차원의 뇌물방지 논의로 보기는 어려운 것이 현실이다. 1990년대 들어 경제협력개발기구(OECD) 등 국제기구들을 중심으로 국제적 상거래에 있어서 뇌물거래 방지 즉 반부패논의가 진행되었다. 이와 같은 최근 국제기구들의 부패방지 논의는 국제상거래 과정에서 발생하는 뇌물공여행위가 공정한 경쟁을 제한함으로써 궁극적으로 국제 무역과 투자의 증진을 저해하는 결과를 초래한다는 인식에서 출발하고 있다. 국제적인 반부패 논의의 중심축은 미국이 담당하고 있으며, 이러한 논의가 부패와 무역의 연계성을 강조하고 있다는 점에서 주목할 가치가 있다고 말할 수 있다.

하지만 반부패라운드의 실효성에 대한 의문도 제기되고 있다. 반부패국제협정을 체결하더라도 선언적인 의미 이상의 강제력을 갖기 어렵다는 이유로 국제기구에서의 논의에 대해 부정적인 반응을 보이는 국가들도 있다. 또한 현재의 반부패논의가 뇌물 '공급'에만 초점을 맞추고 있을 뿐 '수요'를 무시하고 있다는 지적도 있다. 진정한 성공을 위해서는 '뇌물수요처'인 개발도상국들의 국내개혁이 병행되어야 한다는 것이다.

(2) 국제적 반부패 논의

국제적 반부패 논의는 당초 미국의 역사적 경험으로부터 파생된 것이다. 미국의 닉슨 대통령을 사임토록 했던 워터게이트(Watergate)사건을 수사하던 특별검사는 수사 과정에서 미국 기업들의 불법선거헌금 사실을 밝혀냈을 뿐만 아니라 이들 미국 기업들이 해외 영업을 하면서 외국정부의 결정에 영향력을 행사하기 위해 해당 외국공무원 들에게 뇌물을 공여한 사실을 적발해내게 되었다. 이는 당시로서 매우 충격적인 사건이었고, 이러한 일련의 분위기를 반영하여 외국정부의 결정에 영향을 미칠 의도에서 행해진 당해 외국정부인사에 대한 금전이나 금품의 공여에 대한 규제를 목적으로 하는 해외부패관행법(Foreign Corruption Practices Act)이 1977년에 제정되었다. 미국은 1996년도 수출전략보고서를 통해 지난 1994년 중반 이후 타국의 불공정 행위로 미국 기업들이 36건의 계약기회를 놓침으로써 110억 달러의 손실을 입었다고 주장했다. 미국은 이 보고서에서 경쟁이 치열한 상품의 경우 뇌물이 수출계약을 체결하는 데 결정적인 역할을 한다며, 뇌물을 제공한 기업들이 전체계약의 80% 정도를 따내고 있는 것으로 추정했다. 결과적으로 1970년대 초에 있었던 워터게이트 사건은 미국으로 하여금 해외부패관행법을 제정토록 하는 계기가 되었고, 이는 더 나아가 국제적으로 다자 차원의 해외부패관행의 규제를 위한 국제적 논의의 계기가 되었다고 말할 수 있다.

그 후 OECD, WTO, UN, OAS, IMF, IBRD 등 국제기구에서 해외부패관행의 국제규제를 위한 논의를 추진해왔다. OECD에서의 논의로 1997년 5월 27일 파리에서 폐막된 제36차 OECD 각료회의는 외국 공무원에 대한 뇌물제공을 처벌할 수 있는 근거를 마련하였다. 여기서 채택한 공동선언문에서 해외에서 외국 공무원에게 뇌물을 제공하는 행위를 국내에서 형사처벌할 수 있도록 1998년 말까지 각국이 국내 입법을 끝내기로 합의하였다. 이에 따라 해외에서 뇌물공여로 물의를 빚은 기업은 1999년부터 국내에서 형사처벌을 받는 것은 물론, 정부조달 참여가 제한되고 뇌물액의 손금산입이 금지되며 엄격한 회계기준을 적용받게 된 것이다.

1995년 GATT를 대체하여 출범한 WTO에서는 미국 무역대표부의 미키 캔터 대표가 WTO 사무총장에게 부패관행의 척결에 앞장서야 한다는 주장을 한 것을 계기로 논의가 시작되었다. 이에 1996년 12월 9일부터 13일까지 싱가포르에서 세계 127개 회원국 통상장관들과 대표단, 30여개의 미가입국 대표, IMF·UNCTAD 등 국제기구의 대표들이 참석한 WTO 제1차 각료회의에서 신통상의제로 부패문제가 논의되었다. 이는 WTO가 무역규범에만 국한하지 않고 무역과 관련되는 문제는 무엇이든 논의하겠다는 것을 의미하는 것으로, 정부조달상의 투명성 부족으로 부패 행위 등을 야기함으로써 무역왜곡이 발생한다는 인식하에 정부조달의 투명성을 보장하기 위한 다자 간 협정을 체결하자는 것이 논의되었다.

UN에서의 논의를 살펴보면 1978년 부패관행에 관한 조약의 입안을 위한 회의의 개최에 관한 결의가 채택된 후 미국의 해외부패관행법을 모델로 한 초안이 입안된 바 있다. 아울러 1978년에 설치된 UN 국제기업위원회의 국제기업에 관한 행위규약의 입안이 병행되었다. 이 행위규약에는 국제기업은 뇌물을 공여해서는 아니 된다는 것과 외국공무원에 대한 금전공여에 관한 회계기록을 유지할 것 등을 규정하고 있다. 또한 총회에서 국제 상거래에서의 반부패 결의를 채택한 바 있다.

미주기구(OAS)는 1996년 3월 외국공무원에 대한 뇌물공여의 불법화, 부패관련 해외도주 범법자 인도 및 수사공조 등을 내용으로 한 반부패협정을 승인했다. 국제통화기금(IMF)과 세계은행(IBRD)에서의 논의를 언급하면, 국제통화기금은 최근 국제통화기금 지원기금을 유용한 국가에 대해 자금 제공을 보류키로 하는 등 회원국의 부패척결을 위한 새로운 지침을 발표했다. 또한 세계은행(IBRD)도 세계은행이 자금을 지원하는 프로젝트에서의 부패척결을 위해 관련 국가 및 기업에 대한 제재방안을 강구해왔다. 이러한 분위기 속에서 국제금융기구들은 지금까지 금융 지원을 하면서 대상국가에 경제적 충고 이외에 내정에는 일체 간섭하지 않았으나 종래 입장을 수정해 수혜국에 부정부패를 뿌리뽑든지 금융지원을 포기하든지 택일할 것을 요구하는 추세로 나아가고 있다.

(3) OECD 부패방지협약(Convention on Combating Bribery of Foreign Public Officials in International Business Transactions)의 체결 · 발효

OECD가 국제투자, 환경, 경쟁정책, 노동, 반부패 등 향후 WTO체제에서 중요하게 부각될 소위 신통상 이슈들에 대한 규범을 제정하는 데 있어 주도적 역할을 하고 있음은 이미 잘 알려진 사실이다. 1993년 OECD 이사회는 산하 국제투자 및 다국적기업위원회에 대하여 "국제무역 및 투자에 있어 불법적 지불행위 방지 권고안" 작성을 요청하였다. 이에 따라 1994년 OECD 이사회에서 "국제상거래에 있어서 뇌물에 관한 권고"를 채택하였고, 이어 1996년 OECD 이사회에서 "외국공무원에 대한 뇌물의 손금처리에 관한 권고"를 채택하였다. 1997년 5월 OECD 이사회에서 "국제상거래에 있어 뇌물방지에 관한 개정권고"를 채택하였고, 외국공무원에 대한 뇌물제공자의 형사처벌을 위한 국제협약 협상을 즉시 개시토록 결정하였다. 따라서 이러한 권고 내용에 따라 OECD는 1997년 12월 "뇌물방지협약"을 체결하였고, 각국의 비준을 거쳐서 1999년 2월 발효하였다. 공식 명칭은 "국제상거래에있어서 외국공직자에 대한 뇌물공여방지에 관한 협약(약칭 OECD부패방지협약)"으로, 이 협약은 뇌물을 제공받은 관리에 의해 저질러지는 범죄 행위인 '수동적 뇌물수령(passive bribery)'과 대조되는 의미에서 일부 국가에서 '능동적 뇌물공여(active bribery)'라고 칭해지고 있는 뇌물을 약속하거나 제공하는 자에 의해 저질러지는 범죄행위를 다루고 있다.

1999년 초 발효된 전문 · 17조 · 부속서로 구성된 OECD 뇌물방지협약(안) 주요내용은 다음과 같다.

첫째, 외국공무원에 대한 뇌물수뢰행위(passive bribery)가 아닌 뇌물공여행위(active bribery)를 형사처벌한다는 것이다. 여기서 뇌물제공행위란 부당한 금전적 또는 기타 이익을 직접 또는 제3자를 통해 외국공무원에게 제공하는 것을 의미하며, 해당국가의 관습, 해당정부의 용인여부, 사업 관련상의 필요성을 불문한다. 다만, 해당국 법률(판례 포함)에 명시적으로 허용된 경우 및 급행료 성격의 소액사례비는 제외한다. 외국공무원에 대한 뇌물제공행위 이외에 교사, 방조 및 승인 행위도 형사처벌 대상범죄로 규정하고 있다. 뇌물공여의 목적이 사업 또는 기타 부적절한 이익을 유지 또는 획득하기 위한 것이어야 한다. 수뢰자는 외국공무원으로 한정하며, 외국공무원의 범위는 입법·사법·행정부 공무원(국회의원 포함), 공적기능수행자 및 공기업임직원, 정당 및 정당간부, 공직후보자를 포함한다. 뇌물액 및 뇌물로 발생한 수익을 몰수하고, 추가적으로 공공지원 배제, 조달참여 자격정지, 사법적 감독대상 지정, 해산명령 등 민사적 또는 행정적 제재를 부과하는 것을 검토하기로 하였다.

둘째, 뇌물공여관련 자금세탁행위 처벌 및 회계기준 위반행위 제재를 명시하였다. 국내 자금세탁법에 해외뇌물공여죄를 포함하여 자금세탁법을 보유하고 있는 국가의 경우에는 국내 공무원에 대한 뇌물제공 및 수뢰뇌물의 은닉 처분을 위한 자금세탁행위를 처벌하는 것과 마찬가지로 외국공무원에 대한 뇌물과 관련된 자금세탁행위를 형사처벌하기로 하였다. 회계기준 위반 시의 제재로 엄격한 회계기준 적용을 위해 금지대상 행위를 나열하였는데, 금지대상행위는 부외장부계정의 설정·기록, 부적절한 계정 처리, 가공비용의 기록, 부정확한 부채의 계상, 허위문서의 이용 등이다. 또한 회계장부 누락 및 위조에 대해 민사상, 행정상 또는 형사상 처벌을 의무 부과하였다.

셋째, 해외 뇌물죄 처벌을 위한 국제협력을 명시하였다. 우선 관할권 기준으로 속지주의 및 속인주의를 동시 적용하였다. 사법공조의무를 부과하여 국내법이 허용하는 범위에서 최대한 민사·형사·행정상 사법공조를 행한다. 그리고 해외뇌물죄를 범죄인 인도 대상 범죄로 규정하고, 자국민을 이유로 인도 거절 시에는 자국에서 기소추진을 의무화하는 것으로 하였다.

한국에서는 1998년 10월 관련 법률안 즉 '해외뇌물거래방지법'안이 국회에 제출되었고, 국회는 1998년 12월 본회의를 열어 해외뇌물거래방지법 등 9개 법률안을 처리하였다. 제정된 해외뇌물거래방지법은 국제상거래와 관련해 부정한 이익을 얻을 목적으로 외국공무원 등에게 뇌물을 약속, 공여하거나 공여의 의사를 표시하는 행위에 대해 5년 이하의 징역 또는 2,000만 원 이하 벌금을 부과하는 것으로 되어있다.

2. 국제적 반부패 논의와 국제통상관계

(1) 해외뇌물거래방지 논의와 국제통상관계의 변화

해외뇌물거래 방지논의가 한·미 통상관계에 미칠 영향을 말하자면 양국 간 쌍무적 통상거래에 있어서 일반적으로 긍정적인 결과를 초래한 것으로 보인다. 그동안 미국은 한국의 투명하지 못한 상거래 행위에 대해 문제를 제기하여왔고 이는 한·미 통상마찰의 원인이 되어 왔다. 따라서 한국의 투명성 제고는 미국의 지속된 요구를 불식시키고 양국 간 통상관계를 보다 선진화시킬 것이다. 미국 시장진출에 있어 한국 기업의 뇌물거래 방지를 위한 주의가 새로이 요구되며, 한국 시장에 있어 선진국 간의 뇌물거래 관련 강화된 감시감독은 보다 공정한 경쟁과 이에 따른 우리의 경제적 효율성 제고를 가져올 것이다.

국제시장에서 주로 개도국 시장에서 양국 간 투명한 경쟁은 상대적으로 기술 및 서비스 수준에서 우위에 있는 미국 등 선진국에게 유리하게 작용할 것이다. 물론 우리의 경쟁우위가 모두 뇌물에 의존하는 것은 아니나 개도국이 발주하는 국제적 대형프로젝트 및 공사 입찰에 막대한 뇌물을 공공연히 건네는 상황에서 때론 이를 통해 수주를 따낸 우리의 기업들은 더이상 이러한 것이 통하지 않는다면 경쟁에 열악한 상황에 처할 수밖에 없다. 이제 뇌물 등 부정한 거래가 더이상 경쟁력을 보완해 줄 수 없는 상황에서 우리 기업의 활로는 기술·자본 등 실력향상만이 그 해결책임을 인식하여야 한다.

(2) 해외뇌물거래방지 논의와 한국의 대응방안

OECD 회원국인 우리나라가 OECD의 뇌물방지 권고를 수용하기 위해서는 형사, 조세, 정부조달 등 각 분야에 있어서 일부 법과 제도의 정비가 선행되어야 할 것이며, 특히 형사처벌의 이행방법과 기업회계기준 강화방안과 관련하여 국내의 제도현황을 기반으로 우리 입장을 정립하여 OECD 논의에 참여해야 할 것이다. 아울러 해외 상거래 비중이 매우 높은 우리로서는 이 새로운 흐름에 적극적으로 신속하고 현명하게 대응할 필요가 있을 것이다.

첫째, 기업윤리규범을 채택하고 내부단속을 강화해야 할 것이다. 둘째, 기업의 회계영역은 뇌물범죄의 발생과 관련한 핵심적인 영역이므로 특별관리영역으로 설정, 집중적인 내부 감시와 단속으로 투명성을 유지하여야만 할 것이다. 협약에서는 뇌물방지를 위한 회계제도의 강화를 요구하고 있다. 기업들이 뇌물자금 조성 및 감시회피용으로 부외장부를 유지하거나 분식결산하는 것을 금지한다. 회계관리는 국내 뇌물방지, 조세의 형평성제고, 기업공시의 신뢰성 확보차원에서도 필요성이 제기될 수 있는 사안이며 앞으로 회계 관련 국제적 감시가 강화될 것으로 예상되므로 보다 철저히 대비 필요하다. 셋째, 정부와의 협조체제구축이 필요하다. 본 협약은 외국공무원에 대한 뇌물제공 행위는 수뢰 공무원 소속국 이외에도 뇌물공여 행위에 대한 관할권이 있는 국가에서 중대한 형사범 죄로 처벌토록 규정한다. 뇌물제공행위가 여러 나라에 직·간접적으로 연관되는 경우 자국뿐만 아니라 제3국에서도 기소가 가능하다. 이 경우 재판관할권에 대하여 다수국가가 주장하는 경우 국제분쟁의 소지가 있다. 따라서 해당 기업은 정부에 적시에 적절한 정보를 제공하여 국제적 분쟁 등으로 예기치 못한 불이익을 당하는 일이 없도록 협조가 필요하다. 넷째, 정부는 우리 기업으로 하여금 새로운 국제영업환경에 대비할 수 있도록 하고, 향후 재판관할권 등에 대한 중복 또는 충돌문제발생 시 국가 간 사법공조제도 등을 활용하여 우리기업이 부당하게 불이익을 당하지 않도록 노력해야 할 것이다. 아울러 본 협약의 적용범위를 최대한 확대하여 비OECD 경쟁국들이 포함될 수 있도록 지속적인 노력을 경주해야 할 것이다. 마지막으로, 뇌물공여 이외의 다른 방법으로 우리 기업과 개도국의 상호이해를 증진시키는 방안들을 모색하여야 하며 이를 국제상거래에 적극 활용해야 할 것이다. 예를 들어, 개도국들이 발주하는 대형프로젝트 추진 시 개도국 기능 인력에 대한 현지에서의 기술교육이나 기술연수 프로그램 등을 제공하는 등 이 분야에 대한 지원을 강화하는 것은 좋은 방법이 될 것이며, 특히 기타 프로젝트 수주를 조건으로 개도국 정부가 간절히 희망하는 공공시설을 제공하는 것 등이 좋은 방법으로 활용될 수 있을 것이다.

(3) 미국의 회계부정 사건과 회계투명성 논의

2001-2002년 미국의 금융스캔들로 미국발 금융공황에 대한 우려가 세계 곳곳에서 제기되었다. 당시 미국의 통신업체 월드컴이 사상 최대 규모의 기업회계 부정사건에 휘말려 큰 파문을 일으켰는데, 이는 미국의 기업회계 사기사건 가운데 규모가 가장 큰 37억 달러 규모의 회계부정이었다. 37억 달러를 자본지출 항목에 불법 계상하는 방법으로 EBITDA(이자·세금·감가상각 지출 전 이익)를 부풀린 사실이 밝혀진 것이다. 미국 경제를 수렁으로 밀어 넣은 회계부정 사건의 서막은 2001년 말 터진 미국 최대 에너지기업인 엔론 스캔들이었다. 에너지가격 하락, 무모한 사업 확충, 분식회계를 통한 순익 부풀리기 등이 엔론의 파산을 몰고 온 것이다. 엔론의 부실을 눈감아주고 관련 문서까지 파기한 혐의로 유죄판결을 받은 아서앤더슨사는, 한편에선 엔론 이익 과다계상을 눈감아주면서 다른 한편 엔론에 투자자들을 끌어다 주어 상당한 이익을 챙겼다. 회계법인과 피감사 기업의 관계가 견제와 감시에서 유착으로 바뀐 것이다. 월드컴의 회계감사법인 또한 엔론의 회계감사법인인 아서앤더슨으로 조작이 어려운 것으로 알려진 현금흐름표에까지 손을 댄 것으로 알려졌다.

회계감사가 부실해질 수 있는 주요 원인은 회계감사법인이 본업인 회계감사보다 수입이 더 좋은 컨설팅에 치중하기 때문이다. KPMG는 모토로라로부터 회계감사 항목으로는 390만 달러를 벌었지만 컨설팅을 포함한 다른 프로젝트로 15배가 넘는 6,230만 달러를 벌어들였다. 또한 아서앤더슨은 2000년 엔론의 회계감사를 맡아 2,500만 달러를 받았지만 컨설팅 등 기타 수수료로 2,700만 달러를 벌었다. 감사 외 수입에 대한 의존도가 높아지면 감사의 투명성은 흔들릴게 뻔하다. 아서앤더슨은 1980년대부터 줄곧 엔론 감사를 맡았고 이 바람에 유착관계가 형성되었다. 한국의 경우도 상장등록 법인의 경우 3년마다 주총에서 감사법인을 바꿀 수 있지만 기업들은 정보가 샌다며 감사 법인 교체에 소극적인 것이 현실이다. 따라서 회계감사인과 경영컨설턴트라는 두 가지 역할이 충돌하게 된 것이다. 이와 같은 회계부정을 줄이려면 상시 회계 보고 방식을 도입해서 경영인의 회계조작을 어렵게 해야 한다.

이러한 일련의 회계부정 사건에 대응하여 미국 상하원은 기업개혁법안 단일안을 마련함으로써, 미국 기업들의 재정과 회계의 투명성이 높아지고 기업 최고경영자들과 회계회사의 책임이 크게 강화되었다. 미국의 기업회계 개혁법안의 주요 내용은 다음과 같다. 기업회계를 감독할 독립적인 위원회 설립, 회계 회사의 컨설팅 서비스 제공금지, 기업 최고경영자(CEO)들의 회사 재무제표 인증 의무화, 기업 CEO들이 고의로 허위 재무제표 신고 시 형사처벌, 각종 기업관계 법률위반 시 벌금과 형량 대폭강화, 증권거래위원회 (SEC)의 인력 예산 확충 통한 기업감시 강화, 일반투자자의 회사 상대 제소 시한 5년으로 연장, 기업 내부비리 폭로자 보복 금지와 문서파기 범죄조항의 신설, 기업부정으로 손해 본 투자자들을 위해 연방투자자 배상 계정 신설, 기업의 재정적 건전성에 변화 발생 시 즉각 공개 의무화 등이다.

미국의 대규모 회계부정 사건을 보는 전문가들의 시각은 크게 두 가지로 나뉜다. 즉, 미국식 주식회사 시스템의 근원적 결함이라는 시각과 제도상의 보완을 통해 극복 가능한 범죄행위 정도로 보는 시각이다. 첫 번째 시각은 주주이익만 중시하는 미국식 주식회사 제도의 모순이 내부감시 시스템을 무력화시킨 것으로 종업원에게 감사위원회 추천권을 부여하는 등 내부감시 시스템을 정상화해야 한다는 것이다. 두 번째 시각은 기업의 투자 시스템이 고도화되면서 나타나는 필연적 현상으로 최근의 회계부정을 설명하고 제도적 장치를 통해 충분히 해결될 수 있는 사안으로 보고 있다.

회계부정은 기업에게 투명경영의 중요성을 개인 투자자에게 분산투자의 필요성을 일 깨워 준 좋은 기회라고 할 수 있다. 오늘날 미국을 중심으로 국제사회는 회계제도의 개혁에 나서고 있으며 회계투명성을 통해 불법 자금이 조성되는 것을 막아내고자 하고 있다. 뇌물거래방지를 위한 선결 과제는 세계 각 기업들의 회계투명성 확보인 것이다. 검은 돈의 조성을 막는 회계투명성만이 뇌물거래를 사전에 차단하는 최선의 방책이 될 것이다.

II. 국제투명성기구(TI)의 부패지수(CPI) 및 뇌물 · 떡값에 대한 논의

1. 국제부패 논의 1: 국제투명성기구(TI)의 부패지수(CPI)

1993년에 설립되어 현재 100여 개국에 지부가 있는 국제반부패 NGO의 대표격인 국제투명성기구(TI)는 두 가지 목표를 추구하고 있는데, 하나는 부정부패의 피해가 얼마나 심각한가에 대해 인식을 새로이 하는 것이며, 다른 하나는 국내 및 국제적으로 투명한 사회를 건설하는 것이다. 이에 TI는 부정부패 퇴치를 위해 국제적으로 효율적인 제도를 만들고 또한 연대를 강화해 나가고 있다. TI는 국제사무국을 중심으로 전세계적인 차원에서 업무를 추진하고 있는데, 국제사무국은 각 지부의 사업을 지원해주고 지부간 연계를 도와준다. 또한, EU, UN, OECD, World Bank 등과 긴밀한 협력관계를 맺고 있다. 최근 TI는 OECD 뇌물거래방지협정의 발효와 함께 국제적인 반부패연대를 강화하고 효과적인 부패퇴치를 위한 국제연대에 주력하고 있다.

TI는 반부패 운동의 일환으로 부패에 대한 국가별 순위를 나타내는 국가별 부패지수(Corruption Perception Index: CPI)를 1995년부터 매년 독일 괴팅겐대학과 공동으로 조사하여 발표해 왔다. 2019년(2020년 발표)의 경우 CPI 작성에 활용된 통계자료는 12개 기관의 13개 자료이다. 이는 African Development Bank Country Policy and Institutional Assessment(2018), Bertelsmann Stiftung Sustainable Governance Indicators(2018), Bertelsmann Stiftung Transformation Index(2020), Economist Intelligence Unit Country Risk Service(2019), Freedom House Nations in Transit(2018), Global Insight Country Risk Ratings(2018), IMD World Competitiveness Center World Competitiveness Yearbook Executive Opinion Survey(2019), Political and Economic Risk Consultancy Asian Intelligence(2019), The PRS Group International Country Risk Guide(2019), World Bank Country Policy and

Institutional Assessment(2018), World Economic Forum Executive Opinion Survey(2019), World Justice Project Rule of Law Index Expert Survey(2019), Varieties of Democracy(2019) 등이다. 13개의 원천자료는 조사대상과 조사항목에서 차이가 있지만 기본적으로 한 국가 내부의 부패 정도를 파악하고 있다. 일부 조사는 전문가들의 평가를 중심으로 점수가 산출되고 일부 조사는 경영자들을 대상으로 하는 조사 방식을 사용하고 있다. 각 원천자료에 따라 조사방법이 다양하지만 대부분의 조사는 해당 국가와 관련된 경영인이나 전문가를 대상으로 한 조사가 이루어지고 이 결과를 조사기관의 전문가 등이 다시 국가별로 비교하는 등의 작업을 거쳐서 산출하고 있다.

CPI는 주로 기업인과 정치분석가의 부패에 대한 주관적인 평가를 취합하여 100점 만점(2011년까지 10점 만점, 2012년부터 100점 만점)으로 환산하고 국가별 순위를 매긴 것이다. 부패의 정도가 심할수록, 즉 청렴도가 낮을수록 낮은 점수를 받는반면 부패의 정도가 약할수록 높은 점수 즉 100점에 근접하게 된다. 부패지수는 부패에 대한 주관적인 체감지수이며 대상 국가의 일반적인 부패 수준을 나타내는 것이라 할 수 있다. 그러므로 부패지수는 객관적으로 존재하는 부패의 규모 및 강도와는 거리가 있을 수 있음을 고려해서 그 의미를 해석해야 한다. 표준편차는 설문조사 자료에 따른 부패인지도의 격차를 의미하며 그 값이 클수록 해당국가에 대한 부패인지도가 설문조사에 따라 다르게 나타남을 의미한다. 또한 사용된 설문조사자료의 수가 많을수록, 표준편차가 작을수록 CPI의 신뢰도는 증가한다.

TI의 CPI나 기타 다른 기관의 부패지수는 모두 해당국가의 전반적인 부패수준을 설문대상의 체감 정도나 인식 수준 즉 부패의 체감지수를 부패지수로 사용한다는 공통점을 가지고 있다. 실제 부패 수준이 직접적으로 측정되기 어렵기 때문에 부패에 대한 인식을 기초로 산출한 부패지수는 타당성을 갖기 위해서는 부패에 대한 인식의 정도가 체계적으로 편향되지 않게 조사되었다는 전제가 필요하다고 볼 수 있다. 특히 CPI의 경우 선정된 통계자료에 대해 원칙적으로 지난 3년 동안의 조사결과를 모두 포함시켜 단편적인 사건이 미치는 영향력을 최소화하고 각 기관의 자료에 대해 표준화하는 과정을 거치기는 하지만, 조사기관의 종류와 사용된 조사결과의 수에 따라 측정치가 달라지는 단점을 내재적으로 갖게 된다.

특히 여러 기관의 다양한 설문조사 자료를 토대로 산출되는 TI의 CPI는 첫째, 객관적인 실측자료가 아닌 주관적인 인식자료를 잣대로 하여 국가 간 비교를 하는 것이 무리라는 지적을 받을 수 있다. 둘째, CPI는 신뢰할 수 있는 다양한 최신의 설문조사 자료들을 반영시키고 있으나, 자료 사용의 일관성 결여로 매년 CPI의 변화가 부패정도의 변화는 물론 설문조사대상과 사용자료의 변화에 기인한다는 점도 무시할 수 없다. 셋째, 다양한 통계자료들이 서로 다른 방법으로 작성되었기 때문에 이들의 집계과정에서 측정오차가 증폭될 수 있는 가능성이 존재한다. TI는 매년 CPI를 도출 해내는 데 사용된 해당 연도의 조사기관 및 사용 자료의 신뢰성, 집계과정에서의 방법론적 타당성을 설명하고 있지만 주관적인 가치판단을 기초로 한 부패지수의 객관성 획득은 여전히 딜레마로 남아있다고 볼 수 있다.

CPI의 작성에 사용된 모든 기관의 부패지수가 부패의 정도를 측정하는 목적을 갖고 있는 반면 각각의 샘플 디자인은 상당한 차이를 보인다. WEF, IMD, WB(World Bank), PwC(PricewaterhouseCoopers)의 자료는 주로 내국인을 대상으로 한다. 반면, PERC(Political & Economic Risk Consultancy), FH(Freedom House), EIU(Economist Intelligence Unit)의 자료는 해당 국가에 거주하는 외국인을 대상으로 한다. 하지만 내국인과 외국인의 여론은 상당 부분 밀접한 상관성을 나타내기 때문에 샘플에 있어서의 차이는 결과에 그리 큰 영향을 주지 않는다. CPI의 작성은 샘플과 데이터에서의 차이를 갖는 다양한 출처의 자료를 사용하며 각각의 범주로 순위를 정하기 때문에 모든 자료를 합산하여 각 국가의 평균값을 결정하기 이전에 표준화(standardizing)시켜야 할 필요가 있다. 예를 들어 IMD, PERC는 애초부터 등급의 범주를 0부터 10으로 나누기 때문에 큰 변화가 없지만 WEF의 경우는 1부터 7까지로, EIU는 0과 4사이로, FH는 평가범주를 1부터 6으로 나누고 있으며, WBES(World Business Environment Survey)는 부패에 대해 두 개의 데이터를 제시하고 있다.

TI는 2000년부터 CPI 작성 시에 표준화의 과정을 거치기 시작했다. 각 자료들은 서로 다른 평균값과 표준편차를 가지고 있지만 표준화의 과정이 서로 다른 평균값과 표준편차를 동일하게 만드는 것을 의미하는 것은 아니다. 왜냐하면 CPI의 작성에 사용되는 자료들은 서로 다른 국가들을 대상으로 하고 있는 경우가 대부분이기 때문이다. 대신 표준화 과정의 목적은 CPI의 작성 시 각 자료에 포함된 국가의 평균값과 표준편차가 변화하지 않게 하는 것이다. 이는 각각의 기관이 다른 국가와의 상대적인 비교를 통해 국가별 부패 순위를 정하는 것을 목적으로 하는 것과 관련이 있다.

International Country Risk Guide(ICRG)는 부패 수준이 가장 높은 0부터 가장 낮은 6까지의 범주로 부패지수를 구성하고 있다. ICRG 지수는 경제에서 부패의 정도에 대한 외국인 투자자의 평가를 반영한다. 투자자들에 대한 질문은 조사 대상인 국가의 고위 공직자가 특별한 지불을 요구할 것 같은지, 그리고 불법적 지불이 수입 및 수출 허가, 외환 통제, 세금, 정책적 보장이나 대출과 연관되어 일상적으로 기대되고 있는지 등으로 이루어져 있다. Business International(BI)의 부패지수는 조사 대상인 국가에서 부패나 의문스러운 지불을 포함하는 기업 거래의 정도에 대해 BI 자체의 분석가들이 가지고 있는 입장을 반영하고 있으며 68개 국가를 대상으로 한다. 가장 부패 수준이 높은 국가의 점수는 0으로 표현되며 부패 수준이 가장 낮은 국가를 표현하는 10까지 분류된다. 모로는 BI의 지수를 사용하여 부패와 경제성장, 투자와의 상관관계를 통계적으로 분석하고 있으며 그 외에도 정치적 안정성을 평가할 수 있는 9가지의 지표를 바탕으로 부패의 원인 및 사회경제적 영향을 경험적으로 연구하고 있다.

CPI 개선을 위한 제안으로 매이트랜드(Maitland 2002)는 부패인지지수가 갖는 제한성을 지적하면서 부패의 유형을 구분하고 뇌물 제공자의 정체성이 포함된 국가 조직, 권리 남용의 희생자, 뇌물의 규모 등을 확인함으로써 보다 직접적으로 부패 현상 자체에 대한 객관적 분석을 가능하게 하는 보도자료의 이용을 주장한다. 그에 따르면 부패는 광범위하게 재산, 폭력과 차별로부터의 자유를 포함하는 정치·사회적 권리에 있어 공직자에 의한 불법적 조작으로 정의될 수 있다. 이때 사회경제적 지표와 부패의 상관관계를 분석하기 위해서 보다 협소하게 공직의 남용에 따른 재산권 제도에 대한 왜곡을 경제적 부패로 정의한다. 매이트랜드는 크게 두 개의 유형으로 부패의 유형을 구분하고 보도자료의 제공자, 부패의 유형, 공직자의 서열, 뇌물의 제공자, 사회적 스캔들로 공식화된 사례수, 족벌주의가 개입된 여부, 뇌물 공여자의 수 및 뇌물 취득자의 수를 변수로 하여 부패를 측정한다.

다양한 사회경제적 현상에 대한 부패의 영향을 살펴보기 위해서는 연구 주제에 가장 적합한 부패의 개념을 설정하고 개념정의에 따른 부패 수준의 객관적인 측정과 부패의 유형 및 특성, 부패 행위가 이루어지는 경로에 대한 타당성 있는 자료를 확보해야 한다. TI나 여타 기관에서 제시되고 있는 부패지수는 객관적이고 정확한 측정이 거의 불가능하다는 부패의 특성 때문에 타당한 자료로서 광범위하게 수용되고 있지만 주관적인 인지지수임을 항상 고려해야 한다.

2022년에 보고된 2021 부패인지지수를 살펴보면 다음과 같다. 2021년 우리나라의 부패인지지수(Corruption Perception Index: CPI)는 62점으로 전체 180개국 중에서 32위를 차지하였다. 우리나라의 CPI 점수는 1999년 이후 2008년까지 10년 동안 개선되는 추세를 보였다. 1999년 38점에서 2008년 56점으로 빠르게 상승하였다. 그렇지만 2008년 56점을 기록한 이후 등락을 거듭하며, 2012년 56점, 2013년 55점, 2014년 55점, 2015년 54점, 2016년 53점, 2017년 54점, 2018년 57점, 2019년 59점, 2020년 61점을 보이고 있다.

한국이 얻은 점수를 아시아태평양지역의 주요 국가의 점수와 비교하면 한국과 비교할 수 있는 주요 국가의 점수에 비해서 한국의 CPI는 상대적으로 낮다. 아시아태평양지역 국가 중에서 뉴질랜드가 88점으로 가장 높은 점수를 기록하고 있으며, 싱가포르가 85점, 홍콩 76점, 호주/일본 73점이 그 뒤를 잇고 있다. 대만도 68점으로 한국보다 6점이 높으며, 부탄도 68점으로 우리나라보다 높다. 한국보다 낮은 점수를 받은 국가로는 말레이시아, 중국, 인도네시아, 태국, 몽고, 베트남, 필리핀, 캄보디아 등이 있다. G7 국가들과 비교하여도 이태리(56점)를 제외하고 한국의 점수는 현저히 낮다. G20(EU

〈그림 9〉 국제투명성기구(TI)의 부패인지지수(CPI)

출처: 2021 국제투명성기구보고서(www.transparency.org)

제외) 국가 중에서 우리나라보다 낮은 점수를 받은 나라는 이태리, 사우디아라비아, 중국, 남아공, 인도, 아르헨티나, 브라질, 인도네시아, 터키, 멕시코, 러시아의 11개 나라이다.

2021년 부패인지지수 결과는 부패를 추방하고 청렴 대한민국을 만들기 위한 우리의 노력에 상당한 함의를 던지고 있다. 첫째, 기업 활동과 관련한 공공부문의 부패 개선이 두드러지고 있다는 점은 긍정적으로 평가할 수 있다. 청탁금지법의 시행이나 공무원 행동강령 등 정부의 정책이 효과를 발휘하는 것으로 평가할 수 있겠다. 그렇지만 이 부문의 부패 정도가 다른 국가들에 비해서 여전히 좋지 않다는 점에서 정부의 노력이 요구되고 있다. 특히 부패의 재원을 제공하는 영역인 기업부문의 부패를 줄이기 위한 노력이 필요하다. 둘째, 공직자의 공직의 사적 이용이나 이를 제어할 수 있는 정도, 권력남용 공직자의 처벌 가능성, 정부 반부패 정책의 효과 등의 지표들은 개선되지 않거나 도리어 후퇴하고 있다는 점은 심각하게 받아들여야 할 대목이다. 일선 창구에서의 부패는 줄어들고 있는데 공직자의 권력을 이용한 부패가 개선되지 않고 있다는 평가는 역설적으로 들릴 수도 있는 지점이다. 국정농단사태와 최근 계속 터져 나오고 있는 대통령을 둘러싼 의혹을 비롯한 권력 상층의 부패에서 권력 핵심부의 권력남용과 권력을 사적 이익추구에 동원하였던 모습이 적나라하게 드러나고 있다. '권력집단 내부의 제 식구 감싸기', '은밀하게 작동할 것으로 추정되는 엘리트 부패 네트워크', '권력 있는 자는 공정하게 처벌되지 않는다', '유전무죄 무전유죄'라는 의혹이 여전히 걷히지 않고 있다. 이러한 의혹이 사라지지 않고서는 우리나라의 부패인식지수가 크게 개선되기는 어려울 수 있다. 셋째, 사회 전반의 부패에 대한 평가가 나쁘면서 동시에 쉽게 개선되고 있지 못하고 있음을 부패인식지수는 보여주고 있다. 사회 전반에 대한 부패인식을 개선하는 작업은 종합적이고 중장기적인 전망을 필요로 한다. 적폐청산과 권력기관 개혁, 제도적 장치 마련 등이 사회 전반의 부패를 줄이고 인식을 개선할 수 있는 핵심적인 과제들이다.

그렇지만 사회 전반의 부패를 추방하고 부패인식지수도 선진국 수준으로 끌어올리기 위해서는 그 이상의 작업이 필요하다. 행위자들의 사회적 관계 맺기 방식과 같은 사회구성원들의 행위 방식 변화, 궁극적으로 사회구성원의 가치관과 사회적 가치개념의 변화가 뒷받침되어야 사회 전반의 관행과 문화가 변화할 수 있다. 이를 위해서는 대통령을 비롯한 사회 각 부문의 '위로부터의 분위기(tone from the top)' 형성이 중요하다. 청렴하고 정직한 리더십이 사회 전반의 문화를 바꾸는 데 결정적인 역할을 할 수 있기 때문이다.

2. 국제부패 논의 2: 뇌물과 떡값(문화상대주의를 인정할 것인가?)

(1) 뇌물과 선물(떡값)의 구별방법: 공무원 사례

공무원도 일반인과 마찬가지로 일상적인 생활을 영위한다. 다른 사람들로부터 얼마든지 선물을 받을 수 있다. 그런데, 공무원이 다른 사람들로부터 받은 선물을 받았을 때 이것이 그의 직무와 관련되어 있다면 선물이 아니라 뇌물이 된다. 공무원은 그가 받은 일체의 금전이나 이익이 어떤 경우에 뇌물이 되는지, 다시 말해서 뇌물과 선물의 구별방법을 알고 있어야 한다. 양자를 구별하기란 사실상 쉽지 않다. 그러나 일반적으로 적용해 볼 수 있는 근본적인 방법은 "만일 내가 이 자리에 있지 않았다면 상대방이 내게 이 선물을 줄까"라고 스스로에게 묻고, 만약 이에 대한 대답이 "아니오"라면 그 선물은 뇌물이라고 보아 큰 무리가 없다고 판단하는 것이다.

공무원은 직무와 관련하여 어떠한 금전이나 이익을 제공받거나 요구하여서는 아니 된다. 뇌물이 되는 이익은 직무행위에 영향을 미칠 만큼 충분히 가치 있는 것인 한, 반드시 금전적 가치를 지녀야 할 필요는 없다. 사교적 의례로서의 선물이라 할지라도 직무행위와 대가관계가 인정되거나 관습상 용인되는 정도를 초과하는 다액의 금품이나 향응은 뇌물이 된다. 공무원은 비록 직무와 관련이 없다할지도 가액 5만 원을 초과하는 선물을 받은 경우에는 소속기관장에게 신고하여야 하며, 받은 선물을 기관장에게 제출해야 한다.

뇌물과 선물(떡값)은 구분될 수 있는 것인가. 문화상대주의를 인정할 것인가. 이에 대한 다른 시각이 존재한다. 상호의존 시각은 뇌물과 선물은 구별하기 어려우므로 이해당사자에 대한 선물은 뇌물로 봐야 한다고 주장한다. 문화적 차이로 인해 뇌물을 떡값의 명목으로 용인하는 것은 부패를 허용하는 것과 같다는 것이다. 국제적 부패 척결을 위한 시점에서 문화상대주의는 인정할 수 없다는 것이다. 종속 시각은 미풍양속인 떡값 문화를 서구적 잣대로 부인하는 것은 문화제국주의에 불과다고 한다. 각국이 향유해온 문화적 풍속을 국제적 기준으로 침해하는 것은 엄연한 주권 침해 행위이고, 국제적 반부패 논의에서 문화상대주의는 지켜져야 한다고 말한다. 이러한 논쟁에서 국가주의 시각은 뇌물과 선물은 구별하기 어려우나 그렇다고 이해 당사자에 대한 선물을 모두 뇌물로 보는 것은 적절하지 않다고 주장한다. 떡값의 명목을 용인하는 문화적 특수성은 인정해야 하며, 국제적 부패 척결을 위한 노력은 인정하나 문화상대주의는 인정해야 한다고 강조한다.

(2) 부정청탁 및 금품 등 수수의 금지에 관한 법률(약칭 청탁금지법)

부정청탁 및 금품 등 수수의 금지에 관한 법률(약칭 청탁금지법)은 대한민국에서 부정부패를 방지하기 위해 국민권익위원장이던 김영란의 제안으로 만들어진 법률로, 제안자의 이름을 따서 흔히 '김영란법'이라는 별칭으로 불린다. 공무원이나 공공기관 임직원, 학교 교직원 등이 일정 규모 이상의(식사대접 3만 원, 선물 5만 원, 경조사비 10만 원) 상당의 금품을 받으면 직무 관련성이 없더라도 처벌하는 것을 골자로 하고 있다. 공무원이 외국 또는 그 직무와 관련하여 외국인으로부터 10만 원 또는 100달러 이상의 선물을 받은 경우에는 지체 없이 소속기관의 장에게 신고하고 당해 선물을 인도하여야 한다. 공무원이 퇴직·전근 시에 환영금이나 전별금 기타 축하금을 받는 것은 사교적 의례를 넘어서는 것이다. 뇌물은 금전이나 이익을 받은 것만으로 성립하며, 반드시 자신을 위하여 사용하여야만 성립하는 것은 아니다. 일단 자기 것으로 하려는 생각으로 금전을 제공받은 것이라면, 뒤에 이를 반환하였다 하더라도 뇌물이 된다.

'부정청탁 및 금품 등 수수의 금지에 관한 법률(청탁금지법·김영란법)'은 2015년 3월 3일 국회 본회의에서 통과돼 3월 27일 공포됐다. 이 법은 1년 6개월의 유예 기간을 거쳐 2016년 9월 28일부터 시행됐다. 법안은 당초 공직자의 부정한 금품 수수를 막겠다는 취지로 제안됐지만 입법 과정에서 적용 대상이 언론인, 사립학교 교직원 등으로까지 확대됐다. 한편, 청탁금지법에 따르면 금품과 향응을 받은 공직자뿐만 아니라 부정청탁을 한 사람에게도 과태료가 부과된다. 또한 공직자는 배우자가 금품을 받은 사실을 알면 즉시 신고해야 하며, 신고 의무를 어길 시에는 형사처벌 또는 과태료 처분을 받게 된다.

'청탁금지법'은 크게 금품 수수 금지, 부정청탁 금지, 외부강의 수수료 제한 등의 세 가지 축으로 구성돼 있다. 우선 공직자를 비롯해 언론인·사립학교 교직원 등 법안 대상자들이 직무 관련성이나 대가성에 상관없이 1회 100만 원(연간 300만 원)을 초과하는 금품을 수수하면 형사처벌(3년 이하의 징역 또는 3000만 원 이하의 벌금)을 받도록 규정했다. 또 직무 관련자에게 1회 100만 원(연간 300만 원) 이하의 금품을 받았다면 대가성이 입증되지 않더라도 수수금액의 2~5배를 과태료로 물도록 했다. 다만 원활한 직무 수행, 사교·의례·부조 등의 목적으로 공직자에게 제공되는 금품의 상한액을 설정했다.

법안 시행 초기에는 식사·다과·주류·음료 등 음식물은 3만 원, 금전 및 음식물을 제외한 선물은 5만 원, 축의금·조의금 등 부조금과 화환·조화를 포함한 경조사비는 10만 원을 기준으로 했다. 그러나 국민권익위원회는 2017년 12월 선물 상한액을 농수축산물에 한해 10만 원으로 올리고 경조사비는 5만 원으로 낮아지는 내용의 개정안을 의결해 입법예고했다. 아울러 법안은 누구나 직접 또는 3자를 통해 공직자 등에게 부정청탁을 해선 안 된다고 규정하고, 부정청탁 대상 직무를 인·허가, 인사 개입, 수상·포상 선정, 학교 입학·성적 처리 등 총 14가지로 구분했다. 다만 공개적으로 요구하거나 공익적 목적으로 고충 민원을 전달하는 행위 등 5가지 행위에 대해서는 부정청탁의 예외 사유로 인정했다. 외부강의의 경우 사례금 상한액은 장관급 이상은 시간당 50만 원, 차관급과 공직유관단체 기관장은 40만 원, 4급 이상 공무원과 공직유관단체 임원은 30만 원, 5급 이하와 공직유관단체 직원은 20만 원으로 제한했다. 사립학교 교직원, 학교법인 임직원, 언론사 임직원의 외부강의 사례금 상한액은 시간당 100만 원이다.

(3) 공직자의 선물수수금지에 대한 외국입법례

미국의 경우 1회 가액 20달러 이상은 수수가 금지되고 수수한 경우 신고해야 한다. 20달러 이하의 경우도 동일인으로부터 연간 50달러를 초과한 경우 신고하여야 한다. 독일의 경우 연방공무원법 70조에 3천마르크 이상은 무조건 금지되고, 50마르크(3만 4천 원)이상은 신고해야 한다. 베를린 의원의 경우 수수 가능한 선물을 1회 15마르크로 제한한다. 싱가포르의 경우 시민으로부터 금전, 상품, 자유이용권 등 어떤 형태든지 선물을 받을 수 없다. 이 경우 개인적인 친구의 일상적인 선물은 제외되어 있다. 부득이하게 받았을 경우 보고하도록 한다. 일본의 경우 국가공무원윤리법에 5천 엔을 넘는 증여를 받은 경우 신고하도록 되어 있고 대통령령인 윤리규정에 선물 금지조항을 넣고 있다.

 **토론하기**

1. 반부패라운드(ACR)와 윤리라운드(ER)를 구별하여 이해한다면 무엇이 다른 가? 이에 대해 논의하시오.

2. 뇌물과 선물(떡값)을 문화상대주의 인정 여부에 따라 구분한다면 어떠한가? 이에 대해 토론하시오.

정리하기

1. 반부패라운드(ACR)란 무엇인가?

세계무역기구(WTO) 체제하에서 새로운 이슈로 거론되고 있는 부패와 통상 규제의 연계문제와 관련하여 국제적 상거래에 있어서 부패 관행의 규제를 위해 국제적 규범을 마련하기 위한 다자간 협상을 의미한다. 하지만 WTO에 속해 있는 개도국들이 이에 반대하고 있어 아직 이를 전세계적 차원의 뇌물방지 논의로 보기는 어려운 것이 현실이다. 최근 들어 경제협력개발기구(OECD) 등 국제기구들을 중심으로 국제적 상거래에 있어서 뇌물거래 방지 즉 반부패 논의가 진행되고 있다. 이와 같은 최근 국제기구들의 부패방지 논의는 국제상거래 과정에서 발생하는 뇌물공여행위가 공정한 경쟁을 제한함으로써 궁극적으로 국제 무역과 투자의 증진을 저해하는 결과를 초래한다는 인식에서 출발하고 있다. 최근에 일고 있는 국제적인 반부패 논의의 중심축은 미국이 담당하고 있으며, 이러한 논의가 부패와 무역의 연계성을 강조하고 있다는 점에서 주목할 가치가 있다고 말할 수 있다.

2. 국제투명성기구(TI)의 부패지수(CPI)란 무엇인가?

CPI는 주로 기업인과 정치분석가의 부패에 대한 주관적인 평가를 취합하여 100점 만점으로 환산하고 국가별 순위를 매긴 것이다. 부패의 정도가 심할수록, 즉 청렴도가 낮을수록 낮은 점수를 받는 반면 부패의 정도가 약할수록 높은 점수 즉 100점에 근접하게 된다. 부패지수는 부패에 대한 주관적인 체감지수이며 대상 국가의 일반적인 부패 수준을 나타내는 것이라 할 수 있다. 그러므로 부패지수는 객관적으로 존재하는 부패의 규모 및 강도와는 거리가 있을 수 있음을 고려해서 그 의미를 해석해야 한다.

3. 뇌물과 선물(떡값)을 어떻게 구분할 수 있는가?

공무원은 그가 받은 일체의 금전이나 이익이 어떤 경우에 뇌물이 되는지, 다시 말해서 뇌물과 선물의 구별방법을 알고 있어야 한다. 양자를 구별하기란 사실상 쉽지 않다. 그러나 일반적으로 적용해 볼 수 있는 근본적인 방법은 "만일 내가 이 자리에 있지 않았다면 상대방이 내게 이 선물을 줄까"라고 스스로에게 묻고, 만약 이에 대한 대답이 "아니오"라면 그 선물은 뇌물이라고 판단하는 것이다.

6. 국제인권

📝 **핵심 용어 정리**

용어	뜻
아시아적 인권 개념	인권이 그 본질에 있어서 보편적이지만 국제적 규범의 설정이 역동적이고 진화 중이라는 맥락에서 국가별·지역별 특성과 역사적·문화적·종교적 배경이 가지는 다양한 의미를 염두에 두고 인권을 이해함
인권라운드 (Human Rights Round)	인권이 주권에 우선한다는 신국제주의 원칙하에 국제 인권규범의 설정과 이에 따른 인권개선을 논의하기 위한 다자간 협상을 의미하며, 인권개선을 위한 수단으로 경제제재 등을 허용함
북한인권 유엔조사위원회 (COI; Commission of Inquiry)	북한의 인권문제를 조사하기 위해 사상 처음 출범한 유엔 차원의 공식기구. 2013년 3월 21일 스위스 제네바에서 열린 유엔 인권이사회(UNHRC) 제22차 회의에서 이사국의 만장일치로 채택된 결의안을 바탕으로 구성됨. 이 위원회는 북한의 인권상황과 인권침해에 대해 1년간 활동하며 조사대상은 식량권 침해, 수용소 인권침해, 고문과 비인간적 대우, 자의적 구금, 차별, 표현의 자유 침해, 생명권 침해, 이동 자유 침해, 타국민의 납치와 실종 문제 등임

주   제

국제인권(human rights) 문제를 국제정치경제 시각으로 살펴볼까요?
HRR은 무엇일까요?
인권보호 문제를 인간안보 차원에서 살펴볼까요?
북한 인권문제를 살펴볼까요?

학/습/목/표

1. 국제인권의 현안 의제를 파악할 수 있다.
2. 우리나라가 당면한 국제인권 관련 의제를 이해할 수 있다.

학/습/목/차

1. 인권라운드(Human Rights Round)에 대한 이해
2. 북한 인권문제에 대한 논의

I. 인권라운드(Human Rights Round)에 대한 이해

1. 국제적 '인권' 기준의 설정

(1) '아시아적 인권'의 이해

아시아에서 인권은 부차적 가치이다. 물론 그 누구도 인권을 가치 없는 것으로 평가하지는 않으나 온갖 변명과 핑계로 인권은 늘 부차적 가치로 취·급되고 있는 것이 현실이다. 물론 과거에 비해 인권이 신장된 것은 사실이지만 지금도 아시아의 곳곳에서 인권은 끊임없이 침해당하고 있다. 물론 아시아에서만 인권이 침해되는 것은 아니다. 인권 침해는 전 지구적인 문제로서 심지어 가장 민주적인 국가에서도 인권은 완벽하게 보장되지 않는다. 아시아의 인권이 문제가 되는 것은 경제성장에 자신감을 얻은 아시아의 일부 지도자들이 인권의 보편성을 부정하며 아시아에는 아시아에 적합한 '아시아적 인권'이 적용되어야 한다고 주장하고 있고 이러한 주장이 많은 아시아인들을 유혹하고 있기 때문이다.

중국의 천안문 사태 이후 중국의 인권문제에 대해 비난의 화살이 집중되면서 아시아의 인권은 인권 담론의 핵심적인 주제가 되었다. 먼저 인권상황의 개선을 요구하는 서구의 외교적 압력이 가해졌고 이에 대항하여 아시아 국가들은 서구 중심적 인권 개념에 대해 도전했다. 서구에서 생성된 인권과 자유의 원칙이 역사적, 문화적 배경을 달리하는 비서구 지역에 그대로 적용될 수 없다는 것이다.

1993년 방콕선언은 "인권이 그 본질에 있어서 보편적이지만 국제적 규범의 설정이 역동적이고 진화 중이라는 맥락에서 국가별, 지역별 특성과 역사적, 문화적, 그리고 종교적 배경이 가지는 다양한 의미를 염두에 두고 인권을 고려하여야만 한다고 인식한다"고 하였다. 방콕 선언문이 진정으로 말하고자 하였던 것은 아시아적 특수성으로 인해 서구의 것과는 근본적으로 다른 아시아적 인권 개념을 창조하겠으며 또한 그렇게 하는 것이 정당하고 인권문제에 매달리는 서구의 외교정책은 아시아를 지배하려는 패권적 음모에 불과하다는 것이다.

방콕선언 이후 '아시아적 인권'은 좀 더 세련된 모습으로 포장되었다. 한 마디로 이는 배타적 상대주의에 기초하고 있다. 배타적 상대주의는 인권의 절대성과 보편성을 부정하고 인권의 개별화와 서열화가 가능하다고 믿는 것이다. 인권의 개별화와 서열화란 인간의 여러 권리를 각각 독립적인 것으로 간주하고 권리 간에 우선순위를 설정하는 것이다. 여기에서 권리 간의 서열을 매기는 결정적 변수는 역사적 문화적 특성이고, 서열에 따라 덜 중요하다고 간주되는 권리는 더 중요하다고 간주되는 권리의 확보를 위해 얼마든지 포기될 수 있다는 것이 논의의 핵심이다. 이러한 논리를 바탕으로 리콴유와 마하티르는 궁핍으로부터의 탈출, 나아가 물질적 풍요, 그리고 조화로운 사회 건설의 이름 아래 '서구적 인권' 개념이 결코 보편적 인권이 될 수 없음을 강조했다. 즉 개인의 자유와 권리에 앞서 전체의 생존문제를 해결하는 경제발전이 더욱 중요하기 때문에 시민적 정치적 권리는 유보될 수 있고 유보되어야 한다는 것이다. 그러나 경제발전을 위해서 왜 인권이 반드시 제한되어야 하는 지에 대해서는 아무런 설명도 하지 않으며 단지 자국의 '특수한 경험'만을 근거로 할뿐이다. 사실 자유의 제한과 경제발전 사이에는 일반화될 수 있는 상관관계가 전혀 없다는 것이 많은 연구 결과들이 공통적으로 내리는 결론이다. 즉 인권을 탄압하는 정부가 경제발전을 보장한다고 믿을 경험적 근거가 없다는 것이다.

(2) '인권' 개념의 보편성과 다양성

오리엔탈리즘에 내포된 기만적 속성의 핵심은 세계적 보편성의 기준으로 서구의 백인 남성을 설정함으로써 아시아의 모습을 일탈적인 것으로 묘사하고, 그러한 일탈적 아시아에 대비되는 서구의 모습을 보편적이고 정당한 것으로 보이도록 하는 것이다. 다양성의 긍정적 개념은 오리엔탈리즘 내에서 삭제되었다. 그러나 분명한 것은 다양성의 존재는 부인될 수 없는 사실이다. 국가마다 고유한 역사, 문화, 가치관을 가지고 있다는 사실은 어떤 이유로도 부인될 수 없다. 그러나 그렇기때문에 국가마다 다른 정치체제를 수립해야 한다는 주장은 엄밀히 말해서 아무런 논리적 근거가 없다. 정치체제의 경우, 많은 국가들이 다양한 역사적 문화적 배경에도 불구하고 민주주의를 지향하고 있다.

물론 모든 민주주의 체제가 획일적으로 조직되어 있지 않다는 것은 분명하다. 다양한 역사적, 문화적 환경에 따라 형성된 다양한 민주주의 체제가 존재하고 있다. 그러나 그러한 체제의 다양성은 모두 민주주의 원칙이 정하는 경계 내에 존재하는 다양성이다. 보편성을 부정할 수 없는 이유는 민주주의의 이론과 원칙이 이미 존재하는 정치체제를 합리화하기 위한 목적으로 형성된 것이 아니라 '선험적 가치관 혹은 원칙들'에서 출발한 이론이자 이상이기 때문이다. 그러므로 민주주의 정신이 규정하는 준칙에 위배 되는 정치체제는 다양한 민주주의 체제 가운데 하나로 간주될 수 없다. 그러한 체제는 민주주의가 아닌 것이다. 예컨대 표현과 언론의 자유를 박탈하는 것은 국민의 진정한 선택권 보장이라는 민주주의의 기본적인 원칙에 위배되므로 그러한 체제는 민주주의 체제로 간주될 수 없다.

다양성과 보편성이 양립할 수 없다는 주장은 싱가포르가 민주주의의 다양한 체제 가운데 하나라는 확신에서 연유한 순환논리이다. 싱가포르가 민주주의라면 다양한 민주주의 체제에 싱가포르의 경우가 포함될 것이고, 따라서 다양성과 보편성은 충돌할 수밖에 없을 것이다. 그러나 민주주의의 여부는 민주주의의 원칙에 의해 판단된다. 민주주의의 원칙으로 판단하면 안타깝게도 싱가포르는 민주주의가 아니다. 리콴유에게 싱가포르는 틀림없는 민주주의 국가이다. 민주주의를 하나의 수단으로 간주하기 때문이다. 즉 민주주의는 번영과 안정이라는 목표를 구현하는 하나의 도구라는 것이다. 이에 따르면 민주주의의 기준은 선거를 통해 선택된 정부가 번영과 안정을 얼마나 효율적으로 실현하느냐이다. 번영과 안정을 실현하는 정부가 곧 '좋은 정부'이고 '좋은 정부'가 곧 민주주의라고 주장하는 것이다. 이러한 논리에 따라 싱가포르 정부는 "특정한 정치이론이나 이상에 얽매이지 않고 효과적으로, 공정하게 전체의 복리를 증진 하는 방식으로" 통치하는 '좋은 정부'이므로 민주주의 정부라고 주장한다. 그러나 민주주의를 판단하는 기준으로 정부의 기능 정도 혹은 통치력을 채택하는 것은 싱가포르를 민주주의 체제로 인정받기 위한 궤변에 지나지 않는다. 민주주의와 정부의 통치력은 아무런 관계가 없기 때문이다.

'좋은 정부'라는 개념은 '나쁜 정부'의 존재를 필요로 한다. 아시아적 인권론과 아시아적 가치론이 상정하는 대표적인 나쁜 정부는 미국이다. 마약, 범죄, 경제적 불평등, 인종차별, 가족 붕괴, 열악한 복지제도와 같은 온갖 문제들은 미국 정부를 나쁜 정부로 간주하기에 충분하다. 아시아적 가치, 아시아적 민주주의, 아시아적 인권, 이 모두가 미국의 패권적 인권정책에 대한 반발로부터 기인한 것이라고 해도 과언이 아니다. 특히 아시아적 인권론은 아시아 국가에게 시민적 정치적 권리를 강조하는 미국이 미국인들의 경제적 사회적 권리를 보장하지 못하는 현실을 집중적으로 비난하면서 설득력을 얻고 있다.

(3) '인권'을 이유로 한 국제적 압력의 타당성

아시아적 인권론 가운데 논리적으로 가장 취약함에도 불구하고 청중들에게 가장 강한 호소력을 가지는 주장은 아마도 주권론일 것이다. 아시아 국가들의 인권에 대해 비판하는 것 자체가 독립국가의 주권을 침해하는 것이고 주권을 침해하며 인권을 거론하는 것은 모순이라는 주장이다. 이러한 맥락에서 방콕 선언문은 "국가의 주권, 영토보전에 대한 존중의 원칙, 내정불간섭의 원칙, 그리고 정치적 압력의 수단으로 인권을 사용하지 않을 것"을 강조한다. 인간이라면 누구나 단지 인간이라는 이유만으로 소중한 존재라는 명제, 즉 인권은 결코 부정될 수도 없고 되어서도 안된다. 이러한 보편적 관점에서 보자면 인권 확보와 신장을 위한 국제사회의 노력 그 자체는 도덕적으로 타당한 것이다. 그러나 인권 신장을 위한 전략적 차원에서 보았을 때 서구적 인권 개념을 비서구 지역에 그대로 강요하는 전략은 재고의 여지가 있다. 만약 문화적, 역사적 특성에 따라 인권에 대한 다양한 인식이 존재하는 것이 현실이라면 서구에서 생산된 인권 개념을 일률적으로 적용하는 것은 인권을 신장하기 위한 최상의 방법이 아니라는 주장이 설득력을 가진다. "인권에 대한 강제되지 않은 합의"가 필요하다.

인권에 대한 '통문명적(intercivilizational)' 접근을 통해 상이한 문화 속에서 근사한 개념들의 교합점을 찾는 것이 절실하다. 바꾸어 표현하자면, 아시아 지역의 인권을 신장하기 위한 노력은 아시아의 문화와 전통에 도전하기보다 토착적 인권 전통을 발굴하여 그것을 바탕으로 아시아인들이 인권의 가치에 자발적으로 동의하도록 설득할 수 있어야 한다는 것이다. 예컨대, 태국의 경우 불교의 비폭력 원칙을 통해 인권이라는 결론에 도달할 수 있을 것이고, 또한 그렇게 동의된 인권의 보호막으로 제도적, 법적 장치와 더불어 국왕의 권위까지 동원될 수 있는 것은 태국만의 강점이 될 수도 있다는 것이다. 만약 이와 같은 인권의 '국지적 정당화'를 통해 인권을 존중하는 관행이 전통적 문화 위에 놓인다면 인권이 장기적으로 보호될 가능성은 더욱 커질 것으로 기대된다.

동남아시아의 인권에 대한 논의는 먼저 동남아시아의 지배 엘리트들이 아니라 동남아시아의 민중이 가지고 있는 인권의 개념을 파악하고 서구적 인권 개념과 얼마나 근사한 지, 또 어떤 차이가 있는지 비교하고 어떤 개념과의 합을 통해 확대될 수 있는지에 초점을 모아야 할 것이다. 인권을 이유로 한 국제적 압력은 이러한 과정을 통하여 수립된 국제적 인권기준의 설정 이후에나 그 타당성을 얻을 수 있다.

(4) 프리덤하우스 통계자료로 본 국제인권 현황

민주주의의 개념은 그것에 대해 정의하는 학자의 수만큼이나 다양하다. 민주주의의 정의는 민주주 그 자체의 규범적 성격과 비교분석에 요구되는 개념적 등가성의 확보문제가 상충되어 일목요연하게 개념화하기란 불가능하기 때문이다. 따라서 민주주의의 개념정의를 놓고 학자들 간에는 이상과 현실, 또는 이론과 실천 간의 긴장이 지속적으로 존재해왔다. 민주주의의 정의에 대한 학자들의 논의를 크게 대별하면 실질적 민주주의와 절차적 민주주의로 나눌 수 있으며, 이 두 가지 조건이 다 충족되었을 때 민주주의가 공고화 단계에 접어들었다고 평가할 수 있다.

세계 각국의 민주화 정도를 경험적으로 평가하기 위해 프리덤하우스의 자유화지수를 활용하고자 한다. 프리덤하우스는 1978년부터 지속적으로 세계 각국의 정치적 권리와 시민적 자유에 관한 연간 보고서 '세계 자유 현황(Freedom in the World)'을 발간해 왔다. 더불어 공산주의 체제가 붕괴하면서 새롭게 등장한 27개 국가들에 대해서는 1995년부터 '민주적 변화(Nation in Transit)'라는 민주화 과정에 대한 보고서를 발간하고 있다.

먼저 'Freedom in the World'는 '정치적 권리'와 '시민적 자유'의 정도를 매년 평가하는데, 정치적 권리는 "시민들이 정치과정에 자유롭게 참여할 수 있는 것"을 의미한다. 여기에는 투표할 권리와 공무원이 되기 위하여 경쟁에 자유롭게 참여할 수 있는 권리가 포함된다. 그리고 '시민적 자유'는 "국가의 방해 없이 여론을 형성하고 제도에 참여하며 개인적인 자율권을 지닐 수 있는 자유"를 말한다. 'Freedom in the World'의 평가는 프리덤 하우스에 소속된 30여 명의 학자와 분석가들이 동일한 점검항목(정치적 자유 10항목, 시민적 자유 15항목)을 가지고 각국별로 항목마다 점수를 할당하는 형식으로 이루어진다. 정치적 권리와 시민적 자유의 점검항목에 따른 평가결과는 과거에 합산을 통하여 1에서 7까지의 등간척도를 사용한 종합 평가로 확정되었는데, 최근에는 0에서 100까지의 등간척도(마이너스도 가능)를 활용하고 있다. 이를 통해 종합 평가에서 '자유국가', '부분적인 자유국가', '자유롭지 못한 국가'를 구분하고 있다. 프리덤하우스는 최근 그 평가척도(0~100)로 글로벌자유지수(Global Freedom Scores; political rights + civil liberties), 인터넷자유지수(Internet Freedom Scores; obstacles to access + limits on content + violations of user rights), 민주주의지수(Democracy Scores; democracy percentages + democracy score)를 제시하고 있다.

2021 글로벌 자유지수에 의하면 한국은 83점(정치적 권리 33점 + 시민적 자유 50점)으로 자유로운 국가로 평가된다. 핀란드, 스웨덴, 노르웨이는 100점으로 완벽하게 자유로운 국가로 평가되고 있다. 반면 북한은 3점(정치적 권리 0점 + 시민적 자유 3점)으로 대표적인 비자유국가이다. 첨언하면, 한국의

인터넷자유지수는 67점(접근제한 22점 + 내용규제 24점 + 사용자권한침해 21점)으로 부분적으로 자유로운 국가에 해당된다. 이는 일본(자유로운 국가; 76점)에는 뒤떨어지나 중국(비자유국가; 10점)에는 훨씬 앞선 수준이다.

개별 국가 혹은 지역의 자유도는 정치적 권리지수(0~40)와 시민적 자유지수(0~60)에 달려있다. 이를 종합한 자유지수는 다음 표를 기준(F=Free, PF=Partly Free, and NF=Not Free)으로 결정된다. 정치적 권리지수는 0이하(−1~−4)가 가능하다.

〈표 20〉

Status		Political Rights score						
		0-5*	6-11	12-17	18-23	24-29	30-35	36-40
Civil Liberties score	53-60	PF	PF	PF	F	F	F	F
	44-52	PF	PF	PF	PF	F	F	F
	35-43	PF	PF	PF	PF	PF	F	F
	26-34	NF	PF	PF	PF	PF	PF	F
	17-25	NF	NF	PF	PF	PF	PF	PF
	8-16	NF	NF	NF	PF	PF	PF	PF
	0-7	NF	NF	NF	NF	PF	PF	PF

출처: Freedom in the World Research Methodology(freedomhouse.org/reports/freedom-world/freedom-world-research-methodology)

2. 국제관계에서의 '인권' 문제

(1) 인권 문제의 국제적 대두

17세기 후반 유럽의 지적 혁명과 함께 싹튼 인권사상은 그 후 영국, 프랑스, 미국 혁명의 정신적 밑거름이 되었고, 2차 대전 중 홀로코스트(Holocaust)와 같은 비극을 통해 인간이 인간에게 얼마나 잔인할 수 있는지를 경험하고 난 후 인권은 전 세계적인 이슈가 되었다. 인권유린을 막기 위한 국제사회의 노력은 1948년 UN의 세계인권선언(Universal Declaration of Human Rights)을 시작으로 구체화되었고 이 선언문에 포함된 인간의 권리는 이제 보편적 가치로 받아들여지고 있다. 그러나 여러 가지 권리가 동시에 성취될 수 없을 경우, 보호해야 할 권리의 순서를 논리적으로 정하는 것은 쉽지 않다. 중국의 주장처럼 권리의 우선순위를 결정하는 보편적 혹은 일률적 기준을 도출하기란 지극히 어려운 문제이다. 중국은 바로 이러한 점을 이용하여 미국이 중국의 인권문제를 거론하는 것에 대해 내정간섭이라며 반발하고 있다. 또한 유고 공습에서처럼 미국이 인권외교를 추구하는 방법에 대해서도 논란의 여지가 있을 수 있다. 예컨대, 인권침해국에 대한 제재의 수단이 피제재국 국민들의 또 다른 인권을 침해하는 상황을 야기할 수도 있기 때문이다.

(2) 전후 미국의 인권외교정책

미국이 세계 인권문제에 관심을 갖게 되는 계기는 인권탄압적인 정부하의 국민들에 대한 동정심, 인권탄압적인 정부 지도자들에 대한 분노, 인권탄압은 미국의 건국정신에 위배된다는 신념, 인권문제를 제기함으로써 대외적으로 미국의 이미지 제고, 그리고 동서 이념투쟁에서 인권문제의 외교적 수단으로의 활용가능성 등으로 요약 될 수 있다.

미국의 인권외교정책이 추구하는 목적은 첫째 건국 이후 미국이 줄곧 추구하는 자유라는 기본 가치의 외교정책에의 반영, 둘째 일국의 인권침해는 그 사회내의 또 다른 문제를 발생시킬 우려가 있고 이는 결국 미국의 이익에 직접적인 해를 끼칠 수 있기 때문에 미리 그러한 사태의 사전 방지, 셋째 인권침해는 국제갈등의 요인이 되기 때문에 이를 사전에 방지, 그리고 마지막으로 세계의 인권존중을 통해 미국의 가치를 보호하는 우호적인 분위기 조성 등이다.

제2차 세계대전 이후 미국 인권정책의 발전과정을 살펴보면 크게 인권문제의 무시(1945-1974년), 인권문제에 대한 관심(1974-1980년), 인권문제의 등한시(1981-1992년), 인권문제에 대한 새로운 관심(1993년-현재) 등 4단계로 구분할 수 있다. 첫 번째 시기인 인권문제의 무시 단계 동안 미국은 유엔에서 인권문제에 관해서 무관심하지는 않았지만 인권과 관련하여 국제사회

를 지원하는 데 소극적이었으며, 미국 외교정책의 주요 의제에서 세계인권
문제는 분리되었다. 미국은 봉쇄정책의 기조 위에 서유럽 외교를 강화하면
서 인권문제를 외교정책의 주요 의제에 포함시키지 않았던 것이다. 트루만
정부(1945–1953년)와 아이젠하워 정부(1953–1961년) 및 케네디 정부(1961–
1963년)는 인권문제에 소극적이었으며, 존슨 정부(1963–1969년)는 월남전에
매진하느라 인권문제를 거론할 여유가 없었다. 뒤를 이은 닉슨 정부(1969–
1974년) 또한 힘의 정치를 내세우며 인권문제에 소극적이었다.

두 번째 시기인 인권문제에 대한 관심 단계 동안 인권문제는 먼저 의회
에 의해서 주도되다가 곧 카터 정부(1977–1981년)의 등장과 함께 행정부에
의해서 이끌어져갔다. 미국 의회가 인권문제에 대해 관심을 갖게 된 계기는
워터게이트 사건으로 그동안 도덕적으로 우월하다는 미국의 이미지가 실추
되었고, 이어 월남전과 더불어 아시아와 중남미에서의 친미 군사정부에 대
한 지원 등이 문제가 되어 미국이 도덕성 회복과 인권정책에 대한 관심을
갖게 된데 기인한다. 이러한 시기에 카터 대통령의 등장으로 미국의 인권외
교가 새롭게 각광을 받게 되었고, 그의 '도덕적 가치'에 기초한 '신외교정책'
은 세계의 정의·공평·인권을 외교목표로 설정하였다.

세 번째 시기인 인권문제의 등한시 단계 동안 레이건 정부(1981–1989년)
는 미국의 국가 위신을 회복한다는 목표를 설정하고 신보수주의 대외정책
노선을 택하여 미국의 경제적·군사적 지배권의 재건을 내세웠다. 물론 인권
외교를 대외정책의 중요 목표로 설정하기는 했으나 카터 대통령의 인권정책
을 '냉전과 분리된 하찮은 것'이라고 비판하면서 전략적인 반공주의 정책으
로 회귀하여 인권문제는 등한시하였다.

네 번째 시기인 인권문제에 대한 새로운 관심 단계는 냉전의 종식과 옛
소련의 해체와 함께 변화한 미국 외교정책의 방향과 관련되어져 있다. 클린
턴 정부(1993–2000년)는 인권외교보다는 미국의 경제성장을 위한 경제외교
에 보다 역점을 둔 것이 현실이다. 따라서 인권문제는 미국외교정책의 주요
목표라기보다는 다른 목표를 달성하기 위한 수단적 측면에서 강조되고 있다
고 볼 수 있다. 부시·오바마 정부(2001–2016년)는 9·11 테러를 경험하면서

인간안보 차원에서 인권보호를 이유로 한 국제사회의 개입의 정당성 즉 인권보호를 이유로 한 주권제한의 타당성을 강조하고 민주평화론에 근거한 미국식 가치의 확산을 모색했다. 트럼프 정부(2017-2020년)는 미국 우선주의를 내세우며 실리적인 외교정책을 추구했고 인권문제는 외교에서 다분히 뒤처진 입장을 보였다. 2021년 출범한 바이든 행정부는 인권·민주화를 다시금 강조하며 '가치의 진영화' 나아가 '진영 내 네트워크화'를 달성하는데 역점을 두고자 한다. G10 등 민주주의 네트워크 주장도 이와 연관된다고 볼 수 있다.

한마디로 말하여, 미국 정부는 인권문제를 외교정책의 주요 의제로 관심을 두고 있으나 그 자체가 목적이라기보다는 아직 수단적인 성격이 강하다고 볼 수 있다. 미국의 인권외교가 인권문제를 국제사회의 도덕적인 관심사로 등장시킨 것은 분명한 사실이다. 그러나 미국의 인권정책이 얼마나 효과적으로 국제인권 신장에 공헌했느냐 하는 것을 검증하기는 어려운 일이다. 미국 인권외교정책의 대외적 효과를 일반적으로 평가해보면 별 효과가 없는 것으로 파악되고 있다. 그 이유는 미국의 인권정책이 가지는 한계점 때문이며, 이는 인권개념의 상대성, 내정간섭의 비정당성, 일관성 없는 정책수행, 경제제재의 부작용 등으로 요약될 수 있다. 구체적으로 말하여, 상대적 개념인 인권을 국제기준으로 판단·평가하는 것은 곤란하다는 점이며, 설사 그러한 합의된 가치기준이 설정되어있다고 하더라도 인권을 이유로 타국의 내정에 간섭하여 불이익을 주는 것은 정당화되기 어려운 점을 지적할 수 있다. 또한 대통령에 따라 그리고 그 대상 국가에 따라 인권정책의 내용과 추진방법이 다르게 나타나는 관계로 정책의 타당성이 의심되며, 타국의 인권보호를 위해 경제제재를 가하는 경우 또 다른 비인도적인 문제를 야기하는 모순을 가져올 수 있는 것이다.

(3) 미국 인권외교의 사례: 미국의 대중 인권외교정책과 대한 인권외교정책의 비교

그 상이점은 우선 닉슨·포드 행정부가 대한 인권외교정책에 있어서 한국의 권위주의 정부에 대해 인권개선 압력을 적극적으로 행사하지 않은 것을 한국의 베트남 파병에 대한 일종의 보상으로 생각하였다는 것이다. 이는 카터·레이건 행정부가 중국정부에 아무런 심리적 부채가 없음에도 불구하고 중국의 인권문제에 대해 침묵을 지킨 것과 대조적이라고 볼 수 있다. 닉슨·포드 행정부 시절 의회가 대한 인권외교정책을 주도하였던 것이 미 의회에 진보주의가 지배하던 특정한 시기의 예외적 상황이었다는 점이라고 할 수 있다. 이에 따르면 의회가 아니었다면 닉슨·포드 행정부는 한국의 인권상황을 개선하기 위한 최소한의 조치도 취하지 않을 수 있었다는 말이 된다. 클린턴 행정부에 접어들면서 미 의회는 의원들의 정치적 성향에 관계없이 그 어느 때보다도 미국의 인권외교정책에 주도적 역할을 하고 있음은 중국의 사례에서 잘 나타나 있다.

그 공통점은 인권문제가 외교정책의 우선순위에 있어서 항상 부차적인 수준에 머물렀다는 것이다. 닉슨 행정부에서 레이건 행정부에 이르기까지 냉전체제하에서의 미국의 최대관심사는 안보·전략이었다. 한반도에서는 공산주의의 확산을 막는 것이 한국의 인권개선보다 훨씬 중요하게 인식되었고 중국의 광범위한 인권탄압은 옛 소련의 팽창을 저지하기 위해 중국을 동맹국으로 유지하려던 미국의 집착에 가려서 제대로 알려지지도 않았다. 특히 인권개선을 외교의 목표로 삼았던 카터 행정부도 안보·전략 논리에 굴복하여 초기에 한국에 대해 취했던 압력을 스스로 포기하였고 중국에 대해서는 인권문제를 거론하기조차 꺼려하였다. 그러나 현실적주의적 관점에서 보자면 닉슨·포드 행정부와 카터 행정부가 각각 한국과 중국의 인권상황을 개선하기 위해 쓸 수 있는 뚜렷한 지렛대가 없었다는 점도 당시 미국 인권외교의 소극적 성격을 설명하는 공통점이라고 볼 수 있다. 냉전체제가 종식된 후에도 인권문제는 미국외교정책의 우선순위에서 계속 부차적인 수준에 머물렀다. 단지 외교정책의 최우선 순위가 안보·전략에서 경제적 이익으로 바

꿰었을 뿐이다. 클린턴 행정부가 중국에 대해 인권과 통상을 연계시키는 정책은 쉽게 포기한 반면 분리된 통상문제는 쉽게 포기하지 않는 모습은 인권-통상 연계정책이 중국의 인권개선을 위한 수단이었다기보다는 오히려 인권을 심각한 대중 무역역조 현상을 개선하기 위한 외교적 수단으로 이용하였다는 의구심을 자아내게 하는 것이다. 요컨대, 인권문제가 다른 국익과 상충하는 경우에 미국은 인권을 언제든지 포기할 수 있음을 중국과 한국에 대한 정책에서 보여주었던 것이다.

때때로 미국이 인권문제로 중국이나 한국과 마찰을 빚었을 때에는 항상 공개적으로 처리되었다는 사실도 공통점으로 지적될 수 있다. 통상 미국은 중국이나 한국과의 관계에서 민감한 정치적 사안들을 비공개적으로 처리하였다는 점에 비추어보면 이것은 아주 예외적인 방법이라고 볼 수 있다. 이러한 공통점은 행정부의 의지에 따라 추진되었다기보다는 공개주의를 원칙으로 하는 의회와 언론이 인권외교정책에 적극적으로 관여함에 따른 결과로 볼 수 있다. 인권문제를 둘러싼 중-미 관계와 한·미 관계의 갈등은 주로 의회와 여론의 압력으로 시작되었고 미국의회 대 중국정부 그리고 미국의회 대 한국정부의 대결양상이 되었다. 베트남전 패배 이후 미국 의회가 더 이상 행정부의 외교정책 독점을 허용할 수 없다고 판단한 데 따른 결과였다.

(4) 인도주의적 개입에 대한 논의

① 인권 거버넌스와 인권강제

인권과 관련한 다양한 거버넌스 과업들 중에서 이행이 가장 문제가 되는데, 이는 주로 국가의 복종이 핵심문제이고 국제제도들이 복종을 강요하는데 제한된 능력을 갖고 있기 때문이다. 비록 국제사회가 점차 다양한 이행활동을 떠맡고 국가가 주요한 인권 침해자가 될지라도, 국가는 항시 인권 규범의 주요한 이행자가 되어 왔으며 그렇게 남아있다. 국가는 일반적으로 이행을 위한 두 가지 접근방법인 법적 수단과 강제적 조처를 활용한다. 공판은 인권위반을 다루기 위한 하나의 수단이며, 공판이 개별 고소인 혹은 활동적인 판사에 의해 활용되는 곳에서, 정부는 과도한 인권유린을 이유로 다른 국가에 대해 일방적인 강제조치를 취할 수 있다. UN의 이행의 권위는 UN헌장의 제7장에서 발견된다. 이 규정 하에서 만약 안전보장이사회가 인권위반이 국제평화를 위협하거나 깨뜨린다고 결정하면, 그것은 강제조치를 취할 권한을 가지게 된다.

인도주의적 개입은 단지 선별적으로 적용되어왔고, 항시 성공적인 것은 아니었다. 국제사회는 인권위반이 확실함에도 불구하고 수단, 라이베리아 및 시에라리온의 잔인한 내전에 거의 주의를 기울이지 못했다. 하지만 국제사회는 국제정치에서 인권규범의 증가된 중요성을 반영하면서 다른 상황에서는 단지 중요성을 반영하는 척했다. 대다수 정부들은 아직 그들의 사법관할지역으로 간주한 것에 개입하는 UN 혹은 어떤 정부 간기구의 권한을 강화하는 것에 의혹의 눈초리를 보낸다. 하지만 국제연합은 냉전종식 이래 인권 분야에서 시행을 위한 일부 중요한 절차를 설정해왔다.

개별 임시 국제형사재판소와 새로이 설립된 국제형사재판소(ICC)는 전쟁범죄와 비인도적 범죄 사건의 집행을 위한 국제적 장치이다. 양 기구는 고소된 개인들을 적당한 법정에 인도하는 국가들 혹은 그들을 적당한 법정에 인도하는 개인들에 의존한다. 이들 법원에서 다루어지는 사건들에 대한 판결은 대규모의 인권유린을 저지른 개인들과 관련된다. 선고는 모국에서 혹은 제3의 국가에서 수행된다. 엄격히 말하여, 비정부기구들은 제재 혹은 군사력과 같은 강제 조치를 통해서 인권규범을 따르도록 강제하는 능력이 부족하다. 대부분의 정부 간기구들도 마찬가지이다. 하지만 비정부기구들은 일부 성공을 하면서 국가들이 그 태도를 바꾸도록 많은 전략을 활용해왔다. 가장 오래된 비정부기구들 중 하나인 국제적십자사는 국가들이 국제인권기준을 준수하도록 함에 있어 최대의 정당성과 최선의 기록을 의심할 바 없이 가지고 있다. 이것의 특수한 역할은 위반 행위를 한 국가들을 제지하고, 분쟁에 따른 군인 및 민간인 희생자들을 보호 지원하며, 전쟁 당사자들 사이에서 조정자로서 활동하도록 특별한 의무가 명시된 인도주의적 법에 관한 제네바협정에 기인하는 것이다. 다른 비정부기구들은 국가의 태도를 변경시키는 수단으로서 제재와 배척을 이용할 것인지를 논의해왔으나 그러한 행위가 그들의 중립성을 훼손할까 우려했다.

② 세계화 시대의 인권확장

제2차 세계대전 이래 글로벌 인권 거버넌스의 현저한 진보가 있었다. 국제인권의 규범적 기반이 수립되어왔다. 세계화는 국제인권의 발전에 방해물이자 자극제가 되어왔다. 경제적 세계화는 개발도상국에서 값싼 노동력을 활용하는 다국적기업들에게 보다 많은 기회를 낳았다. 그것은 새로운 취약성을 낳으면서 사회 내 일상을 전 세계적 시장 도처로 얽매이게 했다. 하지만 경제적 세계화는 또한 인권을 해치는 불균형인 사회 내 그리고 사회 간 광대한 경제적 불균형에 보다 많은 관심을 초래했다. 통신의 세계화는 심각하고 흔히 급속한 응답을 야기하면서 인권유린과 잔학성이 광범위하게 알려지는 것을 의미해왔다. 그것은 비정부기구들과 개인들에게 네트워크를 만들고 조치를 취하며 그들의 관심을 방송할 강력한 새로운 매체를 제공해 왔다. 그것은 인권 이슈에 민감하고 영향을 미칠 준비가 되어있는 국제적 청중을 만들었다. 인권을 보호하는 것은 사실상 전 세계적인 과업인 것이다.

3. 새로운 인권 논의

(1) 인간안보와 보건안보

우리는 그동안 국가안보라는 개념에 매몰되어 다른 유형의 안보 개념에 크게 귀 기울이지 않았다. 하지만 인권이 주권에 우선한다는 '신국제주의' 원칙하에 안보 논의가 이뤄지면서 인간안보라는 개념이 대두되게 된 것이다. 국가안보란 영토와 주권을 보존함으로써 그 구성원인 국민의 안전과 존엄성 및 정치·경제·문화적 권리를 보장하고 이에 대한 침해를 일으키거나 영속화시키는 대내외적 조건을 제거하는 것을 의미한다. 이런 측면에서 볼때, 국가안보는 외부적인 위협에 대항하여 국민을 위한 안보를 달성하는 것을 의미하지만, 내전, 박해, 기근 등 한 국가 내에서 초래되는 제반 문제들로 인해 국민들의 생존과 복지가 위협받는 경우가 비일비재하다. 이러한 국내외적 요소들을 감안하여 인간안보를 개념화하려는 여러 학술적 혹은 정책적 시도들이 지난 20여 년간 지속되어왔다.

이와 같은 이론적 논의의 가장 대표적인 시발점은 1994년의 UNDP 연례보고서인데, 이 보고서는 인간안보를 '공포로부터의 자유 및 궁핍으로부터의 자유'라고 정의함으로써 이 분야의 길잡이가 되었다. 또한 이 보고서는 경제(economic security), 식량(food security), 보건(health security), 환경(environmental security), 개인(personal security), 공동체(community security), 정치(political security)의 일곱 가지 영역에서 야기되는 위협을 막는 것이 인간안보를 가장 확실하게 보장하는 것이라고 제시한다. 인간안보의 구성요소로서 보건 문제가 거론되고 보건 혹은 건강 안보라는 개념이 등장하게 된 것이다.

전염병을 안보 이슈화하는 주요한 목적은 일국 내외에 있는 관련 행위자들로 하여금 그것으로 인해 야기될 수 있는 위협과 위험에 대해 경계심을 갖도록 하는데 있다. 우선 세계화와 함께 사람과 상품의 움직임의 규모, 속도 및 범위가 유사하지 않다. 불확실성 속에서 전염병이 확산되며 예측이 불가능한 것이다. 둘째, 세계화 이외에 인위적인 질병 촉진 사안들이 있다. 도시화와 지구온난화를 가져오는 기후변화는 전염병 발생을 가속화시키고 있다. 셋째, 전염병원체로 인한 위협은 과거보다 오늘날 더 크다. 사스가 명백히 보여준 바와 같이 전염병이 개인의 건강을 위협할 뿐만 아니라 그 확산은 경제적 마비를 초래하고 사회질서를 약화시키며 정부에 대한 대중 신뢰를 해친다. 결과적으로 전염병의 발생 혹은 재발은 사실상 그 영토 내에서 일어나고 또한 지역 안정을 위협할는지 모르므로 안보 이슈로 다루어져야 한다는 것이다.

전염병 문제는 협의의 인간안보 혹은 최소한의 인간안보 개념에 포함될 수 있는 중요한 국제사회의 의제라고 할 수 있다. 성격상 인간안보의 범주에 있는 전염병 문제가 국가 간의 갈등을 유발하고 이로 인해 국가 간 분쟁 나아가 전쟁으로 이어진다면 이는 국가안보 차원에서의 문제가 되는 것이다.

국제법상 공중보건에 관한 쟁점은 월경질병의 확산 방지 및 국제적 차원에서 공중보건의 수준향상에 초점을 맞추어왔다. 19세기 이전까지, 월경질병의 확산방지에 관하여 국가들은 국제적 협력의 필요성을 인식하지 못하였다. 즉, 질병확산의 방지는 국내적 방역정책으로 충분하다고 생각하였다. 그러나 이러한 제한적인 방역조치는 국제교역의 증가로 인해 한계점에 도달하게 되었다. 제한적인 방역조치에 의한 국제무역의 제한은 국가 차원의 경제적 이해에 많은 영향을 주었으며 국가 간 통상갈등을 초래하였다. 따라서 국제교역의 감소를 유발하지 않는 적절한 수준의 월경질병 확산의 방지에 대한 협의가 필요하게 되었다. 오늘날 전염병 즉 보건 문제가 국제사회의 갈등 요인이 되고 이를 해결하기 위한 협력이 요구되고 있는 것이다.

21세기에 국제사회는 다양한 문제, 특히 코로나19(COVID-19)와 같은 보건 문제에 직면해 있다. 인접국의 도움 없이 국제사회는 그 문제를 해결할 수 없다. 성공적인 협력을 위해 국제사회는 안보에 대한 인식을 단지 주권을 위한 국가안보에서 인권을 위한 인간안보로 변경시켜야 한다. 아니면 인간안보를 포함하는 포괄적인 개념으로서 국가안보에 대한 인식을 재정의해야 하는 것이다. 국제사회에서 보건 레짐은 그 지역 내 공통적인 안보 인식과 상호주의 원칙에 토대를 두어야 한다.

(2) 난민 문제

'난민(refugee)'이란 종교, 인종, 정치적 이유 등으로 인해 박해 및 전쟁 상황을 피해 자신의 거주지를 떠날 수밖에 없는 사람들을 말하며, 더 나은 삶 또는 기회를 찾아 거주지를 떠나는 '이주민(migrant)'과는 구별된다. 유엔난민기구(UNHCR: United Nations High Commissioner for Refugees) 규정은 1950년 12월 14일 UN총회 결의에 의해 채택되었는데, 이는 난민의 자격요건을 다음과 같이 언급하고 있다(이용호 2007). 첫째, 시간 제약성을 들 수 있다. 난민협약상의 '1951년 1월 1일 이후에 발생한 사건'이라는 시간 제약성을 보완하는 난민의정서가 1967년에 채택되었음에도 불구하고, 이러한 시간 제약성은 난민협약의 체약국이면서 난민의정서의 체약국이 아닌 일부 국가에 대해서는 논란의 대상이 되고 있다. 둘째, 난민의 성격을 결정짓는 핵심 요소로 '박해를 받을 우려가 있다는 충분한 이유가 있는 공포'가 요구된다. 셋째, 인종, 종교, 국적, 특정 사회집단의 구성원 신분 정치적 의견을 이유로 박해를 받을 우려가 있다는 충분한 근거가 있는 공포로 인하여 자신의 국적국의 보호를 받을 수 없거나 그러한 공포로 인하여 국적국의 보호를 받는 것을 원하지 않는 경우이다. 넷째, 난민 지위 신청일 현재 자신의 국적국 밖에 있는 자로서 자국 정부의 보호를 받을 수 없거나 그러한 공포 때문에 그 국가의 보호를 받기를 원하지 않은 경우이다. 다섯째, 종전의 상주국 밖에 있는 무국자로서, 종전의 상주국으로 돌아갈 수 없거나, 또는 그러한 공포로 인하여 돌아가기를 원하지 않은 자가 이에 해당한다.

한편 미국의 이민법에서 명시하고 있는 난민은 '자신의 국적국 밖에 있는 자로서 또는 국적국이 없는 자로서, 인종, 종교, 국적 또는 특정 사회집단의 구성원 신분 또는 정치적 견해 등을 이유로 박해를 받을 우려가 있다는 충분한 근거가 있는 공포로 인하여 자신의 국적국의 보호를 받을 수 없거나 그러한 공포로 인하여 국적국의 보호를 받는 것을 원하지 아니하는 자'를 말한다(장은영 2016). 최근 중동과 아프리카로부터의 대규모 난민유입으로 유럽 국가들 내에서 반이민정서, 이슬람 혐오증이 커지고 있다. 하지만 난민에 대한 외면은 단기적으로는 자국의 사회 안정을 도모할 수 있겠지만, 장기적으로는 더욱 복잡하고 위험한 상황을 자초할 수 있다. 그러므로 난민문제가 안보위협이 될 수 있다는 인식하에 난민보호가 필요하다는 인식 변화가 필요한 상황이다(이신화 2016).

2015년 이래 유럽연합(EU) 내 시리아 등에서의 난민 유입이 급증하면서 난민 문제가 최대 현안으로 대두하였다. EU의 망명 신청자 수는 2012년 33만 6천 명, 2013년 43만 2천 명, 2014년에는 62만 6천 명으로 증가해 왔고, 2015년 전체 난민 신청자 수는 1백만 명에 이르렀다. 헝가리는 난민 유입을 차단하기 위해 세르비아와의 국경 지역에 철조망을 설치한 바 있고, 독일, 네덜란드, 오스트리아, 슬로바키아 등도 난민 유입을 이유로 국경 통제를 시행한 적이 있다. 난민 문제는 정치·경제·사회·문화 분야가 연결된 복잡한 문제이고 이미 유로존 위기로 커진 반EU정서에 호소하며 약진한 극단주의 정당이 난민 사태로 증가한 반(反)이민정서를 자극하면서 더욱 그 세력을 키우려는 움직임을 보이고 있다(전혜원 2016).

2021년 기준, 종교적 박해, 분쟁, 폭력 혹은 인권침해의 결과 8,400만 명 이상의 비정주민이 발생했고, 이는 2020년 대비 160만 명이 증가한 것이다. 이들 중 2,660만 명이 난민(역대 최대)이다. EU는 쉥겐협정(Schengen Agreement)에 따라 공동 국경과 역내 자유로운 이동을 추구하고, 더블린협정(Dublin Treaty)에 따라 난민 정책에 대한 최소한의 회원국 의무를 규정하면서도 난민 수용의 부담을 개별 회원국이 지도록 하고 있다. 열린 사회 유럽이 난민 문제와 코로나19로 내부 갈등을 경험하면서 닫힌 사회로 이행할는지 모르는 상황이다.

우리나라의 경우 2011년 말에 독립적인 난민법안이 국회 본회의를 통과했다. 그 이전에는 1992년 난민의 지위에 관한 협약에 비준한 이후 출입국관리법에 난민에 관한 조항들을 신설한 것이었다. 외국인의 출입국을 관리하기 위한 법이 박해 때문에 본국에 돌아갈 수 없어 피난처를 찾는 난민들을 규율해온 것이다. 그러니 난민을 인정하고 보호하는 데 있어서 인간안보의 관점보다는 국가안보의 관점이 지배했던 것이 사실이다. 이러한 현실에 문제의식을 가지고 난민협약의 정신에 부합하는 독립적인 난민법을 만들기 위한 논의를 통해 난민법안이 본회의를 통과한 것이다. 독립적인 난민법의 탄생으로 출입국 통제의 관점이 아니라 인권 보호의 관점에서 난민을 바라볼 수 있는 제도적 장치가 마련된 것이다(김종철 2012).

한국은 아시아 최초로 난민법을 제정하는 등 제도적 측면에서 적극성을 보여 왔으므로, '인도주의 외교' 차원에서 난민 문제 대응을 위한 국제 기여를 확대해야 할 것이다. 한국은 2015년 12월 유럽 내 난민 위기 대응을 지원하는 차원에서 그리스(150만 달러), 세르비아(100만 달러), 크로아티아(50만 달러) 발칸지역 3개 국가에 총 300만 달러 규모의 인도적 지원을 제공할 것을 발표하였다. 이에 추가로 EU가 추진하는 터키·요르단·레바논 등 거대 난민 수용국에 대한 지원 등 EU 차원의 난민 관련 협력에 동참하는 방법을 고려해왔다(전혜원 2016).

시리아 난민 문제를 해결하기 위한 중견국 기여에 있어서 터키와 브라질은 시리아 난민 유입의 당사국으로서 실질적 기여를 해왔고, 호주도 상당 부분 제 몫을 해왔다. 한국은 적게나마 재정적 기여를 하며 소수의 시리아 난민의 일시적 체류를 돕고 있다. 하지만 인도와 멕시코 및 인도네시아는 사실상 시리아 난민 문제 해결과는 거리가 멀다. 중견국은 그들이 주도권을 행사할 수 있는 이슈인 인도주의적 및 윤리적 사안으로서 난민 문제 해결에 보다 적극적인 기여를 해야 하며, 향후 이러한 문제 해결에 북미 및 서구유럽 국가들과 보조를 맞춰야 한다. 난민 수용이 현실적으로 불가하다면 재정 지원을 통해 난민 문제 해결에 동참해야 하는 것이다.

II. 북한 인권문제에 대한 논의

냉전종식 후 국제사회에서는 인권문제가 주요한 논의의 대상으로 자리잡고 있는바 1990년대 들어서 유엔을 중심으로 북한의 인권문제가 심도있게 거론되고 있다. 국제사면위원회(Amnesty International), 아시아 워치(Asia Watch) 등 인권관련 비정부기구들은 이미 1980년 대 후반부터 북한 내 정치범 문제와 정치적 자유권의 제한, 러시아 벌목공 문제 등을 제기해왔으며, 유엔 인권소위원회는 1992년 이래 이들 비정부기구로부터 탄원을 접수한 바 있다. 1996년 유엔 총회 연설에서 공노명 당시 외무장관은 우리 정부로서는 최초로 북한인권문제를 공개적으로 거론하여 북한 측으로부터 강력한 반발이 있었으며, 1999년 3월에는 홍순영 당시 외교부 장관이 유엔 인권위원회에서 북한 인권문제를 제기하였다.

1997년 유엔 인권소위원회는 해외를 포함한 거주 이전의 자유 보장, 인권 이사회 정기보고서 제출 등 4개항의 대북 인권관련 결의안을 표결로 채택함으로써 국제기구에서 북한의 인권 상황이 공식적으로 언급되고 문서화하는 계기를 마련했다. 북한은 상기 결의안이 주권을 침해하였다는 이유로 '시민적·정치적 권리에 관한 국제규약'으로부터 탈퇴를 전격적으로 선언하였으나, 유엔은 이를 허용하지 않았다.

유엔 인권소위원회는 1998년에도 북한의 인권 상황을 파악하기 위한 정확한 정보를 취득하는 것이 극도의 어려움에 봉착하고 있다고 확인하고, 약식처형과 계속적인 실종의 보고, 수천의 정치범들에 대한 동일한 형태의 인권 유린 보고들에 우려를 표명하며 대북 인권관련 결의문을 채택했다. 이후 유엔 인권위원회 및 인권소위원회에서 정부 대표 및 비정부기구들에 의하여 북한인권 관련 문제의 제기 및 논의가 진행되고 있으며 유엔 인권고등판무관에게 공식적인 개입을 요청하는 등 북한의 인권문제가 자연스럽게 중요한 국제이슈로 자리매김 되고 있는 실정이다. 이러한 배경 하에 북한은 제출시한보다 12년이 경과된 2000년 3월 시민적·정치적 권리에 관한 국제규약(B규약) 제2차 보고서를 제출하였는 바 인권이사회는 2001년 7월 이를 심의하고 최종 평가서를 발표했다. 북한 인권문제는 전술한 바와 같이 유엔뿐만 아니라 미국 국무부의 '각국 인권실태보고서'나 헤리티지 재단의 보고서 등에서 주요하게 취급되고 있고 국제사면기구, 국제적십자사, 국제인권옹호연맹, 국제언론인협회, 미네소타 변호사 국제위원회, 아시아태평양의원연맹 등에서 활발한 논의가 진행되고 있다.

북한인권결의안(UN Resolution on the Situation of Human Rights in the DPRK)은 북한 주민들의 인권상황에 대한 우려와 개선을 담은 유엔의 인권결의안이다. 북한인권결의안은 1990년대 중반 이후 북한의 심각한 인권상황을 개선하기 위하여 유엔차원에서 채택한 결의안으로 유엔인권위원회와 유엔총회에서 채택되고 있다. 북한의 심각한 인권상황이 1990년대 중반 이후 국제사회에 알려지게 되면서, 북한인권 개선을 위한 유엔차원의 개입전략이 추진되었다. 1997년 유엔 인권소위원회는 북한인권결의안을 채택함으로써 유엔차원의 공식적인 논의를 시작하였다. 북한인권결의안은 2003년 제59차 유엔 인권위원회부터 3년 연속 채택되었으나 북한인권 상황이 별다른 진전을 보이지 않게 되자, 2005년부터 유엔총회에서도 채택되었다. 북한인권결의안은 유엔인권위원회에서는 2003년부터 그리고 유엔총회에서는 2005년부터 매년 채택되고 있다. 유엔총회의 인권결의안은 6개 주요위원회 중 제3위원회(Social, Humanitarian & Cultural Committee)에서 담당하고 있다. 북한인권결의안[조선민주주의 인민 공화국 인권 상황에 대한 결의안; The Resolution on the Situation of Human Rights in the Democratic People's Republic of Korea: DPRK]은 북한의 열악한 인권상황에 대한 우려와 함께 개선을 위한 인도주의적 기술협력과 대화를 포함하고 있다. 북한인권결의안의 주요 내용은 고문, 공개처형, 정치범 수용소, 매춘, 영아살해, 외국인 납치 등 각종 북한 인권문제에 심각한 우려를 표시하는 한편 북한 주민의 인권과 기본적인 자유 보장을 촉구하고 있다. 또한 결의안은 유엔 안전보장이사회가 북한의 상황을 국제 형사 재판소(ICC)에 회부하고 제재 조치를 고려하는 등 적절한 조치를 취할 것을 권장한다. 북한인권결의안은 유엔 안전보장이사회가 채택하는 결의와는 달리 법적 구속력이 없다는 점에서 한계를 가지고 있다. 그러나 북한인권결의안은 북한 인권을 국제적 관심사안으로 부각시켰다는 점에서 의미가 있으며, 북한으로 하여금 인권에 대한 대응방안을 모색하도록 하는 기회를 제공하였다고 볼 수 있다.

북한인권 유엔조사위원회(COI: Commission of Inquiry)는 북한의 인권문제를 조사하기 위해 사상 처음 출범한 유엔 차원의 공식기구로, 2013년 3월 21일 스위스 제네바에서 열린 유엔 인권이사회(UNHRC: United Nations Human Rights Council) 제22차 회의에서 이사국의 만장일치로 채택된 결의안을 바탕으로 구성되었다. 이 결의안은 유럽연합(EU)과 일본, 한국 정부가 공동제안하고 미국 등이 지지했다. 초대 위원장에는 마이클 커비 전 호주 대법관이 임명되었으며 북한인권특별보좌관 등 3명으로 구성된다. 이 위원회는 북한의 인권상황과 인권침해에 대해 1년간 활동하며 조사대상은 식량권 침해, 수용소 인권침해, 고문과 비인간적 대우, 자의적 구금, 차별, 표현의 자유 침해, 생명권 침해, 이동 자유 침해, 타국민의 납치와 실종 문제 등이다.

북한에서의 인권 개념은 인류보편적 가치의 개념과는 현격한 차이를 보이고 있는바 이러한 근본적인 개념의 차별성으로 부터 북한 인권문제에 대

[북한 인권 관련 유엔 노력 연혁]
- 2006년: UNHRC(United Nations Human Rights Council) 창설 → 국가별인권상황 정기검토(Universal Periodic Review) 메커니즘이 만들어짐 / UNGA(United Nations General Assembly)는 북한인권실태에 대한 결의안 채택
- 2008년: UNHRC는 북한인권실태에 대한 결의안 채택
- 2009년: 북한에 대한 첫 번째 국가별인권상황정기검토 이루어짐
- 2013년: UNHRC는 합의에 의한 북한인권실태에 대한 결의안 채택 / 북한인권 유엔 조사위원회(COI: Commission of Inquiry) 설립 → 유엔인권기구가 국제형사처벌을 목적으로 하는 조사위원회를 설립, 국제사법절차에 의한 형사처벌 가능성 열림, 북한 인권유린의 심각성 알림, 북한 내 최고존엄으로 지칭되는 최고지도자를 겨냥한 국제 적 처벌 논의

한 국제사회의 접근과 북한의 대응은 커다란 괴리를 보이고 있다. 북한은 국 제적인 인권규범을 거부하고 소위 '자주적' 인권 개념을 내세우고 있는데, 이는 개인의 권리를 부정하고 나라와 민족 중심의 집단적 인권 개념에 기반 하여 계급적 성격에 따라 국가가 시혜하는 것으로 규정되어 있다. 이러한 배 경 하에서 북한에서 인권이라는 것은 결코 국경을 넘어선 보편적 가치가 될 수 없는바 국제사회에서 북한 인권문제를 제기·비판하는 것은 내정간섭 혹 은 주권침해의 사항이라는 논리를 전개하고 있다.

시민적·정치적 권리문제와 관련하여, 북한 인권과 관련하여서는 공개처 형과 같은 생명권의 존중 위반, 정치적 수용소와 같은 신체의 자유에 대한 위반, 출신 성분에 의한 사회적 차별과 같은 평등권에 대한 위반 등이 주요 인권문제로서 지적되고 있다. 북한 사회에서 정치적 신념을 달리하고 있는 정치범의 존재와 그들에 대한 조직적인 탄압이 특히 문제 되고 있는바 정식 재판 절차 없이 이들을 집단 수용한 소위 '149호 대상지역', '독재대상 특별 구역', '49호 교화소' 등으로 불리는 일종의 강제 노동수용소의 존재 및 광범 위한 탄압에 대한 구체적인 사실 적시가 있다. 이외에도 거주 이전의 자유, 언론 출판의 자유, 집회 결사의 자유, 사상 종교의 자유를 내용으로 하는 자 유권에 대한 실제적인 보장이 이루어지지 않고 있는 점이 언급되고 있다.

경제적·사회적·문화적 권리는 기본적인 의식주를 제공 받을 생존권, 사회보장권, 근로권, 직업 선택의 자유 및 교육받을 권리 등을 포괄하고 있는 바 북한 정부는 이러한 권리의 우선 실현을 강조하고 있으나 현실은 그렇지 못해 문제가 되고 있다. 북한은 최근의 심각한 식량난과 기아문제를 홍수와 가뭄 등 자연적 재해에 기인한 것으로 변명하고 있으나, 이는 북한체제의 비효율성과 폐쇄성에서 기인한 문제라고 보아야 하므로 북한의 식량난은 단순한 식량부족 문제가 아니라 인간의 기본적인 생존권의 문제 혹은 경제적 인권의 문제로 보아야 한다는 주장이 있다.

북한의 인권문제라고 할 때, 상기한 바와 같이 순수하게 북한 내에만 국한되는 속지적 성격을 갖는 인권문제뿐만 아니라 한국이나 일본, 중국, 러시아 등 외부세계와의 관련성을 갖는 인권문제들이 존재한다. 그러한 문제로서는 피랍된 동진호 선원 등 납북억류자 송환문제, 한국전쟁 시 억류된 국군포로의 인권 보호 및 송환 문제, 중국에 밀입국하거나 시베리아 벌목장을 탈출한 북한이탈주민의 인권보호문제, 북송재일교포의 인권문제, 남북이산가족 서신왕래 및 상봉문제 등이 있다.

토론하기

1. 인권 개념의 보편성과 특수성을 서구적·비서구적 맥락에서 설명하면 어떠한 가? 이에 대해 논의하시오.

2. 북한 주민의 인권개선을 위한 UN 등 국제사회의 노력을 설명하면 어떠한가? 그 의미와 한계를 중심으로 논의하시오.

정리하기

1. 인권라운드(HRR)란 무엇인가?

인권이 주권에 우선한다는 신국제주의 원칙 하에 국제 인권규범의 설정과 이에 따른 인권개선을 논의하기 위한 다자간 협상을 의미하며, 인권개선을 위한 수단으로 경제제재 등을 허용하고 있다. 국가마다 고유한 역사, 문화, 가치관을 가지고 있다는 사실은 어떤 이유로도 부인될 수 없다. 그러나 그렇기때문에 국가마다 다른 정치체제를 수립해야 한다는 주장은 엄밀히 말해서 아무런 논리적 근거가 없다. 다양한 역사적, 문화적 환경에 따라 형성된 다양한 민주주의 체제가 존재하고 있다. 그러나 그러한 체제의 다양성은 모두 민주주의 원칙이 정하는 경계 내에 존재하는 다양성이다. 인권라운드는 이러한 인권 개념의 보편성에 근거하고 있다.

2. 아시아적 인권 개념이란 무엇인가?

인권이 그 본질에 있어서 보편적이지만 국제적 규범의 설정이 역동적이고 진화중이라는 맥락에서 국가별·지역별 특성과 역사적·문화적·종교적 배경이 가지는 다양한 의미를 염두에 두고 인권을 이해해야 한다는 것이다. 아시아에서 인권은 부차적 가치이다. 물론 그 누구도 인권을 가치 없는 것으로 평가하지는 않으나 온갖 변명과 핑계로 인권은 늘 부차적 가치로 취급되고 있는 것이 현실이다. 물론 과거에 비해 인권이 신장된 것은 사실이지만 지금도 아시아의 곳곳에서 인권은 끊임없이 침해당하고 있다. 아시아의 인권이 문제가 되는 것은 경제성장에 자신감을 얻은 아시아의 일부 지도자들이 인권의 보편성을 부정하며 아시아에는 아시아에 적합한 '아시아적 인권'이 적용되어야 한다고 주장하고 있고 이러한 주장이 많은 아시아인을 유혹하고 있기 때문이다. 개인의 자유와 권리에 앞서 전체의 생존문제를 해결하는 경제발전이 더욱 중요하기 때문에 시민적 정치적 권리는 유보될 수 있다는 논리이다. 그러나 경제발전을 위해서 왜 인권이 반드시 제한되어야 하는지에 대해 아무런 설명도 하지 않으며 단지 자국의 '특수한 경험'만을 근거로 할 뿐이다.

3. 북한인권 유엔조사위원회(COI)는 어떠한가?

북한인권 유엔조사위원회(COI: Commission of Inquiry)는 북한의 인권문제를 조사하기 위해 사상 처음 출범한 유엔 차원의 공식기구로, 2013년 3월 21일 스위스 제네바에서 열린 유엔 인권이사회(UNHRC: United Nations Human Rights Council) 제22차 회의에서 이사국의 만장일치로 채택된 결의안을 바탕으로 구성되었다. 이 결의안은 유럽연합(EU)과 일본, 한국 정부가 공동제안하고 미국 등이 지지했다. 초대 위원장에는 마이클 커비 전 호주 대법관이 임명되었으며 북한인권특별보좌관 등 3명으로 구성된다. 이 위원회는 북한의 인권상황과 인권침해에 대해 1년간 활동하며 조사대상은 식량권 침해, 수용소 인권침해, 고문과 비인간적 대우, 자의적 구금, 차별, 표현의 자유 침해, 생명권 침해, 이동 자유 침해, 타국민의 납치와 실종 문제 등이다.

4부

'2045 한국의
외교독트린'을 위하여

I. 서론: 미국 대통령의 외교독트린에 대한 이해

최근 세계질서는 미국과 중국 간의 패권경쟁이 심화되고 있다. 동북아 지역질서는 냉전기 북방 삼각동맹(소련−중국−북한)과 남방 삼각동맹(미국−일본−한국)이 잔존하는 가운데 중·일 간의 세력다툼이 가속화되고 있다. 이와 함께 대만을 둘러싼 미·중 간 대결이 이 지역의 불안정성을 증폭하고 있다. 전세계적 차원에서의 미·중 간 세계 패권경쟁과 지역적 차원에서의 중·일 간 지역 패권경쟁이 동시에 진행되고 있다.

최근 미국의 세계패권 전략은 트럼프(Donald Trump) 대통령의 '가치의 진영화'에서 바이든(Joe Biden) 대통령의 '진영 내 네트워크화'로 이어지고 있다. 여기서 진영 간 대결이란 '미국중심 네트워크' 대 '중국 중심 네트워크'를 말하며, 미국 진영 내 네트워크화는 안보(QUAD), 경제(EPN), 정치(D−10), 정보(Five Eyes), 기술(가치)동맹 등으로 강화되고 있다. 바이든 행정부는 'America is back.'을 외치며 '동맹 중심 국제주의·다자주의·규범주의'를 표방하고 있다.

미국의 외교정책은 각 행정부의 정체성을 드러내며 대통령이 주도해온 것이 일반적이다. 특히 중요한 시점마다 미국 대통령의 외교독트린은 당시 국제관계에 직접적인 영향을 미치며 세계질서에 변화를 주기도 한다. 미국의 대통령 교리(doctrine)는 먼로 독트린(Monroe Doctrine)으로 시작되어 레이건 독트린(Reagan Doctrine)으로 끝난다고 한다. 하지만 최초의 미국 대통령 독트린을 말하자면 초대 대통령인 워싱턴(George Washington)이 "영구적인 동맹을 피하라"고 언급한 대국민 고별 연설을 들 수 있다. 이러한 '워싱턴 독트린(Washington Doctrine)'은 미국 대통령의 가장 오래된 교리이다. 또한 맥킨리(William McKinley)는 '개방정책(Open Door policy)' 즉 타국의 전쟁 중 무역 중립 원칙을 교리 삼아 대외정책을 수행한 바 있다. 이러한 교리들은 제안 시 독트린으로 언급된 것이 아니라 추후 하나의 외교 원칙으로 자리잡은 것이 대부분이다(Brands 2006, 1).

외교 교리 즉 독트린을 명명하는 문제도 대통령 재임 중 그 기여도를 고려하여 국무장관의 이름을 따는 경우가 많이 있었다. 때로는 예기치 못한 상황으로 달리 명명되는 경우도 있었다. 존슨 독트린(Johnson Doctrine)은 케네디가 독트린 주장 며칠 후 암살되지 않았다면 케네디 독트린(Kennedy Doctrines)이라고 불렸을 것이다. 대통령의 교리는 지역에서 세계에 이르기까지 그 적용 대상 지역이 다양하고, 일시적인 것에서 영구적인 것까지 그 적용 대상 기간도 다양하다. 먼로 독트린은 서반구에서 유럽의 영향력 확대를 경고했고, 이를 확대 주장한 루즈벨트 원칙(Roosevelt Corollary)은 유럽의 라틴아메리카 개입 시 이 지역에 대한 미국의 군사적 개입을 천명한 것이다. 아이젠하워 독트린(Eisenhower Doctrine)은 중동 지역에 대한 공산주의 침투를 막아내겠다는 의지 표현이었다. 카터 독트린(Carter Doctrine)은 이를 구체화하여 페르시아만 지역에 대한 소련의 팽창을 방어하겠다는 것이었다. 반면에 공산주의를 봉쇄하려는 트루먼 독트린(Truman Doctrine)과 레이건 독트린은 적용 대상 지역에 제한이 없는 전세계를 대상으로 한 독트린이었다. 이는 닉슨 독트린(Nixon Doctrine)도 마찬가지다(Brands 2006, 2).

　적용 대상 기간 면에서는 먼로 독트린이 최장수 독트린이라고 할 수 있다. 그 유지 여부에 있어서 현재로서는 논란의 여지가 있지만 1980년대 후반에는 정기적으로 인용되어 최소 160년의 수명을 유지했다고 평가받는다. 시어도어 루즈벨트(Theodore Roosevelt) 원칙은 그후 후버(Herbert Hoover) 대통령과 프랭클린 루즈벨트(Franklin Roosevelt) 대통령에 의해 거부되었다. 그러나 라틴 아메리카에 대한 미국의 개입 정책은 아이젠하워(Dwight Eisenhower) 대통령에 의해 은밀히 부활했고 존슨(Lyndon Johnson) 대통령에 의해 명백히 부활했다. 트루먼 독트린은 1950년대와 1960년대 초반에 영향력을 발휘했지만 베트남 전쟁 과정에서 어려움을 겪다가 닉슨의 데탕트(Détente) 정책으로 대체되었다. 이는 1970년대 말 신냉전의 도래와 함께 트루먼 독트린보다 공격적인 레이건 독트린으로 대체되었다. 이 또한 탈냉전 흐름 속에서 그 의미를 상실하였다. 아이젠하워 독트린도 오래가지 않았다. 중동에서 사실상 공산주의보다 아랍 민족주의가 서구의 이익에 대해 진정한 위협이었다. 존슨 독트린(Johnson Doctrine)은 냉전은 종식되었지만 그 정신은 여전히 미국의 쿠바에 대한 금수 조치에 남아있었다. 닉슨 독트린은 베트남 전쟁의 종식과 함께 길을 잃었다. 시기적 상황 변화가 독트린의 존재 의의를 결정해온 것이다(Brands 2006, 2).

각 대통령 교리는 미국 외교정책의 특정 목적을 분명히 해왔다. 이들 교리는 목적을 달성했는가. 먼로 독트린이 유럽인의 아메리카 대륙 개입을 막았는가. 트루먼 독트린이 공산주의의 확산을 예방했는가. 존슨 독트린이 제2의 쿠바를 미연에 방지했는가. 레이건 독트린은 아시아, 아프리카 그리고 라틴 아메리카에서 공산주의를 막고 민주주의의 확산을 가져왔는가. 그 인과관계를 규명하기는 쉽지 않다. 독트린 자체와 구체화된 정책 간의 괴리도 존재하기 때문이다. 대통령 자신의 권위에 따라 선언된 독트린이 국내 또는 국제적으로 법적 지위를 늘 갖는 것은 아니다. 아이젠하워 독트린의 경우 의회는 '중동 결의안 1957'이라는 명시적인 승인 요청을 받았고, 의회가 트루먼의 그리스와 터키 지원 요청을 승인했을 때, 이는 트루먼 독트린의 철학을 수용한 것이었다. 한편 여전히 적은 수의 대통령 독트린만이 국제적 정당성을 보유했다. 예를 들어, 먼로 독트린은 라틴 아메리카에서 상반된 반응을 불러일으켰으며 처음에는 유럽 강대국의 조롱 대상이었다. 닉슨 독트린은 동맹국을 포함한 국제적으로 경악을 불러일으켰다. 법적 뒷받침이 부족하다면 교리는 실질적 의미가 거의 없으며 비공식적·상징적 의미만 있을 뿐이다(Brands 2006, 3).

대통령 독트린의 가장 큰 효과는 몇 마디로 대내외적인 정책적 정체성을 확보하고 영향력을 행사하는 틀을 제시한다는 것이다. 거의 모든 독트린은 범퍼 스티커에 쓰여질 수 있는 문구였다. 먼로 독트린은 "손 떼!(Hands off!)", 루즈벨트 독트린은 "경찰 권력(police power)", 트루먼 독트린은 "봉쇄(containment)", 그리고 아이젠하워 독트린은 "중동 봉쇄(Middle East containment)"였다. 존슨 독트린은 "더 이상 쿠바는 없다(No more Cubas!)."였고, 닉슨 독트린은 오해의 소지가 있든 아니든 "베트남화(Vietnamization)"였다. 또한 카터 독트린(Carter Doctrine)은 "걸프 지역에서 손 떼!(Hands off the Gulf)"로 요약될 수 있다. 레이건 독트린은 냉전 초 "반공 강경책(rollback)"을 부활시켰다.

이러한 독트린에 대한 범퍼 스티커 접근 방식에 대해 부정적인 의견도 존재한다. 트루먼 독트린이 행정부 내에서 논의되고 있을 때, 케넌(George Kennan) 국무장관은 교리적 대응에 대해 경고했다. 그리스와 터키의 비상사태 시 케넌은 사례별로 정책을 만드는 것을 선호했다. 개별 사례에 대한 근거를 제시하고 세부 정책을 수립·시행하는 기회가 올 것이라고 주장했다. 하지만 케넌은 그 논쟁에서 졌다. 루즈벨트 독트린의 "경찰 권력(police power)"이라는 표현은 '미제국주의자'를 상징하는 말처럼 그것을 비난하려는 사람들에게 쉬운 표적이 되었다(Brands 2006, 3-4).

〈표 21〉 미국 대통령의 외교독트린(범퍼 스티커 문구)

대통령	범퍼 스티커 문구
James Monroe(5대; 1817-1825)	손 떼!(Hands off!)
Theodore Roosevelt(26대; 1901-1909)	경찰권력(Police Power)
Harry Truman(33대; 1945-1953)	봉쇄(Containment)
Dwight Eisenhower(34대; 1953-1961)	중동봉쇄(Middle East Containment)
Lyndon Johnson(36대; 1963-1969)	더 이상 쿠바는 없다!(No more Cubas!)
Richard Nixon(37대; 1969-1974)	베트남화(Vietnamization)
James Carter(39대; 1977-1981)	걸프지역에서 손 떼!(Hands off the Gulf!)
Ronald Reagan(40대; 1981-1989)	반공강경책(Rollback)

많은 논란에도 불구하고 대통령 교리(doctrine)는 정책을 더 높은 수준으로 끌어올리는 독특한 매력을 가지고 있다. 미국 대통령은 스스로를 정치가로 생각하고 세계지도자로서 합당한 독트린을 공표하고자 한다. 클린턴(William Clinton) 대통령은 이를 하지 못했지만, 부시(George W. Bush) 대통령은 전 세계적인 민주주의 촉진을 위한 '부시 독트린(Bush Doctrine)'을 공언했다. 이러한 미국과 같은 세계지도국의 세계관과 세계전략을 담은 독트린은 현존 국제질서 및 국제관계를 파악하고 전망하는 바로미터가 될 수 있다(Brands 2006, 4).

II. 냉전기(Cold War)까지의 미국 대통령 독트린 분석

1. 20세기 이전 독트린

1823년에 발표된 먼로독트린은 아메리카 대륙에 대한 유럽의 침략에 반대하는 성명으로 처음 구상되었으며, 이는 시어도어 루즈벨트 대통령 하에서 미국의 개입을 정당화하는 기반이 되었다. 이후 대공황과 제2차 세계 대전 중 프랭클린 루즈벨트 대통령은 불간섭 원칙을 받아들였다. 반면 냉전의 발발과 함께 국제적 요구에 대한 대응으로 과테말라, 쿠바, 도미니카 공화국 및 칠레와 같은 국가에 대한 일련의 새로운 개입으로 이어졌다. 다양한 버전의 먼로독트린이 미국 정책 입안자들에게 일관되게 국가의 전략적·경제적 이익으로 삼은 것을 구현하기 위한 수단으로 활용되었다(Gilderhus 2006).

먼로독트린은 나폴레옹전쟁 종식 후 유럽정치의 긴급성에 대응하기 위해 등장했다. 세계를 다시 과거로 돌리려는 노력 속에 강대국들인 오스트리아, 프러시아, 러시아, 영국은 1815년 파리조약에 의거하여 4국동맹을 맺고 평화, 질서 및 현상유지를 도모했다. 이는 3년 후 부르봉왕가가 부활한 군주제 국가인 프랑스를 받아들여 5국 동맹이 되었다. 당시 라틴 아메리카의 독립전쟁은 많은 사람에게 큰 관심을 불러일으켰고, 1823년 스페인 아메리카에서 스페인 군대의 패배와 축출은 새로운 시대를 열었다. 결과적으로 먼로 대통령은 아르헨티나, 페루, 콜롬비아, 그리고 멕시코와 다른 라틴아메리카 국가에 대한 외교적 인식을 확장했다.

먼로독트린은 1823년 12월 2일에 미국의 제5대 대통령 제임스 먼로가 의회에 제출한 연두교서에서 밝힌 외교교리이다. 그 주요 내용은 유럽과 아메리카 대륙 간에 상호 불간섭을 원칙으로 하는 외교적 고립정책을 일컫는다. 이는 유럽 국가에 의한 아메리카 대륙에 대한 식민지 건설을 배격한다는 것이다. 이 독트린으로 인해 라틴아메리카 국가는 미국으로부터 독립을 인정받았으나 동 지역 내 질서가 미국 주도하에 일방적으로 재편되는 문제도 있었다. 1808년 나폴레옹의 스페인 침공 후 라틴아메리카 국가들은 독립투쟁에 나섰으며 1820년대 들어 대부분의 국가가 독립을 쟁취했다. 이에 스페인과 포르투갈은 라틴아메리카의 식민지 회복을 위해 유럽국가로부터 도움받기를 원했다. 당시 빈체제의 시작으로 결성된 동맹국들이 라틴아메리카의 식민지를 회복시킬 의도가 있다고 발표하자, 미국은 유럽이 아메리카에 식민지를 회복할 경우에 미국이 전쟁에 휘말릴 수 있다고 판단하여 거부감을 드러냈다.

먼로독트린은 유럽국가들에게 "아메리카를 떠나라"는 경고였다. 하지만 당시 미국은 군사력이 약했기 때문에 국제사회에서 무시되었다. 먼로독트린에 대한 유럽의 심각한 도전은 미국 남북전쟁 시에 발생했다. 당시 멕시코는 19세기 후반에 혁명과 내전으로 경제가 악화되자 1861년에 외채상환을 중지하였다. 프랑스는 스페인, 영국과 함께 멕시코 정부를 압박하며 채무 상환 협상을 진행했고 영국은 멕시코와 합의 한 후 다음 해에 철수했다. 그러나 프랑스군은 멕시코시티를 점령한 후 멕시코 제1제국을 건설했다. 1865년 남북전쟁을 끝마친 미국은 먼로주의를 재차 확인하며 프랑스에 강력히 항의하였고 멕시코를 지원했다. 결국, 프랑스는 1866년에 멕시코에서 철수했다 (Gilderhus 2006).

먼로독트린은 미국 외교상 가장 오래 지속된 대통령 외교독트린이다. 후에 먼로독트린으로부터 유래한 '루즈벨트 원칙(Roosevelt Corollary)'은 미국이 라틴아메리카에 군사적으로 개입하여 이 지역에 유럽의 영향력이 확대되는 것을 막고 자국의 영향력을 키우는 근거가 된다. 1904년 12월 의회에 보낸 연례 메시지에서 루즈벨트 대통령은 강제와 개입의 근거를 제시하며 유럽의 개입 위협을 막아야 할 미국의 책임을 확인했다. 이는 한동안 대다수의 미국인들에게 잊힌 먼로독트린이 다시금 부활했다는 데 가장 큰 의의가 있다(김봉중 2016).

2. 20세기 전반 및 냉전(Cold War)기 독트린

1904년 12월 6일자 연례 메시지에서 루즈벨트(Roosevelt)는 새로운 원칙을 선언했다. 그의 외교원칙은 유럽 열강의 라틴아메리카에 대한 개입을 막아내기 위해 미국이 유일한 경찰 역할을 수행한다는 것이다. 먼로독트린의 정신을 공격적으로 계승한 것이다. 루즈벨트 원칙(Roosevelt Corollary)은 미국 제26대 대통령 시어도어 루스벨트가 제2차 베네수엘라 위기 이후인 1904년에 먼로주의를 수정한 것이다. 먼로주의는 원래 유럽 열강이 아메리카 대륙 문제에 개입하지 않고 동시에 미국 역시 유럽 및 유럽의 식민지 문제에 개입하지 않는다는 상호불간섭주의이다. 그러나 미국이 유럽 문제에 신경을 끈다고 아메리카 대륙에 대한 유럽의 영향이 사라지는 것은 아니었다. 그것을 단적으로 보여준 사례는 각각 영국과 독일이 일으킨 제1, 2차 베네수엘라 위기였다. 또한 루즈벨트는 당시 유럽 국가가 아메리카 대륙의 식민지를 포기할 경우 그것을 접수하는 나라는 미국이 되어야 한다고 주장했다. 이러한 기조는 루즈벨트 이후 미국이 강한 국력을 갖춘 뒤 라틴아메리카에 대한 미국의 간섭으로 지속되었다. 이는 먼로주의를 제국주의적으로 수정한 것이며, 오늘날까지 지속되는 미국의 세계경찰 행세의 역사적 기원이 된다. 루즈벨트 원칙은 미국의 라틴 아메리카에 대한 의로운 가부장적 태도를 표방한다(Ricard 2006).

윌슨주의(Wilsonianism/Wilsonism)는 1918년에 미국의 제28대 윌슨(Woodrow Wilson) 대통령이 제창한 외교정책 혹은 이데올로기를 일컫는다. 윌슨주의는 미국이 경찰국가의 역할을 해오는데 정당성을 부여해왔다. 민족자결주의를 표방하는 윌슨주의는 이상주의라는 폄훼에도 불구하고 인간 존엄성의 가치와 그 확산을 중요시한다는 점에서 그 의미가 있다. 이 이념은 레닌주의와는 상반되며 오늘날 미국의 신보수주의와 유사한 주장을 담고 있다. 윌슨 사상의 핵심 주장은 "우리는 민주주의를 옹호하며 민주주의를 확산시켜야 한다. 우리는 자본주의를 옹호하며 자본주의를 확산시켜야 한다. 우리는 폐쇄주의에 반대하며 타국의 문제에 끊임없이 개입해야 한다. 우리는 더 나은 민족 자결과 국익을 위하여 타국에 대한 개입을 멈추면 안 된다."라는 말에 담겨 있다.

1947년 3월 트루먼 독트린(Truman Doctrine)은 소련의 침투를 두려워하는 유럽 전역에서 미국의 냉전 정책을 뒷받침했다. 공산주의 도미노 현상에 대한 미국 행정부의 우려가 외교정책에 반영된 것이다. 이러한 트루먼 독트린은 21세기 반테러리즘을 선언한 부시 독트린에 투영되었다. 당시 트루먼 대통령은 두 가지 삶의 방식 중에서 하나를 선택해야 한다고 선언했다. 하나는 다수의 의지에 기초하고 자유로운 제도와 대표자에 의해 구성되는 정부, 자유 선거, 개인의 자유 보장, 언론 및 종교의 자유 보장, 각종 억압으로부터의 자유 등에 근거한 삶의 방식이며, 다른 하나는 소수의 의지에 따라 다수에게 강제로 부과된 삶의 방식이라고 말했다. 그리스와 터키가 무너지면 "혼란과 무질서가 중동 전역으로 퍼질 수 있다"는 우려 속에서 미국의 의지를 천명한 것이다(Merrill 2006).

그러나 트루먼 독트린의 가장 두드러진 특징 중 하나는 전략적 비전의 부재였다. 트루먼 행정부는 처음에 개입주의 정책을 선택적으로 적용했다. 유럽 이외의 지역인 그리스에서 그리스 정부를 지원하지만 미국의 개입을 제한하려 했다. 하지만 중국의 내전 발발 이후 냉전이 심화되면서 1950년 6월 한국 전쟁이 발발하자 트루먼의 봉쇄 논리는 제3세계에 대한 미국의 개입을 증가시켰다. 이 단계에서 냉전은 대부분 오늘날의 테러와의 전쟁과 유사한 양상을 보였다. 트루먼 독트린은 역사의 전환점일 뿐만 아니라 역사에서 한 자리를 차지한다고 할 수 있다. 이는 미국의 외교정책을 국제주의로 이끈 이정표인 것이다. 1947년 3월에 트루먼 대통령은 전쟁으로 인한 미국민의 불안을 언급하며 가장 두려운 것은 공산주의라고 트루먼 독트린을 정당화했다. 이는 9.11 테러의 그늘 하에 수행된 21세기 미국의 외교정책과 맥을 같이 한다.

1957년 아이젠하워 독트린(Eisenhower Doctrine)은 중동에서 공산주의의 확산을 막기 위해 필요한 경우 군사력을 사용한다는 것이다. 이는 미국이 중동의 안정과 안보에 영향력을 행사하려는 새로운 차원의 결의라고 할 수 있다. 아이젠하워 대통령은 미국이 중동 문제에 개입할 것이라는 의지를 천명했고 이를 미국의 책무로 받아들였다. 미국이 공산주의의 확산을 막기 위해 경제 원조, 군사 원조 및 군사력을 사용하고자 한다는 것이다. 아이젠하워 독트린은 중동에 대한 미국의 개입이 증가하면서 만들어졌다. 제2차 세계대전 이후 몇 년 동안 미국 안보전문가들은 중동이 안보 및 정치·경제적 이유로 중요하다고 생각하고, 쇠락하는 패권국인 영국의 영향력 감소 후 이 지역에 대한 숙적 소련의 관심과 간섭을 사전에 차단하고자 했다. 따라서 1950년 이후 미국은 점진적으로 소련보다 먼저 중동의 권력 공백을 메우고자 했다(Hahn 2006).

아이젠하워 독트린은 반소비에트적 반공주의 의지를 천명한 것이나 아랍 민족주의와 반(反) 서구주의라는 아랍 국가의 저항에 직면하게 된 계기가 되었다. 미국은 이 교리를 통해 중동을 보호하려 했으나 아랍 국가들은 이 교리를 싫어했다. 대통령은 이 교리에 대한 의회의 승인을 얻었지만 아랍인을 설득하는 데 어려움을 겪었다. 아이젠하워 독트린은 미국이 이후 수십 년 동안 중동을 미국의 사활적 이익이 걸린 지역으로 규정하는 시발점이 된 것이다.

아이젠하워 대통령은 8년 동안 중도적 합의 노선을 지향하면서 대내외 정책을 수행했다. 아이젠하워의 대외정책은 크게 두 가지 축이다. 하나는 소련과의 냉전이 심화되면서 군사주의적 경향이 강화된 것이고, 다른 하나는 국제 사회의 새로운 세력으로 등장한 신생국가의 민족주의적 운동에 대응하는 것이다. 그러한 시대적 요구에 부응하여 아이젠하워 정부는 필요한 대외정책의 교리를 개발할 필요가 있었고 그 결과물이 뉴룩(New Look) 정책과 아이젠하워 독트린이었다. 첫 번째 임기의 대외정책 기조는 뉴룩 정책이고, 두 번째 임기의 기조는 아이젠하워 독트린이었다. 당시 기존의 봉쇄 개념을 수세적인 것으로 파악하여 보다 공세적이고 강화된 봉쇄 전략을 구사했던 것이다. 이는 자유세계 방어라는 도덕적 책무를 실행한다는 명분을 내세워 다양한 패권적 개입정책을 전개함으로써 지속적으로 제3세계와 갈등을 유발하는 계기가 되었다. 결국 아이젠하워 독트린은 냉전을 고착화시켰던 것이다(권오신 2005).

냉전기 미국 사회 내 대외정책의 두 가지 기조 논쟁이 있었다. 하나는 소위 '베트남신드롬'을 언급하고 1970년대 중후반 베트남전쟁을 약소국에 대한 잘못된 내정간섭으로 반성하면서 제3세계의 정치적 독립성을 존중하고 직접적 개입을 자제하려는 정책노선이며, 다른 하나는 이를 패배주의적이고 비도덕적인 것이라 간주하고 단호히 반대하면서 독재체제에 대한 지원이나 군사적 수단을 사용해서라도 더 적극적으로 개입해야 한다는 강경한 반대 노선인 커크패트릭 독트린(Kirkpatrick Doctrine)이다(박인숙 2009). 이는 미국 네오콘(Neo-Conservatism; Neocon)의 대모인 유엔 대사를 지낸 진 커크패트릭(Jeane Kirkpatrick)이 미국의 국익에 부합하다면 독재정권과도 손잡을 수 있다고 주장한 것이다.

3. 긴장완화(Détente)기 독트린

미국의 37대 대통령인 닉슨(Richard Nixon)이 1969년 7월 25일 괌에서 발표한 외교정책 선언을 닉슨 독트린(Nixon Doctrine) 혹은 괌 독트린(Guam Doctrine)이라 일컫는다. 이후 닉슨독트린은 1970년 2월 의회에 보낸 외교교서를 통해 세계에 공포되었다. 1969년에 출범한 닉슨 행정부는 베트남 전쟁으로 인해 균열된 대외정책에 대한 국내적 합의를 형성하기 위해 새로운 대외정책 기조를 모색하였고 그 결과물이 닉슨독트린인 것이다. 그 핵심적 내용은 "미국은 아시아 여러 나라와 조약상 약속을 지키지만, 핵무기에 의한 위협의 경우를 제외하고는 내란이나 침략에 대하여 아시아 각국이 스스로 협력하여 대처하여야 한다. 미국은 '태평양 국가'로서 역내 중요한 역할을 지속하지만, 직접적인 군사적 개입은 자제하며 자주적 의사를 가진 아시아 각국의 행동을 측면 지원한다. 아시아의 각국에 대한 원조는 경제 중심으로 하며 미국의 과중한 부담을 피한다." 등이다. 즉 미국이 아시아에서 직접적인 출혈을 더 이상 할 수 없다는 것이다.

닉슨독트린 공표 이후 미국은 동아시아 동맹국의 방위에 대하여 보다 축소된 역할을 모색하고자 했다. 우선 역내 각 동맹국에 주둔하고 있는 미군 규모를 기존 동맹국의 국방력의 증대와 연계시켜 감축하려 했다. 따라서 미국은 베트남으로부터 미국 지상군을 철수시키면서 동시에 남베트남의 자체 국방력을 강화하려 했다. 한편 미국은 닉슨 독트린을 한국에 적용하고자 했다. 이러한 논리에 따라 닉슨 행정부는 주한 미군의 감축과 한국의 자주국방력 증대를 병행 추진했다. 닉슨 독트린은 냉전 전략을 수행함에 있어 유럽과 동아시아 지역에 대해 미국이 이전과 같은 적극적 역할을 맡기는 힘들다는 판단을 전제로 한 것이었다. 이러한 닉슨 행정부의 대아시아 정책은 미국의 소극적인 역할을 강조하는 방향으로 구체화되었다.

1970년대 한국은 닉슨독트린으로 인해 외교안보 전략에 일대 전환기를 맞이하게 되었다. 당시 박정희 대통령의 핵무기 개발 계획은 닉슨독트린에서 비롯된 것이었다. 닉슨 독트린으로 인해 주한미군 7사단 2만여 명이 철수했고 이에 당황한 박정희 대통령은 독자 핵무장을 서두르게 된 것이었다. 큰 틀에서 보면 닉슨독트린은 기존의 냉전구도에서 외교의 새로운 패러다임을 제시하려는 닉슨의 의지가 담긴 것이다(김봉중 2010). 하지만 수년 후 카터 독트린(Carter Doctrine)은 1980년 1월 23일에 전 미국 대통령이었던 지미 카터(James Carter)가 선언한 정책인데, 페르시아만에서 미국의 국익을 위해 필요하다면 군사적인 조치를 취하겠다는 내용을 담고 있다. 1979년 소련의 아프가니스탄 침공 이후 카터 행정부 대외정책의 대전환을 보여준 것이었다.

4. 신냉전(New Cold War)기 독트린

레이건 독트린(Reagan Doctrine)은 레이건(Ronald Reagan) 행정부가 추진한 공산주의 세력에 대한 강력한 압박정책으로 다수의 공산주의 국가에 대한 민주화 지원을 그 내용으로 한다. 레이건 독트린이 결국 1980년대 말에 소련과 공산주의 세력을 몰락시켰다고 말하나 이는 사실상 공산주의의 실패라고 주장할 수 있다. 레이건독트린의 핵심 내용은 반소연합을 결성하는 것이고 미국의 대아시아 불개입 정책에 종지부를 찍는 것과 다름없다. 소련이 어떠한 형태의 도발을 하든 미국은 거기에 대처할 만반의 준비를 갖추어야 한다는 것이다. 레이건 행정부의 이러한 전략은 1983년 전략방위구상 (Strategic Defense Initiative: SDI)에 담겨져 있으며 이는 스타워즈(Starwars) 계획이라고도 불리며 적국의 핵미사일을 요격하고자 하는 구상이다. 우주공간에서 레이저나 입자빔 인공위성과 같은 첨단 우주 장비를 배치하여 소련의 미사일을 우주공간에서 격파할 수 있다는 계획으로, 미사일 기지에서 발사되어 추진체와 탄두의 분리 전에 요격하는 초기요격(Primary Defense), 우주공간을 날아오는 동안에 요격하는 중도요격(Mid-course Defense), 그리고 미국 본토 상공에서 요격하는 종점요격(Terminal Defense) 등으로 구성된다.

III. 탈냉전(Post-Cold War)기 미국 대통령 독트린 분석

부시 독트린(Bush Doctrine)은 2001년 부시(George Walker Bush) 대통령의 대외정책을 말하며 9.11 테러 이후 선제공격전략을 일컫는다. 테러리스트들을 지원하는 국가나 단체를 잠재적 공격대상으로 삼는다는 것으로, 그 주요 내용은 테러리스트들을 보호하는 국가는 이들을 인도할 것인지 아니면 그들과 운명을 같이 할 것인지 판단해야 한다는 것이다. 이는 미국의 아프가니스탄 침공을 정당화하였고, 대량살상무기를 보유하고 사용할 수 있는 테러리스트나 불량국가에 대한 억지전략이 효과가 없었기 때문에 그 위협에 대해 선제공격을 통하여 위험을 제거해야 한다는 것이다. 이는 미국의 전략이 '소극적 억지'에서 '적극적 공세'로 바뀜을 의미한다. 이를 근거로 하여 미국은 이라크 전쟁을 일으킨 셈이다. 이러한 부시의 전략이 세계경찰을 조직하여 글로벌 테러조직을 분쇄하고 세계안보체제를 구축하자는 점에서 과거 루즈벨트 대통령이 수립했던 세계전략과 유사하다고 말할 수 있다(최정수 2006).

2017년에 출범한 트럼프 행정부는 트럼프 대통령이 대선후보 시절에 언급한대로 시리아 내전은 미국의 문제가 아니고 러시아는 친구이며 중국은 적이라고 규정했다. 그는 임기응변식 대외정책을 수행하여 혹자는 트럼프 독트린은 없다고 평가하기도 한다. 이는 "우리의 결정은 우리의 가치와 목표에 따를 것이며, 너무나 자주 의도치 않은 결과를 불러오는 경직된 이데올로기의 길은 거부할 것"이라는 그의 말에 잘 담겨져 있다. 트럼프 대통령 본인의 성격을 드러내는 '예측불가능하고, 즉흥적이며, 통제할 수 없는' 결정만이 있을 뿐이라고 이를 폄훼하는 전문가들이 많이 있다. 반면에 뚜렷한 기준에 얽매이지 않고 상황논리에 충실한 그의 판단이 미국의 새로운 리더십을 보여주었다는 평가도 있다.

트럼프 독트린을 말하자면 트럼프 행정부의 「국가안보전략 2017」의 내용을 들 수 있다. 이는 '힘을 통한 평화'를 추구한다는 점에서 전형적인 현실주의적 접근을 취하고 있다. 국제관계에서는 오직 자국의 힘만이 생존을 보장하고 국익을 지켜준다는 현실주의적 인식이 트럼프 행정부 국가안보전략의 기초를 이루고 있다. 이는 전임 오바마 정권이 군사력을 경시하는 자유주의적 정책을 추진한 결과 미국의 군사력이 러시아나 중국 같은 경쟁국에 대해 확실한 전략적 우위를 유지하지 못하고 있다는 인식에 근거한다. 이는 '공세적 현실주의'와 맥을 같이한다. 하지만 트럼프 정부의 안보전략은 세계 도처의 분쟁에 적극 개입하거나 민주주의 가치 확산을 추구하는 자유주의적 국제주의와는 확실하게 다른 현실주의적 국제주의 입장이다. 예를 들어, 국익을 위해 인도-태평양 같은 지역에 개입하더라도 미국의 군사력이나 재정에 주는 부담은 최소화하겠다는 것이다. 이는 '힘을 통한 평화'라는 현실주의를 추구하면서도 일방주의보다는 제한적 국제주의가 미국의 이익에 부합한다는 트럼프식 현실주의적 국제주의를 대변한다(서재정 2003).

IV. 미국 외교정책 독트린에 대한 평가: 활용과 남용

미국의 대통령 독트린은 외국 문제에 대한 군사적 개입 반대에서 개입으로의 흐름의 변화를 담고 있다. 워싱턴 대통령은 1796년 고별 연설에서 미국인들에게 어떤 국가와도 '영구적인' 동맹을 맺지 말라고 조언했다. 해밀턴(Alexander Hamilton)의 조언에 따라 워싱턴은 미국이 때때로 '임시' 동맹을 필요로 할 수도 있음을 인식했지만 전반적으로 그는 다른 나라와의 동맹을 두려워했다. 외국 문제의 개입이 새로운 독립국인 미국이 유럽과의 전쟁을 야기할런지 모른다는 두려움 때문에 워싱턴은 미국이 세계 문제에 개입하지 않도록 분쟁에 관여하지 말라고 조언했다. 외국 간섭을 방지하라는 워싱턴의 조언에 따라 제임스 먼로는 최초의 미국 외교 정책을 발표했다. 1823년에 먼로는 국무장관인 애덤스(John Quincy Adams)의 조언에 따라 앞으로 서반구는 유럽의 식민 지배를 받지 않을 것이라고 선언했다. 미국은 기존의 유럽 식민지에 간섭하지 않을 것이며, 서구열강이 아메리카 대륙에 개입하는 것도 용납하지 않겠다는 의지를 피력했다(Walling 2016, 1).

독립 선언의 관점에서 더 문제가 되는 것은 1904년 시어도어 루즈벨트의 외교지침이다. 미국은 라틴아메리카에 서구열강이 개입하여 이웃 국가들이 이들 지배하에 놓이는 것을 원치 않았다. 일종의 불간섭 원칙을 천명한 '좋은 이웃' 정책을 수립했다. 그러나 제2차 세계대전으로 인해 미국은 불간섭이라는 오랜 미국 외교전통에서 벗어나야 했다. 아울러 가장 저렴한 비용으로 전쟁에서 승리하려면 영국 및 소련과 동맹을 결성해야 했다. 전쟁을 일으킨 세력이 살아남는다면 세계는 평화롭게 유지될 수 없기 때문에 미국은 세계 문제에 개입하게 되었다. 소련에 대한 두려움 때문에 패전국들은 미국의 후견을 기꺼이 받아들였다. 미국은 독일과 일본이라는 이전의 적들을 무역 상대국 및 장기적인 동맹국으로 탈바꿈시킨 것이다(Walling 2016, 3).

냉전기에는 트루먼 독트린, 닉슨 독트린, 카터 독트린, 레이건 독트린과 같은 고유한 교리가 있었다. 1947년에 트루먼 대통령은 앞으로 미국이 소련과 다른 공산주의 세력에 의한 외부 침략과 내부 전복에 맞서 자유민들을 도울 것이라고 발표했다. 1969년에 닉슨 대통령은 소련과 그 동맹국을 도처에 봉쇄하는 것은 미국의 과도한 개입이라는 점을 인식하고 앞으로 미국이 동맹국에 대해 외부 침략에 대한 확장 억제를 위해 핵우산을 제공할 것이라고 발표했다. 내부 및 외부 적과 싸우는 국가에 대해 재정적 및 군사적 지원을 제공할 수 있지만 자국의 안보를 위해서는 그 부담을 져야 한다는 것이었다. 카터 대통령은 말 그대로 카터독트린을 통해 '재탄생했다'. 그는 소련과의 긴장완화를 확대하고 심화하면서 대통령 임기를 시작했지만 소련의 아프가니스탄 침공으로 인해 소련이 페르시아만으로 확장하는 것을 미국의 사활적 이익에 대한 위협으로 간주한다고 발표했다. 그래서 그는 이 불안정한 지역에 대한 재래식 위협에 대응하는 동시에 아프가니스탄에서 반군이 소련과 싸울 수 있도록 은밀한 지원을 시작했다. 레이건 대통령은 소련이 베트남에서의 대리전에서 미국을 피 흘리게 했다면 미국은 아프가니스탄 및 기타 지역에서 이미 군사적, 경제적으로 과도하게 확장된 소련을 피 흘리게 한다는 것이다(Walling 2016, 4).

현명하게도 부시(George H.W. Bush) 대통령은 카터 독트린(소련이 아닌 이라크에 반대)을 수행했지만 1991년 쿠웨이트에서 이라크를 축출하는 데 합의했고 이라크의 정권교체를 초래했을 수도 있는 점령 책임을 거부했다. 그러나 9.11 테러 이후 그의 아들인 부시(George W. Bush) 대통령은 미국이 테러리스트를 지원하거나 대량 살상무기를 구하는 것으로 보이는 국가에 대해 예방전쟁을 벌일 것을 공언했다. 필요한 경우에는 동맹국이나 유엔의 승인 없이 할 수도 있고, 불량국가의 지도자를 제거한 후 새로운 민주주의 체제를 구축하는 것을 목표로 한다는 것이다. 이론적으로 정권교체는 더 평화로운 세상을 만들고 (민주주의 국가들은 서로 전쟁을 하지 않는다고 가정하기 때문에) 많은 사람들을 모스크와 더 나아가 가장 급진적인 이슬람 버전으로 몰아가는 폭정을 제거할 것이라고 한다. 물론 실제는 이론과 근본적으로 다르다. 불량 국가를 제거하면서 미국은 이라크와 아프가니스탄에서 지속적으로 실패한 국가를 생산한 면이 있다. 한편 이란에 대항하는 유용한 지정학적 균형추였던 이라크는 이제 이란의 영향을 많이 받고 있으며, 이는 페르시아만 전역에서 수니파 주도 정권을 경악하게 만들고 이란과 사우디아라비아 간 냉전을 초래했다.

부시독트린의 엄청난 실패는 오바마 행정부에서 부시의 정책에 상당한 반발을 불러일으켰지만 오바마(Barack Obama) 대통령은 공식 독트린을 발표하는 것을 피했다. 그러나 사실은 오바마 행정부조차도 외교 교리를 가지고 있었다. 그것은 부시독트린에 가까운 것이었고, 부시 독트린의 잘못된 전제를 바꾸지 않았다. 사실상 그는 부시독트린을 실행하는 전략만을 바꾸었다. 오바마 대통령은 미군이 끝이 보이지 않는 수렁에 빠지는 것을 꺼리며, 직접적 군사 개입에서 간접적 군사 개입으로 전환했다. 이라크와 아프가니스탄에서 미군 개입을 축소하면서 오바마 대통령은 2011년 리비아에서 무아마르 카다피 정권을 축출하려는 영국과 프랑스를 지원했다(Walling 2016, 5-6).

미국이 이 모든 개입을 통해 정확히 무엇을 얻었는가. 폭정에 대한 실질적인 대안은 종종 자유가 아니라 무정부 상태이지 않은가. 이슬람 국가는 정권교체에 대한 미국의 지원으로 인해 발생하는 혼란을 이용하여 시리아, 이라크, 리비아, 이집트, 아프가니스탄 및 기타 지역으로 영향력을 확산했다. 미국이 국가 건설을 해준다는 것은 사실상 어려운 일이다. 미국이 중동의 다양한 인종 및 종교 그룹과 함께 그러한 노력을 할 정당성을 갖고 있다고 말하기도 어렵다. 다른 이슬람교도만이 그렇게 할 수 있는 것이다(Walling 2016, 6). 오늘날 미국이 중동에서 직면한 문제가 미국 정치지도자들의 형편 없거나 무모한 전략에서 비롯된 것이라는 주장이 있다. 미국 정부가 다른 나라의 국민을 위해 다른 나라의 정부를 선택하는 것은 미국의 권리가 아니라는 것이다. 한마디로 말하면, 미국이 뜻 한대로 세상을 강제로 변화시키려는 것은 미국의 국익에 최선이 아닐 수 있다는 것이다.

과거에 비추어보건대, 미국의 노력의 결과는 자유가 아니라 이슬람국가(IS) 지지자와 같은 극단주의자들이 번성할 수 있는 일종의 무정부 상태가 될런지 모른다. 아사드 정권이 아무리 가증스럽더라도 IS와 같은 극단주의자들은 아사드를 제거하는 미국의 모든 지원에 감사할 것이다. 그리고 모든 것이 끝나고 나면 이 지역에서 미국의 영향력은 오히려 작아질 뿐이다. 미국은 석유의 자유로운 흐름을 확보해야 하고 사우디와 이란의 대리전이 더 이상 확대되지 않도록 막아야 한다. 미국의 목표가 중동 전역의 정권을 제거하고 교체하는 것이라면 이는 지속할 수 없는 대가로 실패할 운명이다. 미국은 이미 중동 지역에 대한 충분한 영향력을 확보하고 있다.

그동안 미국 대통령 독트린의 핵심적 내용은 대부분 외국 문제에 대한 미국의 개입과 관련한 것이었다. 이는 미국의 세계전략과 연관된 것이고 특히 미국이 패권국으로서 활동한 제2차 세계대전 이후 미국의 각 행정부는 외교독트린을 통해 세계질서를 이끌어왔다. 현직 대통령은 외교독트린을 통해 대내외적인 외교정책적 정체성을 확보하고 영향력을 행사하는 틀을 제시하는 것이다.

V. 결론: 한국 외교에 주는 함의

패권국, 강대국의 외교독트린은 국제사회에 파급효과가 있으나 중견국의 외교독트린은 별로 주목을 못받는다. 단지 패권국이 만든 세계질서에 부합하는 혹은 저항하는 맥락의 의사표명을 보여줄 뿐이다. 변화하는 세계질서 속에서 우리는 지난 유엔체제 75년 동안 어떠한 외교적 입장을 대외적으로 독트린 형식으로 피력했던가. 이를 언급하면 우선 독립 후 이승만 정부의 한미상호방위조약 체결을 들 수 있다. 이는 독립 후 한국이 자유진영의 일원으로 국제체제에 편입됨을 의미한다. 한국의 외교적 정체성을 전세계에 선언한 것이나 다름없다.

사실상 첫 번째 한국의 외교독트린으로 평가될 수 있는 것은 1973년에 발표된 6.23 평화통일외교정책선언이다. 이는 미국의 닉슨독트린 이후 데땅트 시대의 도래와 함께 적대적 남북한 관계를 개선하고자 하는 한국 정부의 의지의 표현이었던 것이다. 하지만 당시 박정희 대통령을 비롯한 참모들이 적극적으로 교착 상황인 남북관계를 풀어보고 공산권국가들과의 관계 개선을 추진하겠다는 태도 변화를 보였다기에는 한계가 있다. 이러한 한계에도 불구하고 남북한 외교경쟁의 위기상황에서 나온 6.23선언이 한국외교의 체질 개선의 계기가 되었고, 중장기적으로는 한국 외교정책의 전환점으로 작용했다고 할 수 있다(신종대 2019).

이후 탈냉전기의 도래와 더불어 노태우 행정부는 구 사회주의권 국가와의 국교정상화와 경제교류를 천명하는 북방외교정책 선언을 했다. 이는 미·소 냉전적 갈등 구도가 와해된 후 동서체제의 붕괴와 함께 양 진영 간 교류협력이 활성화된 것과 때를 같이 한다. 이는 1988년 서울 하계올림픽게임 개최, 1991년 한국의 유엔가입과 더불어 한국 외교에 한 획을 긋는 큰 사건이었다.

〈표 22〉 한국의 대통령 독트린

대통령	주요 외교선언
이승만, 1953.10.1	한미상호방위조약 체결
박정희, 1973.6.23	평화통일외교정책선언
노태우, 1988.7.7	북방외교선언
노무현, 2005.2-3	동북아균형자론

한편 한국 외교는 21세기 초 노무현 정부의 등장과 함께 새로운 지평을 열어갔다. 동북아의 평화번영과 동북아중심국가를 지향하는 노무현정부가 출범하면서 내놓은 대북정책과 외교전략의 특징은 크게 두 가지다. 하나는 화해협력 단계와 평화체제구축 단계 등을 설정한 김대중정부의 햇볕정책의 기조와 방향을 계승하면서 화해협력을 넘어서는 평화와 번영이라는 목표를 설정한 것이다. 다른 하나는 남북협력의 범위를 한반도에서 동북아 공간으로 확장시키며, 평화의 문제도 한반도를 넘어 동북아시아 차원의 냉전 해체로 확대시키고 있다는 것이다. 한반도의 냉전해소 등 남북한 평화번영정책이 동북아중심국가(동북아경제중심)론과 연계되어 있음을 알 수 있다. 이는 한반도 냉전해소 및 남북 화해협력을 그 자체로서뿐 아니라 한반도와 동북

아시아 차원의 지역협력, 나아가 다자안보적 질서를 통해 발전시켜나가겠다는 것이다. 2005년 2월의 동북아균형자론은 노대통령의 외교독트린으로 6자회담을 통한 평화적·외교적인 북핵문제 해결, 한국의 주도적 역할에 대한 동의, 북한의 핵포기와 미국의 대북 안전보장 제공 등을 내용으로 한다. 노무현구상은 핵문제 해결의 주도적 역할을 통해 한반도 평화를 핵심요소로 하는 '평화와 번영의 동북아시대'를 열어가겠다는 것이었다. 노무현 정부의 자주국방이 박정희식과 어떻게 구별되는지 분명치 않은 것과 마찬가지로 이 선진경제론이 박정희식 근대화와 어떻게 차별화되는지 의문을 갖게 한다(강태호 2006).

오늘날 국제질서는 미·중 간 세력전이 양상과 중·일 간 세력전이 양상이 진행되고 있다. 문제는 이러한 이중적 세력전이 상황에서 어떠한 결과가 발생하느냐 하는 점이다. 첫 번째 시나리오는 세계질서의 안정성이 동북아 지역질서의 불안정성을 억지(deterrence)하여 중·일 간의 관계를 관리하는 경우이다. 이러한 상황하에서 미국, 중국, 일본은 현상유지 정책을 택하게 될 것이고 동북아 질서는 안정적인 모습을 보일 것이다. 두 번째 시나리오는 동북아 지역질서의 불안정성이 세계질서의 안정성을 압도하여 동북아 지역의 패권경쟁이 가속화되고 중·일 간 무력충돌이 발생하는 경우이다. 이러한 상황 하에서 미국이 어떠한 외교정책을 취할지, 일본에 대해 어떠한 입장을 견지할 지가 문제이다(이상환 2015). 세 번째 시나리오는 세계질서와 동북아 지역질서의 불안정성이 동시에 발생하여 파국을 맞이하는 경우이다. 즉 중국이 세계질서 속에서 그리고 동북아 지역질서 속에서 동시에 현상타파 세력으로서의 자세를 취할 경우 미국이 어떠한 외교적 자세를 취하느냐가 향후 국제질서를 전망하는 데 중요한 판단기준이 된다.

우리가 바라는 세계질서 및 동북아 지역질서 상황은 세계질서의 안정성이 동북아 지역질서의 불안정성을 제어하여 중·일 간의 갈등관계를 협력 관계로 전환시키는 경우이다. 이러한 상황 하에서 중국은 세계질서에서는 물론 동북아 지역질서에서도 현상유지 세력으로서의 외교적 자세를 취할 것이다. 남북관계도 이러한 조건이 갖춰질 경우 대화의 분위기 속에서 북한을 제도적으로 변화시킬 수 있는 기회가 올 것이다. 이 시점에서 우리가 취할 수 있는 대안적 선택은 상쇄(offset) 전략이다. 균형(balancing) 전략과 편승(bandwagoning) 전략 및 헤징(hedging) 전략이 주로 행위자를 중심으로 한 전략이라면 상쇄 전략은 이슈 중심의 균형 전략으로 균형 기제로서 다수 국가의 지지를 받는 제도 즉 국제적 규범을 제시하는 가치의 중재자로서의 지위를 얻는 방식으로 즉 양 극단적 이견과 패권적 이해관계를 상쇄시키는 의견 수렴과정을 주도함으로써 우리나라가 리더십을 발휘하는 것을 말한다(이상환 2015).

한국의 중견국 외교전략은 행위자 중심의 외교에서 행위규범(원칙) 중심의 외교로 바뀌어야 한다. 이는 미·중 패권경쟁 상황에서 우리가 자주적인 외교 공간을 확보하기 위해 필요한 '외교 패러다임'이라고 할 수 있다. 예를 들어, 북한에 급변 사태가 왔을 때 우리 정부는 어떤 역할을 해야 하는가. 급변 사태가 오기 전에 미리 대비하는 것이 중요하다. 쉽지 않겠지만 한국의 외교 독트린을 만들어 발표하는 것이다. 우리는 5년 단위로 대북 정책과 외교 노선이 흔들린다. 한 나라의 독트린이 자리를 잡으려면 최소한 20년은 걸린다. 20년 동안 바뀌지 않을 독트린이 나오려면 우리 사회의 다양한 목소리를 나름대로 반영해야 한다. 북한에 급변 사태가 발생할 경우 우리의 의지가 반영된 결론이 날 확률은 10%도 되지 않을 것이다. 결국 4대 강국의 합의에 동의하는 형태가 되기 쉽다. 이런 상황에서 우리의 주도 가능성을 높이려면 외교 독트린을 통해 남·북방 삼각관계 구도를 뛰어넘는 외교 정체성(identity)을 마련해야 한다는 것이다. 이러한 외교 독트린을 만든다고 해도 처음에는 주변 강국들에게 안 먹힐 것이다. 힘으로 눌림을 받을 수도 있다. 하지만 소신 있게 우리가 세운 원칙에 따라 행동하겠다고 하면 즉 때로는 중국을 지지하든, 미국을 지지하든 받아들여질 수 있다.

프랜시스 후쿠야마는 2020년 이후 시장 중심 경제의 미국과 국가(관료) 중심 경제의 중국이 세계 패권다툼을 벌일 것으로 내다봤다. 이 싸움의 핵심은 민주주의와 인권 등 인류 보편적 가치를 공유하고 있느냐의 문제다. 이 싸움의 전(前) 단계가 기술 경쟁력과 표준 싸움이다. 중국이 인공지능(AI) 기술에서 앞서나가고 있는데, 이는 서구 국가들이 인권·개인정보 보호 문제를 중요하게 생각하고 이를 지키기 때문이다. 서구는 인권 가치를 공유하지 않는 나라를 빼고 경제 표준을 만드는 표준 전쟁으로 대응하고 있다. 우리는 인권 가치를 공유하는 미국과 안보적인 공감대를 형성할 수밖에 없다. 통일을 위해서는 우리가 지향하는 국가 모델을 담은 외교 독트린을 내세워 중국을 설득해야 한다. 독트린을 갖고 접근해야 명분을 쌓고 정당성을 확보할 수 있다. 21세기에 중견국으로서 한국은 약소국 시대의 관행처럼 기존 강대국들이 정해놓은 질서를 수동적으로 수용하는 존재가 아니라, 자신이 중견국으로서 성장하면서 체득한 가치관과 비전을 국제사회에 적극적으로 제시하면서, 국제질서의 변화에 능동적으로 참가하는 국가가 되어야 할 것이다.

참고문헌

[국내 문헌]

강봉구. 2005. "편승과 균형: 21세기 세계정치와 러 – 미관계." 『국제정치논총』, 45(3).

강성남. 1997. "국제적 반부패논의: 최근 동향과 쟁점." 『국제문제분석』, 32.

강태호. 2006. "변화하는 한미관계와 노무현독트린의 운명." 『창작과 비평』, 34(3).

강택구. 2008. "동아시아 지역 내 강대국간 경쟁과 세력전이: 21세기 중국의 대일정 책." 『국제정치논총』, 48(2).

고성준. 1996. "국제무역에 있어 부패관행의 규제에 관한 연구." 『통상법률』, 서울: 법 무부.

권오국. 2011. "남북한 상생의 신지정학." 『북한연구학회보』, 15(2).

권오신. 2005. "아이젠하워 대외정책의 기조." 『미국사연구』, 21.

권기철 · 정승진. 1999. "동아시아의 국제간 노동력 이동에 관한 연구." 『국제지 역연구』, 3(2).

권인혁. 1992. "2000년대 환경외교." 『국회보』, 312.

권은경 외. 1998. 『OECD 뇌물방지협정의 주요내용 및 대응방안 연구』. 서울: 국토개 발연구원.

극동문제연구소(편). 1991. 『현대세계체제의 재편과 제3세계』. 서울: 극동문제연구소.

김계동 외(역). 2011. 『국제기구의 이해: 글로벌거버넌스의 정치와 과정』. 서울: 명인 문화사.

김광린. 1995a. "고르바초프의 신사고 외교독트린에 관한 연구." 『한국정치학회보』, 29(1).

_____. 1995b. "브레즈네프 독트린에 관한 연구." 『슬라브학보』, 10.

김기수(편). 1996. 『미국 통상정책의 이해: 국제정치경제적 접근』. 서울: 세종연구소.

김기현. 2002. "라틴아메리카의 달러라이제이션(dollarization): 안정을 위한 선택인 가?" 『라틴아메리카연구』, 15(2).

김기홍. 2002. "동북아지역의 경제통합이 지속가능 무역에 미치는 영향 – 한 · 중 · 일의 국제환경협력을 중심으로 –." 『국제통상연구』, 7(1).

김동수. 1994a. "민주주의와 공동체주의: 자유주의 · 공동체주의 논쟁을 넘어서." 『한국

정치학회보』, 28(1).

_____. 1994b. "기후변화협약의 국제정치: 우리나라에 대한 영향과 대응방안." 『한국 정치학회보』, 28(2).

김동춘 외. 2000. 『NGO란 무엇인가』. 서울: 아르케.

김동한. 1991. "미국의 인권외교정책과 한국의 민주화." 극동문제연구소(편), 『현대세 계체제의 재편과 제3세계』. 서울: 극동문제연구소.

김병오. 1994. "블루라운드와 노동정책의 선진화 방향." 『노동문제논집』, 11.

김병완. 1994. 『한국의 환경정책과 녹색운동』. 서울: 나남출판사.

김봉중. 2016. "먼로독트린의 변용." 『미국사연구』, 43.

_____. 2010. "닉슨의 베트남 정책과 닉슨독트린." 『미국사연구』, 31.

김상준. 2013. "지역과 헤게모니: 미국 헤게모니의 쇠락과 일본의 지역주의 전략 변화 를 중심으로." 『국제정치논총』, 53(1).

김서중. 2001. "뉴라운드 시대 한국 농업의 발전방향." 『농약과학소식』, 5(2).

김석우. 1995. "제3세계 보호 무역 정책의 정치경제." 『국제정치논총』, 35(1).

_____. 2007. "한국국제정치학의 회고와 전망: 국제정치경제의 발전과정과 특성 분 석." 『국제정치논총』, 46(1).

_____. 2008. "FTA의 정치경제학: FTA 체결요인에 관한 경험적 분석을 중심으로." 『 국제정치논총』, 18(1).

김성수. 1998. "다자간 환경협력에 관한 연구." 『한국환경과학회지』, 7(6).

_____. 2001. "기업윤리의 국제동향과 부패관행에 관한 국제규범화의 동향 분석." 『기 업윤리연구』, 3.

김성원. 2007. "국제법상 인간안보개념의 전개에 관한 일고찰." 『법학논총(한양대학교 법학연구소)』, 24(4).

김세곤. 2001. "그린라운드하에서의 무역규제 대처 방안 연구: ISO14000을 중심으로." 『사회과학연구논집』, 27(3).

김소영. 1994. "블루라운드 관련 노동법적 문제와 대응." 『경영계』, 1994(5).

김승진·나성린. 1994. 『환경－무역관계가 한국무역에 미치는 영향』. 서울: 세계경제 연구원.

김영문. 2004. "중국 현대화 과정에서 나타난 부패원인에 관한 연구." 『대한정치학회보』, 11(3).

김영종. 2001. "남북한 부패 비교연구."『한국부패학회보』, 5.

김영진. 2003. "러시아의 부패현황과 사회문화적 원인."『월간 아태지역동향』, 2003(10).

김영호. 1997. "신현실주의의 비판적 고찰."『국제정치논총』, 37(2).

김예경. 2007. "중국의 부상과 북한의 대응전략: 편승전략과 동맹, 유화 그리고 현안별 지지정책."『국제정치논총』, 47(2).

김옥암. 2000. "국제노동이동과 외국인 노동자 문제."『국제지역연구』, 4(2).

A.V. Jose(호세). 2000. "세계화와 노동조합의 대응: 국제비교."『노동사회』, 2000(1/2).

김우상. 2000. "미·중관계의 미래와 동아시아 안보질서 전망."『국제정치논총』, 40(4).

김웅진·김용민·안승국·이상환. 2004.『현대정치학서설: 연구의 영역·대상·맥락』. 서울: 세영사.

김정식. 2004. "한국경제의 IMF 관리체제 극복과 새로운 과제."『산업경제연구』, 17(1).

김종섭. 2001. "세계화와 외환·금융위기: 아시아와 라틴아메리카 사례의 비교."『세계지역연구논총』, 16.

김종성. 2005a. "노무현독트린, 대일외교에서 본격 가동."『월간 말』, 2005-5: 102-107.

_____. 2005b. "노무현독트린, 북핵 넘어 동북아공동체로 간다."『월간 말』, 2005-1.

김종철. 2012. "난민법 제정의 의미와 향후 과제." 『월간 복지동향』, 160.

김준기·김종범. 1996. "Cultural Differences in the Crusade against International Bribery: Rice-Cake Expenses in Korea and the Foreign Corruption Practices." 『대외경제정책연구원[KIEP] 연구보고서』, 1996(12).

김진철. 1987. "상호의존론."『국제정치논총』, 27(2).

김진하. 2017. "북한의 핵위기 평화협정 연계전략과 과도적 합의론의 도전."『KRIS 창립 기념논문집』.

김창섭. 2001. "기후변화협약의 현황과 전망-."『대한설비공학회 2001 하계학술발표회 논문집』.

김철범. 1992. 『21세기 신국제질서와 한반도』. 서울: 평민사.

김철수. 1993. "국제교역환경 전망과 대응책." 『외교』, 25.

김태운. 2009. "미·중 간 세력전이 가능성과 동북아 안보협력질서." 『아시아연구』, 12(1).

김태헌. 2003. "한국의 대EU 통상현안과 문제점." 『EU학 연구』, 8(1).

김태환. 2014. "'신 북방정책'으로서의 유라시아 이니셔티브: '신 지정학적 접근'의 외교전략적 함의." 『주요국제문제분석』, 2014-가을호.

김택. 2001. "반부패 제도의 국제적 동향 및 비교연구 -홍콩, 싱가포르, 말레이시아를 중심으로-." 『한국부패학회보』, 5.

김희철. 2000. "국제상거래에 있어서의 부패라운드의 영향과 대응전략." 『한국관세학회지』, 1(2).

남궁근. 2002. "NGO의 반부패활동과 성과." 『한국부패학회보』, 6.

노명준. 2000. "유해폐기물의 국가 간 이동 및 그 처리의 통제에 관한 바젤협약의 운용 현황." 『환경법연구』, 22.

노융희. 1988. "환경정책의 과제와 방향." 『국회보』, 265.

대한무역진흥공사. 1993/1994. 『선진국의 환경장벽 I·II』. 서울: 대한무역진흥공사.

대한서울상공회의소. 1992. 『지속성장을 위한 환경정책: 환경규제와 경제적 인센티브』. 서울: 대한서울상공회의소.

문성묵. 2016. "북한 핵개발 실태와 대외정책." 『통일정책연구』, 25(1).

문순홍. 2000. "민주주의와 환경 결합 논의들의 재구성 -생태민주화의 설계도 그리기-." 『한국정치학회보』, 34(2).

문흥호. 1998. "중국의 환경실태와 정책." 『1998년 한국국제정치학회 춘계학술회의논문집』.

민병승. 1996. 『동북아지역의 환경문제와 국제협력방안에 관한 연구』. 서울: 한국환경기술개발원.

박경서. 1985. 『국제정치경제론』. 서울: 법문사.

박병인. 2003. "동아시아 자유무역지대(FTA)의 형성과 중국의 전략." 『중국연구』, 31.

박영수. 2003. "제3세계에서의 부패에 관한 연구." 『경제연구』, 21(1).

박영준. 2006. "동북아 균형자론과 21세기 한국외교." 『한국정치외교사논총』, 28(1).

박용수. 2004. "국제 반부패 동향과 한국." 『한국동북아논총』, 30.

박인숙. 2009. "베트남 신드롬과 커크패트릭 독트린." 『미국사연구』, 29.

박정수. 2003. "국제협력을 통한 효과적인 부패방지." 『한국행정학회 비정기학술발표 논문집』.

박재영. 1998. 『국제기구정치론』. 서울: 법문사.

_____. 1999. 『국제정치 패러다임』. 서울: 법문사.

박재완·박영원. 2002. "부패 수준의 측정모형: MIMIC과 DYMIMIC." 『한국부패학회보』, 6.

박한규. 2007. "지구화 시대에 있어서 안보 개념의 다차원적 분석: 인간안보를중심으로," 『국제지역연구(국제지역학회)』, 11(3).

박흥서. 2008. "중국의 부상과 탈냉전기 중미 양국의 대한반도 동맹전략: 동맹전이 이론의 시각에서." 『한국정치학회보』, 42(1).

박흥식. 2000. "해외 반부패 NGO 활동의 의미." 『한국행정학회 비정기학술발표논문집』.

배긍찬. 1988. "닉슨독트린과 동아시아 권위주의 체제의 등장." 『한국정치학회보』, 22(2).

_____. 2000. 『동아시아 지역협력 추진 전망』. 서울: 외교안보연구원.

_____. 2001. 『동아시아 정체성 창출방안 연구』. 서울: 외교안보연구원.

_____. 2003. 『동북아 경제중심국가 건설을 위한 외교적 과제』. 서울: 외교안보연구원.

백봉종. 1999. "국제환경레짐과 오존층 보호(협약)." 『한국동북아논총』, 13.

백웅기. 2002. "금융위기 이후 신용위축의 원인과 통화정책." 한국금융연구원 『금융조사보고서』, 2002-07.

서민환. 1999. "생물다양성협약과 자연 탐사." 『자생식물』, 47.

서인원. 2016. "일본정치의 우경화와 영토정책의 변화, 그리고 동북아 안보." <한국외국어대학교 박사학위논문>.

서재정. 2018. "트럼프독트린과 한반도." 『창작과 비평』, 46(3).

_____. 2003a. "부시독트린과 미국 일극패권체제." 『시민과 세계』, 4: 49-74.

_____. 2003b. "미국 매파, '대북 선제공격' 유혹 못 벗어나." 『민족21』, 2003-5.

서헌제. 1996. 『대외통상환경의 변화와 법제개편』. 서울: 집문당.

선준영. 1993. "국제환경외교와 우리의 대응." 『외교』, 28.

설영기 · 박현희. 2000. "WTO 뉴라운드 전자상거래 논의동향과 전망." 『무역학회지』, 25(4).

성극제. 2001. "WTO 뉴라운드 동향과 협상전략." 『협상연구』, 7(1).

손종국 · 유영옥. 1997. 『동북아론』. 서울: 학문사.

송경석 · 김주완. 2002. "전자상거래관련 통상문제의 대두와 WTO의 대응." 『국제무역연구』, 8(1).

송기도. 2019. "먼로 독트린의 부활: 베네수엘라 사태." 『인물과 사상』, 253.

송복. 1995. 『세계화 전략으로서의 공동체 재건』. 서울: 공보처.

송철복 외(역). 1990. 『북한의 인권』. 서울: 고려원.

송치영. 2000. "전염효과의 원인: 동아시아 금융위기의 경우." 『금융학회지』, 5(1).

신상범. 2017. "글로벌 보건과 국제정치학: 연구 성과와 향후 과제." 『국제정치논총』, 57(3).

신용하. 1985. 『공동체이론』. 서울: 문학과 지성사.

신유균. 1993. 『신국제경제질서』. 서울: 한국무역경제.

_____. 1995. 『신교역질서와 한국의 선택』. 서울: 한국무역경제.

신종대. 2019. "남북한 외교경쟁과 '6.25선언'." 『현대북한연구』, 22(3).

심영규. 2018. "감염법 예방 및 관리를 위한 국제규범체계에 관한 고찰: 규범조화적 관점에서." 『해사법연구』, 30(2).

안경문. 1994. "그린라운드(GR)에 대비하자." 『도시문제』, 29/302.

안병훈. 1990. "지구환경문제의 국제적 추세: 우리나라 환경외교의 문제." 『국회보』, 285.

안승국 · 이상환 · 이태홍 · 홍원표. 1997. 『정치의 대전환: 포스트모던공동체와 결사체 민주주의』. 서울: 인간사랑.

양동훈. 2002. "정치부패의 문제와 민주주의의 공고화: 정치체제 접근." 『한국정치학회보』, 36(2).

염홍철. 1987. "국제정치경제: 종속의 시각." 『국제정치논총』, 27(2).

오경택. 2002. "환경문제와 국제관계학." 『한국국제정치학회 소식』, 104.

오기평. 1992. 『국제기구정치론』. 서울: 법문사.

오호성. 1995. 『환경과 경제의 조화』. 서울: 조선일보사 출판부.

외무부. 1992. 『지구환경동향과 환경외교』. 서울: 외무부국제경제국.

_____. 1992/1994. 『주요국제문제분석』. 서울: 외무부 외교안보연구원.

_____. 1993. 『동북아환경협력을 위한 고위실무회의 결과보고서』. 서울: 외무부국제경제국.

_____. 1994. 『동북아환경협력을 위한 전문가회의 및 제2차 고위급회의 결과 보고』. 서울: 외무부국제경제국.

_____. 1996a/1997. 『지구환경정보』 창간호~22호. 서울: 외무부국제경제국.

_____. 1996b. 『환경외교편람』. 서울: 외무부국제경제국.

유승익. 1994. "한국의 환경 외교정책: 과제와 전망." 아주대학교 사회과학연구소 편, 『생태사회과학』. 경기: 아주대학교 출판부.

유지성. 2001. "아시아통화기금(AMF)의 설립에 관한 일고." 『경제연구』, 22(2).

윤영모. 2003. "ILO 총회, 무엇을 다루나." 『노동사회』, 2003(6).

윤덕민. 2013. "중국의 부상과 일본의 대중전략." 『전략연구』, 59.

윤상철. 2000. "정치적 부패와 국제적 연계." 『한국사회학』, 34.

윤효원. 2003. "이라크 침략전쟁과 국제노동운동의 흐름." 『노동사회』, 2003(4/5).

이강무. 1995. "세계무역기구(WTO) 체제하의 분쟁해결제도에 관한 연구." 『무역학회지』, 20(1).

이건모. 1994. "국제 환경경영 표준화 동향." 『경영계』, 197.

이경태. 2001. "미국의 통상정책 변화와 대응전략." 『경영계』, 275.

이경화. 2015. "'공중 보건' 문제에 대한 국제법적 대응." 『환경법연구』, 37(2).

이광은. 1995. "블루라운드의 법적 문제점." 『법과 사회』, 12.

이기훈. 1998. "우리나라의 기후변화협약 협상 대응전략에 대한 비판적 고찰." 『경제논집』, 14.

이내영. 2004. "중남미 경제통합과 미주자유무역지대(FTAA)." 『라틴아메리카연구』, 17(1).

이범걸. 2003. "뉴라운드가 한국경제에 미치는 영향-서비스산업을 중심으로-." 『사회과학연구』, 10.

이범준 외. 1998. 『미국외교정책: 이론과 실제』. 서울: 박영사.

이병곤·김일곤·전영권. 1994.『지구환경문제와 보전대책』. 서울: 법문사.

이병렬. 2003. "서구와 한국의 통상정책 비교연구 −자유무역정책을 중심으로−."『산업경제연구』, 16(4).

이병욱. 1997.『환경경영론』. 서울: 비봉출판사.

이상돈. 1993.『환경위기와 리우회의』. 서울: 대학출판사.

_____. 1994. "국제환경규제의 현황과 과제." 아산사회복지사업재단 편,『현대산업사회와 환경문제』. 서울: 정문출판사.

_____. 1996. "기후변화협약에 관한 연구."『환경정책』, 4(2).

이상환. 1995a. "미국과 동북아 3국간의 무역분쟁: 패권안정이론과 잉여능력이론의 고찰."『국제정치논총』, 35(1).

_____. 1995b. "국제적 환경·무역갈등과 한국의 대응방안에 대한 연구."『1995년 한국국제정치학회 연례학술회의 국제정치경제분과 논문집』.

_____. 1996a. "신국제정치경제질서의 도래와 세계민주공동체로의 전환."『국제정치논총』, 36(1).

_____. 1996b. "미국 국제무역위원회(USITC)의 연례보고서를 통해 본 미국과 동북아 3국간의 통상관계."『한국정치학회보』, 30(1).

_____. 1998a. "미국 통상대표부(USTR)와 한·미 통상갈등: 분석과 전망."『한국정치학회 춘계학술회의 논문집』.

_____. 1998b. "국제적 환경 갈등과 협력: 분석과 전망." 창원대학교 사회과학연구소 편,『창원대 사회과학연구』, 4.

_____. 2001a. "국제적 반부패논의와 반부패 국제비정부기구의 역할: 국제투명성기구의 활동을 중심으로."『세계지역연구논총』, 16.

_____. 2001b. "미국의 인권외교정책: 코소보와 동티모르의 사례 비교."『국제정치연구』, 3(2).

_____. 2001c. "부패지수의 국제정치경제: 국제투명성기구에 대한 경험적 분석을 중심으로."『사회과학논집』, 19(1).

_____. 2002. "동아시아 경제위기와 그 해법: 한국과 말레이시아 사례에 관한 비교연구."『한국정치학회보』, 36(2).

_____. 2005. "제3세계 국가들의 핵정책 사례 연구: 인도−파키스탄 및 브라질−아르

헨티나 사례를 중심으로."『전략연구』, 33.

_____. 2009. "갈등과 협력의 국제 보건 관계: 최근 전염병 사례에 대한 국제사회의 초기 대응을 중심으로."『정치정보연구』, 12(2).

_____. 2015. "세계질서와 동북아 지역질서의 안정성에 대한 전망: 세력전이 시각을 중심으로."『정치정보연구』, 18(1).

_____. 2017. "북한 핵무기 개발과 한국의 외교전략: 미국 신행정부의 대외정책에 대한 대응을 중심으로."『정치정보연구』, 20(1).

_____. 2020a. "감염병의 국제관계: 21세기 국제사회의 보건 갈등과 협력."『JPI 정책포럼(2020-2)』. 제주: 제주평화연구원.

_____. 2020b. "포스트 코로나: 국제정치질서의 변화와 한국의 대응방안."『한국사회과학협의회 소식(2020-1 통권 24권)』. 서울: 한국사회과학협의회.

_____. 2020c. "세계화와 탈세계화: 민족주의, 보호무역주의의 확산과 글로벌 거버넌스."『외교』, 135.

_____. 2020d. "Post COVID-19 시대의 국제정치: 탈세계화, 디지털화 그리고 신냉전 질서의 도래."『정치정보연구』, 23(3).

_____. 2021a.『국제정치경제: 시각과 쟁점』. 서울: 박영사.

_____. 2021b. "미국-중국 간 통화 패권경쟁과 국제정치경제질서 전망."『정치정보연구』, 24(3).

이상환·박광기. 2016. "G-20 국가의 보건협력 방안 연구: 21세기 전염병 사례에 대한 국제사회의 갈등과 협력을 중심으로."『정치정보연구』, 19(2).

이신규. 2002. "미국 통상협상의 전개방향과 한국의 협상전략."『한국관세학회지』, 3(1).

이신욱. 2016. "북핵문제와 한국의 대응: 북핵 확산을 중심으로."『국제정치연구』, 19(1).

이신화. 1996. "환경전쟁(Eco Conflict)?: 폭력갈등과 국제질서 위협요인으로서의 환경파괴."『한국정치학회보』, 30(3).

_____. 2006. "동아시아 인간안보와 글로벌 거버넌스."『세계정치』, 27(1).

_____. 2016. "시리아 난민 사태: 인도적 위기의 안보적 접근과 분열된 정치적 대응."『한국과 국제정치』, 32(1).

이영준. 1995.『국제환경법론』. 서울: 법문사.

이영형. 2004. "시베리아 공간의 지정학적 의미와 러시아: 지정학적 요소/분석단위를 중심으로."『한국과 국제정치』, 20(4).

_____. 2006.『지정학』. 서울: 앰애드.

이용호. 2007. "난민의 개념과 그 보호."『국제법학회논총』, 52(2).

이은호. 1998. "동북아환경문제에 관한 지역협력."『1998년 한국국제정치학회 춘계학술회의논문집』.

이정전. 1995.『녹색경제학』. 서울: 한길사.

이종무. 1992. "유엔환경개발회의와 한국의 환경외교."『외교』, 21.

이재웅. 2000. "금융위기와 국제통화질서의 개편방향."『국제경제연구』, 6(1).

이재형. 2002. "반부패와 시장개방사이의 상호관계: 국가별 비교."『도시행정학보』, 15(2).

이진기. 2017. "파키스탄 핵사용 독트린의 변화."『국방과 기술』, 464.

이홍배. 2004. "일본의 통상정책 변화와 한·일 FTA."『한일경상논집』, 28.

임덕순. 1999.『地政學』. 서울: 법문사.

임종수. 1996.『국제환경·무역연계논의 동향과 대응방안』. 서울: 한국환경기술개발원.

임혜란. 2002. "미국의 신통상정책과 이념의 역할: 미·EU 통상마찰의 재조명."『EU학연구』, 7(1).

원동욱. 2003. "황사문제와 동북아 환경협력: 권력, 이익 그리고 지식의 상호작용연구."『중소연구』, 99.

장노순. 1999. "약소국의 갈등적 편승외교정책: 북한의 통미봉남 정책."『한국정치학회보』, 33(1).

장오현. 1999. "일본의 금융위기와 정책대응 및 그 대안."『비교경제연구』, 7(1).

장은영. 2016. "미국의 난민인정 절차와 정착지원."『월간 복지동향』, 210.

전영평. 2003. "시민단체에 의한 부패통제: 논리, 유형 분석."『한국행정학보』, 37(3).

전재성. 1999. "E.H. 카아의 비판적 현실주의 국제정치이론."『한국정치학회보』, 33(3).

_____. 2000. "현실주의 국제제도론을 위한 시론."『한국정치학회보』, 34(2).

_____. 2016. "5차 핵실험 이후의 북한 핵문제와 우리의 대응 전략 방향."『전략연구』,

23(3).

전혜원. 2016. "유럽 난민 사태의 유럽정치에의 함의."『주요국제문제분석』, 2015 – 47.

정건오·황진영. 2003. "The Determinants of Corruption: A Macroeconomic Aspect." 『경제연구』, 21(3).

정보라. 2015. "북극해 레짐과 신지정학: 동북아 국가들과 북유럽연안국들 간의 협력을 중심으로." <한국외국어대학교 석사학위논문>.

정연식·이상환. 2000. "미국의 인권외교정책: 중국과 한국의 사례 비교."『21세기 국제관계연구의 쟁점과 과제』. 서울: 박영사.

정영태. 2001. "영국의 신노동조합주의와 한국에 대한 함의."『학술대회 및 심포지움 자료집』.

정용석. 1982. "닉슨독트린 이후의 한·미 군사관계."『군사』, 4.

정용화. 2003. "전환기 자주외교의 개념과 조건: 19세기말 조선의 대청외교의 이론적 고찰."『국제정치논총』, 43(2).

정이환. 2001. "1980 – 90년대 한국 근로자의 직무만족도 연구: 추세, 결정요인 및 국제비교."『산업노동연구』, 7(2).

정진영. 1997. "자본의 국제적 유동성, 국가의 정책자율성, 국제협력: 세계금융의 정치경제에 관한 한 시론."『국제정치논총』, 36(3).

_____. 2000. "외환·금융위기와 동아시아 발전의 미래: 발전모델, 구조조정, 지역협력을 둘러싼 논쟁을 중심으로."『한국과 국제정치』, 16(2).

정회성·정회석. 2000. "동북아 환경협력의 과제와 발전방향."『국토계획』, 35(1).

조경근. 1993. "국제환경정치의 소망과 현실: '국제환경협력'의 가능성."『국제정치논총』, 33(2).

_____. 1995. "그린라운드(Green Round)의 국제정치적 특성: '자유무역레짐'의 변화를 둘러싼 갈등과 협력의 구조 – ."『국제정치논총』, 35(2).

_____. 1998. "일본의 환경실태와 정책."『1998년 한국국제정치학회 춘계학술회의논문집』.

조문희 외. 2019. "한국의 FTA 15년 성과와 정책 시사점."『2019 KIEP 정책연구 브리핑』, 1(9).

조성권. 2001. "카지노 관련 정치부패의 유형과 대책 ―국제조직범죄의 측면에서―." 『한국부패학회 창립기념학술대회』.

조찬래. 1998. "한국의 환경실태와 정책." 『1998년 한국국제정치학회 춘계학술회의논문집』.

조한승. 2018. "동아시아 보건안보의 쟁점과 협력." 『한국동북아논총』, 23(4).

차정미. 2018. "1980년대 한중관계 태동기, 정부―비정부 협력외교의 발전과정: 외교문서(1980~1986) 분석을 중심으로." 『국제정치논총』, 58(1).

차재훈. 2014. "한·미 정부의 대북인식과 핵정책 상관성연구." 『정치정보연구』, 17(2).

최낙균 외. 2001. "WTO 뉴라운드의 협상의제별 주요 쟁점 및 대응방안." 『대외경제정책연구원[KIEP] 연구보고서』.

최무웅. 1994. 『돌풍 그린라운드』. 서울: 정훈출판사.

최민휴. 1992. "유엔 환경개발회의(UNCED) 참가보고." 『한국임학회 학술발표논문집』.

최병두. 1995. 『환경사회이론과 국제환경문제』. 서울: 한울.

최상래. 1998. "다자간투자협정(MAI)이 국내산업에 미치는 영향과 대응전략." 『생산성논집』, 12(4).

최성일. 2003. "국제통상문제의 정치경제적 접근에 관한 연구." 『경제연구』, 21(1).

최운도. 2004. "아시아 경제통합에 있어서 일·중 협력과 경쟁." 『중소연구』, 101.

최은경·이종구. 2016. "2000년대 글로벌 전염병 거버넌스의 변화: 글로벌 보건 안보의 대두와 국내 전염병 관리 체계의 변화." 『의사학』, 25(3).

최정수. 2006. "조지 W. 부시 독트린의 역사적 기원." 『미국사연구』, 23.

최종범·김기순. 1994. 『자연환경과 국제법』. 서울: 범양사 출판부.

최진우. 1997. "유럽경제통화통합의 동인과 정치적 쟁점." 『국제정치논총』, 36(3).

최혁. 2001. "한국 통상정책의 방향." 『국제법거래연구』, 10.

통계청. 1997. 『국제통계연감』. 서울: 통계청 국제통계과.

표인수. 2000. "뉴라운드의 반덤핑규범의 최근 동향." 『국제법거래연구』, 9.

한국인권재단 편. 2002. 『한반도의 평화와 인권 2』. 서울: 사람생각.

한택환. 1993. 『한―중 환경협력에 관한 연구』. 서울: 대외경제정책연구원.

홍기준. 1997. "OSCE와 ARF 사례연구를 통해서 본 동북아 지역안보협력의 방향." 『

국방논집』, 40.

홍득표. 1992. "외교정책결정과 정치위험분석."『국제정치논총』, 32(2).

홍석률. 2006. "닉슨독트린과 박정희 유신 체제."『내일을 여는 역사』, 26.

홍성복(역). 1992.『새로운 초강대국』. The New Superpowers by Jefferey T. Bergner(New York: St. Martin's Press, 1991).

홍성우 외. 2001. "동아시아 지역의 국제화와 노동자 인권."『산업관계연구』, 11(2).

황재민. 1994. "환경경영주의의 대두와 국제경쟁력."『경영계』, 197.

Jay Mazur · 김영두. 2000. "새로운 노동자 국제주의."『노동사회』, 44.

[국외 문헌]

Adams, W. M. 1991. *Green Development: Environment and Sustainability in the Third World.* NY: Routledge.

Aguinaldo, Jennifer. 2015. "Costs of the Syrian refugee crisis" Middle East Economic Digest, 59(30/31).

Allison, Graham. 1971. *Essence of Decision: Explaining the Cuban Missile Crisis.* Boston: Little Brown & Company.

Altman, Roger C. 1994. "Why Pressure Tokyo?" *Foreign Affairs*, 73(3).

Axelrod, Robert. 1985. *The Evolution of Cooperation.* NY: Basic Books, Inc.

Baehr, Peter R. & Gary Campbell. 1994. *The Role of Human Rights in Foreign Policy.* London: The Macmillan Press.

Baldwin, David(ed). 1993. *Neorealism and Neoliberalism: The Contemporary Debate.* NY: Columbia University Press.

Baldwin, Robert E. 1985. *The Political Economy of U.S. Import Policy.* Cambridge, MA: MIT Press.

Barnett, Michael and Raymond Duvall. 2005. "Power in International Politics." *International Organization*, 59(1).

Bhagwati, J. 1988. "The United States and Trade Policy: Reversing Gears." *Journal of International Affairs*, 42(1).

Brands, H. W. 2006. "Presidential Doctrines: An Introduction." *Presidential Studies Quarterly*, 36(1).

Caballero−Anthony, Mely. 2005. "SARS in Asia: Crisis, Vulnerabilities, and Regional Responses." *Asian Survey*, 45(3).

Cardoso, Fernando H. and Enzo Faletto. 1978. *Dependency and Development in Latin America.* CA: University of California Press.

Chirot, Daniel. 1977. *Social Change in the Twentieth Century.* Harcourt College Pub.

Cline, William R. 1982. *Reciprocity: a New Approach to World Trade Policy?* Washington DC: Institute for International Economics.

_____(ed). 1983. *Trade Policy in the 1980s.* Washington DC: Institute for International Economics.

Conybeare, John A.C. 1984. "Public Goods, Prisoners' Dilemmas and the International Political Economy." *International Studies Quarterly*, 28(1).

Cooper, David Edward and Joy A. Palmer. 1992. *The Environment in Question: Ethics and Global Issues.* NY: Routledge.

Destler, I.M. 1986. *American Trade Politics: System Under Stress.* Washington D.C.: Institute for International Economics.

_____. 1992. *American Trade Politics.* Washington D.C.: Institute for International Economics.

Destler, I.M. and John Odell. 1987. *Anti−Protection: Changing Forces in United States Trade Politics.* Washington D.C.: Institute for International Economics.

Deutsch, Karl and David Singer. 1964. "Multipolar Power Systems and International Stability." *World Politics*, 16(3).

Dietz, Frank, Udo Ernst Simonis, and Jan van Straaten. 1992. *Sustainability and Environmental Policy: Restraints and Advances.* Berlin: Edition Sigma.

Dimitrov, Radoslav S. 2003. "Knowledge, Power, and Interests in Environmental Regime Formation." *International Studies Quarterly*, 47(1).

Dougherty, James and Robert Pfaltzgraff Jr. 1981. *Contending Theories of International Relations.* NY: Harper & Row, Publishers.

Dreher, Axel. 2006. "Does Globalization Affect Growth? Evidence from a new Index of Globalization." *Applied Economics*, 38(10).

Ekman, Bjorn. 2003. *Globalization and Health: An Empirical Analysis Using Panel Data*. Lund University, mimeo.

Engel, J. Ronald & Joan Gibb Engel. 1990. *Ethics of Environment and Development: Global Challenge and International Response*. AZ: University of Arizona Press.

Esty, Daniel C. 1994. *Greening the GATT: Trade, Environment, and the Future*. Washington, DC: Institute for International Economics.

Evans, Peter. 1979. *Dependent Development*. NJ: The Princeton University Press.

_____. 1997. "The Eclipse of the State? Reflections on Stateness in an Era of Globalization." *World Politics*, 50(1).

Fukuyama, Francis. 1992. *The End of History and the Last Man*. NY: Free Press.

Evans, P., D. Rueschemeyer & T. Skocpol., eds. 1985. *Bringing the State Back In : Strategies of Analysis of Current Research*. Cambridge, UK: Cambridge University Press.

Evans, Tony. 1996. *U.S. Hegemony and the Project of Universal Human Rights*. NY: St. Martin's Press.

Fisman, R. & Robera Gatti. 2002. "Decentralization and Corruption: Evidence across Countries." *Journal of Public Economics*, 83(3).

Frank, A. 1967. *Capitalism and Underdevelopment in Latin America*. NY: Monthly Review Press.

Fraser, Donald M. 1979. "Human Rights and U.S. Foreign Policy: Some Basic Questions Regarding Principles and Practice." *International Studies Quarterly*, 23(2).

Frieden, J. 1988. "Sectoral Conflict and U.S. Foreign Economy Policy, 1914–1940." *International Organization*. 42(1).

_____. 1998. "The Euro: Who Wins? Who Loses?." *Foreign Policy*, 112.

Fukuyama, F. 1992. *The End of History and the Last Man*. NY: Free Press.

Gerring, J. & S. C. Thacker. 2002. "Do Neoliberal Policies Deter Political

Corruption?." Paper presented at the 2002 Annual Meeting of the International Studies Association.

Ghai, Dharam P. & Jessica M. Vivian. 1992. *Grassroots Environmental Action: People's Participation in Sustainable Development.* NY: Routledge.

Geithner, P. 1999. "What Governments Can Do to Encourage Civic Participation." *Paper presented at the International Conference on "Democracy, Market Economy and Development*(1999.2.26.−27)," Seoul, Republic of Korea.

Gilderhus, Mark T. 2006. "The Monroe Doctrine: Meanings and Implications." *Presidential Studies Quarterly*, 36(1).

Gilpin, Robert. 1975. *U.S. Power and the Multinational Corporation: The Political Economy of Foreign Direct Investment.* NY: Basic Books.

_____. 1987. *The Political Economy of International Relations.* NJ: The Princeton University Press.

Golden, David G. & James M. Poterba. 1980. "The Price of Popularity: The Political Business Cycle Reexamined." *American Journal of Political Science*, 24(4).

Goldstein, Judith. 1986. "The Political Economy of Trade: Institutions of Protection." *American Political Science Review*, 80(1).

_____. 1988. "Ideas, Institutions, and American Trade Policy." *International Organization*, 42(1).

Gowa, Joanne. 1989. "Bipolarity, Multipolarity, and Free Trade." *Amercan Political Science Review*, 83(4).

_____. 1994. *Allies, Adversaries, and International Trade.* NJ: The Princeton University Press.

Grieco, Joseph M. 1988. "Anarchy and the Limits of Cooperation: A Realist Critique of the Newest Liberal Institutionalism." *International Organization*, 42(3).

Grigorescu, Alexandru. 2003. "International Organizations and Government Transparency: Linking the International and Domestic Realms." *International*

Studies Quarterly, 47(4).

Haftel, Yoram Z. 2004. "From the Outside Looking In: The Effect of Trading Blocs on Trade Disputes in the GATT/WTO." *International Studies Quarterly*, 48(1).

Haggard, Stephan & Beth A. Simmons. 1987. "Theories of International Regimes." *International Organization*, 41(3).

Hahn, Peter L. 2006. "Securing the Middle East: The Eisenhower Dictrine of 1957." *Presidential Studies Quarterly*, 36(1).

Hansen, Wendy L. 1990. "The International Trade Commission and the Politics of Protectionism." *American Political Science Review*, 84(1).

Held, David. 1993. *Prospects for Democracy*. CA: Stanford University Press.

_____. 1995. "Democracy and the New International Order." in Daniele Archibugi and David Held (eds.), *Cosmopolitan Democracy: An Agenda for a New World Order*. Cambridge: Polity Press.

Heidenheimer, A. J. 1970. Political Corruption: Readings in Comparative Analysis. NJ: New Brunswick Transaction.

Helleiner, Eric. 2002. "Economic Nationalism as a Challenge to Economic Liberalism? Lessons from the 19th Century." *International Studies Quarterly*, 46(3).

Herrera, A. M. and P. Rodriguez. 2002. "Bribery and The Nature of Corruption." Paper presented at *the 2002 Annual Meeting of the International Studies Association*.

Hirschman, Albert. 1980. *National Power and the Structure of Foreign Trade*. CA: University of California Press.

Hudock, A. 1999. *NGOs and Civil Society: Democracy by Proxy?* Polity Press.

Isaak, Robert. 1995. *Managing World Economic Change*. NJ: Prentice−Hall, Inc.

Jervis, Robert. 1982. "Security Regimes." *International Organization*, 36(2).

Keohane, Robert. 1984. *After Hegemony: Cooperation and Discord in the World Political Economy*. NJ: Princeton University Press.

_____. 1989. *International Institution and State Power: Essays in International Relation*

Theory. Wesview Press.

Keohane, Robert & Joseph Nye. 1977. *Power and Interdependence: World Politics in Transition*. MA: Little Brown and Company.

Kennedy, Paul. 1987. *The Rise and Fall of Great Powers*. NY: Random House.

Kim, Jaechul. 2003. "Politics of SARS: International Pressure and China's Policy Change," *Journal of Chinese Studies*, 31.

Kim, Woosang. 1991. "Alliance Transitions Great Power War." *American Journal of Political Science*, 35(4).

Kindleberger, Charles P. 1987. *The World in Depression, 1929–39*. Penguin Books Ltd.

Kleindorfer, Paul R., Howard Kunreuther & David S. Hong. 1996. *Energy, Environment, and the Economy: Asian Perspectives*. Edward Elgar Pub.

Kono, Daniel Yuichi. 2002. "Are Free Trade Areas Good for Multilateralism? Evidence from the European Free Trade Association." *International Studies Quarterly*, 46(4).

Korten, David C. 1986. *Community Management: Asian Experience and Perspectives*. CT: Kumarian Press.

Krasner, Stephen. 1976. "State Power and the Structure of International Trade." *World Politics*, 28(3).

_____. 1978. *Defending the National Interest*. Princeton, NJ: The Princeton University Press.

_____. 1983. "Structual Causes and Consequence: Regimes as Intervening Variables." in Krasner (ed.), *International Regimes*. NY: Cornell University Press.

_____. 1984. "Approach to the State: Alternative Conceptions and Historical Dynamics." *Comparative Politics*, 16(2).

_____. 1985. *Structural Conflict: The Third World Against Global Liberalism*. CA: The University of California Press.

Krugman, Paul R. 1986. *Strategic Trade Policy and the New International Economics*.

MA: The MIT Press.

_____. 1998. "Who's Afraid of the Euro?" http: /www.pathfinder.com/ fortune (April).

Lambsdorff, Johann G. 1998. "An Empirical Investigation of Bribery in International Trade." *European Journal of Development Research*, 10(1).

_____. 1999. "Exporter's Propensity to Pay Bribes — A Trade Perspective." *Unpublished Manuscript.* Göttingen University.

Leblang, David. 2003. "To Devalue or to Defend? The Political Economy of Exchange Rate Policy." *International Studies Quarterly*, 47(4).

Lee, Sang—Hwan. 2002. "Global Anti—Corruption Issues: Empirical Analyses on the Relationships between the Corruption Perception Index of Transparency International and National Socio—economic Situations in East Asia." *2002 International Studies Association Annual Conference Proceedings.*

_____. 2003. "Security Concerns in Northeast Asia and Korea's Role." Paper to be presented at *the 18th Annual Conference of the Council on Korea—U.S. Security Studies,* Washington, D.C., U.S.A., October 8—10.

_____. 2005. "Environmental and Epidemic Cooperation in Northeast Asia: Focusing on the Cases of Yellow Sand, SARS, and Bird Flu." *2005 Korean Association of International Studies Annual Convention Proceedings* (Seoul, R.O.K.).

Maitland, Elizabeth. 2002. "Modelling Economic Corruption: Implications for Multinational Enterprises." Paper presented at *the 2002 Annual Meeting of the International Studies Association.*

Mansfield, Edward D. and Jon C. Pevehouse. 2006. "Democratization and International Organizations." *International Organization*, 60(1).

Mauro, Paolo. 1995. "Corruption and Growth." *The Quarterly Journal of Economics*, 110(3).

_____. 1997. "The Effects of Corruption on Growth, Investment, and Government Expenditure: A Cross—Country Analysis." *Corruption and the Global Economy.*

Washington D.C.: Institute for International Economics.

_____. 1998. "Corruption and the Composition of Government Expenditure." *Journal of Public Economics*, 69(2).

Lemke, Douglas and William Reed. 1996. "Regime Types and Status Quo Evaluations." *International Interactions*, 22(2).

McCracken, Kevin & David R. Phillips. 2017. *Global Health: An introduction to current and future trends*. London & NY: Routledge.

McKeown, Timothy J. 1983. "Hegemonic Stability Theory and 19th Century Tariff Levels in Europe." *International Organization*, 37(1).

_____. T. 1984. "Firms and Tariff Regime Change: Explaining the Demand for Protection." *World Politics*, 36(2).

Mearsheimer, John J. 2001. *The Tragedy of Great Politics*. NY: W.W. Norton.

Merrill, Dennis. 2006. "The Truman Doctrine: Containing Communism and Modernity." *Presidential Studies Quarterly*, 36(1).

Milner, H. 1987. "Resisting the Protectionist Temptation: Industry and the Making of Trade Policy in France and the United States During the 1970s." *International Organization*, 41(4).

Molnar, Joseph J. & David L. Rogers. 1982. "Interorganizational Coordination in Environmental Management: Process, Strategy, and Objective," in Dean E. Mann(ed.), *Environmental Policy Implementation*. KY: Lexington Books.

Morgenthau, Hans J. 1948. *Politics Among Nations*. New York: Alfred. A. Knopf.

_____. 1967. *Politics among Nations: The Struggle for Power and Peace*. 4th ed. NY: Alfred A. Knopf.

Morse, Edward. 1976. "Interdependence on World Affairs." in James Rosenau (ed.), *World Politics*. NY: The Free Press.

Nordhaus, William D. 1975. "The Political Business Cycle." *The Review of Economic Studies*, 42(2).

Nye, Joseph S. 1967. "Corruption and Political Development: A Cost−Benefit Analysis." *Americal Political Science Review*, 61(2).

Nye, Joseph S. 2004. "Soft Power: The Means to Success in World Politics." *Foreign Affairs*, May/June 2014 Issue.

Odell, John S. 1985. "The Outcomes of International Trade Conflicts: The US and South Korea, 1960−1981." *International Studies Quarterly*, 29(3).

Organski, A.F.K. 1958. *World Politics*. New York: Alfred. A. Knopf.

_____, A.F.K. 1981. *The War Ledger*. IL: The University of Chicago Press.

Pearce, David W., Edward B. Barbier & Anil Markandya. 1990. *Sustainable Development: Economics and Environment in the Third World*. Gower Publishing Company.

Pollins, Brian M. 1989. "Conflict, Cooperation, and Commerce: The Effect of International Political Interactions on Bilateral Trade Flows." *American Journal of Political Science*, 33(3).

Portes, Alejandro. 1976. "On the Sociology of National Development: Theories and Issues." *American Journal of Sociology*, 82(1).

Powell, Robert. 1991. "Absolute and Relative Gains in International Relations Theory." *American Political Science Review*, 85(4).

Raustiala, Kal. 1997. "States, NGOs, and International Environmental Institutions." *International Studies Quarterly*, 41(4).

Ricard, Serge. 2006. "The Roosevelt Corollary." *Presidential Studies Quarterly*, 36(1).

Rose−Ackerman, Susan. 1996. "Democracy and 'Grand' Corruption." *International Social Science Journal*, 149.

Ruggie, John G. 1975. "International Responses to Technology: Concepts and Trends." *International Organization*, 29(3).

Salamon, L., and Associates. 1999. *Global Civil Society: Dimensions of the Nonprofit Sector*. The Johns Hopkins Comparative Nonprofit Sector Project.

Sand, Peter H. 1991. "International Cooperation: The Environmental Experience," in Jessica T. Mathews (ed.), *Preserving the Global Environment*. NY: W.W. Norton & Company.

Sandholtz, Wayne & William Koetzle. 2000. "Accounting for Corruption: Economic

Structure, Democracy, and Trade." *International Studies Quarterly*, 44(1).

Sell, Susan K. 2004. "The Quest for Global Governance in Intellectual Property and Public Health: Structural, Discursive and Institutional Dimensions." *The 45th International Studies Association Annual Convention Proceedings* (Montreal, Canada).

Shirk, Susan. 1977/78. "Human Rights: What about China?" Foreign Policy 29.

Singer, David. 1989. "The Level of Analysis Problem in International Relations." in John Ikenberry. *American Foreign Policy: Theoretical Essays*, 67–80.

Snidal, Duncan. 1985. "The Limits of hegemonic Stability Theory." *International Organization*, 39(4).

_____. 1991. "Relative Gains and the Pattern of International Cooperation." *American Political Science Review*, 85(3).

Spero, J. 1985. *The Politics of International Economic Relations*. NY: St. Martin's Press.

Spiro, Herbert J. 1962. "Comprehensive Politics: A Comprehensive Approach." *American Political Science Review*, 56(3).

Snyder, Glen H. 1984. "The Security Dilemma in Alliance Politics." *World Politics*, 36(4).

Strange, Susan. 1979. "The Management of Surplus Capacity: or How Does Theory Stand Up To Protectionism 1970s Style?" *International Organization*, 33(3).

_____. 1985. "Protectionism and World Politics." *International Organization*, 39(2).

_____. 1987. "The Persistent Myth of Lost Hegemony." *International Organization*, 41(4).

Strange, S. and R. Tooze. 1981. *The International Politics of Surplus Capacity*. George Allen & Unwin Ltd.

The Union of International Associations(ed.). 1999. *Yearbook of Internationl Organizations*. London: K.G. Saur Verlag.

Tooze, Roger. 1990. "Regimes and International Cooperation," in Groom and Taylor (eds.), Frameworks for International Co–operation. New York: St.

Martin's Press.

Tropp, Shawna and Michael Atchia. 1995. *Environmental Management: Issues and Solutions*. NY: Wiley.

Tufte, Edward R. 1978. *Political Control of the Economy*. NJ: The Princeton University Press.

Valenzuela, Samuel & Arturo Valenzuela. 1978. "Modenization and Dependency: Alternative Perspectives on the Study of Latin American Underdevelopment." *Comparative Politics*, 10(4).

Vogler, John and Mark Imber. 1996. *The Environment and International Relations*. NY: Routledge.

Walleri, R. Dan. 1978. "The Political Economy Literature of North−South Relations." *International Studies Quarterly*, 22(4).

Wallerstein, Immanuel. 1974 & 1980. *The Modern World System*. Academic Press.

Walling, Karl. 2016. "The Use and Abuse of American Foreign Policy Doctrines." *Law & Liberty*, January 12.

Walsh, James I. 2001. "National Preferences and International Institutions: Evidence from European Monetary Integration." *International Studies Quarterly*, 45(1): 59−80.

Walt, Stephen M. 1988. "Testing Theories of Alliance Formation." *International Organization*, 42(2).

Waltz, Kenneth. 1967. "International Structure, National Force, and the Balance of World Power." *Journal of International Affairs*, 21(2).

_____. 1979. *Theory of International Politics*. NY: Random House.

_____. 1993. "The Emerging Structure of International Politics." *International Security*, 18(2).

Wapner, Paul. 2002. "The Sovereignty of Nature? Environmental Protection in a Postmodern Age." *International Studies Quarterly*, 46(2).

Warford, Jeremy J. 1989. "Environmental Management and Economic Policy in Developing Countries," in Gunter Schramm and Jeremy J. Warford(eds.),

Environmental Management and Economic Development. MD: The Johns Hopkins University Press.

Youde, Jeremy. 2004. "Enter the Fourth Horseman: Health Security and International Relations Theory." *The 45th International Studies Association Annual Convention Proceedings* (Montreal, Canada).

Young, Oran R. 1983. "Regimes Dynamics: The Rise and Fall of International Regimes." in Krasner (ed.), International Regimes. Ithaca: Cornell University Press.

Zeng, Ka. 2002. "Trade Structure and the Effectiveness of America's "Aggressively Unilateral Trade Policy." *International Studies Quarterly*, 46(1).

富士總合研究所. 1992. 『環境要覽』. 東京: 富士總合研究所.

西宮ライフサイエンスセミナー研究委員會. 1994. 『地球環境と人間: 私たちが知らなかつたこと』. 東京: 榮根出版.

[기타]

국립외교원: http://www.knda.go.kr

난민인권센터: http://www.nancen.org

외교부: http://www.mofa.go.kr

질병관리본부: http://www.cdc.go.kr

통계청: http://kostat.go.kr

한국무역협회: http://www.kita.net

Amnesty International: http://www.amnesty.org

Freedom House: http://www.freedomhouse.org

Global Health Security Index Report: http://www.ghsindex.org

Human Rights Watch: http://www.hrw.org

KOF Swiss—Federal Institute of Technology Zurich: http://www.kof.ethz.ch

Transparency International: http://www.transparency.org

United Nations: http://www.un.org

United Nations High Commissioner for Refugees: http://www.unhcr.org

World Bank: http://www.worldbank.org

World Health Organization: http://www.who.org

색인

색인

색인

색인

저자 약력

이상환

학력사항

미시간주립대학교(Michigan State University) 정치학박사(Ph.D.)
미시간주립대학교(Michigan State University) 정치학석사(M.A.)
한국외국어대학교 정치학사(B.A.)

주요 경력사항

현 한국외국어대학교 정치외교학과 교수
현 국민권익위원회 자문위원
현 국제학술지 Korea Journal of International Studies 편집장(Editor−in−chief)
(역임)
한국외국어대학교 정치행정언론대학원장/연구산학협력단장/학생복지처장/글로벌정치연구소장/
외무고시반 지도교수 등
미시간주립대학교 아시아연구센터 풀브라이트방문학자(Fulbright Visiting Scholar)
한국연구재단 정치학분야 RB
한국국제교류재단 글로벌시티즌십 프로그램 사업 주관교수
제24회 세계모의유엔대회(Harvard−HUFS WorldMUN) 주관교수
대통령 외교안보자문위원
통일부 정책자문위원
청와대 국가안보실 정책자문위원
민주평화통일자문회의 자문위원
국립외교원 설립 추진위원
서울동부지역 산학단장협의회 회장
국립 창원대학교 국제관계학과 교수
육군 정훈장교(중위)로 군복무

학회 경력사항

한국국제정치학회 회장
한국정치정보학회 회장
International Studies Association 정회원
American Political Science Association 정회원

Midwest Political Science Association 정회원
International Political Science Association 정회원

기타 경력사항

외무－행정－입법－사법고등고시 출제/채점/검토/면접 위원
법학적성시험(LEET) 출제위원
대입 수학능력시험 기획/출제/검토자문 위원
중등교사임용시험 출제/검토 위원
중등교과서(정치와법/법과정치/정치) 검정/연구 위원, 심의위원장
교육부 대학평가위원(장)(에이스사업)

수상

한국외국어대학교 우수교원표창(연구업적, 2004－2005－2006－2007－2008)

연구실적

"Post COVID－19 시대의 국제정치: 탈세계화, 디지털화 그리고 신냉전 질서의 도래"「정치정보연구」 23－3 (2020).
"Trilateral Trade and Taking a Side Between the U.S. and China" *Korean Journal of Defense Analysis* 49－1 (2020), The Korea Institute for Defense Analyses (Seoul, Republic of Korea).
외 국영문 연구논문 100여 편.
「국제정치경제: 시각과 쟁점」 서울: 박영사 (2021).
Issues and Perspectives in International Political Economy. Korean Association of International Studies, HUINE (2021).
외 국영문 저역서 30여 권.

국제관계개론

초판발행	2022년 3월 30일
지은이	이상환
펴낸이	안종만 · 안상준
편 집	양수정
기획/마케팅	이후근
표지디자인	BENSTORY
제 작	고철민 · 조영환
펴낸곳	(주) **박영사**
	서울특별시 금천구 가산디지털2로 53, 210호(가산동, 한라시그마밸리)
	등록 1959. 3. 11. 제300-1959-1호(倫)
전 화	02)733-6771
f a x	02)736-4818
e-mail	pys@pybook.co.kr
homepage	www.pybook.co.kr
ISBN	979-11-303-1539-3 93340

* 파본은 구입하신 곳에서 교환해 드립니다. 본서의 무단복제행위를 금합니다.
* 저자와 협의하여 인지첩부를 생략합니다.

정 가   24,000원